Christoph Türcke

Erregte Gesellschaft

Christoph Türcke

Erregte Gesellschaft

Philosophie der Sensation

Verlag C. H. Beck

Quod non est in mediis,
non est in mundo.

Hermann Schweppenhäuser

Die Deutsche Bibliothek – CIP-Einheitsaufnahme
Türcke, Christoph:
Erregte Gesellschaft : Philosophie der Sensation /
Christoph Türcke. – München : Beck, 2002
ISBN 3-406-49521-4

Satz: Fotosatz Otto Gutfreund, Darmstadt
Druck und Bindung: Ebner & Spiegel, Ulm
Gedruckt auf säurefreiem, alterungsbeständigem Papier
(hergestellt aus chlorfrei gebleichtem Zellstoff)
Printed in Germany
ISBN 3 406 49521 4

www.beck.de

Inhalt

Vorwort

Sensation bedeutete ursprünglich nichts als Empfindung oder Wahrnehmung. Heute versteht man darunter vornehmlich, was die Wahrnehmung magnetisch auf sich zieht: das Spektakuläre, Aufsehenerregende. Bedeutungsverschiebungen, -verdichtungen, -verengungen gehören zum Alltag jeder lebendigen Sprache. «Event» hieß zunächst ganz allgemein Ereignis. Inzwischen steht das Wort meist für ganz besondere Ereignisse: Staatsakte, Preisverleihungen, Premieren, Vernissagen, Konzerte etc. Jede gemeine Angelegenheit war einst eine «Affaire», ehe sich einbürgerte, darunter die delikate Staats- oder Liebesangelegenheit zu verstehen. «Sucht» bedeutete Krankheit überhaupt. Heute wird nur noch die Abhängigkeit von bestimmten Stimulantien so genannt. Auch die Verschiebung im Wort Sensation – von der ganz gewöhnlichen Wahrnehmung zur Wahrnehmung des Ungewöhnlichen und schließlich zu diesem Ungewöhnlichen selbst – ist nach diesem Muster verlaufen: vom Allgemeinen zum Besonderen. Aber eben das ist nichts Besonderes, eines nur von vielen Beispielen dafür, wie sich Sprache gelegentlich spezialisiert, schärft, Nachdruck verleiht – ein linguistischer Spezialfall.

Nur daß in diesem Fall die kleine Bedeutungsverschiebung das sprachliche Kürzel für soziale Verschiebungen, Verwerfungen, Umwälzungen größten Ausmaßes ist. Die moderne Gesellschaft pflügt sich um wie keine zuvor. Ihr wissenschaftlich-technischer Fortschritt hat alles untergraben, was einmal naturgegeben schien: angestammte Arbeits-, Vermögens- und Herrschaftsverhältnisse, überkommene Sitten, Rituale, Glaubenssätze, gewohnte Lebensrhythmen und -spannen, Geschwindigkeiten, Denkformen und Wahrnehmungsweisen. Nichts versteht sich mehr von selbst. Beständig ist allein das Unbeständige geworden: der Zustand einer allgemeinen Unruhe, Erregung, Gärung. In seiner Frühzeit, im 18. und 19. Jahrhundert, hatte er etwas enorm Verheißungsvolles. Mit guten Gründen konnte er als Anzeichen dafür genommen werden, daß die Menschheit sich endlich zum Ausgang aus ihrer «selbst verschuldeten Unmündigkeit» anschicke. In all dem Elend, das die industrielle Revolution mit sich brachte, tat sich zugleich die Perspektive einer neuen, vernunftgeleiteten Epoche auf, in der die Menschen so solidarisch und produktiv zusammenwirken würden, wie es ihnen die vielen ineinander greifenden Teile des großen maschinellen Räderwerks bereits vorexerzierten.

Dieser Ausblick hat sich im 20. Jahrhundert wieder geschlossen. Aber die allgemeine Unruhe und Gärung ist deshalb nicht geringer geworden. Im Gegenteil: Sie staut sich. Je mehr ihr aber das große Ventil fehlt, auf dessen kollektive Öffnung sie hinwirken könnte, desto schwerer wird sie erträglich, desto mehr läßt sie nach allem spähen und greifen, was umgehend Linderung verschafft, und alles, was fasziniert, in seinen Bann schlägt, ist dazu angetan. Es gibt Orientierung, Halt, Erfüllung – auch wenn nur für einen flüchtigen Moment. Um diesen Moment aber bis ins Unendliche zu inflationieren, steht eine ganze audiovisuelle Apparatur bereit. Sie läßt unzählige solcher Momente über die Bildschirme huschen und richtet die Wahrnehmung auf die nachhaltigen unter ihnen ab, diejenigen, die «Sensation machen»: so hervorstechen, daß sie eine bleibende Empfindung und Wahrnehmung überhaupt noch hervorrufen. Eine Flut massenmedialer Reize wetteifert darum, zu diesen Sensationen zu gehören. Niemand ist mehr erhaben über sie. Noch der vornehmste Intellektuelle, der nur Naserümpfen für sie übrig hat, kann sich nicht so weit vermauern, daß die Richtung seiner Aufmerksamkeit, die Wahl seiner Themen und Worte, das Tempo und der Rhythmus seines Denkens ganz unbehelligt von ihnen bliebe. Kurzum, es ist Zeit, von einer «Sensationsgesellschaft» zu sprechen.

Dies Wort soll hier allerdings nicht den Eintritt der Menschheit in eine neue Epoche suggerieren, so wie es «postindustrielle», «postmoderne», «Risiko-» oder «Informationsgesellschaft» taten – lauter aufmerksamkeitsheischende, irreführende Schlagworte. Als ob die hochtechnisierte Gesellschaft auch nur im geringsten aufgehört hätte, industriell zu sein, nur weil ihre Maschinerie nicht mehr schnauft und dampft und von schwitzenden Proletariern bedient wird, sondern mit mikroelektronisch vervielfachter und verfeinerter Produktivität in alle Arbeitsgebiete vordringt. Als ob eine Gesellschaft, die täglich ihr technisches Arsenal und Design modernisiert und schneller denn je ihr Kapital umschlägt, nicht mehr modern wäre, nur weil sie ihre Organisations-, Umgangs- und Ausdrucksformen gelockert hat, nicht mehr baut wie das Bauhaus, nicht mehr kommuniziert wie Bürgertum und Arbeiterbewegung, nicht mehr den Lebensstil, den Geschmack, den Fortschrittsoptimismus der Großelterngeneration pflegt. Als ob unwägbare Risiken erst das ganz Besondere unserer Zeit und die von wilden Tieren, Seuchen und Hungerkatastrophen heimgesuchten archaischen Gesellschaften nicht auch schon Risikogesellschaften gewesen wären. Als ob es erst seit Ende des 20. Jahrhunderts auf Information ankäme, die Ausbildung eines zuverlässigen Nachrichtensystems nicht schon die Entstehung des Fernhandels begleitet hätte oder man heute gar «wissender» sei als früher, nur weil man unablässig mit audiovisuellen Eindrücken überschwemmt wird. Neuerdings geht, unter dem Eindruck einer globalen fundamentalistischen Offensive, auch noch das Wort von der «postsäkularen Gesellschaft» um. Als sei Säkularisierung je schon irgendwo auf der Welt eine vollendete Tatsache gewesen, die ein religiöses *roll back* nun rückgängig macht; als habe Säkularisierung ausschließlich und geradlinig den Kehraus der Religion aus dem Gesellschaftsvertrag betrieben und nicht von Anfang an auch schon sich selbst *hinter*trieben, nämlich eine neue Schicksalsinstanz etabliert, die bisweilen so unerforschlich verwirft und annimmt wie ein calvinistischer Gott und ihren eigenen Kult und Weihrauch um sich verbreitet: den Weltmarkt.

Der Drang, neue Gesellschaftstypen auszurufen, ist ein typisches Merkmal der Sensationsgesellschaft, und die ist nicht neu. Sie braut sich seit Jahrhunderten zusammen. Auch wurde sie längst beim Namen genannt: *Gesellschaft des Spektakels*. Guy Debord, der Kopf jener «Situationistischen Internationale», die mit ihrer schrägen Verbindung von Marx und ästhetischer Avantgarde einen wahrhaften Farbtupfer im grauen Marxismus der fünfziger und sechziger Jahre darstellte, hat unter diesem Titel das massenmediale Spektakel als transformiertes Jahrmarktsspektakel, die audiovisuelle Aufmerksamkeitserregung als fortgeschrittenes Warenanpreisen, den Bildkult als ästhetisierten Warenfetischismus, die Moderne als Gipfel des Archaischen gebrandmarkt[1] – und damit geradezu eine Themenliste des hier zu Verhandelnden erstellt. Allerdings in Gestalt eines Raum, Zeit und Geschichte genialisch überfliegenden Entwurfs, der kaum irgendwo analysierend verharrt und feste Bodenhaftung bekommt – als sei das auch gar nicht mehr nötig, die gesellschaftskritische Grundlagenarbeit längst geleistet, sattsam bekannt, was Kapitalismus und Warenfetisch sind, und nur noch erforderlich, deren jüngste Vermummungen zu durchschauen. Das ist viel zu arglos. So gewiß man schon einen Begriff vom Kapitalismus haben muß, um seine Wandlungen zu begreifen, so wenig ist seine spektakuläre Ästhetisierung nur ein neues Gewand, das man lediglich abzustreifen bräuchte, um ihn als den altbekannten zu «entlarven». Sie ist ihm selbst angewachsen, ist seine Haut, nicht seine Hülle – und nötigt dazu, selbst die Begriffe, die den Ruf haben, ihn am präzisesten zu fassen, neu durchzubuchstabieren. Fetischismus ist nicht mehr das, was er war, wenn er in der Fixierung des menschlichen Sensoriums auf Spektakuläres besteht. Die Auslaugung dieses Sensoriums durch audiovisuelles Trommel-

[1] G. Debord, *Die Gesellschaft des Spektakels*, 1967, dt. Hamburg 1978

feuer verändert den Bedeutungsradius von Ausbeutung beträchtlich. Und wenn dies Trommelfeuer schließlich beginnt, die elementaren nervlichen Verbindungsleistungen aufzurühren, die den anthropologischen Bodensatz aller Kultur ausmachen, dann gewinnt das Wort «Aufruhr» eine Bedeutungsnuance, die im sozialistischen Vokabular nie vorgesehen war. Dies alles ist im Preis des Spektakels inbegriffen und verlangt ebenso nach neurophysiologischer, psychoanalytischer und theologischer Erhellung wie nach geschichtsphilosophischer und gesellschaftstheoretischer. Eigentlich macht der folgende Text bloß ernst mit der *Gesellschaft des Spektakels*. Er arbeitet den gleichnamigen Entwurf aus – allerdings so, daß kaum etwas davon übrigbleibt.

Das erste Kapitel gibt ein Panorama aktueller Sensationsphänomene. So kurzlebig sie jedoch sein mögen: sie haben einen langen Vorlauf. Um zu begreifen, was darin an Angesammeltem und Aufgestautem zum Ausdruck und Ausbruch kommt, muß man freilich weit ausholen. Das zweite Kapitel verfolgt daher die allmähliche Bedeutungsverengung im Sensationsbegriff von der Renaissancezeit bis zur Französischen Revolution und liest daran einen sozialen Konstitutionsprozeß ab: wie die moderne Gesellschaft sich zu einer Erregungsmasse formiert hat. Was so aus neuzeitlicher Sicht als schwungvolle semantische und soziale Vorwärtsbewegung erscheint, erweist sich allerdings, wenn man noch weiter ausholt und eine menschheitsgeschichtliche Perspektive einnimmt, unversehens als Rückwärtsgang in graue Vorzeit. Davon handelt das dritte Kapitel. Nur um schlechterdings Aufsehenerregendes, Aufmerksamkeitsheischendes, nämlich um Mark und Bein durchfahrende Ursensationen herum hat sich das spezifisch menschliche Sensorium einst bilden können. Deren ebenso erschütternde wie konstituierende Gewalt hat einen theologischen Namen: Epiphanie des Heiligen. Das vierte Kapitel zeichnet nach, wie diese Epiphanie sich in der Moderne bis zur Unkenntlichkeit vervielfältigt und inflationiert hat: in audiovisuellen Schocks. Die werden, so zeigt das fünfte Kapitel, wie Injektionen verabreicht. Sie machen das Nervensystem von Sensationen abhängig – süchtig. Sucht aber ersehnt viel mehr, als Suchtstoffe ihr geben können. In dem Maße, wie sie zur allgemeinen gesellschaftlichen Verfassung wird, ist sie theologisch, ja messianisch zu begreifen: als Zufluchtstätte der Utopie.

Nichts ist vordergründiger und nichts abgründiger als Sensationen. Wer ihnen auf die Schliche kommen will, wird schließlich bis in «die letzten Dinge» hineingezogen.

I. Paradigma der Sensation

Nachrichten-Hochdruck

«BILD sprach zuerst mit der Leiche»: so lautete in den sechziger Jahren ein Witz über ein deutsches Boulevardblatt, dessen Reporter schon damals bei allen Unfällen, Verbrechen, Skandalen und Naturkatastrophen besonders effektvoll zur Stelle und Meister im Aufbauschen waren. Der Witz von damals ist längst keiner mehr – nicht einmal mehr eine nennenswerte Übertreibung. Seit Geiseln vor laufender Kamera interviewt werden, während ihnen der Kidnapper die Pistole an den Kopf hält, seit Tränen, Schreie und Gestammel von Schwerverletzten und unter Schock Stehenden *live* in die Wohnzimmer dringen, werden zwar nicht Leichen, wohl aber Todgeweihte und knapp Entronnene vielfältig vernommen. Einem neugierigen Publikum den Tod vorzuführen, indem man die Gesichter zeigt, auf denen er sich spiegelt, und die Stimmen hörbar macht, die vor ihm zittern, gehört zu den widerwärtigsten Exzessen moderner Berichterstattung. Nur handelt es sich dabei nicht um Betriebsunfälle, sondern um Höhepunkte. Der hochtechnisierte Medienverbund treibt selbst auf sie zu. Man sollte meinen, wenigstens das Fernsehen sei inzwischen derart etabliert und allgegenwärtig, daß es nicht mehr nötig habe, mit sensationellen Inhalten nach Publikumsgunst zu schielen – wären da nicht die vielen andern Reporter, Redakteure, Entertainer, Sender und Medien. Sie gestatten keinem, der im Geschäft bleiben will, nachzulassen. Unter Konkurrenzbedingungen ist der Trend zum ständigen Spektakulärer-Werden ebensowenig vermeidbar wie permanente technische Innovation. Gewiß, niemand wird persönlich gezwungen, am Entwickeln neuer Geräte und Aushecken sensationeller Szenarien teilzunehmen. Jeder ist ungefähr so frei, da nicht mitzumachen, wie Odysseus frei war, dem Gesang der Sirenen nicht zu erliegen. Laut Homer gelang ihm das, aber nur, weil er sich am Schiffsmast festbinden ließ und seine Gefährten ihn mit verstopften Ohren am Sirenenfelsen vorbeiruderten. Doch wie soll man fähig sein, einem Sog standzuhalten, der rund um die Uhr wirkt, vor dem man nicht wegrudern kann und der ständig die lautlose Frage stellt, ob man denn tatsächlich Abkopplung vom allgemeinen Informationsfluß, berufliche Stagnation, seelische Verödung oder Arbeitslosigkeit in Kauf nehmen will, nur um sich seiner Anziehungskraft zu widersetzen? Wozu?

Sensationen stehen im Begriff, zu Orientierungsmarken und Pulsschlägen des gesamten sozialen Lebens zu werden. Für einige Berufssparten sind sie es längst. Bekanntlich sind Journalisten und Redakteure damit beschäftigt, Nachrichten zu verbreiten, und das heißt: Nachrichten zu selektieren. Berichten kann man ja vieles: daß es gestern Graupelschauer gab, eine Geldbörse vor dem Fundbüro lag, der Bürgermeister zu spät zur Ratssitzung kam, auf der Hauptstraße beinahe ein Schäferhund überfahren worden wäre. Nur wen interessiert das außer den Betroffenen, vielleicht noch ihren nächsten Angehörigen und ein paar skurrilen Sammlern? Niemanden. Journalistisch gesehen sind diese Nachrichten keine – nicht wert, einem breiteren Publikum durch Zeitung, Radio, Fernsehen oder Internet mitgeteilt zu werden. Und das heißt umgekehrt: Den Namen «Nachricht» verdient strenggenommen nur, was mitteilenswert ist. Und was erfüllt diesen Tatbestand zweifelsfrei? Das, was alle angeht – was auf lateinisch *res publica* heißt: öffentliche Sache. Natürlich sah die im alten Rom, wo der Begriff aufkam, anders aus als heute. «Alle», das waren lediglich alle freien, also alle waffenfähigen Bürger, die über ihren Hausstand, bestehend aus Grund und Boden, Vieh, Sklaven, Hörigen und Blutsverwandten, unbedingte Verfügungsgewalt hatten. Und was «alle» anging, war recht überschaubar. Es bestand zum einen aus wenigen Gesetzen, die dafür sorgten, daß den Göttern die gebührenden Opfer, den Bürgern die Unversehrtheit des Hausstandes zuteil werde, und von ersteren dafür Wohlwollen erwarteten, von letzteren Heerdienst und Beiträge zu den kollektiven Opferdarbringungen verlangten; zum andern aus der möglichst geschickten Anwendung dieser Gesetze zur Abwendung elementarer Bedrohungen durch Feinde und Naturgewalten. Die Ratsversammlung der freien Bürger war daher das Medium, worin die *res publica* verhandelt wurde. Das Existentielle, das in diesem Ausdruck mitschwingt, hört man ihm heute kaum mehr an. Was alle angeht, geht an den Lebensnerv des Kollektivs. Krieg und Frieden, Rechtsbruch und Rechtsspruch, Katastrophe und Rettung: das sind die Urformen der *res publica*. Nicht ungeschickt hat die Existenztheologie des 20. Jahrhunderts hier angeknüpft. Gott, so definiert Paul Tillich, «ist das, was uns unbedingt angeht».[1] Auch wer sich atheistisch genug fühlt, um zu finden, daß Gott ihn gar nichts angehe, muß doch einräumen, daß die Vorstellung von zürnenden und rettenden göttlichen Mächten dort ihren Ursprung hat, wo es um Leben und Tod geht – und daß das Christentum diesen Sachverhalt wie keine andere Religion nachrichtentheoretisch zu wenden wußte. *Evangelium* ist das griechische Wort für die gute Botschaft, die in einem viel weiteren und tieferen Sinne *res pu-*

[1] P. Tillich, *Systematische Theologie*, Bd. I, Stuttgart 1956, S. 19f.

blica zu sein beansprucht als alles, was im alten Rom so hieß. Sie geht buchstäblich alle an, ist die Nachricht schlechthin: die einzige, die menschliche Wesen vom ewigen Verderben errettet. In diesem Glauben jedenfalls machten sich die frühchristlichen Missionare auf den Weg, und etwas von ihrem Sendungsbewußtsein ragt noch bis in die Pionierleistungen des drahtlosen Funks hinein. Der Pfarrerssohn Reginald Aubrey Fessenden trat am Heiligen Abend 1906 vor ein Mikrophon, spielte eigenhändig *O, Holy Night* auf der Geige und las aus der Weihnachtsgeschichte nach Lukas. Das war die erste Radiosendung.[2]

Moderne Nachrichtenmacher müssen oft in Minuten oder Sekunden entscheiden, welche Nachrichten sie bringen wollen. Sie haben wenig Gelegenheit, sich um den theologischen Untergrund ihres Tuns zu kümmern. Aber auch wenn sie wissen, daß *res publica* längst nichts mehr ist, was von einer Ratsversammlung überblickt werden könnte, sondern sich zu einem Flickenteppich von Tausenden von Paragraphen, Tätigkeiten, Meinungen und Interessen verfranst hat, die wiederum hundertfach medial gefiltert und reflektiert werden; auch wenn sie wissen, daß sie nur eine begrenzte Klientel erreichen und nicht gleichermaßen Obdachlose und Börsenmakler, Hausfrauen und Professoren – ganz ohne Vorstellung von einer Nachricht schlechthin ist keiner von ihnen. Sie könnten sonst nicht die geringste Unterscheidung zwischen mehr und weniger Mitteilenswertem treffen. Und das tun sie dauernd. Kein journalistischer Betrieb läuft, ohne vorauszusetzen, daß es Muß-, Soll- und Kann-Nachrichten gibt, keiner ohne einen Grundkonsens darüber, was eine Nachricht auf jeden Fall tun muß: hervorstechen.[3] Alle Redaktionsdebatten gehen nur darum, *wie* sie das tut oder tun soll, und auch hier gibt es einen kleinsten gemeinsamen Nenner: Sie muß neu sein.

Im Englischen heißen Nachrichten *news*. Der Staatsbesuch von gestern fällt heute nicht mehr unter *news*, auch wenn ihn längst nicht alle mitbekommen haben, es sei denn, er endete mit einem Eklat und führte zu Verwicklungen, die ihrerseits als Nachrichten nur verständlich werden, wenn man an ihn erinnert. Aber bloß neu sein genügt nicht. Das Neue muß auch faßbar sein. Eine molekular- oder zellbiologische Entdeckung mag noch so unerhört sein – dem Massenpublikum fehlt das Wissen, um ihren Neuigkeitswert überhaupt schätzen zu können. Sie ist zunächst etwas für Spezialisten. Führt sie aber

[2] Cf. D. Daniels, *Kunst als Sendung*, München 2002

[3] Cf. F. Marcinkowski, *Publizistik als autopoetisches System*, Opladen 1993, S. 104

dazu, daß Lebensmittel gentechnisch behandelt, Lebewesen geklont werden oder ihr Entdecker den Nobelpreis bekommt, dann ist sie etwas, was tendentiell alle angeht – eine Nachricht. Faßbar ist deren Neuigkeit also nur in dem Maße, wie ein Fassungsvermögen für sie da ist: etwas schon Bekanntes, Vertrautes, in bezug auf das sie überhaupt erst als etwas Hervorstechendes erfahrbar wird – sei es das Wissen, das man braucht, um einen Boxkampf, ein Konzert oder eine Theorie als ungewöhnlich beurteilen zu können, sei es das Einfühlungsvermögen, das Flugzeugabstürze oder Erdbeben als etwas aufnehmen läßt, was jedem zustoßen könnte, sei es die Vertrautheit mit der nächsten Umgebung, auf die die Lokalpresse setzt, wenn sie vom Einbruch im Neubauviertel oder vom Schulanfänger-Gottesdienst in der Hauptkirche berichtet. Besonders gut faßbar ist, was sich quantifizieren oder visualisieren läßt. Aktienindex und Fußballergebnisse, Lotto- und Arbeitslosenzahlen, Verkehrs- und Drogentoten-Statistiken sind denn auch Dauerposten der Berichterstattung. Und wenn es gelingt, etwas so Verwickeltes wie den Nahost-Friedensprozeß in ein einziges Bild zu fassen, nämlich das vom Händedruck zwischen Rabin und Arafat, dann ist ein Maximum an Faßlichkeit erreicht. Ein hochkomplexer politischer Prozeß verdichtet sich in einer unüberbietbar anschaulichen Nachricht.

Gerade die aber steht auf der Grenze zur Fälschung. Wie Zahlen, je nach dem Zusammenhang, in den sie gestellt werden, ganz Verschiedenes aussagen können, so kann der demonstrative Händedruck für die Photographen den politischen Durchbruch ebenso ausdrücken wie beschwören oder auch nur vortäuschen. Daß die Verwandlung von Sachverhalten in optimal faßliche Nachrichten ohne Stilisierung, Verkürzung, Verzerrung nicht möglich ist, ist ein altes Medienproblem. Gewöhnlich wird es unter Journalistenethos verhandelt, mit dem Tenor, daß, gerade weil Nachrichten gemacht und nicht bloß übermittelt werden, die Verantwortung der Macher, ihre Verpflichtung zu Wahrhaftigkeit, Genauigkeit, Fairneß besonders groß sei.[4] Doch das Problem reicht viel tiefer. Die Nachrichtenmacher sind nur seine Vorreiter. Der Faßlichkeitszwang, unter dem sie arbeiten, steht im Begriff, zu einem allgemeinen Wahrnehmungszwang zu werden – dank des qualitativen Sprungs, den die Medienentwicklung in der zweiten Hälfte des 20. Jahrhunderts gemacht hat.

Auch wenn Nachrichten immer schon gemacht wurden – zunächst galt dabei, was bei Adorno «Vorrang des Objekts»[5] heißt: Primär

[4] Cf. M. Haller/H. Holzhey, *Medien-Ethik*. Beschreibungen, Analysen, Konzepte für den deutschsprachigen Journalismus, Opladen 1992

war das Ereignis, das für mitteilenswert erachtet wurde. Um seinetwillen traten Medien in Aktion: zunächst Boten, dann, in der Frühzeit des Buchdrucks, fliegende Zeitungen, die anfangs bloß sporadisch erschienen, nämlich immer wenn etwas Mitteilenswertes passiert war. Das mochte dann noch so sehr übertrieben und ausgeschmückt werden – seine Brisanz stand vorher fest. Sie war der Imperativ, es zu verbreiten. «Mitzuteilen, weil wichtig»: das ist der Grundsatz der Nachrichtenlogik. Bis heute gibt es genügend Ereignisse, die ihm gehorchen. Weil es in einem Gemeinwesen alle angeht, wenn feindliche Truppen die Grenzen überschreiten oder Arsen ins Trinkwasser geraten ist, muß es gemeldet werden. Wer solche Meldungen mit dem Hinweis, daß sich ja schließlich nicht alle für Politik und Chemie interessierten, an Fachzeitschriften delegiert, ist die längste Zeit Mitglied einer Redaktion gewesen.

Aber seit im 17. Jahrhundert aus sporadischen Flugschriften allmählich regelmäßig erscheinende Zeitungen wurden, also Wirtschaftsunternehmen, die zusammenbrächen, wenn ihnen der Nachrichtenstoff ausginge, hat eine folgenreiche Umkehrung begonnen. Das Medium muß wöchentlich, später täglich mit Mitteilenswertem gefüttert werden, damit es weiterbestehen kann, und wenn zweifelhaft ist, daß die laufenden Ereignisse alle angehen, muß man *machen*, daß sie es tun. Damit bekommt das Machen von Nachrichten einen neuen Akzent. Es bedeutet nicht mehr nur das Zurechtmachen von brisanten Ereignissen, sondern auch das Brisantmachen von Ereignissen. Der Grundsatz der Nachrichtenlogik treibt seine eigene Umkehrung hervor: «Mitzuteilen, weil wichtig» wird überlagert durch «Wichtig, weil mitgeteilt». Diese Überlagerung ist der systemische Tribut, den die Etablierung von Zeitungsunternehmen und ihr allmähliches Zusammenwachsen zu einem flächendeckenden Informationsnetz gekostet hat. Man mag sie die Perversion der Nachrichtenlogik nennen. Nur darf man eines nicht vergessen: Kein modernes Nachrichtensystem hat ohne sie Bestand. Unter allen gesellschaftlichen Bedingungen bekommt eine Mitteilung zusätzliches Gewicht dadurch, daß ein Bote sie bringt. Unter allen Umständen verleiht Buchdruck Nachdruck. Presse kann nicht sein, ohne das, was sie verbreitet, mit dem Stempel «Wichtig» zu versehen. Banales aufzublähen, Kompliziertes zu vereinfachen, die öffentliche Aufmerksamkeit auf bestimmte Sachverhalte hin- und von andern abzulenken: das gehört zu ihr wie die Ausdünstungen zum Körper. Die verlangen gebie-

[5] Th. W. Adorno, *Negative Dialektik*, Gesammelte Schriften, Bd. 6, Frankfurt am Main 1973, S. 185

terisch Hygiene, aber keine Hygiene schafft sie ab. Und so ist auch der Grundsatz der Nachrichtenlogik nirgends mehr ohne seine Umkehrung anzutreffen. Nur durch sie hindurch hat er sich erhalten – indem sie sich wie eine zweite Filmschicht auf die erste legte und beide einander seither bis zur Ununterscheidbarkeit überblenden.

Die volle Tragweite dieses Vorgangs konnte freilich nicht offenbar werden, solange die Presse erst auf dem Weg zum Massenmedium war. Zunächst zeigte sich ihre Verselbständigung zu einem von Nachrichten lebenden, nach Nachrichten permanent hungrigen System vornehmlich von der emanzipatorischen Seite. Sie trieb die Befreiung von staatlicher Zensur und Herstellung eines freien Nachrichten- und Gedankenverkehrs voran, arbeitete also an der Durchsetzung kostbarster Menschen- und Bürgerrechte mit. Daß bürgerliches Selbständigwerden und die Verselbständigung der Presse untrennbar ineinandersteckten – wer konnte ihnen das sogleich ansehen? Welches Ausmaß eigengesetzlicher Gewalt Massenmedien annehmen können, trat nicht einmal zutage, solange die Presse das einzige war. Zwar war schon zu Beginn des 20. Jahrhunderts durchaus die Ungeheuerlichkeit möglich, daß ein Weltkrieg eher zum Pressespektakel neigte als die Presse zur Offenlegung des Kriegsgrauens, wie Karl Kraus entsetzt feststellte. «Ist die Presse ein Bote? Nein: das Ereignis. Eine Rede? Nein, das Leben.» «Wieder ist uns das Instrument über den Kopf gewachsen. Wir haben den Menschen, der die Feuersbrunst zu melden hat [...], über die Welt gesetzt, über den Brand und das Haus, über die Tatsache und über unsere Phantasie.»[6] Nur daß die Presse kein Instrument, sondern ein Medium ist, dessen Verselbständigung nicht zu verhindern, nur zu zähmen ist. In diesem Punkt hat sogar Kraus, für den die Gewalt der Presse gar nicht zu überschätzen war, die Presse unterschätzt. *Die letzten Tage der Menschheit*, die er in einem durch Presse genießbar gemachten und von einem sensationsgeilen Publikum gierig aufgesogenen Weltkrieg anbrechen sah, muten im Licht des Vietnam-, Golf- und Kosovokriegs eher wie blasse Vorübungen zu Medienschlachten an, in denen Bildschirme den Krieg nicht nur farbig fürs Publikum aufbereiten, sondern als Radarschirme selbst kriegsentscheidend geworden sind.

Überhaupt bedeuten Bildschirme eine große Zäsur. Erst als sie in der zweiten Hälfte des 20. Jahrhunderts mindestens so tief in die Wohnungen drangen wie zuvor nur Zeitungen, ging die Saat ganz auf, die in der wechselseitigen Überblendung von Satz und Gegen-

[6] K. Kraus, *Weltgericht*, Bd. I, Leipzig 1919, Neuausgabe Frankfurt am Main 1988, S. 15

satz, von «weil etwas alle angeht, wird es mitgeteilt» und «weil etwas mitgeteilt wird, geht es alle an» von vornherein steckte. Zum einen eröffnete die audiovisuelle Übertragungstechnik riesige neue Nachrichtenarsenale. Alles, was sich hervorstechend hörbar oder sichtbar machen ließ, war nun potentieller Nachrichtenstoff. Zum andern ließ das sprunghafte Anwachsen der Rohstoffe auch die Zahl der Nachrichtenkanäle zunehmen und erzeugte einen qualitativ neuen Nachrichten-Hochdruck, der dreifach wirkt: als Druck, aus einem gewaltigen Überangebot möglicher Nachrichten blitzschnell die geeigneten auszuwählen; als Druck, sich mit der eigenen Auswahl gegen die Konkurrenz zu behaupten; schließlich als der Druck, mit dem die Nachrichten aufs Publikum abgeschossen werden müssen, damit sie überhaupt haften bleiben und nicht in der allgemeinen Informationsflut untergehen. Und dieser dreifache journalistische Berufsdruck überträgt sich dermaßen aufs ganze Publikum, daß er allmählich zu einem Existenzdruck des modernen Sensoriums wird. Jeder Zeitgenosse, der irgend mithalten will, muß seinerseits blitzschnell aus einem Überangebot von Nachrichten auswählen, ständig achtgeben, daß seine Auswahl konkurrenzfähig bleibt, und sich zu diesem Zweck einem medialen Trommelfeuer aussetzen. Unter solchem Hochdruck bekommt das Hervorstechen von Nachrichten einen neuen wörtlichen Sinn. Es genügt nicht mehr, daß Ereignisse von sich aus brisant sind, reißerisch aufgemacht oder als Schlagzeilen ausgeschrien werden wie früher die Extraausgabe der Zeitung; das audiovisuelle Medium muß all seine artspezifischen Kräfte mobilisieren und die Nachricht mit der Gewalt einer multisensuellen Injektion verabreichen, damit sie dort, wo sie hin soll, auch ankommt: im reizübersättigten Sensorium der Zeitgenossen.[7] An dem, «was uns unbedingt angeht», verblaßt unter solchen Bedingungen der übertragene

[7] Das Wort «audiovisuell» ist irreführend; es placiert das Hören vor dem Sehen. Tatsächlich aber ist die Rangfolge der beiden Sinne umgekehrt. Schon bei Cicero heißt es: «Wir können uns dasjenige am deutlichsten vorstellen, was sich uns durch die Wahrnehmung unserer Sinne mitgeteilt und eingeprägt hat; der schärfste unter allen unseren Sinnen ist aber der Gesichtssinn. Deshalb kann man etwas am leichtesten behalten, wenn das, was man durch das Gehör oder durch Überlegung aufnimmt, auch noch durch die Vermittlung der Augen ins Bewußtsein dringt.» (Cicero, *De oratore / Über den Redner*; übers. v. H. Merklin, Stuttgart 1997, S. 435) Der Niedergang des Radios im Zeitalter des Fernsehens ist eine späte Bestätigung dafür. Er befestigt nur industriell, was seit Jahrtausenden eingeübt wurde. Wenn im folgenden von «audiovisuell» die Rede ist, so ist der Primat des Optischen stets mitgedacht, auch wenn er nicht eigens erwähnt wird.

theologische und politische Sinn; der physiologische Wortsinn tritt erneut hervor. Was betrifft, berührt, ergreift, ist das, was genügend injektionshaft zugespitzt ist, um unser Nervensystem zu affizieren und, sei es auch nur für einen Augenblick, Aufsehen zu erregen: Sensation zu machen.

Umgangssprachlich heißt Sensation heute überall «das Aufsehenerregende». Als das Wort aber aus dem Lateinischen in die europäischen Nationalsprachen überging, stand es ganz generell für den physiologischen Vorgang der Empfindung oder Wahrnehmung – ohne jeden spektakulären Beiklang. Um so bemerkenswerter, daß ausgerechnet der gegenwärtige Nachrichten-Hochdruck, der zu «Sensation» nahezu automatisch «aufsehenerregend» assoziieren läßt, den älteren physiologischen Sinn von Sensation nicht nur überlagert, sondern auch in neuer Weise aufrührt. Wenn nämlich alles, was *nicht* imstande ist, Aufsehen zu erregen, zunehmend in der Informationsflut untergeht, also praktisch nicht wahrgenommen wird, so heißt das umgekehrt: Die Entwicklung geht dahin, daß nur Aufsehenerregendes noch wahrgenommen wird. Wahrnehmung des Aufsehenerregenden wird zur Wahrnehmung überhaupt, der Extremfall von Wahrnehmung zum Normalfall. Wir stehen zwar erst am Anfang dieser Entwicklung, aber dafür, daß sie sich rasant beschleunigt, sorgt schon der globale wirtschaftliche Konkurrenzdruck, der sich im Nachrichten-Hochdruck nur besonders sinnfällig manifestiert.

Entfesselte Werbung

Konkurrenzdruck gehört zum Kapitalismus wie der Blutdruck zum Körper. An sich ist er ein alter Bekannter. Doch Ende der siebziger Jahre bekam er jenen Hochtechnologie-Kick, dessen ganze Tragweite erst allmählich offenbar wird. Es begann in den USA. Selbst dort, im industriell höchstentwickelten Land, hatten ja die Vorkämpfer und Anwälte einer freien Marktwirtschaft den Mund immer etwas voll genommen. Elementare staatliche Infrastrukturleistungen wie Telekommunikation, Post, Bahn-, Bus- und Flugverkehr waren nämlich vom allgemeinen Wettbewerb durchaus ausgenommen. Die Bediensteten dieser Branchen hatten feste Arbeitsverträge und ein gesichertes Einkommen samt Sozialleistungen – auch dann, wenn die Ertragslage zu wünschen übrigließ und die Steuerzahler das Defizit ausgleichen mußten. Unter streng marktwirtschaftlichen Gesichtspunkten kann das nicht angehen, wie übrigens ein knappes Jahrhundert zuvor schon Engels bemerkt hatte. Der erlebte damals, wie die «großen Verkehrsanstalten: Post, Telegraphen, Eisenbahnen» allenthalben verstaatlicht wurden, und interpretierte das so: Wenn der Staat nicht anders kann als selber die Leitung dieser Betriebe zu übernehmen, um der kapitalistischen Wirtschaftsform für ihre Entfaltung stabile Rahmenbedingungen zu gewährleisten, dann stärkt er sich nicht nur, sondern untergräbt sich auch. Sein Tun bedeutet sowohl «ökonomischen Fortschritt» in kapitalistischem Sinne als auch «die Erreichung einer neuen Vorstufe zur Besitzergreifung aller Produktivkräfte durch die Gesellschaft selbst».[8] Lenin hat diesen Gedanken zugespitzt und sich nicht gescheut, «die *Post* als Muster sozialistischer Wirtschaft» auszugeben; «der Mechanismus der gesellschaftlichen Wirtschaftsführung ist hier bereits fertig vorhanden. Man stürze die Kapitalisten, man breche mit der eisernen Faust der bewaffneten Arbeiter den Widerstand dieser Ausbeuter, man zerschlage die bürokratische Maschinerie des modernen Staates – und wir haben einen von dem ‹Schmarotzer› befreiten technisch hochentwickelten Mechanismus vor uns, den die vereinigten Arbeiter sehr wohl selbst in Gang bringen können».[9]

Nun drohte den USA um 1980 von der Post und den andern «großen Verkehrsanstalten» wahrlich kein sozialistischer Umsturz. Trotzdem war man beunruhigt über sie. Der Unruhestifter aber war nicht irgendeine soziale Bewegung, sondern das «Wunder» im kalifornischen *Silicon-Valley*: die Entwicklung einer atemberaubenden neuen Technologie, der schon im Frühstadium deutlich anzusehen war, daß sie in Kürze flächendeckend in Produktion, Verwaltung und Dienstleistung eine Unmenge an Arbeitskräften durch ungleich leistungsfähigere Computer ersetzen würde. Dies «Wunder» nahm die Regierung Carter vor allem unter außenpolitischem Gesichtspunkt wahr: als finale Wunderwaffe im kalten Krieg. Endlich winkte der technische Vorsprung, den die sozialistische Gegenseite nicht mehr aufholen, nicht mehr verkraften würde. Und im Lichte dieser welthistorischen Chance muteten staatliche Einrichtungen, die Minus machen, wenn sie Infrastrukturleistungen für alle erbringen und dafür sorgen, daß jedem Briefe zugestellt, jedem erschwingliche Verkehrsmittel, Telephonzellen, elementare Bildungs- und Versorgungsmöglichkeiten bereitstehen, auf einmal wie Inseln der Mißwirtschaft an, wie Relikte jenes unrentablen Sozialismus, der gerade im Begriff stand, endgültig

[8] F. Engels, *Anti-Dühring*, 1894, Marx-Engels-Werke (MEW), Bd. 20, Berlin 1975, S. 259

[9] W. I. Lenin, *Staat und Revolution*, 1917, Werke, Bd. 25, Berlin 1972, S. 439f.

ausgetrieben zu werden, und als ausfahrendes Gespenst nun selber die Züge eines Schmarotzers annahm. Warum eigentlich, so fragte die politische Administration triumphierend und mit dem Gestus sozialer Gerechtigkeit, sollen Post, Verkehrs- und Telephongesellschaften privilegiert sein und nicht genauso unter Marktbedingungen arbeiten wie General Motors oder IBM? Und so begann, noch unter Carter, dann verstärkt unter Reagan, der Prozeß weltweiter «Deregulierung»[10]: die Privatisierung von Staatsfirmen, Lockerung fester Arbeitsverträge, Senkung von Sozialleistungen, Ersetzung ganzer Berufsgruppen von Sekretärinnen, Telephonisten, Setzern, Druckern, Ingenieuren und Sachbearbeitern bis zum mittleren Management durch intelligente *Software*-Programme, das Absinken eines beträchtlichen Teils der Mittelschicht in kurzfristige Jobs und niedere Dienstleistungen, die Verdrängung der bisher in diesen Sektoren Tätigen in Langzeitarbeitslosigkeit, Drogenhandel und Kriminalität – und reiche Belohnung für das obere Viertel oder Fünftel, dem es gelang, zu «Machern» einer neuen Wirtschaftlichkeit aufzusteigen, die das Kunststück fertigbringt, trotz Massenentlassungen, ja sogar ihretwegen zu boomen. Ihre Zauberformel: *jobless growth*.

Noch ehe die Deregulierung sich in den USA durchsetzte und längst ehe sie in den achtziger Jahren auf Westeuropa und Japan übergriff und den Bankrott der staatssozialistischen Kommandowirtschaft besiegelte, die gegen die mikroelektronisch gesteigerte Wirtschaftskraft endgültig chancenlos geworden war, hatte sie bereits einen mentalen Durchbruch erzielt – ein Tabu durchstoßen, das dem Kapitalismus in eineinhalb Jahrhunderten allmählich wie eine Hornhaut angewachsen war und ihn ebenso gefestigt wie eingeengt hatte: daß bestimmte staatliche Grundleistungen allen Bürgern zustünden und daher kategorisch Schutz vor den Marktgesetzen verdienten. Das leuchtete nun nicht mehr ein. Warum soll es unrentable Dienstleistungen geben? Mit dieser entwaffnend einfachen Frage hob die Deregulierung an. In ihrem Licht hat keine Institution, keine Firma, keine Gruppe ein Daseinsrecht, wenn sie nicht in der Lage ist, sich wirtschaftlich selbst zu

[10] Ein irreführender Begriff. In den USA etwa «geht die Zahl der Verordnungen in Wirklichkeit gar nicht zurück». Gerade «aktuellere technische Neuerungen bedürfen oft einer staatlichen Regelung, bei manchen ist sie sogar notwendig, so zum Beispiel bei der Vergabe von Telekommunikationsfrequenzen. Doch anders als im Gesundheits-, Sicherheits- und Umweltsektor ist das staatliche Eingreifen im *Handel* zurückgegangen und wird auch weiter abnehmen.» (E. Luttwak, *Turbo-Kapitalismus*. Gewinner und Verlierer der Globalisierung, Hamburg 1999, S. 82)

tragen – weshalb seither keine Schule, keine Klinik, keine Haftanstalt vor Unternehmensprüfern sicher ist, die ihr vorrechnen, was sie an Personal und Material einsparen kann. Nicht daß damit sofort alle sozialen Institutionen zu Firmen würden; wohl aber wird allen deutlich gemacht, daß die Firma das Bild ist, nach dem sie inskünftig zu gestalten und an dem sie zu messen sind. Daß McDonalds und Coca-Cola ganze Schulausstattungen finanzieren, um dann in den Pausen den Schülern ihre Erzeugnisse anzubieten, daß Microsoft und Intel den Schulen zu Sonderkonditionen Computer liefern und damit Grundlagen und Ausrichtung des gesamten Bildungsprogramms maßgeblich mitbestimmen, ist längst US-amerikanischer Schulalltag – und gilt weit über die USA hinaus als vorbildlich. In Deutschland kursieren Modelle, nach denen die Schulleiter in Eigenregie geeignetes Personal anwerben sollen, um Schüler in Ausfallstunden und nach Schulschluß, bis ihre berufstätigen Eltern wieder zu Hause sind, zu beaufsichtigen. Ins Eignungsprofil höherer Verwaltungsposten schleichen sich zunehmend Managerqualitäten. Wer die Staatskasse ansieht wie eine Firmenkasse und unablässig schaut, wie er sie entlastet – durch Straffung oder Streichung ineffizienter Arbeitsgänge, durch Einwerben von nichtstaatlichen Mitteln und Arbeitskräften –, der ist der verantwortungsvolle, konkurrenzfähige Staatsbeamte der Zukunft. Einwerben von privaten Firmen und Sponsoren aber heißt sie *um*werben – Werbung machen für die eigene Institution, sie so darstellen, daß die Sponsoren *ihr* die Unterstützung geben statt andern. Und es heißt den Umworbenen neuen Raum für ihre eigene Werbung anbieten. Damit hält Werbung geradezu auf dem Gesetzeswege auch in jenen Teil der Öffentlichkeit Einzug, worin sie bis dahin offiziell nichts zu suchen hatte. Sie wird zu einem Ferment staatlicher Administration, ohne das ganze Sektoren der Ausbildung und Aufbewahrung, der medizinischen Versorgung und Pflege über kurz oder lang kaum mehr funktionstüchtig sein werden, zu einem immer dringenderen Desiderat beruflicher Qualifikation – und damit zu einem zentralen Faktor im allgemeinen Sozialverhalten: zu einem Hauptkriterium für «kommunikative Kompetenz».

Ausgerechnet in dieser neuesten Wendung aber tritt der älteste Wortsinn von «Werbung» wieder hervor. Das altdeutsche «Werben» heißt laut Grimms *Deutschem Wörterbuch* «sich drehen» – und zwar um etwas. Das kann eine Sogstelle im Wasser sein, um die sich ein Wirbel dreht, ein Gelenk, eine Angel oder Achse, aber auch eine Frau, wenn ein Mann sie umwirbt, ein Mann, wenn eine Armee ihn anwirbt, oder aber auch ein kostbares Gut, dessen professionelles Erwerben und Vertreiben nicht von ungefähr den Namen «Gewerbe» annimmt. «Werben» – sich drehen oder kümmern um etwas, sich umtun, mit etwas oder jemandem umgehen, handeln, Geschäfte treiben – hatte im ausgehenden Mittelalter einen ähnlich weiten Bedeutungsradius wie das, was heute «kommunikatives Handeln» heißt. Die Beschränkung des Wortsinns aufs Kommerzielle, auf nichts als das ausgeklügelte Anpreisen von Waren ist eine Engführung des 19. und vor allem des 20. Jahrhunderts – und nicht ohne Witz, daß gerade im Zustand äußerster Verengung die Bedeutung von «Werbung» erneut ins Allgemeine umschlägt. Genau wie bei «Sensation»! Produktwerbung wird zu Werbung überhaupt wie die Wahrnehmung des Aufsehenerregenden zu Wahrnehmung überhaupt. Mehr denn je verfolgt Werbung nur den einen banalen Endzweck, Waren ein unwiderstehliches «Kaufe mich» sprechen zu lassen. Aber gerade dadurch wird dies «Kaufe mich» zum Angelpunkt, um den sich die gesamte Kommunikationskultur neu formiert. Mit andern Worten: Je hemmungsloser Werbung ihren Endzweck verfolgt, desto weniger geht sie darin auf.

Freilich schlägt diese Pointe erst im Zeitalter der Deregulierung voll durch. Besonders gut läßt sie sich am Europa der achtziger Jahre studieren, wo nach US-amerikanischem Vorbild das System öffentlich-rechtlichen Rundfunks und Fernsehens durch private Konkurrenz unter Druck gesetzt wurde, die sich ausschließlich aus Werbeeinnahmen finanzierte, die staatlichen Sender ebenfalls in den Kampf um Sponsoren und Einschaltquoten hineinzog[11] – und dabei jenes qualitative Umschlagen der Bedeutung von Werbung und Sensation beförderte, das zu den vielleicht beredtesten Wahrzeichen der Jahrhundertwende gehört. Es macht einen entscheidenden Unterschied, ob Werbung bloß ein Zubehör des Sendebetriebs ist oder seine Lebensbedingung, ob ihre Spots Lückenfüller zwischen den Sendungen sind oder die sie tragende, zusammenhaltende Kraft.

[11] «In Italien hat der Umschwung zum Mischsystem zuerst begonnen, in anderen Ländern erfolgte er langsamer. Der das Privatfernsehen in Italien beherrschende S. Berlusconi ist wie F. Bouygues, der Haupteigner von TF 1 in Frankreich, Branchenfremder. Beide kommen aus der Bauindustrie und zeigen mit ihren Einkäufen beim Fernsehen dessen starke wirtschaftliche Attraktivität [...] Mit TF 1 hat Bouygues das für den Staat nicht mehr rentable Haus wegen berechtigter Hoffnungen auf wirtschaftliche Gewinne gekauft. Ein Paradox? Nur scheinbar. Öffentliche Sender unterliegen sehr viel strengeren Werbebeschränkungen als private. Der Staat verkauft einen Sender wegen roter Zahlen, wohingegen die Käufer innerhalb kurzer Zeit hohe Gewinne erzielen. Werbung macht's möglich.» (R. Kloepfer/H. Landbeck, *Ästhetik der Werbung*. Der Fernsehspot in Europa als Symptom neuer Macht, Frankfurt am Main 1991, S. 30)

Und wo die Selbstgewißheit einer solchen Kraft am Werk ist, da treten die gesetzlichen Beschränkungen für Werbung zurück, da nimmt Werbung die Rolle eines Trendsetters für kommunikatives Handeln und ästhetischen Ausdruck an. Nicht von ungefähr fingen im Zeitalter der Deregulierung renommierte Filmregisseure an, Werbespots zu drehen: Polanski für Bier, Zeffirelli für Pelze, Fellini für Spirituosen, Godard für Jeans – ein Sachverhalt, der sich auf Korruption und Umfallen von künstlerisch-kritischer in kommerziell-konformistische Bildgestaltung keineswegs glatt reduzieren läßt. So sehr die Genannten dabei nach Geld geschielt haben mögen – sie begriffen auch, daß der Spot, die Zusammendrängung audiovisueller Wirkung auf einen minimalen Zeitraum, eine ästhetische Herausforderung ersten Ranges darstellt. Der Reiz, der davon ausgeht, ist etwa der, den Nietzsche verspürte, als er notierte: «mein Ehrgeiz ist, in zehn Sätzen zu sagen, was jeder Andere in einem Buche sagt – was jeder Andere in einem Buche *nicht* sagt ...»[12] Übertragen in die deregulierte Sichtweise eines Medien-Unternehmers, des Chefs von Gallimard-Jeunes, lautet dies Diktum ein Jahrhundert später dann so: «Wenn es ein Genie der heutigen Ecriture gibt, dann ist es die Kürze, die Ballung, der Biß. So gesehen zählen viele Werber zu den größten heutigen Schriftstellern.»[13] Und die aufwendige Auswertung von 8500 Fernsehspots aus Westeuropa, die Rolf Kloepfer und Hanne Landbeck vorgelegt haben, zeigt, wo der Genius von Kürze und Biß am meisten blüht. «Frankreich hat eine eigene Spotkultur, die 1985 bereits ein Niveau hat, das die Bundesrepublik erst Jahre später erreicht.» «Der Stil, der Gag, die Pointe, der Einfall, der Effekt, die Novität – alles diskursive Kategorien – bestimmen den Spot [...] Und nichts ist spannender als der Eros, der unendlich konjugierbar erscheint; hautnah und technologisch, utopisch in einem High-Tech-Frankreich und schäferstündlich in der *douce France*, ubiquitär-urban-rasant, so daß das Auge überfordert wird, und plötzlich zeitlosnahe, in Admiration eines Details: die Ewigkeit eines Augenblicks, das Sublime einer Körperlandschaft, die Unendlichkeit des changierenden Blau eines Lidschattens.» «Der französische Spot weist extrem viele Schnitte auf. [...] Hier wird mit allem gespielt, was gut und teuer ist: Alle Kamera-, alle Sound-, alle elektronischen Mischtechniken, alle Genres des Fernsehens und andere Medien, alle Künste überhaupt und alle Formen sprachlichen Raffinements werden

[12] F. Nietzsche, *Götzen-Dämmerung*, Kritische Studienausgabe (KSA), ed. Colli/Montinari, Bd. 6, München 1988, S. 153

[13] Zit. n. R. Kloepfer/H. Landbeck, l. c., S. 127

aufgeboten, um mit der jeweils optimalen Sageweise Zeit zu sparen.»[14]

Verknappung und Verschwendung gehen dabei eine brisante Liaison ein. Optimal für ein Produkt werben heißt weit mehr als es nur anpreisen: eine ganze Wahrnehmungsweise einüben, worin das Angepriesene seinen festen Platz hat. So erst schöpft man die Leistungsfähigkeit des audiovisuellen Mediums voll aus. Blaß und hausbacken wirken demgegenüber die (besonders in Deutschland lange gepflegten) Spots, in denen bloß permanent auf das Produkt gezeigt und von irgendwelchen wohlgekleideten Kennern – Zahnärzten, Rennfahrern, Lebemännern oder Hausfrauen – behauptet wurde, es sei so gut wie unentbehrlich. Wenn hingegen, wie es vor allem die Zigarettenindustrie vorexerzierte, eine Wunderwelt von Sonnenuntergängen, Schluchten, Höhlen, kurvenreichen Körperlandschaften oder schnittigen Autos, Booten, Helikoptern eröffnet und eine Atmosphäre erzeugt wird, die man auch zu riechen, tasten, schmecken glaubt, dann beginnt sich das audiovisuelle Medium in seinem Element zu bewegen. Und wenn schließlich «der Camel-Mann den Marlboro-Mann am Wasserloch trifft und beide das Problem der gelben Zähne mit der besonderen Zahncreme lösen»,[15] dann ist diese Wunderwelt bereits als festes Wahrnehmungsmuster vorausgesetzt, aus dem man spielerisch neue Pointen schlagen kann. Werbung wird selbstbezüglich,[16] selbstironisch, nimmt den Zuschauer nicht länger als aufzuklärenden Dümmling oder naiven Stauner, sondern als aufgeklärten Mitwisser, ja Mitdenker, bei dem man nur noch Erfolg haben kann, wenn ihm der Spot selbst schon etwas von der Lust vorschießt, die er für den Kauf des Produkts in Aussicht stellt. Ein Spot ist dann auf der Höhe des Mediums, wenn er den Tatbestand erfüllt, der auf französisch *nerveux* heißt[17] – wenn er das Nervensystem möglichst umfassend und lustvoll-prickelnd zu einer Wahrnehmungsweise erregt, in die das jeweilige Produkt fest eingebettet ist.

[14] R. Kloepfer/H. Landbeck, l. c., S. 123

[15] Op. cit., S. 215

[16] «Die neue Einstellung vom Suppenspot findet Anwendung für die Kamerawerbung, die Schwarz-Weiß-Masche mit Rätselstruktur für eine unabhängige Zeitung wird innerhalb von Wochen übernommen für einen Schlankheitssnack.» «Das Plakat zu einem langen Spot wird am Ende dieser Entwicklung zum Insert eines neuen Spots.» «Die extreme Entwicklung von künstlichen Gedächtnissen gestattet nicht nur eine größere Vergeßlichkeit, sondern ermöglicht, das Gespeicherte produktiv zu variieren, zu transformieren, zu verfremden, mit archiviertem Material aller Art zu komponieren.» (Op. cit., S. 233 und 232)

[17] Op. cit., S. 122

Vorsicht allerdings mit euphorischen Kurzschlüssen aus diesem Befund. Daß der Werbespot immer opulenter, prickelnder, anspruchsvoller daherkommt, ist wohl ein Trend, aber nichts Ausschließliches. Nach wie vor wird bei bestimmten Produkten und Käuferschichten auf die immergleichen, liebgewordenen Personen und Muster gesetzt, die einfach nur unablässig und mit geringer Variationsbreite Namen und Bild des Produkts einschärfen. Ferner macht der anspruchsvolle Spot die Sinne keineswegs automatisch immer «ästhetischer»,[18] will sagen, immer sublimer, erlebnisfähiger, genießerischer. Mutet sein Großaufgebot ästhetischen Raffinements nicht eher wie ein verzweifelter Versuch an, den um sich greifenden Verlust an Genußfähigkeit zu bekämpfen? Nicht minder vorwitzig, ihn als Beitrag zur Emanzipation auszugeben, nur weil er gelernt hat, die Zuschauer zu fordern und sie mit ihrer eigenen Medienkompetenz anspielungsreich-witzig zu umschmeicheln, statt ihnen bloß Namen und Gestalt von Produkten einzubleuen. Ist es nicht eher ein Zuwachs an Bevormundung, wenn man ganze Wahrnehmungsmuster und -weisen sanft eingesenkt bekommt statt einzelne Waren eingehämmert? Die Tatsache schließlich, daß der Werbespot hohen ästhetischen Reiz hat, zu einem der zentralen Umschlagplätze von Kunst und Kommerz geworden ist, so daß große Filmer sich an ihm erproben und Werbefachleute sich zu großen Filmern mausern, nötigt noch keineswegs dazu, das ganze Genre als «neue, besondere Kunstform»[19] auszurufen. Wohl kommt es vor, daß ein Spot künstlerische Qualität hat. Aber hat er sie, weil oder obwohl er Produktwerbung macht? Sofern er wirbt oder sofern er mehr tut als werben? Ist der Spot selbst die Kunstform oder nur ihr Material und Stimulus? Solche Fragen erst gar nicht stellen, statt dessen ignorieren, welche Unmengen an Ausschuß die Spotproduktion mit sich bringt: das ist nur eine andere Art, der Werbung aufzusitzen.

Um so schwerer wiegt der Werbespot als neue Mitteilungs- und Wahrnehmungsweise. Nirgends kommt klarer heraus, was Nachrichten-Hochdruck ist, als an ihm – ökonomisch, ästhetisch, physiologisch. Den Bruchteil einer Minute bekommt eine Firma gewöhnlich als Sendezeit, zahlt dafür Zehn- oder Hunderttausende, je nach Einschaltquote des Senders, und muß nun ihre teure Botschaft in die

[18] Was den Wahrnehmenden «so aktiviert, daß er seine Potenz erfährt», was «mich angemessen sehfähig, hörfähig oder sonstwie geeignet erleben läßt, was mir den Sinn für etwas öffnet oder gar entwickelt, das ist ästhetisch» (R. Kloepfer/H. Landbeck, l.c., S. 26).

[19] Op. cit., S. 15

wenigen eingeräumten Sekunden pressen. Da gilt es genauestens auszutüfteln, welche Bilder und Töne im Nu eine Atmosphäre der Behaglichkeit, des Prickelns, Begehrens oder Neides aufbauen, welche Zeichen und Schnitte den Affekt steigern, stauen oder entladen – kurzum, der ungeheure Kosten- und Zeitdruck macht aus der audiovisuellen Produktwerbung ein ästhetisch-psychologisch-physiologisches Laboratorium zur Erprobung der prägnantesten Mitteilungsweisen. Wer vermag schon aus dem Stegreif das, was ihm am Herzen liegt, so wohldosiert und punktgenau auszudrücken wie ein gelungener Spot. So konnte es gar nicht ausbleiben, daß er Modellcharakter bekam. «Der qualitative Wandel besteht darin, daß Spots nicht einfach Nachrichten nachmachen, sondern vormachen, wie man Information am ökonomischsten weil intensivsten herüberbringt.»[20] Politiker sehnen sich danach, das, was sie durchsetzen wollen, mit der Kürze, Prägnanz und Eindringlichkeit eines Werbespots mitzuteilen. Nachrichtensendungen werden daraufhin überprüft, wie weit sie diesem Ideal genügen, ein ganzes Genre von Kurzfilmen, -nachrichten, -sportsendungen, -dokumentationen ist nach seinem Vorbild entstanden. Der Werbespot wird unter deregulierten Wirtschaftsbedingungen zum Regulator der Information. Unter allgemeinem Nachrichten-Hochdruck ist er es, der die Standards wirkungsvoller Mitteilung prägt.

Defiziente Systemtheorie

Aber Werbung und Nachrichten sind doch nicht dasselbe! Das sagen nicht nur die Programmplaner, das suggerieren nicht nur die Fernsehillustrierten; Luhmanns Theorie der Massenmedien zieht sogar alle systemtheoretischen Register, um das plausibel zu machen. Sie nimmt Nachrichten, Werbung und Unterhaltung als «drei Programmbereiche», die «separat behandelt» gehören, und räumt nur «wechselseitige Anleihen» zwischen ihnen ein, z. B. wenn «Sachinformation zur Einkleidung von Werbung benutzt wird». «Auch Berichte werden vom Stil oder von der Bildfolge her mit Momenten der Unterhaltung angereichert, um nicht zu langweilen. Dennoch ist normalerweise [...] leicht zu erkennen, welcher Programmbereich das Produkt dirigiert.»[21] Das stimmt natürlich – vordergründig.

[20] Op. cit., S. 229

[21] N. Luhmann, *Die Realität der Massenmedien*, 2. erw. Aufl., Opladen 1996, S. 117f.

Noch greifen bestimmte äußere Unterscheidungskriterien. Schon Kinder merken gewöhnlich, daß der Camel-Mann, der Nachrichtensprecher und die Belegschaft der *Lindenstraße* verschiedenen Sendearten zugehören, von denen man Verschiedenes erwartet. Von Nachrichten verlangt man, daß sie tatsächlich Geschehenes oder Geschehendes mitteilen. Von Werbung nicht. Sie «sucht zu manipulieren, sie arbeitet unaufrichtig und setzt voraus, daß das vorausgesetzt wird». Sie «deklariert ihre Motive. Sie raffiniert und verdeckt sehr häufig ihre Mittel.» Ihr Adressat «wird dann erkennen, daß es sich um Werbung handelt, aber nicht: wie er beeinflußt wird. Ihm wird Entscheidungsfreiheit suggeriert, und das schließt ein, daß er von sich aus will, was er eigentlich gar nicht wollte.»[22]

Luhmanns Schärfe, sowohl im Urteil über Werbung als auch in deren Abgrenzung von den Nachrichten, verliert sich allerdings, sobald er Unterhaltung umreißt. Eine «zweite Realität» nennt er die: «aus der normalen Realität ausgegliedert»[23] und als Sonderbereich «optisch oder akustisch markiert»[24]. Das soll wohl heißen, daß hier weder der Verkaufsdruck der Werbung noch der Realitätsdruck der Nachrichten besteht, sich vielmehr eine unverbindliche, zu nichts verpflichtende Sphäre von Texten, Bild- oder Tonsequenzen auftut, in die man nach Wunsch ein- und aussteigen, in der man sich verlieren und wiederfinden kann. Der Haken ist nur, daß man sich zu Nachrichten oder Werbung längst genauso verhalten kann. Die Unterscheidung von «normaler» und «zweiter» Realität ist ohne jede Trennschärfe, erst recht aber die folgende Definition: «Unterhaltung ermöglicht eine Selbstverortung in der dargestellten Welt.»[25] Das könnte genausogut für Religion, Kunst, Wissenschaft, Recht oder Politik gelten. Die aber stellen nach Luhmann eigene Systeme vor und sind von Unterhaltung strikt geschieden. Was das eine System ausmacht, kann nicht das andere ausmachen, was in eines gehört, kann nicht zugleich und in derselben Hinsicht ins andere fallen.

Prompt stellt sich ein Zuordnungsproblem, das die Systemtheorie begleitet wie der Schatten das Licht. Wenn Nachrichtensendungen wie Werbespots oder Werbespots wie Nachrichtensendungen anmuten, was dann? Dann hat anscheinend eine systemische Fehlleitung stattgefunden. Bestimmte Elemente des einen Systems haben sich ins andere verirrt, und das andere war fähig, sie in seinen «Operations-

[22] Op. cit., S. 85 und 86f.
[23] Op. cit., S. 97
[24] Op. cit., S. 98
[25] Op. cit., S. 115

bereich»[26] zu übernehmen. Solche Fehlleitungen gehören zwar nach Luhmann zur Systembildung und -erhaltung wie die Späne zum Hobeln. Mehr noch: bestimmte Systeme können ohne bestimmte andere gar nicht sein. Das System Gesellschaft etwa bedarf der Systeme Leben und Bewußtsein.[27] Aber wenn bestimmte Phänomene sowohl in dies wie in das System fallen könnten, dann wird es zu einer bloßen Frage des Standpunkts, welchem man sie gerade zurechnet. So z. B. bei Werbung und Wirtschaft. «Die Werbung ist ohne Zweifel ein eigener Markt des Wirtschaftssystems mit eigenen, an Spezialmärkten orientierten Organisationen. Aber sie ist nicht nur das. Denn Werbung muß ihr Produkt über die Eigendynamik des sozialen Systems der Massenmedien realisieren [...] Im Bereich der Werbung ist also die Wirtschaft ebenso auf das System der Massenmedien angewiesen wie dieses auf sie; und es läßt sich, wie typisch für Fälle struktureller Kopplungen, keine sachlogische Asymmetrie, keine Hierarchie feststellen. Man kann nur, wie beim Thermostat, einen kybernetischen Zirkel feststellen, wo es dann vom Beobachter abhängt, ob er meint, die Heizung regele mit Hilfe des Thermostates [sic!] die Temperatur des Raumes oder die Temperatur des Raumes regele mit Hilfe des Thermostates den Betrieb der Heizung.»[28]

Auch ob der Hund mit dem Schwanz oder der Schwanz mit dem Hund wedelt, hängt vom Beobachter ab; dennoch ist entscheidbar, welche Sichtweise die triftigere ist. Ganz wie beim Thermostat übrigens, der wohl Bestandteil der Heizung, aber nicht der Raumtemperatur ist. Der kybernetische Zirkel, für den er das zweifelhafte Beispiel abgibt, paßt schon deshalb nicht auf das Verhältnis von Wirtschaft und Massenmedien, weil er deren gemeinsame, durchaus nicht symmetrische Vorgeschichte verschluckt. Luhmann kennt sie sehr wohl,[29] sieht aber von ihr ab, wo sie zum Störfaktor wird. Systemisch denken heißt offenbar, an entscheidender Stelle nicht genealogisch denken können. Sein Konzept hat einfach keine Verwendung für die Tatsache, daß erst unter frühkapitalistischen Wirtschaftsbedingungen, nämlich der Etablierung von Zeitungen als Firmen, des Sich-Ernährens ganzer Belegschaften von permanenter Nachrichtenzufuhr, sowie des Konkurrenzdrucks, unter dem das geschah, die Verselbständigung der Presse, ihre «operative Schließung», wie das Fach-

[26] N. Luhmann, *Soziale Systeme.* Grundriß einer allgemeinen Theorie, Frankfurt am Main 1987, S. 295

[27] Cf. op. cit., S. 297

[28] N. Luhmann, *Die Realität der Massenmedien*, l. c., S. 122f.

[29] S. u. S. 98.

wort heißt, zu einem massenmedialen System stattfinden konnte. Dies System hat fraglos eine sich zunehmend verstärkende Eigengesetzlichkeit, aber die ist Erscheinungsform, Spezifikation, Ausdruck von weit umfassenderen ökonomischen Zwängen. «Über das Fleisch, das euch in der Küche fehlt / Wird nicht in der Küche entschieden», heißt es bei Brecht.[30] Ebenso wird über den Selbstlauf der Massenmedien nicht in den Massenmedien entschieden. Er hält *sich* am Laufen, solange er am Laufen gehalten *wird* – durch den wirtschaftlichen Druck, der die ganze Gesellschaft zusammenhält und selbst wiederum von den individuellen Nervensystemen hochgehalten wird, die ihm unterstehen. Die Eigengesetzlichkeit der Massenmedien ist also auch Fremdgesetzlichkeit. In der einen Hinsicht ist sie eigen, in der andern nur geborgt, in der einen real, in der andern nur Schein, aber Schein nicht als blauer Dunst, sondern als Erscheinung von etwas, was sie selbst nicht ist, in ihr aber zum Vorschein kommt. Dies simultane Eins- und Unterschiedensein von eigen und fremd, von Sein und Schein, Erscheinung und dem, was darin erscheint, sich darin manifestiert und verbirgt, erfüllt den Tatbestand der *Dialektik*.[31] Der ist für die systemische Denkweise ungefähr das, was für den Teufel das Weihwasser; rührt er doch an ihr Credo: daß Systemkonstitution die einzig faßbare Form von Realitätskonstitution sei. Wo immer sie systemische, d. h. sich rückkoppelnde, sich selbst reproduzierende und verstärkende Strukturen entdeckt – und die Offenlegung solcher

30 B. Brecht, *Die Mutter*, 1. Szene.

31 Man wagt diesen kompromittierten Begriff kaum mehr zu nennen, aber man wird ihn nicht los – genausowenig wie den Begriff «Erscheinung», der, kaum daß die Philosophie ihn zugunsten von «Konstruktion» verabschiedet hat, im Corporate Design mit aller Macht wiederkehrt. Jede Firma und Institution verlangt heute nach einem *Erscheinungsbild*. Damit ist die Dialektik unweigerlich wieder auf der Tagesordnung. Wer Erscheinung sagt, kann sich drehen und wenden wie er will; er kommt nicht umhin, etwas zu unterstellen, *wovon* die Erscheinung Erscheinung ist. Damit ist keineswegs schon gesagt, daß dieses «Wovon» ein höheres, tieferes oder ewiges «Wesen» oder «Ansich» sei, worüber sich die Erscheinungswelt wie ein flüchtiger Schleier legt. Zugegeben, so ist Dialektik lange Zeit gedacht worden. Aber das ist ihre historische Hypothek, nicht ihr Nerv. Gerade an neuerer Semiotik und Sprachphilosophie, die die Dialektik zu den metaphysischen Altlasten rechnen, ließe sich das zeigen. Worte und Zeichen *bedeuten* etwas. Damit sind sie bereits dialektisch verwickelt. Sie stehen für etwas, was sie nicht selbst sind, aber repräsentieren, für etwas, was in ihnen sowohl abwesend als auch anwesend ist. Das «Signifikat» ist nie unmittelbar zu haben. Es erscheint nirgends als im «Signifikanten» – ein hochdialektischer Sachverhalt, ohne daß dem «Signifikat» deshalb irgendwelche höheren Attribute wie Ansichsein oder Ewigkeit angehängt werden müßten.

Strukturen ist ihr großes Verdienst – da befindet sie sich auch im *status confessionis*: im Glauben, auf dem sicheren Boden konsistenter Realität zu ruhen. Daß diese Realität, die einzige, die sie für bare Münze nimmt, in bestimmter Hinsicht auch Falschgeld sein könnte – davon will sie nichts wissen. Folglich nimmt sie Werbung bereitwillig als das, was durch die Verengung auf Produktwerbung daraus geworden ist, Unterhaltung unbesehen als das, was sich unter diesem Etikett als Programmbereich eingespielt hat, ohne an die ökonomische Bedeutungsnuance von «Unterhaltenwerden» oder die Herkunft dessen, was da unterhalten soll, aus Spiel, Schaustellung, Fest, Ritual auch nur einen Gedanken zu verschwenden – oder an der Autonomie des Systems Massenmedien den geringsten Zweifel zu hegen.

Man kann mit Systemtheorie so gut wie alles erfassen; systemische Mechanismen kommen fast überall vor. Und man ist ein getreuer Schüler Luhmanns und tut in logischer Hinsicht nicht einmal etwas Falsches, wenn man das christliche Credo als Reduktion von Komplexität, den Nationalsozialismus als operative Schließung des deutschen Volkes, die Shoah als Prozeß der Selektion, Liebesverhältnisse als Kopplungen oder Geburten als Entkopplungen bestimmt. Doch was erfaßt man damit vom jeweiligen konkreten Sachverhalt? Ein Strukturgerippe, das er mit zahllosen andern organischen und sozialen Phänomenen gemeinsam hat und gerade *nicht* das Besondere, Bewegende, Bedeutende an ihm ausmacht, zwar unerläßlich für das Funktionieren der jeweiligen Sache ist, aber keineswegs die Sache selbst.[32]

[32] Letzteres behauptet die Systemtheorie auch nicht, aber sie kokettiert ständig damit. Ihr bescheidener Gestus, nichts zu tun als bestimmte systemische Abläufe so genau wie möglich zu beschreiben, hat die durchaus prätentiöse Kehrseite, daß alles, was sich in diesen Beschreibungen nicht fassen läßt, auch nichts Greifbares sei: das Realitätsuntüchtige, Unwissenschaftliche, Sinnlose am Sachverhalt, worüber man zwar viel schwadronieren kann, aber daher besser schweigt. Und das heißt umgekehrt: Sinn, Halt, Fundament haben Sachverhalte durch ihre systemischen Mechanismen. Denen fehlt jegliches Warum und Wozu; sie stehen für nichts als sich selbst; sie bedeuten nichts, sondern sind einfach bloß da. Ihre Verlaufsform hat keinen höheren Sinn, weil sie selbst der Sinn *ist* – der einzig faßbare und damit der einzig reale. Mit andern Worten: Sinn ist systemisch. Die Systemtheorie konstatiert ihn, das System stiftet ihn. In dem Punkt verhalten sich beide zueinander wie Theologie und Gott. Dazu paßt die systemtheoretische Sicht der Religion bestens. Ihre Funktion «liegt in der Bereitstellung letzter, grundlegender Reduktionen, die die Unbestimmtheit und Unbestimmbarkeit des Welthorizontes in Bestimmtheit oder doch Bestimmbarkeit angebbaren Stils überführen» (N. Luhmann, *Religion als System*, in: K.-W. Dahm/N. Luhmann/D. Stoodt, *Religion – System und Sozialisation*, Darmstadt und Neuwied

Die Systemtheorie erfaßt von allem etwas; dabei entgeht ihr von vielem das Entscheidende. Ans Spezifische des Nachrichten-Hochdrucks etwa reicht ihr Instrumentarium erst gar nicht heran. Ihn auf das System Massenmedien verrechnen heißt seinen ökonomischen Ursprung verkennen; ihn unter Wirtschaft verbuchen heißt seine me-

1972, S. 11). So gesehen hat Religion von jeher nur getan, was alle Systeme tun: sich durch Selektionsprozesse und Reduktion von Komplexität gegen eine überkomplexe, diffus erfahrene Umwelt abgegrenzt, sich operativ geschlossen und verselbständigt zu einem mit sich selbst rückgekoppelten und sich weiter ausdifferenzierenden Ereignisablauf. Soziale Systeme sind zunächst religiöse. Das Religionssystem ist das System schlechthin – seine ursprüngliche und umfassendste Form, freilich auch seine undifferenzierteste und infantilste. Die Umwelt, aus der es sich herausarbeitet, ist nicht irgendeine, sondern der Welthorizont selbst, nicht nur etwas Unbestimmtes, sondern das Unbestimmte schlechthin: das, was bei Anaximander *apeiron* heißt. Es ist allerdings auch das Unheimliche, Bedrohliche schlechthin. Die theologische Anstrengung, es «in Bestimmtheit» zu «überführen», ist der Versuch, diesen ungeheuren Welthorizont einzuziehen – hinein in ein allumfassendes geheueres göttliches Walten. Gott erträgt keine Umwelt. Sie ist das *tohuwabohu*, das in der göttlichen Schöpfung zu verschwinden hat. Nichts darf draußen bleiben. Das System soll nicht *etwas in* der Welt sein, sondern das Weltganze selbst. Damit überhebt und untergräbt sich das Religionssystem. Es kann bei seinen Allmachtsphantasien nicht bleiben. Es wird, wie Uranos und Kronos, depotenziert durch seine eigenen Kinder, die es im Zuge seines Erwachsenwerdens, auch «Ausdifferenzierung» genannt, notgedrungen hervorbringt: Politik, Recht, Wirtschaft, Wissenschaft. Sobald sie entwöhnt sind und auf eigene systemische Füße zu stehen kommen, gehen sie daran, den überspannten religiösen Universalsinn zu dementieren und auf einen bescheideneren, aber dafür um so haltbareren Partialsinn zu reduzieren. Sinn wird abgespeckt auf systemische Selbstläufer, die sich selbst speisen und stabilisieren – egal, durch welche Inhalte. Aber der abgespeckte Sinn bleibt nichtsdestoweniger Weltsinn – der einzige Sinn, den es in der Welt gibt. Und so produziert die Systemtheorie eine Art umgekehrten *Deus absconditus*. Nicht den verborgenen Gott Luthers, der in unzugänglichem Lichte wohnt, unerreichbar fürs Fassungsvermögen der menschlichen Vernunft und nur im Evangelium und Glauben offenbar, sondern einen allzu erreichbaren. Er fällt mit systemischer Rationalität so vollkommen in eins, daß gar nicht mehr auffällt, wie sehr er immer noch Gott ist. Er versteckt sich perfekt durch sein vollkommenes Offenbarsein wie *Der stiebitzte Brief* bei Poe. Freilich gelingt ihm dies Meisterstück der Selbstverbergung nur deshalb so gut, weil er ein aufs Äußerste abgespeckter Weltsinn ist: zum Gerippe seiner selbst. Der systemtheoretische Witz besteht nun darin, dies Gerippe allen traditionellen metaphysischen Sinnprätentionen wie ein Triumphzeichen als den einzig haltbaren Weltsinn entgegenzuhalten: *In hoc signo vinces*. Nur so wird an Luhmanns betäubend gelehrtem und umfassendem Gesamtwerk der Ehrgeiz verständlich, Hegel vom Kopf auf die Füße zu stellen: nicht auf die unsicheren sozialistischen, die Marx vorschwebten, sondern auf realitätstüchtige systemi-

dialen, ästhetischen, physiologischen Erscheinungsformen ausblenden. Freilich ist er einerseits bloß der altbekannte kapitalistische Konkurrenzdruck, doch in wie veränderter Gestalt! Durch weltweite Deregulierung hat er einen qualitativ neuen Intensitätsgrad bekommen, sich zugleich durch die explosionsartige Entwicklung neuer Medien vervielfältigt und in einen Mitteilungs- und Wahrnehmungsdruck übersetzt, unter dem die mediale Apparatur nicht minder steht als das Nervensystem derer, die an ihr hängen. Unter diesem Druck beginnt sich das Verhältnis von Nachrichten und Werbung umzukehren. Ausgerechnet der Werbespot, der es mit Fakten und Wahrheit sehr ungenau nehmen darf, wird zum Experimentierfeld prägnantester Mitteilung. Natürlich nicht von tatsächlich Geschehenem, wohl aber von Bildern, Atmosphären, Stimmungen, Assoziationen – jenem *Outfit*, welches den bloßen, blassen Tatsachen die Farbe, Plastizität, Einprägsamkeit gibt, ohne die sie wie von allen guten Geistern verlassen dastehen. Information, die bloße Tatsachen bringen will, droht unterzugehen. Daher ist «Infotainment» gefragt: Anreicherung des Faktischen mit dem Unterhaltungswert, ohne den es der Rede nicht wert ist. Mehr denn je brauchen Tatsachen das Outfit, das sie unter ihresgleichen hervorstechen läßt. Und an dem wird nirgends besessener gearbeitet als in der Werbung. In dem Maße wie Kleider Leute machen, macht Outfit Tatsachen, setzt Werbung allgemeine Maßstäbe für Information. Der Werbespot *kann* Nachrichten simulieren, wenn er sich eine Pointe davon verspricht. Die Nachrichten *müssen* sich nach den medialen Präzisionsstandards des Werbespots richten, wenn sie weiterhin durchdringen wollen. Und da soll man an zwei selbständige, gleichrangige Programmbereiche glauben, die gelegentlich «Anleihen» beieinander machen?

Transformation der Kulturindustrie

Man muß sich ziemlich anstrengen, um das Machtgefälle zwischen Nachricht und Werbung zu ignorieren. Mit der Deregulierung hat es

sche. Auf denen soll die Theorie, ohne länger so windiger metaphysischer Sinnbegriffe wie Gott, Geist, Wesen, Substanz zu bedürfen, endlich das werden, was Hegel für die Philosophie bloß reklamierte: «ihre Zeit in Gedanken erfaßt» (G. W. F. Hegel, *Grundlinien der Philosophie des Rechts*, Werke [ed. Moldenhauer/Michel] Bd. 7, Frankfurt am Main 1970, S. 26). Nur daß im systemischen Weltsinn der aufgeblähte metaphysische nicht verschwunden, sondern bloß eingedampft ist. Gott, Geist, Wesen, Substanz grinsen den Leser weiterhin an: als Totenschädel.

neue Schärfe gewonnen; angelegt aber ist es in der kapitalistischen Gesellschaftsform von Anfang an. Zum Feilbieten von Waren gehört nun einmal deren lautstarkes Anpreisen. Und wenn der Markt, auf dem das geschieht, vom bloßen Umschlagplatz für Güter zur zentralen Vergesellschaftungsinstanz aufsteigt, über die sich die zwischenmenschlichen Beziehungen und Umgangsformen zu regeln beginnen, dann ist es nur eine Frage der Zeit, bis sich das Waren-Anpreisen zu einer eigenen Kommunikationshaltung verselbständigt. Kein Zufall, daß diese Haltung besonders zwei deutsch-jüdischen Emigranten aufstieß, als sie in den USA der vierziger Jahre die volle Wucht dessen erlebten, was sie *Kulturindustrie* nannten: jenes Stadium der Vergesellschaftung, von dem an Kulturgüter nicht mehr nur als Waren *zirkulieren*, sondern massenhaft, wie Brötchen und Glühbirnen, schon als Waren *produziert* werden – mit erheblichen Folgen für Triebregulierung, Wahrnehmung, Denk- und Umgangsformen, aus denen Werbung nicht mehr wegzudenken ist. «Indem unterm Zwang des Systems jedes Produkt Reklametechnik verwendet, ist diese ins Idiom, den ‹Stil› der Kulturindustrie einmarschiert.» «In den maßgebenden amerikanischen Magazinen Life und Fortune kann der flüchtige Blick Bild und Text der Reklame von denen des redaktionellen Teils schon kaum mehr unterscheiden. Redaktionell ist der begeisterte und unbezahlte Bildbericht über Lebensgewohnheit und Körperpflege des Prominenten, der diesem neue fans zuführt, während die Reklameseiten auf so sachliche und lebenswahre Photographien und Angaben sich stützen, daß sie das Ideal der Information darstellen, dem der redaktionelle Teil erst nachstrebt. Jeder Film ist die Vorschau auf den nächsten, [...] wer zu spät kommt, weiß nicht, ob er der Vorschau oder der Sache selbst beiwohnt. Der Montagecharakter der Kulturindustrie, die synthetische, dirigierte Herstellungsweise ihrer Produkte, fabrikmäßig nicht bloß im Filmstudio, sondern auch virtuell bei der Kompilation der billigen Biographien, Reportageromane und Schlager, schickt sich vorweg zur Reklame: [...] Effekt, Trick, die isolierte und wiederholbare Einzelleistung sind von je der Ausstellung von Gütern zu Reklamezwecken verschworen gewesen, und heute ist jede Großaufnahme der Filmschauspielerin zur Reklame für ihren Namen geworden, jeder Schlager zum plug seiner Melodie. Technisch so gut wie ökonomisch verschmelzen Reklame und Kulturindustrie.»[33]

Horkheimer und Adorno mußten nicht erst die Erfahrung der Deregulierung machen, um das zu bemerken. Nur stand ihr ausgepräg-

[33] M. Horkheimer/Th. W. Adorno, *Dialektik der Aufklärung*, Frankfurt am Main 1969, S. 172f.

tes Sensorium für die Reichweite von Reklame zunächst unter den Vorzeichen einer wenig haltbaren ökonomischen Theorie. Sie glaubten damals, daß die Bildung großer Trusts und Monopole das Ende des Markts einläute – und damit die Endzeit des Kapitalismus,[34] wo totalitäre Gewalt das Marktgeschehen zuerst dirigiert, dann diktiert und schließlich substituiert. Kein Wunder, wenn man als Flüchtling vor dem deutschen Totalitarismus und unter dem Eindruck der Nachrichten, die über sein sowjetisches Gegenstück umliefen, sich gleichsam umzingelt fühlte und besonders allergisch war gegen jegliche totalitäre Tendenz – auch gegen die, die in der Monopolbildung ja durchaus steckt. Und so war in der prekären Exilsituation gerade Adornos überfeines Ohr besonders dafür gestimmt, in der Empfehlung, die die Reklame gibt, schon den Befehl, in der aufdringlichen Stimme ihres Sprechers schon den Tonfall des Führerkommandos wahrzunehmen. So hellhörig das war – daß die Monopole im Begriff stünden, den kapitalistischen Markt selbst aus den Angeln zu heben, wird dadurch nicht richtiger. Monopole sind Produkte des Markts. Sie bereinigen ihn, aber sie hebeln ihn nicht aus. Allenfalls modifizieren und spezifizieren sie seine Gesetze, wenn sie wachsen, schrumpfen, zerfallen, durch Auslagerung oder Verkauf ganzer Unternehmensteile, durch vielfältige multinationale Beteiligung an andern Groß- und Kleinunternehmen sich und der ganzen Marktlandschaft ein neues Aussehen geben. Und Reklame wuchert, wie das letzte Jahrzehnt gezeigt hat, nirgends mehr als auf einem deregulierten Markt. Horkheimer und Adorno hingegen nahmen ihre Tendenz zu wuchernder Verselbständigung als Indiz für das Ende des Markts. Auf dem monopolgesteuerten «Pseudomarkt» verliere sie ihre herkömmliche ökonomische Funktion zugunsten einer bloß noch repräsentativen, diene nicht mehr dem freien Wettbewerb um Käufer, sondern bloß noch «der Schaustellung der industriellen Macht». «Reklame wird zur Kunst schlechthin, mit der Goebbels ahnungsvoll sie in eins setzte, l'art pour l'art, Reklame für sich selber, reine Darstellung der gesellschaftlichen Macht.»[35]

Gleichwohl ragt dieser Befund weit über seine markttheoretische Schwäche hinaus. Er hat schon in den vierziger Jahren, also weit vor

[34] «Spätkapitalismus» ist ein Wort, das Adorno noch in den sechziger Jahren bedenkenlos verwendete (cf. Th. W. Adorno, *Spätkapitalismus oder Industriegesellschaft?*, Ges. Schriften Bd. 8, Frankfurt am Main 1972, S. 354) – für eine Phase, die, sollte sich die mikroelektronische Revolution erst einmal ganz durchgesetzt haben, eher wie eine Frühphase anmuten dürfte.

[35] M. Horkheimer/Th. W. Adorno, l. c., S. 171 f.

aller andern Sozialwissenschaft, die Reklame geradezu prophetisch als Prototyp einer die gesamte Gesellschaft durchdringenden Kommunikations- und Umgangsform erfaßt. Allerdings mit einem gewissen endzeitlichen Beiklang, für den erneut die Ohren zu spitzen sind. Wenn Reklame tatsächlich wird, was sie zu werden droht, so Horkheimers und Adornos Prognose, dann ist die Gesellschaft nicht nur ökonomisch ins Endstadium getreten, sondern auch mental am Ende. Vorstellen, Denken, Sich-Ausdrücken – noch die vorzüglichsten menschlichen Tätigkeiten werden dann zu bloßen Funktionen des Warenverkaufs: *verdinglicht*, wie der von Lukács übernommene Begriff dafür lautet.[36] Reklame, die «zur Kunst schlechthin» wird, ist das Ende der Kunst: ihr sprichwörtlicher Ausverkauf. Als «reine Darstellung der gesellschaftlichen Macht», die nur noch «für sich selber» Reklame macht, ist sie *ad absurdum* geführte Reklame: Wahrzeichen einer absurd verdinglichten, auf Teufel komm raus warenproduzierenden Gesellschaft. Ist die aber erreicht, dann stagniert die Geschichte; «absolute Verdinglichung» – ein Prädikat, das Adorno in späteren Jahren gelegentlich durchaus schon dem westlichen Nachkriegskapitalismus verlieh und keineswegs nur irgendeinem zukünftigen politischen oder ökonomischen Monopol vorbehalten hatte[37] – ist nicht mehr steigerbar. Sie kann nur noch sich selbst endlos breittreten, sich aber zu nichts qualitativ anderem mehr entwickeln.

Und genau an diesem Punkt sind Zweifel angebracht. Zunächst einmal hat Reklame ihre unmittelbare ökonomische Funktion nie eingebüßt. Auch wenn es immer wieder geschieht, daß Güter bei minimaler Werbung Bestseller werden, andere bei maximaler Ladenhüter; auch wenn sich nie genau nachweisen läßt, wieviel Reklame zum Verkauf tatsächlich beiträgt – stets findet sie um seinetwillen statt, stets wirbt sie für ein ganz bestimmtes Produkt oder Set. Firmen, denen es schlecht geht, sparen zuletzt am Werbeetat. Wo Reklame also dazu übergeht, «für sich selber» Reklame zu machen, da hört sie nicht etwa auf, Reklame *für etwas* zu sein; sie erschöpft sich nur nicht mehr darin – und zwar in dem Maße, wie ihre Mitteilungsweise zu einer allgemeinen Kommunikationsweise wird. Anders gesagt: In dem Maße, wie Werbung zu kommunikativem Handeln schlechthin wird, übersteigt sie den Verkaufszweck, dem sie einzig dient, und

[36] Cf. G. Lukács, *Die Verdinglichung und das Bewußtsein des Proletariats*, in: ders., Geschichte und Klassenbewußtsein, 1923, Neuausgabe Darmstadt und Neuwied 1968, S. 170ff.

[37] Cf. Th. W. Adorno, *Kulturkritik und Gesellschaft*, in: ders., Prismen, Ges. Schriften, Bd. 10. 1, Frankfurt am Main 1977, S. 30

wird selbstbezüglich. Aber nicht nur in dem oberflächlichen Sinn, daß Werbespots anfangen, sich auf andere Spots zu beziehen oder sich selbst und das ganze Genre intelligent augenzwinkernd auf die Schippe zu nehmen, sondern in einer viel grundsätzlicheren, geradezu existentiellen Weise. Wenn Reklame zu kommunikativem Handeln schlechthin wird, wird sie gleichbedeutend mit sozialer Präsenz. Wer keine Reklame macht, kommuniziert nicht, ist wie ein Sender, der nicht sendet: praktisch nicht *da*. Für sich Reklame machen wird zu einem Imperativ der Selbsterhaltung. Nicht nur auf Firmenebene, wo niemand, auch wenn er gerade nichts Aufsehenerregendes zu bieten hat, es sich leisten kann, aus dem allgemeinen Reklamekonzert auszusteigen, weil er sich damit auch der öffentlichen Wahrnehmung entzöge. Auch in allen Formen des zwischenmenschlichen Umgangs gilt: Wer nicht ständig auf sich aufmerksam macht, Aufsehen erregt, droht nicht wahrgenommen zu werden.

Damit senkt sich, was einmal als «Schaustellung der industriellen Macht»[38] begonnen und in den Chefetagen und Werbeagenturen seinen privilegierten Sitz hatte, bis ins Gebaren der kleinen Leute ab, ohne daß die Großen darauf verzichten könnten. Es vulgarisiert sich zum Massenverhalten. Vulgarisierung sozialer Macht aber ist zweischneidig. Je mehr sie vom ganzen Kollektiv verinnerlicht wird, statt sich ihm bloß äußerlich als Joch aufzudrücken, desto gründlicher siegt sie. Geht ihr Sieg aber so weit, daß er ihr tendentiell die ganze Gesellschaft konform macht, dann ist nicht Endstation, sondern es beginnt ein neues Kapitel. Die Macht ändert ihren Charakter. Sie mutiert zu einem allgemeinen Sozialisationszwang. Den muß einüben, wer zu dieser Gesellschaft gehören will, so wie er aufrecht gehen, ganze Sätze sprechen, sich waschen, lesen, rechnen, schreiben üben mußte – lauter Fertigkeiten, die, so lustvoll sie in einzelnen Fällen geworden sein mögen, ohne Zwang ins menschliche Repertoire nie eingegangen wären. Der Gipfelpunkt sozialer Macht ist auch ihr Wendepunkt; wo sie sich vollkommen vulgarisiert, da beginnt sie sich zugleich zu einer allgemeinen Lebensbedingung, einer Art menschlicher Naturnotwendigkeit zu neutralisieren.[39]

[38] M. Horkheimer/Th. W. Adorno, l. c., S. 171

[39] «Zweite Natur» wird dies vielfach genannt. Eine unglückliche Redewendung, setzt sie doch eine «erste» Natur voraus, die dann als ein ursprünglicher, authentischer, noch nicht überformter Zustand erscheint, bis daß ihn die «zweite» Natur überkam. So ist für Hegel «das Rechtssystem» die «zweite Natur», die sich «an die Stelle des ersten bloß natürlichen Willens gesetzt» hat (G. W. F. Hegel, *Grundlinien der Philosophie des Rechts,* Werke [ed. Moldenhauer/

Davon ist die Macht der Verdinglichung nicht ausgenommen. Auch sie bleibt nicht, was sie ist[40] – wie man ihrem Sprachrohr Reklame deutlich anmerkt. Spots, die das jeweilige Produkt durch Klangteppiche, Farbwolken und Formschnitte in eine besondere Atmosphäre, ja einen ganzen Lifestyle einhüllen und seinen Namenszug oder seine Gestalt nur noch wie beiläufig erscheinen lassen, sind zwar reine Augenwischerei, sofern sie suggerieren, es gehe gar nicht mehr vorrangig um seinen Verkauf, sondern um «Ästhetik». Und doch sorgt die ästhetische Opulenz, die die Reklame im Zuge ihrer Selbsttranszendierung zu einem allgemeinen Kommunikationsverhalten bekommt, für einen neuen Tonfall. Sie macht, daß in der schrillen ökonomischen Botschaft ein existentieller Unterton vernehmbar wird, in ihrem auftrumpfenden «Kaufe mich» ein leise flehendes «Nimm mich an, nimm mich wahr, erkenne mich, damit ich überhaupt *bin*».

Michel, Bd. 7, Frankfurt am Main 1970, S. 46 u. 301). Für den jungen Lukács ist es «die durch das Warenverhältnis entstandene Verdinglichung» (G. Lukács, op. cit., S. 174), womit die «zweite Natur» zudem die Konnotation des Jochs, der Knechtschaft, also des Abzuschüttelnden bekommt. «Zweite» Natur als kultureller Aufsatz auf der «ersten»: das ist eine Spur zu wenig geschichtlich gedacht. Seit ihren unvordenklichen Anfängen ist Natur in Bewegung zwischen «erster» und «zweiter». Jedes neue Naturphänomen hat als ein «Zweites», höchst Flüchtiges und Labiles begonnen, ehe es zu etwas «Erstem», zum festen Naturbestand wurde; etwa die organische Materie in ihrer anorganischen Umgebung. Schon hier gilt, was Nietzsche mit Blick auf entwickelte Kulturverhältnisse sagt: «dass auch jene erste Natur irgend wann einmal eine zweite Natur war und dass jede siegende zweite Natur zu einer ersten wird» (F. Nietzsche, *Vom Nutzen und Nachtheil der Historie für das Leben*, KSA, Bd. 1, S. 270). Diese Dynamik hat durch die Spezies Mensch lediglich neue Qualität gewonnen – dadurch, daß sie in der Lage ist, ihre Lebensbedingungen in hohem Maße selbst zu gestalten, ihre Umwelt und sich selbst permanent zu formen und umzuformen. Von Anfang an besteht ihre Natur darin, keine erste Natur mehr zu haben (cf. N. Rath, *Jenseits der ersten Natur.* Kulturtheorie nach Nietzsche und Freud, Heidelberg 1994). Mimik, Gestik, Sprache, Arbeit: schon die frühesten noch greifbaren Formen dieser elementaren Lebensäußerungen sind vielfältige Überformungen von Früherem. Gemessen daran, wie stark sie die menschliche Natur einst veränderten, ist das, was die Verwandlung kommerzieller Werbung in ein allgemeines Kommunikationsverhalten ihr antut, wahrscheinlich eher geringfügig – aber tiefgreifend genug, um den Vergleich mit den radikalsten Umformungen der Menschennatur herauszufordern. Daher übrigens das neue Interesse an Frühgeschichte. Man muß fähig sein, weit zurückzublicken, um die Tragweite der jetzt in Gang befindlichen Umwälzung ermessen zu können.

40 Cf. Heinz Steinerts produktive Analyse der «erweiterten Kulturindustrie» (H. Steinert, *Kulturindustrie*, Münster 1998, S. 189 ff.)

Für diesen Unterton ist das philosophische Sensorium zu schärfen. Nicht von ungefähr weckt er die Erinnerung an einen lange schon zu den Akten gelegten philosophischen Grundsatz: *Esse est percipi* (Sein ist Wahrgenommenwerden). Auf diesen Satz glaubte der anglikanische Theologe George Berkeley im 18. Jahrhundert eine ganze Erkenntnis- und Wirklichkeitstheorie bauen zu können.[41] Er berief sich dabei auf die Tatsache, daß wir Menschen als Sinnenwesen unentrinnbar auf die Empfindungen angewiesen sind, die unsere Sinnesorgane uns vermitteln. Was nicht Empfindung (*sensation*) wird, existiert für uns nicht, denn wir können nicht an unserem Sensorium vorbei die Welt erfassen. Nun folgerte Berkeley aber daraus: Was *für uns* nicht existiert, existiert gar nicht; was nicht Empfindung, Wahrnehmung, Perzeption ist, ist überhaupt nicht. Es gibt nur dreierlei: Perzeption, ein Ich, das perzipiert, und eine übergeordnete Instanz, die macht, daß das Ich Perzeptionen hat: Gott. Selbstverständlich ist das kurzschlüssig und zahllose Male widerlegt worden. Um so faszinierender, zu beobachten, wie ein unhaltbarer philosophischer Satz unter Hochtechnologiebedingungen, die sein Autor nie vorausgesehen hat, anfängt, wahr zu werden. Natürlich nur in bestimmter Weise. In seinem unmittelbaren Sinne, so wie Berkeley es gemeint hat, bleibt das *esse est percipi* nach wie vor Unsinn. Ein Schiffbrüchiger, den es auf eine einsame Insel verschlägt, hört nicht auf zu sein, nur weil ihn niemand mehr wahrnimmt. Caspar Hauser begann nicht erst zu existieren, als Menschen ihn bemerkten.

Doch Sein und Nichtsein haben auch eine übertragene soziale Bedeutung. Immer schon hat es in menschlichen Kollektiven Starke und Schwache, Mächtige und Ohnmächtige, Beliebte und Verhaßte, Auffällige und Unauffällige gegeben. Freilich waren die Kollektive zunächst überschaubar genug, daß auch die Schwachen und Unauffälligen bemerkt wurden – nicht immer nur zu ihrem Vorteil, weil Bemerktwerden auch Kontrolliertwerden hieß. Seit nun aber herkömmliche Familien-, Stammes-, Dorf- und Stadtgemeinschaften in Auflösung begriffen sind und aus lange gewachsenen Lebenszusammenhängen sporadische, flüchtige Zusammenballungen werden, hat sich das Bemerken von Mitmenschen gleichsam arbeitsteilig differenziert. Einerseits ist es zu einem administrativen Akt geworden. Jeder, der nicht rechtlos sein will, muß registriert sein – mit Namen, Adresse

[41] Cf. G. Berkeley, *Eine Abhandlung über die Prinzipien der menschlichen Erkenntnis*, § 3, Hamburg 1979, S. 26. Ausführlich hierzu s. u. Kapitel 2

und einer ganzen Reihe persönlicher Merkmale. Der moderne Nationalstaat hat sich zu einem Meister des Bemerkens entwickelt. Die wenigen Unbemerkten, d.h. die Untergetauchten und illegal Eingeschleusten, leben in der ständigen Angst, bemerkt zu werden, die vielen Bemerkten hingegen in der Ungewißheit, ob nicht mehr von ihnen bemerkt worden ist, als den Staat angeht. Dessen Registrierfähigkeit wächst mit jedem Fortschritt in Telekommunikation und Datenverarbeitung. Der Datenschutz hinkt immer hinterher und kann unbefugte Weitergabe von Daten immer nur verbieten, nie verhindern. Daten können sich ja gegen Mißbrauch nicht wehren wie Menschen. Datenschutzbestimmungen greifen nur in dem Maße, wie die Datenverwalter sich loyal zu ihnen verhalten – was besonders beängstigend ist angesichts des neuen Datenfeldes, das die Gentechnologie eröffnet. In Kürze werden sich erbliche Belastungen, Abnormitäten und Anfälligkeiten für bestimmte Krankheiten bereits vor der Geburt ermitteln lassen. Wahrscheinlichkeitsrechnungen über die zu erwartende Leistungsfähigkeit des neuen Erdenbürgers werden möglich, noch ehe er das erste Mal krähte. Schon jetzt streitet die Versicherungswissenschaft darüber, welche genetischen Daten der Krankenversicherung zustehen und welche tabu sein sollen.[42]

Erhebung persönlicher Daten betreibt aber nicht nur der Staat, sondern auch der Markt. Seit es *online shopping* gibt, ist es ein Leichtes, das Kaufverhalten eines jeden genau zu registrieren, ein Profil seiner höchstpersönlichen Gewohnheiten und Neigungen zu erstellen und ihn dann mit ganz individuell auf ihn zugeschnittenen Angeboten auf Trab zu halten. Das aus Kaufdaten errechnete individuelle Profil – das übrigens desto wirklichkeitsgetreuer ausfällt, je weniger sich Individualität von Kaufverhalten noch unterscheidet – ist freilich ein Grenzfall. Soll man es fürchten oder ersehnen? Einerseits ist es ein Eingriff in die Privatsphäre mit Mitteln, die bei der Polizei Rasterfahndung heißen. Andrerseits ist es ein Zeichen sozialer Zuwendung. Eines Käuferprofils für wert erachtet zu werden, heißt *jemand sein*. Wer sich nicht einmal so weit bemerkbar machen kann, daß er ein solches Profil hergibt, zählt überhaupt nicht: ist *niemand*.

Wir sind gewohnt, «jemand» und «niemand» in diesem Zusammenhang metaphorisch zu verstehen. Jemand sein heißt beachtet, geachtet, mit Ehrerbietung bedacht werden. So geht man seit altersher mit Machthabern, Amts- und Würdenträgern um. Das Gegenstück sind Untergebene, Dienstboten, Handlanger. Sie nicht beachten hieß

[42] Cf. O. Schöffski, *Gute und schlechte Risiken.* Genanalysen – Fluch oder Segen für die Versicherungswirtschaft, Frankfurter Rundschau, 7.3.2000, S. 10

früher freilich nur, ihnen Achtung vorenthalten, aber nicht, sie im physiologischen Wortsinn nicht bemerken – sie nicht hören, sehen, riechen. Wer körperlich anwesend ist, mag noch so unscheinbar und zurückhaltend sein, er kann gar nicht anders als bemerkt werden. Weder ist er ganz ohne Körpergeräusche, noch ohne eine bestimmte Haltung, Gestik, Mimik, Ausdünstung. Zu seinem Dasein gehört unveräußerlich eine Ausstrahlung. Sie ist gleichsam, um einmal heideggerisch zu reden, im «Da» seines Seins inbegriffen.[43] Diesem «Da» aber widerfährt ein einschneidender Bedeutungswandel, seit körperliche Präsenz hinter massenmedialer Präsenz zurücktritt – im Grunde seit dem Siegeszug des Films. Es kam ja nicht von ungefähr, daß alternde Filmschauspielerinnen sich in der Öffentlichkeit nicht mehr zeigten, um das Bild ihrer makellosen Jugend nicht zu beeinträchtigen.[44] Greta Garbo und Marlene Dietrich waren im Filmbild «da». Also wollten sie nicht auch noch auf eine Weise «da» sein, die diesem Bild nicht entsprach. In der Mitte des 20. Jahrhunderts war das eine exklusive Starmarotte. Etwas davon ist aber inzwischen in den durchschnittlichen Perzeptionshaushalt industrialisierter Länder übergegangen: Körperliche Präsenz nimmt sich allenthalben blaß und schattenhaft aus im Vergleich zu medialer. Das gilt nicht nur für den einfachen Fernsehkonsumenten, der in einem viel minderen Sinne «da» ist als das, was über den Bildschirm flimmert. Es gilt auch für alles Gefilmte. Dessen Dasein ist nur noch «da», um massenmedial «da» zu sein: als Unterlage und Stoff medialer Präsenz. Seine physische Ausstrahlung wird von medialer Ausstrahlung bis zur Unkenntlichkeit überblendet.[45] Und wie jede Institution unter den Druck geraten ist, eigentlich eine Firma werden zu müssen, wenn sie die Wirtschaftsprüfung überstehen will, jede Firma aber, eigentlich ein Sender zu sein, wenn sie bemerkt werden will, so ergeht es im Kleinen nun auch jedem Individuum. Auch ihm bleibt nicht erspart, seine Belange wie eine Firma zu managen und sich zu einer Art Privatsender seiner selbst zu mausern.[46] Damit gerät es unter einen Sendedruck, dessen

[43] Cf. M. Heidegger, *Sein und Zeit*, Tübingen 1984, 15. Auflage, 2. Druck, S. 132 ff.

[44] Cf. G. Anders, *Die Antiquiertheit des Menschen*, Bd. 1, München 1956, S. 57 f.

[45] In Extremfällen übersetzt sich die Überblendung in unmittelbare physische Gewalt. Michael Jackson etwa hat sich im Dienst medialer Ausstrahlung körperlich umbauen lassen. Ob sein Gesicht noch seines ist oder nur noch ein chirurgisches Kunstprodukt, läßt sich kaum mehr entscheiden.

[46] Einen Vorgeschmack davon geben die Leistungssportler, denen unmittelbar nach Sieg oder Niederlage das Mikrophon entgegengehalten wird, und die, noch

Folgen für seine Individualität noch gar nicht absehbar sind. Ein Mensch hat eine gewisse Minimalausstrahlung, auch wenn er gerade nicht aktiv «sendet»; ein Sender nicht. Sendet er, so ist er «da»; sendet er nicht, so ist er «weg» – und die Sendestation bloß noch sein physischer Rückstand: ebenso brachliegend und sinnlos wie eine Arbeitskraft, die nicht beschäftigt ist.

Brachliegen war vor der Neuzeit ein Zeichen der Fülle. Daß man eines von drei Feldern nicht beackerte und sich zu neuer Fruchtbarkeit erholen ließ, bedeutete: Man konnte es sich leisten. Daß unterm Bett ein mit Gold und Juwelen prall gefüllter Strumpf lag, den man nicht antastete, hieß: Man hatte Rücklagen. Heute ist eine brachliegende Nutzfläche oder ein Sparstrumpf, der keine Zinsen bringt, mit Vernichtung und Leere assoziiert. Den Muster- und Härtefall dieser neuzeitlichen Leere stellt die unbeschäftigte Arbeitskraft dar. Bekanntlich hat es Arbeitslosigkeit vor dem Kapitalismus nur sporadisch gegeben. Einschneidend und existenzbedrohend wurde sie erst, als die Mehrheit der Bevölkerung ihre Arbeitskraft auf den Markt tragen und auf Gedeih und Verderb den Eigentümern von Arbeitsmitteln und -bedingungen feilbieten mußte. Und wenn eine vitale ökonomische Bedrohung über Generationen hinweg anhält, eher noch zunimmt, bleibt es nicht aus, daß sie schließlich anfängt, in Fleisch und Blut überzugehen. Das hat Günther Anders an einer US-amerikanischen Freizeiterscheinung der fünfziger Jahre drastisch herausgearbeitet: dem «Mann im Sonnenbad», «der seinen Rücken bräunen läßt, während seine Augen durch eine Illustrierte schwimmen, seine Ohren am Sportsmatch teilnehmen, seine Kiefer einen gum kauen». «Würde man diesen Mann im Sonnenbad fragen, worin denn nun seine ‹eigentliche› Beschäftigung bestehe, [...] er könnte natürlich nicht antworten, weil die Frage nach etwas ‹Eigentlichem› bereits auf einer falschen Voraussetzung beruhte; nämlich auf der, daß *er* das Subjekt der Beschäftigung und des sich-Aufhaltens sei. Wenn von ‹Subjekt› oder ‹Subjekten› hier überhaupt noch gesprochen werden kann, so bestehen diese lediglich in seinen Organen: in seinen Augen, die sich bei ihren Bildern; seinen Ohren, die sich bei ihrem Sportsmatch; seinen Kiefern, die sich bei ihrem gum aufhalten.» Und was treibt ihn «zu dieser desorganisierten Betriebsamkeit»? «Es ist *horror vacui.*» «Seine Arbeit hat ihn so endgültig daran gewöhnt, beschäftigt zu *werden*, also unselbständig zu sein, daß er im Moment, in dem die

atemlos, bereits in gestanzter Terminologie wie Agenten davon reden, wie sie inskünftig «mehr an sich arbeiten» oder «sich weiter nach vorn bringen» wollen.

Arbeit beendet ist, der Aufgabe, sich selbst zu beschäftigen, nicht gewachsen ist.» Und so «bricht er, da er als organisierendes Prinzip ausfällt, in seine einzelnen Funktionen auseinander. Aber natürlich sind diese seine Funktionen genauso an bloßes Beschäftigt-*werden* gewöhnt wie er selbst. Daher greifen sie nun – jede einzelne von ihnen – im Augenblick der einsetzenden ‹Arbeitslosigkeit› nach dem ersten besten Inhalt; und jeder erste ist eben ein bester, weil er überhaupt ein Inhalt ist, weil er überhaupt einen Halt darstellt, an den die Funktion sich anklammern kann.»[47]

«Übertreibung in Richtung Wahrheit» nennt Anders sein Verfahren, an einem Phänomen die Züge besonders hervorzutreiben, denen die Zukunft zu gehören droht. Der «Mann im Sonnenbad» ist so ein Fall: ein Extrem vielleicht, aber eines, das sich, solange die gegebenen Beschäftigungsverhältnisse andauern, auf dem Weg zum Normalfall befindet. Das Extrem ist ferner einseitig interpretiert. Statt das Auseinanderbrechen der Person in einzelne Funktionen hervorzuheben, könnte man auch die Jonglierkunst bewundern, der es gelingt, derart disparate Funktionen simultan am Laufen zu halten. Nur daß solches Jonglieren eben schon Gegenwehr des Organismus gegen sein Auseinanderdriften ist, also gerade kein Zurücksinken in zerstreute Entspanntheit, sondern physiologisches Auffangen mentaler Dissoziationserscheinungen, eine Vorform jener synthetischen Leistung, die Schizophrene erbringen, wenn sie die disparaten Nervenzustände, zwischen denen sie hin- und hergeworfen sind, gleichwohl in einem Nervensystem vereinen. Kurzum, die Jonglierkunst schlaucht; sie wiegt die Dissoziation nicht auf, sondern ist das Laborieren an ihr. Die Einseitigkeit, mit der der «Mann im Sonnenbad» dargestellt ist, raubt ihm keineswegs seine exemplarische Kraft. An der Physiologie den Stand der Ökonomie aufzeigen, am Freizeitverhalten, was Arbeit tut, an einem Vollbeschäftigten, was Arbeitslosigkeit heißt: das ist durchaus ein tiefenhermeneutischer Kunstgriff, zu dem kaum fähig sein wird, wer nur einen Blick für sich operativ schließende Systeme und Subsysteme hat. Anders übertreibt, aber er nimmt dabei vorweg, was sich an Arbeitslosen inzwischen vielfach bestätigt hat. Gerade sie sind besonders von motorischer Unruhe geplagt und erleben den Beschäftigungszwang deshalb so peinvoll, weil sie ihn nicht in den Bahnen sozial anerkannter Tätigkeiten ausleben können. Sicher, noch gibt es Weltgegenden – etwa Tibet, Amazonien, die Sahara – wohin die Physiologie des «Mannes im Sonnenbad» bisher nicht vorgedrungen ist – es sei denn in Gestalt von Touristen.

[47] G. Anders, op. cit., S. 138 f.

Aber daß sie im letzten halben Jahrhundert, unterstützt durch Walkman, Handy und Notebook, weltweit auf dem Vormarsch ist, ja daß sie in neuen hybriden Verhaltensmustern, etwa im simultanen Fernsehen, Mailen, Telefonieren und Tätscheln des Schoßhunds oder der Liebsten eine eigene kombinatorische Virtuosität, um nicht zu sagen, neue Managementqualitäten entwickelt und damit auch neue Formen nervlicher Belastung, leidet keinen Zweifel. Und dazu gehört auch, daß der allgemeine diffuse Beschäftigungszwang, jener kollektive Abwehrzauber gegen Arbeitslosigkeit, der auch in der Freizeit nicht ruhen und sie bis zum Rand mit «Angeboten» ausfüllen läßt, eine bemerkenswerte Vereinheitlichung erfährt, und zwar in dem Tempo, wie die technische Entwicklung auf ein Universalgerät hin konvergiert: den Computer. Der tendiert ja nicht nur zum allgemeinen Arbeitsinstrument, sondern auch zu dem technischen Knoten-, sozialen Treff- und individuellen Nervenpunkt, an dem Datenverarbeitung und -übertragung, Television und -kommunikation, Arbeit und Freizeitbeschäftigung, Konzentration und Zerstreuung, In und Out, Bemerkt- und Ignoriertsein bis zur Ununterscheidbarkeit ineinander übergehen. Daten aufrufen, senden, empfangen wird zur Tätigkeit schlechthin. Beschäftigungszwang spezifiziert sich zum Sendezwang. Der aber wird zu einer existentiellen Lebensäußerung. Senden heißt wahrgenommen werden: Sein. Nichtsenden heißt Nichtsein – nicht nur den *horror vacui* des Brachliegens verspüren, sondern von dem Gefühl beschlichen werden: Eigentlich gibt es mich gar nicht. Nicht mehr nur: In mir ist ein Vakuum, sondern: Ich bin im Vakuum – gar nicht *da*.[48]

Wenn der Jugendjargon von einem, der morgens noch verschlafen vor sich hinträumt, sagt, der sei «noch nicht auf Sendung», dann drückt er weit mehr aus als er ahnt, nämlich das Grundgesetz einer neuen Ontologie: Wer nicht sendet, ist nicht «da». Er strahlt nichts aus. Im unmittelbaren Sinne stimmt das ebensowenig wie das *esse est percipi*. Jeder strahlt etwas aus, auch wenn seine Körpergeräusche so leise, sein Atem so schwach, seine Haltung, Gestik, Mimik

[48] Im Jahr 2000 ist in Deutschland der Umsatz von Handys bei Jugendlichen im Alter von 12–15 Jahren um 100 % gestiegen. In andern Ländern noch mehr. Warum gerade bei dieser Altersgruppe, die noch durch keine ökonomische Notwendigkeit zu permanenter Erreichbarkeit gezwungen ist, wohl aber in der prekärsten Phase einer eigenen Ich-Bildung steckt? Woher der Zwang, dauernd Freunde anzurufen und ihnen Nichtigkeiten mitzuteilen, wenn nicht aus dem Gefühl heraus, in ein undefinierbares Vakuum zu sinken, sobald man sich nicht permanent bemerkbar macht.

so unscheinbar sind, daß man sie kaum noch wahrnehmen kann. Greift die Technik jedoch so tief in die Individuen ein, daß jedes einzelne wohl oder übel zu einer Art Sender seiner selbst mutiert, so wird seine persönliche Ausstrahlung durch eine ätherische überstrahlt, die an dem Phänomen des Da-seins selbst rüttelt. Zum «Da» eines Seins gehörte, man darf wohl sagen, von Platon bis Heidegger, unveräußerlich sein Hier und Jetzt: sein physisches Präsentsein in einer bestimmten Umgebung. Was aber macht das «Da» eines Senders aus? Klar, um zu senden, muß er irgendwo stehen, aber wo, ist völlig egal, solange er nur funktioniert. «Da» ist er, sofern er «auf Sendung» ist: im Äther, auf den Frequenzen, die seinen Empfang ermöglichen. Das Hier und Jetzt der Sendestation hingegen ist das, was übrigbleibt, wenn er nicht mehr «da» ist: sein physischer Rückstand. Rückstand übrigens im doppelten Sinne: Seine Hier-und-Jetzt-Präsenz befindet sich in einem unaufholbaren Rückstand zu seiner Äther-Präsenz. Und fällt die aus, bekommt er das Ansehen eines Rückstands im Sinne von Essensrückstand: Überbleibsel, Altlast, Kadaver, Müll. Kurzum, der ontologische Witz eines Senders besteht darin, daß sein Da sich von seinem Hier und Jetzt gelöst und sich in ein ätherisches Da transfiguriert hat, das man in einem bestimmten Sendebereich überall empfangen, aber nirgends greifen kann. Ein Da ohne Hier und Jetzt, ein Hier und Jetzt ohne Da sind Undinge. Aber diese Undinge *gibt* es.[49] Sie sind Produkte einer allgemeinen «Verundinglichung». Im Grunde bahnt die sich schon an, seit es Telegraph, Telephon und Television gibt. Aber erst seit der Nachrichten-Hochdruck der Massenmedien in einen Sendezwang aller Individuen übergeht, bekommt sie den Status einer allgemeinen Existenzbedingung.

Für die hat sich der mißverständliche Ausdruck «virtuelle Realität» eingebürgert. Virtuell heißt «der Möglichkeit nach». Die mediale Ausstrahlung aber findet ja wirklich statt. Die Frequenzen, Kanäle, Netze, über die sie empfangen wird, die Bilder und Töne, aus denen sie besteht, sind nicht minder Tatbestände in Raum und Zeit als Nasen oder Hüte – zwar minder greifbar, aber alles andere als bloß virtuell. Ätherische Präsenz ist Realpräsenz mit derart gewaltiger Wirkung, daß man leicht darüber vergißt, wie phantomhaft sie andrerseits ist – in bestimmter Hinsicht nicht mehr als Spuk. Es muß nur einmal der Strom ausfallen, die Batterie leer oder die Antenne defekt

[49] Wo das Da sich vom Hier und Jetzt trennt, trennt sich auch die hier vorgetragene Da-Reflexion von der Heideggers. Müßig, ihr nachzurechnen, daß sie sein «Da» nicht korrekt auslege. Sie legt es um.

sein, und weg ist er.[50] Aber wehe, dieser Ernstfall tritt ein. Dann erstrahlt nicht das Hier und Jetzt in neuer Lebensfrische, sondern es liegt als Senderückstand brach. So wenig wie die Familie, wenn der Fernseher kaputt ist, zum «Mensch-ärgere-dich-nicht»-Spiel von früher zusammenrückt, so wenig kehrt der, dem der Computer abstürzt, fröhlich wieder zur guten alten Schreibmaschine zurück. Vielmehr treten vitale Entzugserscheinungen auf, als wären die Betroffenen vom Tropf abgesetzt. Nun erst, im Moment des Ausfalls, stellt sich heraus, wie real die angeblich bloß virtuelle Realität ist und wie fahl und schal sie alles Hier und Jetzt gemacht hat. Sie gewinnt das Ansehen einer kollektiven Lebenskraft, deren Abwesenheit nicht mehr ausgehalten wird. Und wie weit diese Kraft reicht, zeigt sich daran, daß sie sogar beginnt, Tod und Leben umzudefinieren. Wer nicht sendet, *ist* nicht, heißt: Er mag physisch noch so lebendig sein, beste Blut- und Leberwerte haben; medial ist er tot. Und der mediale Schein, der ihn tot scheinen läßt, erstrahlt seinerseits, als wäre er das pralle Leben, obwohl er nur aus toten Pixeln besteht.

Diese Umwertung ist zwar noch längst nicht vollendete Tatsache, aber die mikroelektronische Revolution treibt sie voran. «Prometheische Scham»[51] hat Anders vor einem halben Jahrhundert das Phänomen genannt, daß Menschen ihre eigene Konstitution zunehmend als unzulänglich empfinden angesichts dessen, was die von ihnen erfundenen Maschinen können: sich mit übermenschlicher Geschwindigkeit bewegen, fliegen, am Laufmeter ohne jede Ermüdung und Unaufmerksamkeit produzieren etc. Der Mensch als Macher – und dafür steht die mythologische Figur des Prometheus – wird durch das von ihm Gemachte derart in den Schatten gestellt, daß er sich davor schämt und beginnt, sich seinen eigenen Erzeugnissen anzugleichen: nach der Uhr zu leben, im Maschinentakt zu arbeiten, seine Funktionen ein- und auszuschalten. Auch der Beschäftigungszwang, den der «Mann im Sonnenbad» repräsentiert, gehört hierher. Schamhaft

[50] Schon daran scheitert die *Unabhängigkeitserklärung des Cyberspace*, mit der John Perry Barlow, einer der Internet-Pioniere, 1996 Aufsehen erregte. «Regierungen der industriellen Welt, Ihr müden Giganten aus Fleisch und Stahl, ich komme aus dem Cyberspace, der neuen Heimat des Geistes. [...] Ich erkläre den globalen sozialen Raum, den wir errichten, als gänzlich unabhängig von der Tyrannei, die Ihr über uns auszuüben anstrebt. [...] Der Cyberspace liegt nicht innerhalb Eurer Hoheitsgebiete.» (*Telepolis*. Die Zeitschrift der Netzkultur, 0-Nummer, 1996, S. 85 f.) Wenige Jahre später war in der «neuen Heimat des Geistes» nur noch mit Suchmaschinen ein Durchkommen durchs kommerzielle Gewimmel.

[51] G. Anders, op. cit., S. 21 ff.

überdeckt er die Blöße des Brachliegens – der Arbeitslosigkeit. Doch die prometheische Scham hat längst ihre eigene Geschichte begonnen. Seit nicht mehr stampfende, schnaubende Maschinenkolosse den Arbeitsprozeß dominieren, sondern strahlende Bildschirmoberflächen, geht der unterschwellige Zweifel an der körperlichen Zulänglichkeit allmählich über in einen Zweifel an der körperlichen Existenz. Natürlich nicht in der plumpen Weise, daß man daran zweifelte, Kopf, Arme, Beine und Rumpf zu haben. Wohl aber so, daß in das eigene Körperempfinden ein diffuses Mangelempfinden eintritt. Etwas fehlt. Etwas, was selbst nicht körperlich ist und doch dem Körper erst sein «Da» gibt: seine Ausstrahlung. Eigentlich wird die durch mediale Ausstrahlung ja tausendfach potenziert. Per e-mail reicht mein Hier und Jetzt in die fernsten Weltgegenden, per Fernsehen strahlt das Prominentengesicht in jedes Wohnzimmer. Doch was die persönliche Ausstrahlung potenziert, überstrahlt sie auch. Und das scheint unter mikroelektronischen Bedingungen derart gewaltig zu geschehen, daß die ätherische Ausstrahlung nicht nur zum Phantom der persönlichen wird, sondern auch zum Vampir. Sie saugt sie aus und setzt sich an ihre Stelle. Die meßbare Potenzierung der persönlichen Ausstrahlung bringt eine immense Depotenzierung mit sich.[52] Wie bei der Kastrationsangst stellt sich das Gefühl ein, etwas greife die Scham, die Identität der Person an. Nur ist das Angreifende etwas ganz Diffuses, keine identifizierbare Vaterfigur. Ebensowenig ist faßbar, womit es droht; nicht mit Wegschneiden des Geschlechts, und doch mit etwas, was der Person an den *point d'honneur* geht – als sollte ihr etwas abgezogen werden wie die Oberhaut, die Kontur, das, was ihr ihre spezifische Wahrnehmbarkeit gibt: ihr «Da». Kastration ist zwar eine blutige Elementarform der Entfernung des «Da». Aber nicht jedes Sein ohne «Da» ist auch Kastriertsein, nicht jede Existenzangst auch Kastrationsangst.[53] Zudem hat Existenzangst einen historischen In-

[52] Daran hat Medieneuphoriker McLuhan mit größter Beharrlichkeit vorbeigesehen. S. u. Kapitel 5.

[53] Es wäre Lacan ein leichtes gewesen, das im selben Atemzug zuzugeben wie zu leugnen – dank eines semantisch – und wohl nicht nur semantisch – mehrfach überbesetzten Phallusbegriffs. Der steht sowohl für das männliche Glied als auch für den Identitätspunkt der ganzen Person (beiderlei Geschlechts übrigens), kann sowohl das Subjekt des Begehrens wie das Objekt seiner Begierde sowie schließlich deren stets versagte Erfüllung bedeuten (cf. J. Lacan, *Die Bedeutung des Phallus*, in: ders., Schriften II, Olten 1975), reckt sich so aus der Psychoanalyse bis in die Metaphysik und erweist sich als schier unerschöpfliche Quelle für ein intellektuelles Imponier-Vexierspiel. Zu den Regeln dieses Spiels gehört, nie klar zu erkennen zu geben, welche dieser Bedeutungen gerade am Zuge ist. Lacan

dex. Sie ist nicht zu allen Zeiten gleich, vielmehr abhängig von den sozialen Umständen, kulturellen und technischen Standards. In der Steinzeit hätte niemanden auch nur von ferne die Angst anfallen können, medial tot zu sein. Unter mikroelektronischen Bedingungen beginnt diese Angst an den Lebensnerv zu gehen. Noch fehlen weitgehend die Worte für sie. Vom Mangel an Geld ist viel die Rede, vom Mangel an «Da» kaum. Dennoch wird er massenhaft demonstriert: dadurch, wie eine ganze Gesellschaft sich getrieben fühlt, «auf Sendung» zu gehen, Aufmerksamkeit zu heischen, Sensation zu machen. Das *esse est percipi* sitzt ihr wie ein Alpdruck auf.

Deregulierter Surrealismus

Dieser Druck bringt eine ungeheure Nivellierung mit sich. Zum kleinen Einmaleins der Marktwirtschaft gehört, daß Firmen wahrgenommen werden müssen, wenn sie verkaufen wollen, daß sie nur wahrgenommen werden, wenn sie Reklame machen, Reklame aber nur Sinn hat, wenn sie Aufsehen erregt. Daß sich im Werbespot, wenn ihm die Präzisionsarbeit gelingt, im Nu ganze Atmosphären und Wahrnehmungsmuster aufzubauen, die kommunikative Kompetenz einer Gesellschaft exemplarisch zusammenballen kann, wurde ebenso gezeigt wie seine Tendenz, eigene mediale Assoziationsfelder zu eröffnen und sich auf ihnen immer anspielungsreicher, ironischer, selbstbezüglicher, sublimer zu tummeln. Das ist freilich nur *eine* Tendenz. Sie steht vorab in der Gefahr, *zu* sublim zu werden, sich im eigenen Anspielungsreichtum zu verzetteln, zur Insiderbelustigung zu schrumpfen und die erregte Massenaufmerksamkeit wieder zu verspielen. Daher ist die Gegentendenz schon in ihr angelegt. Sensation machen kann man auf die Dauer nicht, ohne gezielt zu schockieren. Da war – der bisher meistdiskutierte Fall – der Photograph Toscani. Er nahm die Kleidung eines von Serben erschossenen bosnischen Soldaten auf. Deutlich der Einschuß in der Herzgegend, farblich effektvoll das um das Loch versprengte Blut. Diskret der Abstand des Bil-

hätte sicher das Kunststück fertiggebracht, den Verlust des «Da» als Kastrationsphänomen seiner Phallus-Theorie einzuverleiben und zugleich jeden Verdacht einer sexualisierenden Engführung entrüstet von sich zu weisen. Je mehr der Phallus freilich, zur Metapher seiner selbst aufgeblasen, zur Erklärung von allem herhalten muß, was mit Macht und Herrschaft zu tun hat, desto geringer seine Erklärungspotenz. Es sind denn auch andere psychoanalytische Lehrstücke, von denen diese Arbeit zehrt; s. u. Kapitel 3.

des zu dem, was es darstellt. Es wird nicht versucht, das Grauen ins Bild zu zerren, sondern es an seinen Rückständen mittelbar aufscheinen zu lassen. Kurzum, das Bild bedient nicht Sensationsgier, sondern unterläuft sie, und gerade dadurch ergreift es.

So müßte das Fazit lauten, wäre da nicht am Bildrand das, was den Skandal ausgelöst hat: der Schriftzug der Firma Benetton. Sie hat sich also nicht gescheut, das zerschossene Wams des Soldaten auf einem Werbeplakat zu inszenieren und mit einem bewegenden Kriegsbild auf Kundenfang zu gehen. Das löste, selbst unter Reklamefreunden, eine Welle der Empörung aus. Die Umsätze der Firma gingen vorübergehend zurück, und ihre Erklärung, sie habe ja nur das Nützliche mit dem Guten verbinden wollen, Werbung für Qualitätskleidung mit dem aufrüttelnden Hinweis auf Kriegsgreuel, war als Heuchelei leicht durchschaubar. Dennoch, die Frage blieb: Wie kann ein bewegendes Photo seine ästhetische und moralische Qualität verlieren – nur durch einen Schriftzug an seinem Rand, der mit seinem Inhalt zudem überhaupt nichts zu tun hat? Offenbar, weil dieser Schriftzug eine sehr eigene «kommunikative Kompetenz» hat. Er ist das Logogramm der Firma, heute überall «Logo» genannt: Kürzel für das Erscheinungsbild, das sie in der Öffentlichkeit abzugeben wünscht. Und eine Firma, die Kleidungsstücke mit ihrem Logo markiert, sie dadurch zu «Markenkleidung» adelt und lange genug einprägsame Bilder eines gehobenen Lifestyle damit assoziiert, kann sich schließlich darauf verlassen, daß sich diese Bilder bei den Konsumenten von selbst einstellen, sobald nur das Logo erscheint – so wie dem Pawlowschen Hund nach einiger Zeit der Speichel auch dann rinnt, wenn die Glühbirne ohne das Futter aufleuchtet.

Zur Geschichte des Logo gehört seine konditionierende Kraft. In dem Maße, wie sie wächst, wächst auch der Respekt vor ihr: die Bereitschaft, sie als eine der treibenden Kräfte des Gesellschaftsprozesses anzuerkennen. Bei der ästhetischen Bewertung des Toscani-Photos wurde nur diskutiert, ob es ohne das Benetton-Logo ein Kunstwerk wäre. Das greift zu kurz, läßt den Zeitkern von Kunst unberücksichtigt. Man stelle sich vor, 20 Jahre zuvor hätte ein Künstler ein ähnliches Photo eigenmächtig mit dem Logo einer berühmten Firma versehen. Höchstwahrscheinlich hätte er die Firma wegen Rufschädigung auf den Hals bekommen und durch den Eklat öffentlich gezeigt, was Reklame macht: Sensation, egal womit. So wie Duchamp, als er unter den Kunstdruck einer Winterlandschaft das Wort «Pharmacie» setzte, das ganze signierte und zum *Ready made* erklärte, zeigte, was Kunst tut: Dinge transfigurieren, will sagen aus ihrem gewöhnlichen Zusammenhang verrücken. Die erhellende Kraft

– und damit auch ästhetische Qualität – solcher Demonstrationen hängt stark vom richtigen Zeitpunkt ab. Den traf Duchamp 1914. Das *Ready made* war der Handstreich, dem es gelang, in der politisch-kulturellen Spannungskonstellation des heraufziehenden Ersten Weltkriegs auf verblüffend einfache Weise die Elementarbewegung von Kunst sowohl zu vollziehen als auch bloßzulegen – eine Irritation, die bis heute wie ein Stachel in Kunstproduktion und -geschichte sitzt. Das Benetton-Plakat hingegen kam ein bis zwei Jahrzehnte zu spät: erst als die konditionierende Kraft des Logo bereits so weit fortgeschritten war, daß eine Firma unbesorgt um ihren Ruin so etwas eigens in Auftrag geben konnte. Nicht ihr wurde eine Szene gemacht; sie machte sie selbst. Ihr Plakat hat zwar durchaus die Kraft, zu zeigen, was Reklame macht; vor allem aber macht es Reklame. Es führt sein eigenes kritisches Zeigevermögen vor – so wie der Dompteur den Affen.

Proteste dagegen waren selbstverständlich einkalkuliert worden, wenn vielleicht auch nicht im erfolgten Ausmaß. Aber auch die schärfsten sind verebbt, der durch sie verursachte Umsatzrückgang ist längst überwunden. Und dann kam noch der höhere Segen. Das in Deutschland über «Benetton-Schockwerbung» verhängte Verbot wurde vom Bundesverfassungsgericht wieder aufgehoben. «Ein vom Elend der Welt unbeschwertes Gemüt des Bürgers» sei kein zu schützendes Rechtsgut, meinten die Richter, einige der Schockmotive – neben dem genannten hatte Benetton auch mit einer ölverschmierten Ente und mit einem nackten Po, versehen mit dem Stempel «HIV-positiv», Reklame gemacht – könne man ebensogut als «Anklage» lesen.[54] Als ob diejenigen, die solche Plakate als blanken Hohn empfanden, im Interesse einer heilen Reklamewelt Einspruch erhoben hätten und darüber belehrt werden müßten, daß die Wirklichkeit so rosig nicht sei. Der Protest ist ihnen höchstrichterlich im Munde umgedreht, das Reklame-Machen mit Krieg, Leid, Elend als Aufmerksam-Machen auf Krieg, Leid, Elend feierlich anerkannt worden: als gesellschaftskritisches Engagement. Im Namen von Meinungs- und Ausdrucksfreiheit.[55] Eigentlich hat die Firma ja bloß ein surrealistisches Grundprinzip befolgt: zwei disparate Vorstellungen so zusam-

[54] Frankfurter Rundschau, 13. 12. 2000, S. 5

[55] Immerhin hat der Bundesgerichtshof sich diesem Urteil widersetzt und sein früheres Verbot der Bennetton-Werbung ein Jahr nach dessen Aufhebung durchs Bundesverfassungsgericht erneuert (cf. Frankfurter Rundschau, 7. 12. 2001, S. 34). Das unterstreicht aber nur, welch ein Markstein das Urteil der Verfassungsrichter für die Entwicklung des kollektiven Sensationssensoriums war.

menprallen zu lassen, daß Funken sprühen – Tabus gebrochen werden.[56] Allerdings verstanden die Väter des Surrealismus unter Tabubruch etwas fundamental anderes: Sprengung eines Kulturkorsetts, das Phantasie und Kreativität erstickt und nicht einmal verhindert hat, daß Kulturnationen wie Deutschland und Frankreich einander auf den Schlachtfeldern zerfleischen. In Werbeagenturen heißt Tabubruch hingegen: wohlgezielt und -dosiert Schamgrenzen übertreten. Mit andern Worten: deregulieren, so wie ja auch staatliche Infrastruktur- und Sozialleistungen im Lichte des Neoliberalismus vornehmlich als schamhafte Konzessionen an überzogene Versorgungsansprüche von verantwortungsunwilligen Bürgern erscheinen – als Tabus, die aus Angst vor allzu bequemen Wählern gewachsen sind und endlich gebrochen gehören. Das Benetton-Plakat ist ein Durchbruch. Es spricht die ästhetische Sprache der Deregulierung. Nicht daß es neu wäre, mit Kriegsopfern Geschäfte zu machen. Aber sie als Blickfang für T-Shirts und Pullover auf Plakatwänden kunstvoll zur Schau stellen: das hatte es so noch nicht gegeben. Ein moralisch wie ästhetisch entkernter, assoziativ enthemmter, auf bloßen Sensationseffekt reduzierter Surrealismus schließt hier Textilien mit einem politischen Feld kurz, mit dem sie nicht das mindeste zu tun haben. So wird natürlich nicht die Kundschaft politisiert. Nicht eine der Kontroversen um das Benetton-Plakat hat zum tieferen Verständnis des Bosnienkriegs irgend beigetragen, jede aber dazu, Krieg unterm Reklameaspekt zu betrachten – egal, ob ablehnend oder zustimmend. Noch seinen Gegnern drängt das Plakat den Gesichtspunkt auf, unter dem es diskutiert sein will – und arbeitet zugleich daran mit, daß Krieg ebenso zum Reklamematerial wird wie Sonnenuntergänge oder Wasserfälle. So weit ist die Macht der willkürlichen Assoziation inzwischen gediehen. Surrealismus und Behaviorismus haben sie auf sehr unterschiedliche Weise eingeübt. Die Früchte dieser Arbeit fallen nun der Werbung zu. Hier wird die willkürliche Assoziation zum Gemeingut, zum Gemeinplatz, zu einer allgemeinen Mitteilungs- und Wahrnehmungsweise. Die schockhafte Assoziation des Unvereinba-

[56] Das surrealistische Bild «kann nicht aus einem Vergleich entstehen, vielmehr aus der Annäherung von zwei mehr oder weniger entfernten Wirklichkeiten. Je entfernter und je genauer die Beziehungen der einander angenäherten Wirklichkeiten sind, um so stärker ist das Bild». «Der Wert des Bildes hängt ganz von der Schönheit des erzielten Funkens ab; ist also folglich die Funktion des Spannungsunterschieds zwischen den beiden Leitern. Wenn dieser Unterschied nur sehr schwach ist, wie im Vergleich, kommt es zu keinem Funken.» (A. Breton, *Erstes Manifest des Surrealismus*, 1924, Reinbek 1986, S. 23 u. 35)

ren ist nur das Gegenstück zum blitzartigen Aufbau subtiler Assoziationsfelder, und beide zusammen bilden das Kraftzentrum der Werbung, das Kernstück ihrer kommunikativen Kompetenz, die nur auf eines aus ist: Aufsehen erregen, dafür sorgen, daß man wahrgenommen wird, «da» ist.

Und wie Waren nur eine Chance haben, gewählt zu werden, wenn sie hervorstechen, so auch Politiker. Sie sind in besonderem Maße Objekte wie Subjekte des Nachrichten-Hochdrucks. Ohne täglich in Presse, Rundfunk und Fernsehen genannt und interviewt zu werden, können sie keine Karriere mehr machen. Jedes Interview vor Mikrophon und Kamera aber gibt die Chance, nicht nur einen Gruppenstandpunkt zu verbreiten, sondern auch einen persönlichen, nicht nur eine Parteilinie zu repräsentieren, sondern sie auch in die eigene Richtung zu lenken, nicht nur Politik wiederzugeben, sondern sie zu machen. Jedes Interview, jede Diskussionsrunde, die eine Parteimeinung mehr in die Öffentlichkeit treiben, treiben auch einen Keil mehr in die Parteien. Jeder Interviewte ist ständig in der Versuchung, mehr sich zu profilieren als seine Partei. Parteikarriere kann nur machen, wer dabei seine eigene Karriere macht. Unablässig gibt es denn auch Querelen über öffentliche Äußerungen, die mit den Parteifreunden nicht abgestimmt waren, sie brüskieren oder unter Zugzwang setzen. Längst wird über die Massenmedien auch innerparteiliche Politik gemacht, und jede Kontroverse hinter verschlossenen Türen wird schon im Hinblick darauf geführt, wie man sie hernach am günstigsten in der Öffentlichkeit präsentiert – «verkauft», wie die Beteiligten inzwischen ganz ungeniert sagen.

Unter solchem Nachrichten-Hochdruck ist professionelle Politik nervenaufreibender denn je geworden. Vor den Sitzungen die Frühinterviews, zwischen den Sitzungen die Mittagsinterviews, nach den Sitzungen die Abendinterviews, Diskussionsrunden, Talkshows, und jedesmal aufpassen, was man sagt, auch wenn es bloß Phrasen sind, damit niemand einem einen Strick drehe – wer nimmt denn solchen Streß freiwillig auf sich? Offenbar nur Leute, für die Machtgenuß gleichbedeutend mit Präsenzgenuß geworden ist und die sich dafür ähnlich krumm legen wie einst Mönche fürs Himmelreich. Der Genuß ätherischer Präsenz ist freilich etwas, was Kant eine «negative Lust» genannt hätte.[57] Nichts daran schmeichelt den Sinnen wie Nahrungs-, Geschlechts- oder Kunstgenuß es tun, während die permanente Hek-

[57] So heißt bei ihm das «Gefühl des Erhabenen»: eine Lust, «welche nur indirecte entspringt», «indem das Gemüt von dem Gegenstande nicht bloß angezogen, sondern wechselweise auch immer wieder abgestoßen wird» (I. Kant, *Kritik*

tik, mit der diese Lust erkauft ist, Sinne und Nerven notorisch strapaziert. Genossen wird lediglich das erhabene Gefühl, zu denen zu gehören, die zählen, auf die es ankommt, die «da» sind, also nicht medial tot, ähnlich wie bei Thomas von Aquin sich die Seligkeit der Geretteten schließlich auf die himmlische Freude reduziert, nicht verdammt worden zu sein.[58] Solcher Freude sitzt die Angst im Nacken, dem Präsenzgenuß der Sendezwang. Sprunghaft hat unter diesem Zwang die Bereitschaft zugenommen, jedem, der mit Mikrophon und Kamera winkt, Rede und Antwort zu stehen, sich Schlagfertigkeitstests und peinlichen Befragungen auszusetzen. Ganze Fernsehsendungen sind dafür eingerichtet worden. Auf dem «heißen Stuhl» oder bei «Frontal» hat so mancher Politiker Schweißausbrüche bekommen. Und warum ließen sich dennoch so viele dort verhören und anpöbeln? Weil eine gute Figur machen zwar wichtig ist, noch wichtiger aber, überhaupt eine zu machen. *Esse est percipi* heißt auch: Wer gesehen wird, kann sich sehen lassen. Präsent sein ist beinahe selbst schon so viel wie eine gute Figur machen. Im Gespräch ist man auch dann, wenn man im Gerede ist. Weniger denn je ist Verlaß darauf, daß Negativschlagzeilen diskreditieren. Sicher hätte Bill Clinton viel dafür gegeben, wenn ihm die Veröffentlichung seiner Sex-Affäre erspart geblieben wäre. Aber allein schon die Tatsache, daß sie ihn nicht demontiert hat, daß er zwei Jahre später, als Weltpolitiker gefeiert, mit würdiger Miene den Aachener Karlspreis entgegennehmen konnte, spricht für den Bonus, den das bloße mediale Präsentsein mit sich bringt. Politikergesichter, die wegen Skandalen ständig im Rampenlicht sind, können dem Publikum derart vertraut, derart menschlich-allzumenschlich werden, daß es ihnen bei der nächsten Wahl eigens dafür dankt.

Der Kampf um Aufmerksamkeit, den der Nachrichten-Hochdruck an der Schwelle zum allgemeinen Sendezwang weltweit produziert, ist ein Kampf ums «Da». Die Werbekampagnen großer Firmen, die Selbstdarstellung der politischen Prominenz, die Auftritte von Popstars stellen seine Luxusversion vor. Aber er findet auf allen Stufen der sozialen Leiter statt. Die täglichen Postwurfsendungen in den Briefkästen zeugen ebenso davon wie die Manuskriptberge, die in den Redaktionen eintreffen und Postwurfsendungen immer ähn-

der Urteilskraft, B 75, Werke, ed. W. Weischedel, Bd. X, Frankfurt am Main o. J., S. 329)

[58] «Und auf diese Weise werden sich die Heiligen an den Strafen der Unfrommen freuen: sie werden in ihnen die Ordnung der göttlichen Gerechtigkeit und ihre eigene Lossprechung betrachten, über die sie sich freuen werden.» (Th. v. Aquin, *Summa theologica*, Supplementum, q. 94 a. 3)

licher werden. Ein auffallender Briefkopf, ein exzentrisches Anschreiben, die Namensvetternschaft mit einem schon Bekannten: solche Kleinigkeiten können darüber entscheiden, ob ein Redakteur ein Manuskript zu lesen anfängt oder ein Personalchef die Bewerbungsakte ein wenig gründlicher anschaut. Und wer auf Stellen- oder Kundensuche ist, braucht heute, wie früher den Eintrag ins Telephonbuch und das Klingelschild, eine eigene Homepage – möglichst professionell zurechtgemacht mit einem charakteristischen Schriftzug oder Bildchen: einem Logo. Zunächst waren Logos dazu da, die eigenen Waren als etwas Unverwechselbares, Exklusives aus der Masse der Angebote herauszuheben. *Branding* nennen die Fachleute das: Das Bild samt Tonkulisse muß so markant sein, daß es sich ins Nervensystem gleichsam einbrennt – wenn nicht sofort, dann durch gezielte Wiederholung. Der Schriftzug von Coca-Cola, der Stern von Mercedes, der Apfel von Apple haben das in beispielhafter Weise geschafft. Sie sind bereits Klassiker der Sensation – durch geschicktes *branding* in den allgemeinen Wahrnehmungshaushalt eingegangen. Sodann wurde das Identitätszeichen der Ware zu dem der Firma. Ums Logo baute sie das Bild, das sie in der Öffentlichkeit abzugeben wünschte, ans Logo knüpfte sie ganze Assoziationsfelder. Nicht nur Genuß soll Ware X bringen, sondern zugleich einen bestimmten Lebensstil, eine Haltung, eine soziale Zugehörigkeit. Sie soll auch ihren Konsumenten markieren. Das Logo springt von den Produkten und Firmen auf die Individuen über – eine Entwicklung, die mit dem Internet einen weiteren Schub bekommen hat. Das Logo ist nicht mehr nur Erkennungszeichen derer, die den Lifestyle Y pflegen und zur Szene Z gehören. Unter allgemeinem Sendezwang wird es zum Identitätszeichen schlechthin – zu jenem Zeichen, das macht, daß ich «da» bin. Ohne Logo sein heißt von nun an ohne Namen, ohne Individualität, ohne Zugehörigkeit, also verloren sein.[59]

Zugegeben, noch gibt es reichlich Zeitgenossen, die gut ohne Homepage und Logo auskommen. Aber ihre Zahl nimmt ab. Die neue Verlorenheit hingegen ist erst in den Anfängen, aber im Kommen. Ökonomisch gesprochen bedeutet sie so viel wie Marktunfähigkeit im Zeitalter des allgemeinen Sendezwangs. Aber sie geht im Ökonomischen nicht auf. Nicht «auf Sendung» zu sein, nichts auszustrahlen, wird offenbar auch dann immer weniger erträglich, wenn es nicht sogleich mit Geschäftsrückgang oder Arbeitslosigkeit assoziiert

59 Ausführlicher hierzu: C. Türcke, *Design oder Nichtsein*. Der Kampf ums Logo, Frankfurter Rundschau, 29. 5. 1999, S. ZB 3. Inzwischen gibt es eine *No Logo!*-Bewegung; s. u. Kapitel 5.

ist. Wie sonst ließe sich der unheimliche Magnetismus erklären, der von jenen Talkshows ausgeht, in denen Menschen wie du und ich eingeladen sind, einmal frei von der Leber weg zu sprechen und ihre Konflikte auszutragen. Der *Confessional Talk* gehört zur eisernen Ration aller Privatsender. Das Rezept ist denkbar einfach. Ganz gewöhnliche Hausfrauen, Rentner, Sachbearbeiter, Arbeitslose etc. werden animiert, ihre Intimsphäre zu öffnen und unter Titeln wie «Jetzt reichts», «Ich habe ihn betrogen», «Ich hasse dich», «Es tut mir leid», «Laß uns noch einmal neu anfangen» persönlich zu werden. Daß das Schaulustige anziehen und Einschaltquoten erhöhen soll, ist klar. Aber was bewegt Scharen von Leuten, sich als Schauobjekte für solche Talkrunden zu bewerben? Die paar hundert Mark Honorar sind eine schwache Entschädigung für die Peinlichkeiten, denen man sich da aussetzt, zumal die Betroffenen sich oft nicht klarmachen, welche Folgen ihre Geständnisse und Ausbrüche vor der Kamera haben. Die Zerrüttung von Freundschafts- und Liebesbeziehungen und Kündigungen sind als laufende Kosten solcher Auftritte hinlänglich bekannt. Um so bemerkenswerter, wie wenig sie abschrecken. Bloß um ein paar teure Sendeminuten lang einmal ohne Rücksicht auf Verluste «da» gewesen zu sein, läßt man sich von zudringlichen Moderatoren gefühlvoll ausquetschen, auf die Gefahr, hernach reif für Arbeitslosenhilfe oder Psychotherapie zu sein. Nur daß diejenigen, die sich da so selbstzerstörerisch zum Confessional Talk drängen, zugleich jene neue Form von Selbst*erhaltung* einüben, die der Sendezwang tendentiell allen aufnötigt. Sie sind Vorreiter, wenn auch ungelenke, haben die Lektion des *esse est percipi* bereits beispielhaft verinnerlicht, wenn es ihnen auch an materiellen oder geistigen Mitteln mangelt, um genügend persönlichen Nutzen daraus zu ziehen. Sie sind einerseits Gefoppte. Andrerseits haftet ihnen der Hauch, einmal für einen Moment Fernsehstar gewesen zu sein, wie ein Beweisstück dafür an, daß sie eigentlich gar nicht gefoppt sein können. Ist nicht auf Sendung sein das Gegenteil von Gefopptsein? Die Irritation darüber hat das Showbusiness als einen neuen Unterhaltungsfaktor erkannt: Leute so vor die Kamera zu ziehen, daß keiner mehr sicher sein kann, ob sie gerade zu Stars aufgebaut oder an den Pranger gestellt werden. Welche Möglichkeiten sich da auftun, läßt besonders gut jene sächsische Rentnerin ermessen, die wegen des bizarren Streits, ob sie oder ihr Nachbar dafür zuständig sei, die durch einen Maschendrahtzaun ins angrenzende Grundstück wuchernden Gartengewächse zu beseitigen, vom Lokalfernsehen interviewt wurde und dabei das Wort «Maschendrahtzaun» derart komisch hervorsächselte, daß ein Showmaster es aufgriff und sie mit diesem Wort *live* auftreten ließ. Die Resonanz war überwältigend. Schnell wurde der sächsisch artikulierte «Maschendrahtzaun» auf einer CD mit Musik unterlegt, die Aufnahme der CD gefilmt, und als Tausende von Schaulustigen anreisten, das Haus mit dem Maschendrahtzaun umlagerten und seine Umgebung durch wildes Campen verwüsteten, wurde die verängstigte Frau in ein Pariser Luxushotel ausgeflogen.

Das geschah noch vor *Big Brother*. Das Erstaunlichste an der Idee, eine Gruppe von Menschen hundert Tage lang in einen Container zu sperren und Tag und Nacht mit eingeschalteten Mikrophonen und Kameras zu umgeben, ist vielleicht, daß sie nicht eher realisiert worden ist. Der mediale Boden dafür war längst bereitet. Dennoch markiert *Big Brother* eine neue Stufe des Sendezwangs. Bestürzend ist nicht, was in dem Container geschah. Dort schleppte sich nur ein zum Gähnen banaler Alltag hin, und die Veranstalter hatten alle Hände voll zu tun, ihn mit zusätzlichen kleinen Schikanen und Attraktionen notdürftig interessant zu halten. Bestürzend ist die Perspektive, die *Big Brother* aufreißt. Ein neues Genre des Gesellschaftsspiels ist damit eingeführt, das nach Fortsetzung unter verschärften Bedingungen geradezu schreit. An Varianten, Leute auf engerem Raum und unter größeren Entbehrungen einzuschließen, wird schon gearbeitet. Es muß nicht lange dauern, bis verschiedene gleichzeitig laufende *Big-Brother*-Abkömmlinge um Einschaltquoten kämpfen. Vielleicht aber tun sich noch ganz andere Szenarien auf. Im April 2001 wurde in den USA erstmals um die Übertragungsrechte an einer Hinrichtung gekämpft. Wie der Bombenleger von Oklahoma die Giftspritze bekommt, sollte *live* im Internet zu sehen sein, der Erlös an die Hinterbliebenen der Opfer gehen – und der Delinquent selbst sprach sich, wenigstens zeitweilig, für eine Übertragung aus.[60] Diesmal hat sich die Justiz noch dagegen gesperrt, aber daß sich beim nächsten prominenten Delinquenten der Druck auf sie erhöhen wird, ist so sicher wie die Dynamik, die dafür sorgt, daß institutioneller und persönlicher Sendezwang sich wechselseitig verstärken. In solchem Licht mutet *Big Brother* wie eine Probebühne zu noch nicht absehbaren Gladiatorenspielen an. Immerhin haben sich auf Anhieb mehr als zwanzigtausend Leute für diese Bühne beworben. Freiwillig, versteht sich; ähnlich freiwillig, wie Motten ins Licht fliegen. Niemand zwingt sie. Rein flugtechnisch könnten sie genausogut einen Bogen darum machen. Es ist ihre Entscheidung.

[60] Cf. G. Schön, *Sterben vor laufender Kamera*, Frankfurter Rundschau, 23.4.2001, S. 13; dazu C. Türcke, *Die mythische Angst, nicht dabei zu sein*, DIE ZEIT, 20/2001, S. 38

Willensfreiheit pur hat es nie gegeben. Heute gehört zu ihren Existenzbedingungen ein ebenso ungreifbarer wie expandierender Sendezwang. Wenn die mikroelektronische Globalisierung ein Wahrzeichen hat, dann ihn. Wer von diesem Zwang nicht reden will, sollte auch von Mündigkeit, Selbstbestimmung und Demokratie schweigen. Sofern sie sich konkret entfalten, tun sie es im Verhältnis zu ihm. Dieser Zwang hat aber noch weit umfassendere Aspekte als nur das Nichtigkeitsgefühl von Leuten, die keinen e-mail-Anschluß, kein Logo, keine Markenkleidung haben, obwohl dies Gefühl nicht zu unterschätzen ist. Die etwa in São Paulo sich häufenden Fälle, daß Straßenkinder, denen es am Nötigsten an Nahrung, Kleidung, Wohnraum fehlt, ausgerechnet Raubmorde begehen, um ein paar Markenturnschuhe oder ein Marken-T-Shirt zu ergattern, wären nicht so rätselhaft, würde man dieses Gefühl als eine zur emotionalen Weltmacht aufsteigende Realität genügend ernst nehmen. Wenigstens einmal im Leben so weit «da» sein, wie Markenkleidung es gestattet: der Drang danach ist als verzweifelte Variation zum Thema *esse est percipi* unschwer zu erkennen. Dies Thema hat freilich auch geopolitische Dimensionen. Der Kampf ums «Da» ist auch einer von Orten und Gegenden. Die Börsen von New York, Tokio und London sind auf mediale Dauerpräsenz gleichsam abonniert. Ganze Weltregionen hingegen fallen heraus, und dafür, was in diesem Fall «medial tot» heißt, gibt der jährliche Entwicklungsbericht der Weltbank keinen schlechten Gradmesser. Für 1997 verzeichnet er «133 Länder mit mehr als einer Million Einwohner». Aber: «Afghanistan, Bosnien, Irak, Iran, Kuba, Nordkorea oder ca. 20 Länder südlich der Sahara fehlen ganz in der Statistik. Andere wie Jemen, Kambodscha, Haiti, Laos, Libanon, aber auch sämtliche Nachfolgestaaten der ehemaligen Sowjetunion und Jugoslawiens weisen mehr Leerstellen (= ‹Angaben nicht verfügbar›) als Ziffern» auf. «Es gibt 40, 50, möglicherweise sogar 80 ‹Länder› auf der Welt, über die entweder keine, nur sehr lückenhafte, unzuverlässige, völlig veraltete oder lediglich rein virtuelle Daten vorliegen.» «Von welcher Statistik wird das Herrschaftsgebiet der angolanischen Unita, der afghanischen Mujahedin, der Roten Khmer, des Leuchtenden Pfades, der saharischen Tuareg, der mexikanischen Zapatisten, des Medellin-Kartells, der algerischen GHIA, der tamilischen Befreiungstiger, der somalischen War Lords, der kurdischen PKK, der Hisbolla erfaßt? Ganz zu schweigen von Kaschmir, dem südlichen Sudan, den Schan-Staaten in Burma», den «Favelas, Shanty Towns, Bidonvilles und Slums im

Weichbild asiatischer, lateinamerikanischer und afrikanischer Mega-Städte? Mitten in Afrika gibt es eine einzige große Kriegszone von Angola über die beiden Kongo, Ruanda, Burundi bis in den südlichen Sudan und weiter nach Äthiopien und Eritrea, wobei die klassische Unterscheidung zwischen Krieg und Bürgerkrieg nicht mehr möglich ist. Die weißen Flecken auf der Landkarte, die neue Terra incognita, nehmen zu.»[61]

Daß Globalisierung darin bestünde, die ganze Erde flächendeckend telekommunikativ zu vernetzen, ist barer Unsinn. Schon die Metapher «Netz» dementiert das. Netze haben Fäden und Knoten, und dazwischen ist viel Luft. Das gilt auch geopolitisch. Nach wie vor sind die Metropolen und Wirtschaftzentren auch die telekommunikativen Knotenpunkte. Und nicht einmal die sind in sich homogen. Schon die Slums an den Rändern der Mega-Städte, in denen es von Menschen nur so wimmelt, sind telekommunikativ eher weiße Flecken. Erst recht die weiten unbesiedelten Flächen zwischen den Metropolen. Die Landflucht nimmt, global gesehen, immer noch zu. Selbst wenn die Sendestationen ständig mobiler werden, Computer bereits in der Aktentasche überallhin mitgenommen werden können; wer das Privileg dazu hat, reist keineswegs «überallhin». Wohl in die Karibik, die Toscana oder auf die Balearen, um von dort aus in angenehmer Umgebung per mail seine Arbeitsaufträge zu erledigen, aber eben nicht nach Sibirien oder Ruanda, Kaschmir oder Afghanistan. Medial tot sind diese Gebiete nicht unbedingt in dem Sinne, daß es dort keine Sendestationen gäbe. Wohl aber verfügen sie nicht über das Minimum an Infrastruktur, daß Hilfsprogramme, Investitionen, Handelsbeziehungen daran sinnvoll anknüpfen könnten. Und wo dies Minimum fehlt, lassen sich die Bedürfnisse und Entbehrungen nicht statistisch erfassen, nicht abbilden, nicht konkret medial greifbar machen. Sie fallen aus der Wahrnehmung der Weltöffentlichkeit heraus. Die ganze Region hat kein «Da». Um so grauenhafter ist gewöhnlich ihr Hier und Jetzt: ohne den Rückhalt eines geregelten Lebensmittelverteilungs-, Gesundheits-, Bildungs- und Rechtssystems. Hunger, Seuchen, Orientierungslosigkeit, Migration, Flucht gehören zur Signatur des Alltags. Wenn solche Gegenden plötzlich ins Rampenlicht der Öffentlichkeit geraten, dann meist ebenso brutal, wie sie ansonsten ignoriert vor sich hinvegetieren: durch Erdbeben, Dürrekatastrophen, Epidemien, Massaker. Und um gezielt auf ihre Misere aufmerksam zu machen, bleiben Widerstandsgruppen und Minderheiten meist nur

[61] U. Menzel, *Die weißen Flecken auf der Landkarte nehmen zu.* Über das Verschwinden der Dritten Welt, Frankfurter Rundschau, 31. 5. 2000, S. 9

wenige Mittel: Geiselnahmen, Flugzeugentführungen, Hungerstreiks, Sprengstoffanschläge.

Die Verschleppung westlicher Touristen auf den Philippinen durch die Gruppe Abu Zayyaf, die Demonstrationen für die Freilassung von Öcalan oder die Absetzung von Milosevic, die Besetzung der Brent-Spar-Plattform durch Greenpeace oder eines Krankenhauses durch tschetschenische Rebellen, die Werbekampagnen von Benetton oder der ganz normale Wahlkampf politischer Parteien: das sind grundverschiedene Phänomene. Dennoch schert sie der allgemeine Sendezwang über einen Kamm. Aufsehen erregen, um nicht unterzugehen: das ist der nahezu kategorische Imperativ, den sie, jedes auf seine Weise und doch alle gemeinsam, befolgen. Nicht unerheblich trägt er dazu bei, daß «Integration» zu einem der unangefochtensten Wunsch- und Zielbegriffe der sozialwissenschaftlichen und politischen Terminologie aufgestiegen ist – über alle Parteigrenzen hinweg. Nicht wahrgenommen werden heißt draußen sein, und draußen sein ist wie tot sein bei lebendigem Leibe – unvereinbar mit Menschenwürde. Also müssen wir sie alle hineinnehmen: die Alten und Kranken, die Arbeitslosen und Straffälligen, die Andersdenkenden und Andersartigen. Integration ist zu einem Synonym für Rettung und Humanität geworden – und vergessen, daß der Begriff noch vor wenigen Jahrzehnten in gegenteiliger Bedeutung kursierte. Noch beim späten Adorno heißt es: «Der Völkermord ist die absolute Integration, die überall sich vorbereitet, wo Menschen gleichgemacht werden, geschliffen, wie man beim Militär es nannte, bis man sie, Abweichungen vom Begriff ihrer vollkommenen Nichtigkeit, buchstäblich austilgt. Auschwitz bestätigt das Philosophem von der reinen Identität als dem Tod.»[62]

Der so schreibt, war mit knapper Not jenem gewaltsamen gesamtgesellschaftlichen Uniformierungsprozeß entronnen, den die Nazis «Gleichschaltung» nannten. In den USA, dem demokratischen Land seiner Rettung, mußte er dann ebenfalls Gleichschaltungstendenzen entdecken, weit weniger brutale zwar, aber nicht minder umfassende. Paradigmatisch dafür wurde ihm das Phänomen der Kulturindustrie, die kulturelle Gebilde von vornherein als Massenwaren, d.h. ähnlich uniformiert wie Autos oder Kühlschränke, zur Welt kommen läßt: gefertigt nach Klischees und Schablonen, die sich den Produkten als Signatur leichter Konsumierbarkeit, den Konsumenten als Wahrnehmungs- und Denkraster eingraben. Wenn Adorno unter diesem Eindruck formulierte: «Kultur heute schlägt

[62] Th. W. Adorno, *Negative Dialektik*, l.c., S. 355

alles mit Ähnlichkeit»,[63] so zittert darin der Schauder vor der nationalsozialistischen Gleichschaltung nach. Auch ein Kleinformat von SA und SS schien sich in den USA zu finden: die Rackets. So nannte man die Schlägertrupps und Gangs, die mit Schutzgelderpressungen die Geschäftswelt von Chicago, New York oder San Francisco unsicher machten. So konnte aber auch jedwede Art von verschworener Clique heißen, vom Sportverein bis zum Kartell, sofern sie lediglich zwei wesentliche Unterschiede in der Welt kennt: den von oben und unten und den von drinnen und draußen. Horkheimer hat sogar kurzzeitig versucht, das Racket als «Grundform der Herrschaft»[64] zu erweisen, die mit der Urhorde begonnen habe und vom «Tuscheln im Rat der Ältesten des primitiven Stammes bis zur Verständigung von Industrie und Armee in Klubs und Beratungszimmern» reiche. «Bisher hat das Racket allen gesellschaftlichen Erscheinungen seinen Stempel aufgeprägt, es hat geherrscht als Racket des Klerus, des Hofs, der Besitzenden, der Rasse, der Männer, der Erwachsenen, der Familie, der Polizei, des Verbrechens, und innerhalb dieser Medien selbst in Einzelrackets gegen den Rest der Sphäre.»[65] Allerdings hat Horkheimer diese Notiz in der Schublade gelassen, vielleicht weil er merkte, daß es die Dinge auf den Kopf stellen heißt, wenn man ein Epiphänomen kapitalistischer Vergesellschaftung, nämlich daß entwurzelte, aus angestammten Familien- und Arbeitszusammenhängen herausgerissene Individuen sich haltsuchend zu straff organisierten Gruppen zusammenballen, für das Urphänomen herrschaftlicher Vergesellschaftung ausgibt. Diese Verkehrung inflationiert den Racketbegriff, macht ihn so unspezifisch, daß Gruppenbildung und Racketbildung bis zur Ununterscheidbarkeit ineinanderfallen, ja daß am Ende selbst Horkheimers Institutsbelegschaft als Racket firmieren müßte, und trägt weder zur Soziologie des Al-Capone-Milieus noch zum Verständnis archaischer Herrschafts- und Affinitätsstrukturen Konkretes bei.

Und dennoch wird dabei an etwas Wichtiges erinnert: daß soziale Integration zunächst durchaus nichts Idyllisches war – zwar besser als aus dem Kollektiv ausgestoßen zu werden, denn das bedeutete Tod, aber dennoch ein ungeheurer Zwang. Man wuchs, ohne gefragt zu werden, in die Ängste und Traumata hinein, durch die der Naturschrecken das Nervensystem des *homo sapiens* strukturierte. Man

[63] M. Horkheimer/Th. W. Adorno, *Dialektik der Aufklärung*, l.c., S. 128

[64] M. Horkheimer, *Die Rackets und der Geist*, Ges. Schriften, Bd. 12, Frankfurt am Main 1985, S. 287

[65] Op. cit., S. 291

wurde gewaltsam eingeübt in die Opfer-, Jagd-, Initiations- und Beschwörungsrituale, mit denen das Kollektiv diesen Schrecken zu bändigen suchte.[66] Schutz und Entschädigung bot es den Individuen nur, sofern sie diese Anpassungsleistung erbrachten, und auch das nur höchst ungleichmäßig. Selbstverständlich waren die Sklaven in die Sklavenhaltergesellschaft integriert, waren sie doch ihre Hauptproduzenten; desgleichen die Leibeigenen, Bauern und Hintersassen in die feudale Gesellschaft, das Proletariat in die kapitalistische. Ausgeschlossen waren sie nicht von der Gesellschaft, sondern nur von entscheidenden ihrer Entschädigungen. Daß dieser einfache Sachverhalt nicht mehr klar ist, daß unter Integration allenthalben nur noch ein Sekundärvorgang verstanden wird, also das Ensemble der Sicherheiten, Genüsse und Mitgestaltungsmöglichkeiten, mit denen eine Gesellschaft ihre Mitglieder entlohnt, aber nicht mehr der Primärvorgang zwanghafter Anpassung, der dem vorausgeht, hat freilich damit zu tun, daß die moderne kapitalistische Vergesellschaftung selbst ein gewisses Verwirrspiel mit ihren Integrationsleistungen treibt. In ihrer Entstehungsphase hat diese Gesellschaft zunächst einmal brutal auflösend gewirkt. Sie löste einen beträchtlichen Teil der Landbevölkerung von der angestammten Scholle, Handwerker vom Handwerkszeug, aber auch Krämer vom Kram, Adlige vom angestammten Besitz, Ritter von zeitgemäßer Militärausrüstung, und wirbelte so die herkömmlichen Adels-, Zunft-, Stadt-, Dorf- und Familienstrukturen erheblich durcheinander.[67] Der Strudel, um den dieser Wirbel entstand, war der altvertraute Markt, aber in neuer Funktion: nicht mehr nur als Ort des Güteraustauschs, sondern als Vergesellschaftungsinstanz. Er zog nach und nach die gesamte Bevölkerung in seinen Sog und zwang die Mehrzahl, nicht nur irgend etwas, sondern sich selbst, die eigene, isolierte Arbeitskraft feilzubieten. So fing er an, den gesamtgesellschaftlichen Arbeitsprozeß zu regulieren. Vom Beginn der «Neuzeit» ist dort zu reden, wo die Saugkraft des Markts zur primären Integrationskraft der Gesellschaft wird. Dank dieser Kraft sorgt der Markt zwar dafür, daß Menschen sich oder ihre Waren feilbieten, aber nicht, daß sie sich verkaufen. Wo Kauf ist, ist

[66] Dazu ausführlich Kapitel 3.

[67] Nach wie vor ist der «Scheidungsprozeß des Arbeiters vom Eigentum an seinen Arbeitsbedingungen» ein Hauptschlüssel zum Verständnis der neuzeitlichen Gesellschaftsformation. Mit ihm beginnt, was Marx die «sogenannte ursprüngliche Akkumulation» genannt hat (K. Marx, *Das Kapital*, Bd. I, MEW 23, 1962, S. 742). Sie ist «in die Annalen der Menschheit eingeschrieben mit Zügen von Blut und Feuer» (S. 743). Ausführlicher hierzu siehe Kapitel 2 und 4.

auch Wahl. Was als untauglich erachtet wird, bleibt als unverkäuflich liegen. Das ist die Marktversion des biblischen «Viele sind berufen, aber wenige sind auserwählt». Wie zum Markt die Lücke gehört, das Fehlen von dringend Benötigtem, so auch der Überschuß an nicht Benötigtem. Aber was liegenbleibt, nicht «auserwählt» ist, muß dennoch zuvor «berufen» sein. Die Selektionskraft des Markts hat seine Integrationskraft zur Voraussetzung.

Auf diese Reihenfolge kommt es an, wenn jener Blick für die Sozialtechnologie der Ausschließung produktiv werden soll, um den Foucault die Gesellschaftstheorie bereicherte, als er analysierte, wie die mitteleuropäische Gesellschaft seit dem 16. Jahrhundert Wahnsinnige von «Vernünftigen», Kranke von «Gesunden», Delinquenten von «Normalen» zu trennen begann.[68] Die neuzeitlichen Begriffe von Vernunft, Gesundheit und Normalität haben sich, so Foucault, im Zuge dieser Ausschlußverfahren überhaupt erst konstituiert. Ihr ungenanntes, auch von Foucault nie klar herausgearbeitetes Modell ist die Selektionsrationalität des Markts: Was untauglich ist, bleibt liegen. Nun geben ein Ballen Stoff oder eine Ladung Korn, die im Speicher still vor sich hinschimmeln, dieser Rationalität keine nennenswerten Probleme auf. Scharen von Menschen hingegen, die von ihren angestammten Lebensbedingungen losgerissen sind, aber als untauglich für den Produktionsprozeß erachtet werden, lassen sich so nicht lagern. Eine ganze Verwaltung, Therapeutik und Humanwissenschaft muß her, um sie ruhigzustellen: durch Betäubungsmittel, geschlossene Anstalten, Disziplinierungs- und Resozialisierungsmaßnahmen. Das sind sowohl erste große Bändigungsversuche der Marktrationalität als auch Schritte zu ihrer gesamtgesellschaftlichen Konkretisierung. Weil die Selektionsgewalt des Markts sich selbst nicht in der Gewalt hat, muß sie in die Definitionsgewalt der Justiz, der Pädagogik, der Psychiatrie, der Medizin übersetzt werden. Das Studium dieser Übersetzungen, der Einweisungs- und Internierungspraktiken, der Medikationen und der wissenschaftlichen Begriffsbildung, die den Tatbestand des Wahnsinns, der Hysterie, der Kriminalität ebenso schaffen wie behandeln und beschreiben, kann mehr über die Formierung neuzeitlicher Vernunft in Erfahrung bringen als die Auslegung all ihrer philosophischen Referenztexte.

Allerdings läßt sich die Konstitutionsgeschichte dieser Vernunft nur sinnvoll als Ausgrenzungsgeschichte schreiben, wenn der Status

[68] M. Foucault, *Die Geburt der Klinik*, 1963; dt. Frankfurt am Main 1976; ders., *Wahnsinn und Gesellschaft*, 1972; dt. Frankfurt am Main 1973; ders., *Überwachen und Strafen*, 1975; dt. Frankfurt am Main 1976

der von Foucault so brillant beschriebenen Disziplinierungs-, Internierungs-, Kasernierungsmaßnahmen dabei deutlich wird – deutlicher als bei ihm selbst.[69] Sie sind zweifellos eine elementare gewaltsame Anpassung von Individuen an soziale Zwänge und dennoch eine Integration zweiten Grades: Reaktionen auf den Selektionszwang des Markts. Die Integration aber, die dem wiederum vorausliegt, die primäre also, das «Berufensein» auf den Markt, die Nötigung, dort etwas oder sich selbst feilzubieten, ist einerseits so selbstverständlich geworden, andrerseits etwas so Abstraktes – es ist ja niemand faßbar, der einen nötigt oder ruft, man geht von selbst, sozusagen freiwillig –, daß sie unter ihren gewaltigen Folgen unsichtbar zu werden droht. Dann aber ist der Blick für das spezifische Ineinander von Integration und Ausschließung bereits getrübt. Und er trübt sich weiter, wenn der Prozeß weltweiter Deregulierung pauschal mit Desintegration gleichgesetzt wird. Freilich, der Zerfall ist unübersehbar, sei es der des Ostblocks, des Sozialstaats, der Großstädte, der Öffentlichkeit. Aber was da wegbricht, sind allesamt Sekundärintegrationen, und eine Gesellschaftstheorie, die nur noch diese sekundären thematisiert, weil ihr die primäre Integrationsgewalt, die Sogkraft des Markts, in jedem Sinne des Wortes unfaßbar geworden ist, verfährt wie eine Psychoanalyse, der einfiele, nur noch seelische Sekundärprozesse zu behandeln, weil ihr die primären zu abgründig erscheinen. Sie gibt ihre eigene Grundlage auf und verstellt sich die Sicht für die entscheidenden Zusammenhänge: daß ausgeschlossen werden nur kann, wer zu-

[69] Was den nicht nachlassenden Reiz an Foucault ausmacht, ist, neben der Fülle interessanten historischen Materials und dem Querblick durch verschiedenste wissenschaftliche Disziplinen hindurch, die auf allen Stufen seines Werks wiederkehrende, erregende Unklarheit in den entscheidenden Grundfragen: *Ist* Vernunft Selektionsgewalt oder Selektionsgewalt bloß ihre Mitgift? Ist die Unterscheidung zwischen Vernunft und Wahn selbst wahnhaft, oder sind beide in der Neuzeit nur wahnhaft unterschieden worden? Ist der Wille zum Wissen in Wahrheit Wille zur Macht, oder ist Wahrheit sein Hinauswachsen über sich selbst? Diese Unklarheiten waren nicht unbedingt nötig. Adornos *Negative Dialektik* etwa zeigte bereits Möglichkeiten, Vernunft als eine Instanz zu denken, die zwar nicht ohne Identifikations- und Selektionsgewalt arbeiten kann, aber in der Reflexion ihrer selbst darüber zugleich hinausragt. Das Bedauern, das Foucault kurz vor seinem Tod darüber äußerte, sein Begriffsinstrumentarium nicht an dem sehr verwandten der kritischen Theorie geschärft zu haben, mag darauf anspielen: «Wenn ich die Frankfurter Schule rechtzeitig gekannt hätte, wäre mir viel Arbeit erspart geblieben. Manchen Unsinn hätte ich nicht gesagt und viele Umwege nicht gemacht, als ich versuchte, mich nicht beirren zu lassen, während doch die Frankfurter Schule die Wege geöffnet hatte.» (Michel Foucault im Gespräch mit Gérard Raulet, Spuren 1/1983, S. 24)

vor in die Zwänge des Kollektivs schon integriert war, daß Ausschluß heute nur noch *innerhalb* der Gesellschaft stattfindet, daß gerade Arbeits- und Obdachlose nicht vom Markt ausgeschlossen sind, vielmehr seine Zwänge um so ungepolsterter zu spüren bekommen, je weniger sie an seinen Annehmlichkeiten teilhaben, daß Ausgeschlossensein sowohl haltloses Umherstreunen heißen kann als auch Eingeschlossensein in Gefängnissen, Asylen, Kliniken, Aufbewahrungsanstalten.

So gewiß es im Normalfall besser ist, Arbeit zu haben als arbeitslos zu sein, versorgt zu sein als zu verwahrlosen, so gewiß politische und soziale Praxis zunächst einmal gehalten ist, erste Hilfe zu leisten und denen, die von der sozialen Integration vornehmlich die primäre Gewalt zu spüren bekommen, alle verfügbaren Entschädigungen zu verschaffen, so fatal ist der Kurzschluß, Integration sei an sich gut, Ausschluß böse. Integration hat immer schon zwanghaft stattgefunden, ehe sie erstrebt wird, wie umgekehrt Tabu immer schon im doppelten Sinn «Auszeichnung» bedeutete: sowohl ausgeschlossen werden als auch hervorragen. Der Mörder wurde durch Steinigung ausgezeichnet, der Schamane durch Heiligung. Der Doppelsinn des Ausgezeichneten ist aus den großen Menschheitskonflikten nicht wegzudenken. Ohne daß aus einer Gemeinschaft Ausgestoßene ihre Exkommunikation als Auszeichnung, ihre Verfolgung als höhere Erwählung und Prüfung verstanden hätten, hätte es weder die alttestamentlichen Propheten noch das Urchristentum, die Reformation, ja nicht einmal den Proletkult oder die Parole «Black is beautiful» gegeben. Und daß selbst der Judenstern von dieser Doppeldeutigkeit nicht frei ist, hat Ruth Klüger, eine der Überlebenden von Auschwitz, als Schulkind in Wien aufs Eindrücklichste erlebt. «[...] der Direktor kam persönlich in die Klasse und erklärte uns den Hitlergruß. Er machte ihn uns vor, und die Klasse machte ihn nach, nur die jüdischen Kinder, die sollten von nun an hinten sitzen und nicht so grüßen. [...] In der Handarbeitsstunde lernten die Klassenkameradinnen nun Hakenkreuze aus buntem Papier zusammenkleben, wir vier bis sechs Jüdinnen durften kleben, was wir wollten.»[70] «Ich kann nicht sagen, daß ich ihn ungern getragen habe, den Judenstern. Unter den Umständen schien er angebracht. Wenn schon, denn schon.»[71] Er war eben auch das Zeichen, nicht zu denen zu gehören, die anderen ein so menschenfeindliches Zeichen aufdrückten. Insofern hatte er die Doppelbödigkeit des *Ecce homo*, ließ wider Willen gerade an seinen

[70] R. Klüger, *Weiter leben*, Göttingen 1992, S. 58f.

[71] Ibid., S. 73

Trägern etwas von jener Würde aufscheinen, die er ihnen vollends zu rauben im Begriff stand. Ausschluß kann entwürdigend sein, Integration aber auch. Wer nur noch Integration will, nichts als dazugehören, mitmachen, dabei sein, im Trend liegen, verrät damit, daß Gleichschaltung nichts mehr ist, was ihn irgend schreckt, und es fragt sich, warum: Weil es im Zeitalter entfesselter Deregulierung keine Gleichschaltung mehr gibt oder weil ihre mikroelektronische Form so umfassend und selbstverständlich geworden ist, daß sie kaum mehr bemerkt wird?

«Sensation seeking»

Der Sendezwang ist nicht irgendeiner. Er ist die Sogkraft des Markts unter mikroelektronischen Bedingungen. Uniform tragen oder im Gleichschritt gehen muß man nicht unbedingt, aber «auf Sendung» sein sehr wohl. Darin gewinnt «Gleichschaltung» etwas von ihrem originären technischen Wortsinn zurück und läßt etwas von ihrer künftigen Reichweite erahnen. Und wie die integrierende Kraft des Markts nie nur eine ökonomische war, nie nur über Job oder Nichtjob entschied, sondern damit immer auch über Angenommen- oder Verworfensein, in gewisser Weise also über Sein oder Nichtsein, so hat dieser ontologische Druck unter den Bedingungen allgemeinen Sendezwangs eine ästhetische Form angenommen. Umgekehrt ausgedrückt: Ästhetik hat wie nie zuvor ontologisches Gewicht bekommen. Auch das steckt im *esse est percipi*. Dieser Satz spricht nicht nur die paradoxe Ontologie des mikroelektronischen Zeitalters aus, daß eine Existenz ohne elektronische Präsenz ein Hier und Jetzt ohne Da ist, ein Nichtsein bei lebendigem Leibe; er zeigt auch an, was das für die Physiologie der Wahrnehmung bedeutet. Selbstverständlich ist Senden kein Einwegverkehr. Wo gesendet, wird empfangen. Sind aber Sendestationen auch Empfangsstationen, so birgt das *esse est percipi* auch ein *esse est percipere*: Sein ist Wahrnehmen. Mit andern Worten: Wer keine Sensationen hat, *ist* nicht. Im unmittelbar physiologischen Wortsinn genommen ist das bloß tautologisch. Wie zum Kreis die Rundung, gehört zum Organismus die Empfindung. Hat er keine mehr, ist er tot. Aber die mediale Apparatur nimmt diesen physiologischen Sachverhalt in ihre eigensinnige Regie. Wie sie die Ausstrahlung, die jeder Organismus hat, bis zur Unkenntlichkeit überstrahlt und depotenziert, so auch sein Wahrnehmungsvermögen. Wie blaß nehmen sich die Reize der nächsten Umgebung aus gegen die grellen, die andauernd über den Bildschirm flimmern, wie grau wird der eigene Alltag im Lichte all des Aufsehenerregenden, was die Medien unablässig bringen. Die alltäglichen Umweltreize kommen nicht auf gegen die mediale Reizflut von Spektakulärem; sie sinken ab unter die Schwelle dessen, was das Sensorium zu absorbieren vermag, haben ihr erbärmliches Hier und Jetzt, aber kein Da. Sie sind *zu wenig* Reiz, um wahrgenommen zu werden. Die Reizflut selbst aber ist *zu viel* Reiz. Sie versetzt den Organismus in den paradoxen Zustand, wo er vor lauter Reizen zur Wahrnehmung nicht mehr fähig ist. Man sollte «Flut» hier wörtlicher nehmen, als es gewöhnlich geschieht. Wenn man in einer Wasserflut untergeht, wird der Gleichgewichts- und Orientierungssinn vital angegriffen: eine Tiefenschicht des Selbstgefühls. Wer so vom Wasser umhergewirbelt wird, hat wohl jederzeit ein Hier und Jetzt. Jedoch kann er sich nicht lokalisieren, orientieren, geschweige denn präsentieren. Ähnlich beim Untergehen in der Reizflut. Längst nicht so vehement, aber um so konstanter greift auch die nach dem Orientierungssinn. Nicht daß sie sogleich das Gleichgewichtsorgan aushebelte, aber sie tastet etwas an, was mit Gleichgewichtsempfinden innig verbunden ist. Nur in dem Maße, wie Wahrnehmung fähig ist, etwas zu fixieren, sich auf etwas hin zusammenzunehmen, wird sie zu einer konkreten Erlebenseinheit, gibt sie dem wahrnehmenden Organismus Zusammenhalt, Identität, ein «Da», in objektivem wie in subjektivem Sinn: Weil «da» etwas Bestimmtes ist, was ich lokalisieren und festhalten kann, kann ich mich selbst lokalisieren, habe ich Halt, spüre ich mich als Einheit meiner Wahrnehmungen und Empfindungen, bin ich «da».[72] Genau das enthält die Flut ihr vor. Um so mehr schafft sie das Bedürfnis nach einem solchen «Da», einer Sensation, die so aus der Flut hervorsticht, daß sie auch den Organismus aus ihr auftauchen läßt – wie der aus einem diffusen, quälenden Traum Auftauchende erleichtert die bekannten Konturen seiner Umgebung wahrnimmt und so nicht nur merkt, daß er «hier» ist, etwa in seinem Bett, sondern auch, daß er der und der ist, daß es ihn gibt, daß er «da» ist.

[72] Für diesen doppelsinnigen Sachverhalt hat Aristoteles einen herrlich lapidaren Ausdruck, dem unter Sensationsbedingungen neue Aktualität zuwächst: *tode ti*, «dies da» (Aristoteles, *Kategorien*, V, 3b). Alles um mich herum, jeder Mensch, jedes Tier oder Ding ist zunächst einmal ein «Dies da» – ein «erstes Wesen», wie es Aristoteles auch nennt (ibid., V, 2a). Und nur sofern ich aus meiner Umwelt solche «ersten Wesen» herausmerke, bin ich selbst eines. Nur sofern etwas für mich Wahrnehmungseinheit ist, bin auch ich eine. Zur Archäologie des *tode ti* ausführlich Kapitel 3.

Der «Kampf ums Da» hat also zwei Seiten. Zum einen ist er allgemeiner Konkurrenzkampf um mediale Präsenz: Kampf ums Wahrgenommenwerden. Zum andern ist er aber auch Kampf um Wahrnehmung. Nicht einmal die versteht sich mehr von selbst. Einerseits gehört sie dem Organismus als sein Eigenstes an; andrerseits verflüssigt und verflüchtigt sie sich in der Reizflut. Zum spezifischen Nichtigkeitsgefühl des mikroelektronischen Zeitalters gehört, wie um die eigene Ausstrahlung, so auch um die eigene Wahrnehmung betrogen zu werden. Daher der Drang hinaus aus dem Vakuum der Wahrnehmungs-, Empfindungs-, Gefühlslosigkeit, sich selbst spüren wollen, sich vergewissern wollen, daß man da ist. *Sensation seeking* nennt man das. Es findet in erster Linie natürlich in dem Medium statt, dem es sich maßgeblich verdankt: als Suche nach audiovisuellen Schocks.[73] Und das Medium kommt diesem *seeking* bereitwillig entgegen. Seine Reizflut besteht geradezu darin, immer mehr zum Schock zu neigen. Eigentlich will sie ja gar nicht Flut sein. Sie wird Flut, indem jedes ihrer Elemente optisch oder akustisch sein ebenso gebieterisches wie flehendes «Nimm mich wahr, damit ich überhaupt da bin» ausstößt, das gerade aus der Flut hervorstechen will – und dadurch zu ihrer Zudringlichkeit beiträgt. Jedes Bild, jeder Ton kämpft um sein eigenes Da, und daher fallen Bilder und Töne immer

[73] Es gibt eigens eine *sensation-seeking*-Forschung. Sie mißt «das Bedürfnis nach abwechslungsreichen, neuen und komplexen Eindrücken» und die «Bereitschaft, um solcher Eindrücke willen physische und soziale Risiken in Kauf zu nehmen», durch eine Skala. Auf der vermerkt sie nach aufwendiger Befragung und neurologischer Untersuchung bestimmte Verhaltensdispositionen, etwa «*Thrill and Adventure Seeking*», d.h. «Tendenz zu risikoreichen Aktivitäten [...] mit hohem Erlebniswert (Bergsteigen, Fallschirmspringen usw.)», «*Experience Seeking*», d.h. «Tendenz zu neuen Erfahrungen durch Reisen, Kunstgenuß, neue Speisen, interessante Personen», «*Disinhibition*», d.h. «Tendenz zur Enthemmung in sozialen Situationen, z.B. auf Parties», «*Boredom Susceptibility*», d.h. Tendenz, monotonen, sich wiederholenden Darbietungen (Filme) und Tätigkeiten sowie langweiligen Personen aus dem Wege zu gehen». (K. Schneider/F. Rheinberg, *Erlebnissuche und Risikomotivation*, in: M. Amelang (ed.), Enzyklopädie der Psychologie, Bd. 3, Göttingen; Bern; Toronto; Seattle, 1996, S. 409, 412). Dann korreliert sie diese Dispositionen, die «sowohl erfahrungsbedingte als auch genetische Ursachen» (S. 409) haben sollen, mit Faktoren wie Geschlecht, Ich-Stärke, soziale Initiative, Konformismus, Radikalismus (S. 413), und kommt zu so lichtvollen Ergebnissen wie daß ichstarke, nonkonformistische Männer signifikant gern bergsteigen oder reisen. Je pedantischer sie sich in die Erstellung von Sensationsprofilen verliert, desto ignoranter ist sie gegen die nivellierende Kraft des allgemeinen Sendezwangs und *seine* Art, *sensation seeking* zur Massendisposition zu machen.

schneller und heftiger übereinander her. Man muß nur einmal die durchschnittliche Geschwindigkeit, mit der heute in Film und Fernsehen die Bilder aufeinander folgen, mit der von vor dreißig Jahren vergleichen, und man errät, was «Kampf ums Da» ist. Die rasante Beschleunigung erklärt sich ja nicht als punktueller ästhetischer Kunstgriff, mit dem große Filmer auch früher schon Rausch, Traum, Benommenheit, Desorientierung auszudrücken wußten; sie ergreift alle Sparten. Videoclips und Werbung geben das Tempo an; Shows, Dokumentationen und Nachrichten folgen in geringerem oder größerem Abstand nach. Aber der Sog ist allgemein, die gesteigerte Bildschirmunruhe das manifeste Mißtrauen gegen die Wirkkraft des einzelnen Bildes. Es ist nur so lange «da», wie Aufmerksamkeit für es da ist. Wo sie schwindet, muß ein neues «Da», ein neues Bild her. Nicht Geschwindigkeitslust, wie Fallschirmspringer oder Rennfahrer sie genießen, erhöht das Bildtempo, sondern das Gehetztsein von der Angst, in den Abgrund des Nichtwahrgenommenen zu fallen.

Diese Tendenz zur Steigerung hat im *sensation seeking* ihre physiologische Entsprechung. Die Sensationen, die ruckartig den ganzen Organismus hernehmen, jede Faser in ihm spüren lassen, ihm die entwendete Wahrnehmung, das volle Selbstgefühl zurückzugeben scheinen – gerade die betäuben ihn auch. Das Ausmaß an Gehörschäden, das junge Leute sich in der Disco oder durch Kopfhörer zuziehen, spricht für sich. Das audiovisuelle Trommelfeuer stumpft ab. Seine Sensationen erzeugen das Bedürfnis nach stärkeren. Die aktuelle Dosis an Bildern und Tönen von Verletzten, Entstellten, Verängstigten, Fliehenden, Entblößten, Mord- und Sexualszenarien, die in einer Programmlandschaft gerade Standard ist, kann kaum mehr wahrgenommen werden, ohne daß sie als Vorstufe zur nächsthöheren Dosis wahrgenommen wird. *Reality*-TV ist daher ein echter Fortschritt. Möglichst *live* dabei sein, wenn Häuser brennen, Flugzeuge abstürzen, Rennfahrer verunglücken, Geiseln genommen werden. Den Schauer des authentischen Erlebens erzeugen: dies ist nicht gestellt, sondern echt. Kurzzeitig kann die Echtheitsfaszination von ganz läppischen Alltagsgegenständen ausgehen. Da arbeitete die Belegschaft des Oxforder Informatik-Instituts im einen Stockwerk; die Küche mit dem ständig benötigten Kaffee aber befand sich im andern. Also installierte man in der Küche eine Kamera, um per Intranet im ganzen Haus sehen zu können, wieviel Kaffee noch in der Kanne sei. Damit nicht genug. Eines Tages wurde die Kaffeekanne ins gerade erblühende Internet gestellt – und massenhaft frequentiert: sturzlangweilige Bilder einer sich füllenden und allmählich wieder leerenden Glaskanne, deren einziger Reiz darin bestand, in einem neuen Medium in

Echtzeit zu sehen zu sein.[74] Der Suggestion von Echtheit dienen auf ihre Weise auch die 3-D-Szenarien. Ganze Monturen werden entwikkelt, nicht unähnlich denen von Renn- und Raumfahrern, bestehend aus einem Helm, unter dem man einem dreidimensionalen audiovisuellen Spektakel ausgesetzt ist, und einem Anzug, der bestimmte Hautsensationen, Bewegungs- und Steuerungsmöglichkeiten verschafft. Solche Monturen lassen den Organismus in eine geschlossene Scheinwelt eintauchen, in der die Sinne einzeln in Behandlung genommen werden und keiner mehr ausweichen kann: das Auge nicht mehr über den Bildrand hinausschielen und sich vergewissern, daß es bloß einem Spektakel beiwohnt, das Ohr nicht auf andere Geräusche hören, die Haut nichts anderes tasten. Neue Kinos, wo die Leinwand sich im Halbrund vor den Zuschauern auftürmt und Bild und Ton sie gleichsam zu umhüllen suchen, arbeiten auf ihre Weise auf diesen Zustand hin. Der Sinneseindruck soll nicht dadurch wirken, daß man weiß, er ist echt; vielmehr soll das Wissen, daß man eben erst in eine Scheinwelt eingetaucht ist, nichts mehr ausrichten gegen das, was sich den Sinnen aufdrängt. Je mehr die aber gezielt technologisch behandelt, gleichsam einzeln gekitzelt werden, desto weniger ist ihre Wahrnehmung ihr eigenes Tun. Hört der Kitzel auf, ist auch die Empfindung dahin. Zur eigenen Wahrnehmung gehört die Nachhaltigkeit ihrer Eindrücke, gehört das aktive Umarbeiten von Reizen zu Fermenten eigener Erfahrung. Die Sensationsapparatur kommt daher, als wolle sie dieser Aktivität zu Hilfe eilen. Je tiefer sie aber ins Nervensystem eindringt, desto mehr ist sie es, die seine Wahrnehmung veranstaltet.

Durch audiovisuelle Sensationen ist der Kampf um Wahrnehmung nicht zu gewinnen. Die Wahrnehmung verliert sich vielmehr darin, und zwar in doppeltem Sinne. Nicht nur, daß ihre eigene Aktivität Fremdaktivität wird. Sie gerät auch unter den Dauerdruck, das Entscheidende gar nicht zu bemerken. Das Steuerungsinstrument durch die mediale Reizflut des Fernsehens ist bekanntlich die Fernbedienung. Ein wunderbares Gerät. Ein Knopfdruck nur, und schon ist man von den Zumutungen des einen Senders erlöst und kann schauen, was die andern bieten. Die Reizflut kanalisiert sich aufs

[74] McLuhans vielzitierte Formel *The medium is the message* ist Unsinn, wenn man sie wörtlich nimmt. Ein Medium kann nie sich selbst mitteilen, sondern immer nur etwas. Wohl aber kann es dazu tendieren, ein völlig nichtiges Etwas zu transportieren, um sich selbst aufzublasen, wofür die dauergefilmte Kaffeekanne oder der gesächselte Maschendrahtzaun beste Belege geben. Als Ausdruck dieser Tendenz trifft die Formel ins Schwarze.

Schönste, und fünfzig bis hundert Kanäle liegen dem Zuschauer zur freien Auswahl gleichsam zu Füßen. So weit der Reklametext. Nun der Klartext. Nicht nur, daß sich fragt, wie frei die Wahl zwischen zehn Seifenopern oder zwölf Talkshows ist; jede Wahl bedeutet auch das Liegenlassen anderer Möglichkeiten. Soll ein Kind sich unter fünf Gummibärchen das Schönste aussuchen, so freut es sich. Soll es zwischen fünfzig oder hundert auswählen, so ist es überfordert. Erwachsenen geht es beim Fernsehprogramm nicht viel anders. Jede Wahl ist das Verschenken von hundert andern Möglichkeiten, jede Entscheidung von dem Verdacht überschattet, eine Fehlentscheidung zu sein. Die Programmplaner haben sich darauf längst eingestellt. Ein Zuschauer, der einer Sendung von Anfang bis Ende beiwohnt, ist gar nicht mehr vorgesehen, *Zapping*[75] als ganz normales Fernsehverhalten unterstellt. Und sogleich sind Medientheoretiker zur Hand, die den Zapper als Pionier einer neuen Ästhetik, als eine Art Komponisten seines eigenen bizarren Programms begrüßen.[76] Die angebliche kompositorische Aktivität ist freilich vornehmlich motorische Unruhe, das physiologische Gegenstück zur durch Bildtempo und Kanalvielfalt gesteigerten Bildschirmunruhe: das Nicht-warten-Können aufs nächste *highlight*, die dumpfe Dauerangst, im falschen Programm zu sein und, während gerade etwas leidlich Interessantes läuft, etwas ungleich Interessanteres zu verpassen. Das affiziert die

[75] «Das Wort haben Werbeexperten der Westernsprache entlehnt; dort bedeutet es so viel wie ‹abknallen›», nämlich «Wegdrücken der TV-Werbung», während das korrekte Wort für «das häufige Hin- und Herschalten zwischen verschiedenen Kanälen» eigentlich «Switching» ist. (H. Winkler, *Switching – Zapping*. Ein Text zum Thema und ein parallellaufendes Unterhaltungsprogramm, Darmstadt 1991, S. 16 und 15) Der deutsche Jargon hat diese Differenz kaum zur Kenntnis genommen und nennt gewöhnlich beides «Zapping», und in diesem weiteren Sinn wird das Wort hier verwendet.

[76] «Die Fernbedienung [...] wurde so zu einer eingreifenden Kulturtechnik», und es «entsteht dadurch auf den Schirmen in den Wohnzimmern ein ganz anderer audiovisueller Fluß als der, den die Betreiber der einzelnen Kanäle organisieren: potentiell eine heterogene Zusammensetzung von zeitlich, räumlich, in Sujets, Farben und Stimmungen zerrissenem Material, programmierte Unregelmäßigkeit, Brüche, auch Dekonstruktionen.» (S. Zielinski, *Audiovisionen*, Reinbek 1989, S. 265) So können sich auch Hans und Franz per Knopfdruck das leisten, wofür Derrida ein komplexes philosophisches Begriffsgefüge in Bewegung setzen mußte: die Dekonstruktion. Ganz wie bei Molière dem Neureichen, weil er keinen Vers zustande bringt, attestiert wird, Prosa zu sprechen. «Seit mehr als vierzig Jahren rede ich nun schon Prosa, ohne daß ich's ahnte! Ich bin Ihnen äußerst verbunden, daß Sie mir das klargemacht haben.» (Molière, *Der Bürger als Edelmann*, 2. Aufzug, 2. Auftritt)

ganze Wahrnehmungsweise. Ein kleiner Spannungsabfall in einer Sendung, und sei es auch nur, daß sie etwas anspruchsvoller wird, ein wenig Konzentration und Geduld verlangt, und schon beginnt der Daumen am Sendeknopf zu zucken. Im Internet wiederholt sich Ähnliches. Man gebe das Stichwort «Nietzsche» ein, und schon stürzen tausend Titel mit Tausenden von Links und Querverweisen auf einen ein. Ihnen gründlich nachgehen heißt verloren sein. Ihnen nicht nachgehen heißt Gefahr laufen, die Hinweise aufs Wichtigste sehenden Auges zu ignorieren. Das ganze Hypertextsystem ist so angelegt. Ständig trifft das lesende Auge auf markierte Begriffe, die in andere Texte locken, eine spannendere Lektüre verheißen als die gerade aufgeschlagene, und nur der Kraftaufwand der beharrlichen Weigerung gegen solche Seitensprünge versetzt in die Lage, den angefangenen Text in einem Zug bis ans Ende durchzulesen. Ein ungeheures Distraktionspotential wird hier erzeugt, eine Wahrnehmung eingeübt, die sich auch deshalb nicht mehr als eigene erfährt, weil sie Wahrnehmung auf Abruf ist, sich auf nichts mehr rückhaltlos einlassen kann, immer schon nach anderem schielt. Ihr ständiger Verdacht: Wo ich bin, ist nicht das «Da». Vom Entscheidenden bin ich – ausgegrenzt.

Nachdem es eine Zeitlang so scheinen mochte, als habe wenigstens in den westlichen Industrieländern der Sozialstaat die Härten der kapitalistischen Gesellschaftsformation bis zur Unerheblichkeit abgemildert, hat der Neoliberalismus diesen Schein verfliegen lassen. Wo seine Deregulierung greift, klaffen die Gegensätze zwischen arm und reich mit neuer Schärfe auf. An Marginalisierten, die vom Arbeitsprozeß, von menschenwürdigem Lohn oder elementaren Sozialleistungen dauerhaft ausgeschlossen sind, fehlt es auch in den reichen Ländern nicht. Aber der allgemeine Sendezwang rückt diese Tatsache in ein diffundierendes Licht. Einerseits überblendet er sie durch Nivellierung. *Alle* müssen senden, Sensation machen, Reklamesprache sprechen, wenn sie «da» sein wollen: vom Guerillero bis zum Werbeagenten, vom Arbeitslosen bis zum Topmanager. Alle müssen auf Empfang sein, wenn sie mitreden wollen. Andrerseits wird gerade dadurch die Marginalisierung inflationiert. Das Fernsehen hat das Kunststück zustande gebracht, die Welt, wie Anders so schön sagt, «ins Haus zu liefern». Einerseits ist sie bei mir zu Gast, und ich bin in dem Maße präsent, wie ich an ihrer ätherischen Präsenz teilhabe. Andrerseits führt mir jede Sendung vor, daß das, worauf es ankommt, sich immer woanders abspielt: an den Orten, von denen die Übertragung ausgeht, aber doch nicht an dem belanglosen Platz, wo ich gerade sitze. Der Bildschirm, der mit aller Welt verbindet, ist auch die Scheibe, die davon trennt, den eigenen Aufenthaltsort einer anonymen Quarantänestation anähnelt und eine neue Befindlichkeit heranzieht: die des vollintegrierten Ausgegrenzten. Noch die Ärmsten finden einen Bildschirm, der sie an der Welt teilhaben läßt, und noch die Pioniere der neuen Medien machen vor ihm die Erfahrung, daß sie nicht ganz auf Draht sind. Zwar können sie in Sekundenschnelle durch Konferenzschaltung Menschen aus mehreren Erdteilen audiovisuell zu Beratungen und Verhandlungen zusammenbringen. Aber dabei rücken ihnen weniger menschliche Wärme und Herzlichkeit nahe als Geschäftspartner und Konkurrenzdruck. Jede im Netz geknüpfte Geschäftsverbindung hinterläßt die Unsicherheit, ob da nicht noch eine bessere gewesen wäre, jede Datenübermittlung übermittelt auch die Erfahrung, wie viele Daten es doch gibt, über die man nicht verfügt. Immer sitzen irgendwo Leute, die einem um irgendeine Technik, Hardware, Software, Information oder *connection* voraus sind. Die volle mediale Integration nährt den Argwohn, vom Entscheidenden schon ausgegrenzt zu sein. Arbeitslose, Alte, Asylsuchende bekommen auf sehr handfeste Weise zu spüren, daß, wo sie sind, nicht das «Da» ist. Aber die vielen Berufstätigen, die der Alltagstrott morgens durch den Stau zu irgendeiner mehr oder weniger gleichgültigen Beschäftigung führt und abends durch den Stau zurück, verspüren das auf ihre Weise auch, und es ist nicht mehr mit Sicherheit auszumachen, ob ihr Bedürfnis nach Sensationen, die ins «Da» versetzen, ein Hinauswollen ist, nämlich aus der Mühle betrieblicher Integration, oder ein Hineinwollen, nämlich ins eigene Empfinden, Wahrnehmen, Leben, von dem der Betrieb sie ausgrenzt. Marginalisierung, eigentlich ein soziologisch objektivierbarer, teils sogar statistisch meßbarer Tatbestand, verflüchtigt sich in eine allgemeine Befindlichkeit, bei der ausgegrenzt *sein* und sich ausgegrenzt *fühlen* ununterscheidbar werden und deren Äußerungen sich immer weniger schichten- oder milieusoziologisch fassen lassen.

Tattoo – Piercing – Amok

Audiovisuelle Sensationen faszinieren. Sie lassen den Alltag, in den sie strahlen, verblassen. Aber sie frustrieren auch. Sie halten von dem Aufsehenerregenden, das sie nahebringen, auch fern. Sie sind seine Surrogate. So erzeugen sie Verlangen nach *mehr* Surrogaten, aber auch nach *mehr als* Surrogaten. Im Wunsch nach härterem *reality*-TV, mehr *live*-Kameras, plastischeren 3-D-Szenarien steckt zugleich der radikalere nach Sprengung dieser ganzen audiovisuellen Scheinwelt, nach Durchgreifen durch Bildschirm und Leinwand, um das, was auf ihnen nur gaukelhaft erscheint, selbst zu fassen. Dieser Wunsch jedoch darf sich nicht einbekennen. Man steht unsäglich dumm da, wenn man tatsächlich den Bildschirm zerschlägt, um die Dinge selbst zu erhaschen: nämlich ohne die Dinge, ohne ihre Bilder, aber mit kaputtem Fernseher oder Computer und dem geballten Spott der Umgebung. Und dennoch existiert dieser Wunsch. Seit Menschen als «Anhängsel der Maschine»[77] ihr Leben fristen müssen, ist Aggressivität gegen Maschinen eine nur allzu menschliche Regung. Die «prometheische Scham» ist die Tabuisierung dieser Regung: die Art und Weise, wie eine ganze Gesellschaft sie sich verbietet. Das geschieht durch Inversion. Der Vernichtungswunsch gegen die Maschinen verkehrt sich in das Gefühl, selber nichtig zu sein. Wer bin ich schon, was kann ich schon – verglichen mit diesen großartigen Geräten. Aber wo prometheische Scham ist, da gärt auch prometheische Wut. Sie ist zu verboten und zu diffus, als daß sie klare Worte für sich hätte. Aber sie hat Ausdrucksformen. Man muß sie nur lesen lernen. Eine besonders gut maskierte, dafür aber um so manifestere dürfte die weltweit um sich greifende Mode von *Tattoo* und *body piercing* sein. Wer hätte gedacht, daß in unserer deregulierten, formlosen Zeit, die die Kleiderordnung herkömmlicher Stände, Klassen und Schichten weggefegt, das Korsett und den Stehkragen zum Teufel gejagt hat, nun Hautätzungen und durch Ohr, Lippe, Nase und was sonst noch gezogene Ringe zu erstrangigen sinnlichen Attraktionen, zu prickelnden Inbegriffen des Chics werden würden? Archaisch-Elementares kommt darin wieder hoch. Es gibt eine Bibelstelle, die es in beneidenswerter Kürze auf den Punkt bringt. «Und der Herr machte ein Zeichen an Kain, daß ihn niemand erschlüge, wer ihn fände», heißt es Gen 4, 15. Das ist einerseits eine ganz unsinnige Stelle. Wer soll Kain denn erschlagen? Seinen Bruder Abel hat *er* gerade erschlagen; bleiben noch Adam und Eva, seine Eltern. Mehr Menschen gibt es vorerst nicht. Und dennoch handelt es sich um eine Schlüsselstelle. Sie verrät zwar nicht, wie und wo das Zeichen gemacht wurde. Aber was die Amtssprache noch heute «unveränderliche Kennzeichen» nennt und im Personalausweis anzugeben verlangt, sind gewöhnlich Narben von Wundmalen. Das Kainszeichen macht nur Sinn, wenn man es als Einritzung, Einschneidung, *branding* denkt: die Urform der Tätowierung. Die fügen sich die Menschen natürlich selbst zu, aber so, als ob ihnen eine höhere Macht dabei die Hand führte, als ob Gott selbst ihnen das Zeichen eindrückte und sie so die Gewalt spüren ließe, die da im Begriff steht,

[77] K. Marx, *Das Kapital I*, l. c., S. 674

sie in Besitz und Schutz zu nehmen. Das Zeichen bedeutet: Ich gehöre der und der höheren Macht, bin durch sie geschützt, ja definiert; meine Identität liegt in ihr. Tätowierung ist eine erste Form von Schrift, das eingravierte Wundmal der Namenszug der Gottheit, und Schmuck sein eingebohrtes Zubehör: das glänzende Material, worin sich die göttliche Macht reflektiert und wodurch sie die Feinde abwehrt. Federn, Zähne, Knochen können diese Funktion haben, wenn sie entsprechend präpariert werden, vor allem aber Edelmetalle.[78]

Die sich heute Ringe durch Nase und Lippen ziehen, wissen oft nicht, warum und wie Naturvölker so etwas taten. Aber selbst wenn ihnen der sakrale Ursprung solcher Praktiken gänzlich unbekannt ist – deren identitätsstiftende Funktion innervieren sie gewöhnlich mit traumwandlerischer Sicherheit. Nicht unbedingt dergestalt, daß sie sich einer höheren Macht weihten, daß also an die Stelle der göttlichen Mächte, der Ahnen oder des Stammes einfach die Clique träte, der man gerade angehört und deren Erkennungszeichen man sich eindrückt. Das geschieht nur in unrepräsentativen Einzelfällen. Ihre große Verbreitung haben *Tattoo* und *piercing* als etwas ganz Individualistisches. Sie sind durchaus Akte der Bemächtigung, aber der Selbstbemächtigung. Ihr Motto, philosophisch ausgedrückt: *Sentio, ergo sum.* Wie vergewissert man sich unter Bedingungen allgemeiner Audiovisualität seiner selbst? Indem man sich rituell sticht, sich ein «Da» gibt: eine eindeutige, klar lokalisierbare Empfindung, die dem gesamten Nervensystem, vom Gleichgewichtssinn bis zu den höchsten Wahrnehmungsleistungen, eine unzweifelhafte Orientierung, einen Halt gibt. Halt übrigens auch im Sinne von Haltbarkeit. Man will sich etwas Bleibendes eindrücken.[79]

Die Art von «Da», die der rituelle Einstich gibt, vermag keine Datenübertragung zu verschaffen. *Tattoo* und *piercing* sind ein Aufbegehren gegen die Ungreifbarkeit der mikroelektronisch verflüchtigten Welt.[80] Nicht nur die huschenden und flimmernden Bilder lassen sich

[78] Ausführlich hierzu Kapitel 3.

[79] Woraus dann die bekannten Konflikte resultieren, wenn man das *Tattoo*, das man sich in einem Anfall von Haltbarkeitsbedürfnis hat machen lassen, bald schon wieder leid ist und nun damit leben muß.

[80] Der Einwand, sie seien doch «bloß eine Mode», ist nicht falsch, nur ignorant dagegen, was Mode ist: abgründiger, orakelhafter, sich selbst nicht bewußter kollektiver Ausdruck – eine erstrangige philosophische Herausforderung. «Das brennendste Interesse der Mode liegt für den Philosophen in ihren außerordentlichen Antizipationen. [...] Jede Saison bringt in ihren neuesten Kreationen irgendwelche geheimen Flaggensignale der kommenden Dinge. Wer sie zu lesen verstünde, der wüßte im voraus nicht nur um neue Strömungen der Kunst, son-

nicht greifen; in gewisser Weise auch die Geräte nicht. Was sie dem Benutzer darbieten, sind Tasten; was sie von ihm verlangen, ist Tasten. Man bedient sie mit zarten Fingerspitzen, gleitet flüchtig über ihre glatten Oberflächen, gleitet ab – und hat nirgends etwas zum Zupacken. Daher eine tiefe Sehnsucht nach haptischer Erfahrung, sowohl in dem Sinn, daß die sich überstürzenden audiovisuellen Sensationen haften bleiben, ergreifen, prägen, Halt geben mögen statt nur flüchtig zu reizen, als auch in dem Sinn, daß man selbst, physisch wie mental, aktiv zugreifen möchte. Im *piercing* hat diese Sehnsucht ein sozial gut verträgliches Ventil gefunden. Die prometheische Wut artikuliert sich hier sehr verschämt und mit masochistischer Färbung. Sie kann sich freilich auch sehr handfest nach außen entladen. Wenn Büromenschen sich in einen Abenteuerurlaub oder eine Extremsportart stürzen, sprechen sie meist selbst von dem «Ausgleich», den sie darin für ihr erfahrungsarmes Alltagsleben suchen. Und warum soll eigentlich die Suche nach Ausgleich, oder schärfer gesagt, nach Entgelt, Vergeltung, Rache, nicht auch dort am Werk sein, wo Jugendliche sich in eine Sekte, in Drogen stürzen oder auf Ausländer, Mitschüler oder Passanten – nicht Vergeltung für bestimmte Taten, sondern an einer indifferenten, flüchtigen Umgebung, die einen ständig auf Gummi stoßen, in Watte hauen oder abgleiten läßt und keine verläßlichen Widerstände bietet, an denen es zu kontinuierlicher Selbsterfahrung kommen könnte. Wenn überhaupt Licht in die Welle scheinbar unmotivierter Gewaltakte zu bringen ist, die in Schulen und jugendlichen Subkulturen um sich greift, dann wohl nur, wenn sie in diesen größeren Zusammenhang gestellt wird.

Daß Kinder und Jugendliche ausprobieren, wie weit sie gehen können, ihre Grenzen, sowohl die ihrer eigenen Kraft als auch die, die ihnen von außen gesetzt werden, möglichst weit hinausschieben, dann aber auch erfahren wollen, gehört zum Normalverlauf der Selbstfindung. Was sich unter audiovisuellen Bedingungen jedoch verflüchtigt, sind die haptischen Widerstände, die dieser Grenzerfahrungsprozeß braucht. Der Zustand, in dem, wie der Volksmund so unnachahmlich sagt, «das Fell juckt», wird folterähnlich, wenn entweder nichts zum Kratzen da ist oder nur Eggen und Planierraupen – und all die kleinen Schaber und Kratzer fehlen, die diesem Zustand auf verhältnismäßige Weise abhelfen könnten. Ein diffuser, nicht lokalisierbarer, nahezu unsinnlicher Juckreiz, erzeugt von einer Flut

dern um neue Gesetzbücher, Kriege und Revolutionen.» (W. Benjamin, *Das Passagen-Werk*, Gesammelte Schriften [ed. R. Tiedemann/H. Schweppenhäuser], Bd. V. 1, Frankfurt am Main 1982, S. 112)

vorwiegend audiovisueller Sensationen, aber unbehandelt mit sich allein gelassen, gleichsam in der Gummizelle eines Lebens, in der man nicht wahrgenommen wird, aber auch nicht wirklich wahrnimmt, durch nichts ernstlich ergriffen wird, aber auch so recht nichts zum Greifen bekommt: wenn solcher Juckreiz zur allgemeinen Sozialisationsbedingung wird, wundert's dann, wenn er anfängt, sich exzeßhaft und völlig unverhältnismäßig Luft zu verschaffen und das unbezähmbare Verlangen erzeugt, sich ins wirkliche Leben zu stürzen, und zwar so instinktlos gegen seine tatsächlichen Gefahren, wie man im audiovisuellen Bann nun einmal wird? Freilich, jeder Fall ist anders, jeder hat seine ganz individuellen Motive. Aber all die Fälle, die gegenwärtig Ratlosigkeit bis Entsetzen hinterlassen, haben eines gemeinsam: eine haarsträubende Unverhältnismäßigkeit, um nicht zu sagen, Verhältnislosigkeit, als ob ihnen zu den Dingen und Lebewesen, mit denen sie da umgehen, jegliche Tuchfühlung fehlt – im unmittelbaren wie übertragenen Sinn. Da tanzen Jugendliche auf fahrenden U-Bahnen herum, wo jede falsche Bewegung, jedes zu späte Abspringen tödlich ist, oder sie legen sich quer auf die Straße und testen, ob die Autos tatsächlich ausweichen. Sie prügeln sich nicht nur, sondern schlagen und treten so lange zu, bis der Geschlagene sich nicht mehr rührt, beschimpfen mißliebige Lehrer nicht nur, sondern stechen auf sie ein, und es finden jene amokartigen Exzesse statt, bei denen Jugendliche mit Schußwaffen ins Klassenzimmer stürmen und Lehrer und Mitschüler niederstrecken (Littleton) oder ein Lehrling aus dem Fenster wahllos auf Passanten schießt, ehe er seine Schwester und dann sich selbst umbringt (Bad Reichenhall) – nicht, weil sie in auswegloser Lage, tödlich beleidigt oder entehrt wären, auf furchtbare Mißstände aufmerksam machen, ein politisches Programm durchsetzen oder sich bereichern wollten, sondern – ja warum? Es fehlen greifbare Motive. Die kalte Mutter, der Waffen besitzende, arbeitslose, zum Alkohol oder Prügeln neigende Vater, der Mißerfolg in der Schule, die gängelnden Lehrer, die hänselnden Kameraden und was sich sonst noch an Besonderheiten in der eigenen Lebensgeschichte finden mag: das alles steht gewöhnlich in gar keinem Verhältnis zur Schwere der Tat, für die die Täter übrigens selbst kaum Worte haben, sei's der Erklärung, sei's des Erschreckens oder Bedauerns. Sie sind sich selbst ein Rätsel – und ohne nennenswertes Interesse, es zu lösen. Der «Haß», den sie noch am ehesten als Tatmotiv anführen, erscheint eher wie eine Chiffre denn als Schlüssel für ihr Verhalten. Er wirkt ähnlich diffus und ungreifbar wie die audiovisuelle Reizflut, der sie sich in hohem Maße aussetzen – als wäre er den jeweiligen Eltern, Lehrern, Mitschülern oder Fremden, gegen die er sich richtet, bloß aufgepfropft und jederzeit auf andere Objekte umlenkbar. Das Wort «Haß» klingt im Munde der Täter wie eine Zuflucht, damit ihre Tat einen Namen, eine Plausibilität, einen Grund hat, in die vertrauten Raster der Individual-, Gruppen- und Milieupsychologie paßt, das Erklärungsbedürfnis der Therapeuten bedient und so einen letzten kleinen Freiraum eröffnet: Wenn wir sagen, was ihr hören wollt, dann laßt ihr uns vielleicht am ehesten in Ruhe.[81]

Kurzum, an individuelle Tatmotive ist kaum heranzukommen, schwer zu sagen, ob sie nur verborgen oder gar nicht vorhanden sind. Aber gerade diese Unklarheit gehört zum überindividuellen Täterprofil. Das Signifikante an ihm ist, daß es signifikante Tatmotive nicht erkennen läßt. Nicht fassen können, was zur Tat bewogen hat: das haben die Täter mit den Therapeuten, Juristen, Kommentatoren gemeinsam. Wie aber, wenn genau dies Fehlen greifbarer Motive – das Motiv wäre? Wenn man den Satz einfach nur umkehren müßte? Was zur Tat bewogen hat, ist eben dieses Nicht-fassen-Können: ein haptisches Defizit, im unmittelbaren wie übertragenen Sinn.[82] Den sinnlich-unsinnlichen Juckreiz, den es hinterläßt, bewirkt nicht einfach «das Fernsehen», wohl aber eine Umwelt, um nicht zu sagen, eine Welt, die im Begriff steht, alle Signale, auf die es ankommt, über Bildschirme und Displays auszustrahlen. Damit verliert keiner der erwähnten Einzelfälle seine Unfaßlichkeit, aber die Unfaßlichkeit gewinnt eine gewisse Verständlichkeit. Sie stellt sich als eine neue Form von Unschärferelation zwischen Ursache und Wirkung, zwischen Motiv und Tat heraus – für die es allerdings klar benennbare Ursachen gibt. Der Verlust an Erfahrung und Greifbarkeit, den die globale Durchsetzung audiovisueller Lebensbedingungen mit sich bringt, ist im Einzelfall zwar schwer nachzuweisen, weil er so diffus ist. Aber seine Diffusion ist nur die Kehrseite seiner weltweiten Ausbreitung.

[81] G. Eisenberg, *Amok – Kinder der Kälte*, Reinbek 2000, hat beim Amokschützen von Bad Reichenhall den Eindruck gewonnen, «daß manche Kommentatoren erleichtert auf die Funde von rechtsradikalem Material und den Nachweis des väterlichen Alkoholismus reagieren: ‹Aha, das ist es also!›» (S. 23) Zum Thema der Kälte siehe die grundlegende Studie von A. Gruschka, *Bürgerliche Kälte und Pädagogik*, Wetzlar 1994

[82] Initiativen zur Aufwertung des Tastsinns, die in den letzten Jahren um sich greifen – etwa Kunstausstellungen wie *Touch me* oder *Tastwege*, pädagogische Streichelspiele, sogar übers Internet übertragene Tastexperimente (cf. R. Jütte, *Geschichte der Sinne*. Von der Antike bis zum Cyberspace, München 2000, S. 267 ff.) –, sind viel eher Ausdruck dieses Defizits als Zeugnisse seiner gesamtgesellschaftlichen Überwindung.

Und die ist so offensichtlich wie der gegenwärtige Globalisierungsschub insgesamt. Und zwar wird der Verlust an Greifbarkeit um so beklemmender erlebt, je diffuser er ist, je mehr das, was abhanden kommt, nicht bestimmte Objekte sind, sondern die Gegenständlichkeit selbst. Es gehört zu ihm, daß er Verlust von etwas Namenlosem ist, daß die Worte für ihn fehlen und daß er, in dem Maße, wie er zu einer globalen Befindlichkeit wird, allmählich die Gewalt einer überindividuellen Enttäuschungsdisposition annimmt, für deren Entladung die individuellen Enttäuschungen womöglich kaum mehr als Ventile sind. Von einer solchen Disposition, einer neuen Unmittelbarkeit globaler Kräfte im individuellen Nervensystem, könnte jener diffuse Haß, der in jugendlichen Gewalttaten jäh, exzeß- und rauschhaft ausbricht, durchaus ein Vorbote sein. Jedenfalls weist er alle Anzeichen eines extremen, verzweifelten *sensation seeking* auf. Sich zu spüren bekommen dadurch, daß man etwas zu fassen bekommt; so lange zufassen, bis das Gegriffene auch noch die letzte widerständige Regung aufgegeben und den vollen haptischen Genuß verschafft hat: Im Nicht-aufhören-Können mit dem Prügeln, bis der Zusammengeschlagene sich nicht mehr rührt, werden Triumphe des Greifens gefeiert, Feste der Selbstvergewisserung. Für einen Augenblick wenigstens heraustreten aus der unsinnlichen Gummizelle: *Sentio, ergo sum.*

Komplex – Dispositiv – Paradigma

Es hat sich gezeigt: Sensation ist ein ganzer Komplex. Zunächst etwas Subjektives: Wahrnehmung; dann deren Steigerung: Wahrnehmung des Aufsehenerregenden; dann etwas Objektives: das Aufsehenerregende selbst; und schließlich die wechselseitige Durchdringung und Verstärkung von Subjektivem und Objektivem. Beide sind Momente eines umfassenden Sendezwangs, der ebenso dafür sorgt, daß sich der ökonomische Kampf ums Dasein immer mehr zu einem Kampf um Wahrnehmung ästhetisiert, wie dafür, daß «das Aufsehenerregende» zur vorrangigen Bedeutung von Sensation geworden ist und dessen Wahrnehmung zur Wahrnehmung überhaupt. Der Extremfall von Sensation tendiert zu ihrem Normalfall; was kein Aufsehen erregt, wird nicht wahrgenommen. Und Sensation wird zur Lebensnotwendigkeit. Man muß sie machen und sie haben, wenn man «da» sein, im wörtlichen wie übertragenen Sinn eine Existenz haben will. Der Sendezwang ist einerseits Marktzwang: die technologisch avancierteste Form des alten kapitalistischen Konkurrenzkampfs, die all dessen unerledigte Hypotheken, seinen Expansionszwang, seine Ausbeutungs- und Ausgrenzungsverhältnisse mitschleppt und lediglich umdefiniert und umschuldet. Andrerseits leistet er eine Nivellierungs- und Übersetzungsarbeit, die darüber hinausragt. Alle, ohne Ansehen der Person, sind in ihn hineingezogen. Niemand, der nicht unter dem Druck stünde, in wörtlichem oder übertragenem Sinn zu senden: «da» zu sein. Aber dies «Da», dessen schillernde Bedeutungsvielfalt in diesem Kapitel mehrfach umkreist wurde, beginnt dabei doch ein denkwürdiges Eigenleben. Die Wendung der persönlichen Ausstrahlung in ätherische Ausstrahlung hat eine *Ent*wendung der persönlichen eingeleitet und das ontologische Paradox eines Hier und Jetzt ohne «Da», eines «Da» ohne Hier und Jetzt produziert. Das «Da» ohne Hier und Jetzt, das ätherische, ist so «unstet und flüchtig auf Erden»,[83] wie immer nur der göttliche Fluch es dem Mörder Kain zubestimmte. Das Hier und Jetzt wird aber, wenn es das «Da» verliert, auf seine Weise auch «unstet und flüchtig», gerät nämlich in einen Zustand, in dem seine Wahrnehmung aufhört, seine zu sein, und sein Sensorium bis in die Tiefenschichten des Gleichgewichtssinns und der räumlichen Orientierung affiziert wird. Es muß um eigene, alle Sinne betreffende identitätsstiftende Sensationen kämpfen und sich so der Flut der auf es eindringenden audiovisuellen Sensationen erwehren. Freilich, auch hierin setzt sich etwas fort, was der Kapitalismus in die Welt gebracht hat: die Produktion von Armut durch Überfluß. Die Struktur der Überproduktionskrise drückt sich ins Sensorium ein. Aber es geschieht noch etwas Grundsätzlicheres: Ortlosigkeit wird zur Wahrnehmungsbedingung. Einen Ort zu haben hört auf, selbstverständlich zu sein, wenn das Hier und Jetzt beliebig multiplizierbar, austauschbar, gleichgültig wird. Der Kampf um Wahrnehmung wird auch zum Kampf gegen diese Gleichgültigkeit. Einem Hier und Jetzt einen Ort geben heißt ihm eine Zugehörigkeit, einen Zusammenhang, eine Bedeutung, einen Sinn geben. Das gilt für Personen. Deshalb ist das Asylrecht ein so hohes Gut. Es gilt aber auch für Wahrnehmungen. Eine, die keinen Ort in meinem Nervensystem hat, kann mich zwar heimsuchen und quälen, mir aber nie wirklich zu eigen werden.

Als subjektiv-objektive Verwicklung von Macht- und Wahrnehmungsverhältnissen ist Sensation sowohl Herrschaftsform als auch Wahrnehmungsform. Keine Wahrnehmungsform ist vom Himmel gefallen, keine freiwillig entstanden. Aber jede ragt über die sozialen

[83] Gen 4, 12

Gewaltverhältnisse, die sich in ihr abdrücken, auch hinaus. Sie neutralisiert sie zu allgemeinen Sozialisationsbedingungen. So wächst auch der Sensationskomplex denen an, die unter ihm aufwachsen. Niemand kann mehr anders als unter seinen Bedingungen wahrnehmen und sich ausdrücken: keine Politik, keine Kunst, keine Wissenschaft. Auch die hier gebotene Reflexion untersteht ihm, tritt aber zum Beweis dafür an, daß ihre Wahrnehmungsbedingungen nicht ihre Denkgrenzen sind. So kommt der Komplex «Sensation» durchaus dem nahe, was bei Foucault «Dispositiv» heißt: «ein entschieden heterogenes Ensemble, das Diskurse, Institutionen, architekturale Einrichtungen, reglementierende Entscheidungen, Gesetze, administrative Maßnahmen, wissenschaftliche Aussagen, philosophische, moralische oder philanthropische Lehrsätze, kurz: Gesagtes ebensowohl wie Ungesagtes umfaßt. So weit die Elemente des Dispositivs. Das Dispositiv selbst ist das Netz, das zwischen diesen Elementen geknüpft werden kann.»[84] Wahnsinn und Sexualität waren Foucaults Paradebeispiele für solche «Netze». Sensation könnte als ein weiteres erwiesen werden. Das soll hier unterbleiben, weil sich sogleich ein noch umfassenderer, grundsätzlicherer Begriff aufdrängt, unter dem sich die epochale Tragweite des Sensationskomplexes erst ganz erschließt, ein Begriff übrigens, dem umgekehrt der Sensationskomplex eine gewisse Rehabilitierung und Vertiefung zuteil werden lassen könnte: *Paradigma*. Die Inflation, die diesem Begriff widerfuhr, hat er nicht verdient. Heute redet alle Welt bei jeder Trendwende und Meinungsänderung von Paradigmenwechsel. So läppisch war dieser Begriff wahrlich nicht gemeint, als Thomas S. Kuhn ihn prägte. Paradigmata waren für ihn nicht irgendwelche Theorien oder Anschauungen, sondern welche, die innerhalb eines Kulturkreises als so grundlegend galten, daß jegliche weitere Welterschließung nur auf ihrer Basis als möglich erschien; z. B.: «Die *Physik* des Aristoteles, der *Almagest* des Ptolemäus, Newtons *Principia* und *Opticks*, Franklins *Electricity*, Lavoisiers *Chimie*».[85] Und es gibt für Kuhn so etwas wie ein Paradigma des Paradigmenwechsels: die kopernikanische Wende.[86] Scheinbar ging es bei ihr bloß um ein astronomisches Problem: daß bestimmte Planeten sich nicht so zyklisch um die Erde

[84] M. Foucault, *Dispositive der Macht*, Berlin 1978, S. 119 f.

[85] Th. S. Kuhn, *Die Struktur wissenschaftlicher Revolutionen*, 1962; dt. Frankfurt am Main 1976, S. 25

[86] Th. S. Kuhn, *Die kopernikanische Revolution*, 1957; dt. Braunschweig/Wiesbaden 1981. Dies Buch ist die entscheidende Vorarbeit zur *Struktur wissenschaftlicher Revolutionen*.

bewegten, wie sie es nach den ptolemäischen Vorgaben hätten tun müssen. Nachdem man diese Abweichungen lange genug durch verschiedene Zusatzannahmen, etwa gewisse schleifenförmige Epizyklen und sogenannte Deferenten, stimmig zu machen versucht hatte und alles nichts fruchtete, tat Kopernikus seinen berühmten Schritt und unterstellte die Erde als bewegt, als einen der um die Sonne kreisenden Planeten. Wohl war er überzeugt, eine bedeutende Einsicht zu haben, aber nicht entfernt der Umwälzung gewärtig, die er da auslöste. Immerhin war es der Papst, dem er sein Werk nicht ohne Stolz unterbreitete und das Ungenügen der geozentrischen Welterklärung mit einem theologischen Argument erläuterte: «Gerade die Hauptsache, nämlich die Gestalt und symmetrische Anordnung der Welt konnte man auf diese Weise nicht finden oder herleiten. Es war so, als wenn jemand von da und dort Hände, Füße, Haupt und andere Glieder, die zwar richtig, aber nicht nach demselben Körper gezeichnet sind und einander nicht entsprechen, zusammenstellte, was nicht einen Menschen, sondern ein Monstrum geben würde.» Während sich Gottes Schöpfung zum Schönsten füge, wenn man die Sonne als Mittelpunkt setze: «als Leuchte, Seele, Regierer der Welt wie von königlichem Throne die ganze Familie kreisender Gestirne, deren eines auch die Erde sei, lenkend».[87] Nicht ein Umsturz der ganzen Weltsicht war intendiert, sondern eine neue, mathematisch abgefederte Version der alten Lehre von Gott als Schöpfer. Für das Dynamit darin hatten zunächst eher ihre Gegner ein Gespür. Denen dämmerten die ungeheuren Konsequenzen, wenn die Erde, der Wohnort der Menschheit, nicht Mittelpunkt der Welt sei, nicht Brennpunkt der göttlichen Aufmerksamkeit, nicht der Ort, um dessen Wohl und Heil sich alles dreht: daß dann nicht nur ein Stück Astronomie revidiert, nicht nur die biblische Schöpfungserzählung nicht mehr wörtlich zu nehmen, sondern der Welt jeder höhere Sinn geraubt sei.

Und genau diese Befürchtung hat sich, gleichsam in Raten und zunächst unter ständiger Beteuerung des Gegenteils, erfüllt. Giordano Bruno beschwichtigt seinen Verdacht, daß die Welt nicht nur nicht geozentrisch, sondern ohne *jeden* Mittelpunkt unendlich weit ausgebreitet sei, noch mit dem Argument, daß «der Schöpfer, weil eine unendliche Wirkung von ihm ausgehen kann», auch «Ursache und Prinzip eines unendlichen Weltalls» sein müsse, was «wohl vereinbar mit

[87] N. Kopernikus, *De revolutionibus*, zit. n. G. Bruno, Zwiegespräche vom unendlichen All und den Welten, Vorwort des Übersetzers (L. Kuhlenbeck), Darmstadt 1980, S. XI f.

der Wissenschaft, dem Recht und der Religion»[88] sei. Für Kant gehört es zwei Jahrhunderte später bereits zu den allgemein anerkannten historischen Tatsachen, daß die kopernikanische Wende ein Umsturz war, und zwar ein so aufklärerischer und beispielhafter, daß er ihn Modell stehen läßt für jenen erkenntnistheoretischen Umsturz, den er selbst vorhat. Will er doch prüfen, «ob wir nicht in den Aufgaben der Metaphysik damit besser fortkommen, daß wir annehmen, die Gegenstände müssen sich nach unserem Erkenntnis richten», wie Kopernikus, «nachdem es mit der Erklärung der Himmelsbewegungen nicht gut fort wollte, wenn er annahm, das ganze Sternheer drehe sich um den Zuschauer, versuchte, ob es nicht besser gelingen möchte, wenn er den Zuschauer sich drehen, und dagegen die Sterne in Ruhe ließ».[89] Eine raffinierte Anlehnung an Kopernikus. Kant trägt nämlich eine durch und durch geozentrische Erkenntnistheorie vor – sozusagen geozentrischer als im geozentrisch-christlichen Zeitalter üblich, wo die Zentralität von Erde und menschlicher Vernunft durch die überzentrale Autorität Gottes eingesegnet zu werden pflegte. Nun, wo dieses Zeitalter vorüber ist, wird Kant, unter Verzicht auf diesen Segen und mit ausdrücklichem Verweis auf Kopernikus – radikaler Geozentriker. Die Vernunft, so argwöhnt er, hat nichts, worauf sie sich unbedingt verlassen kann, als sich selbst, und keinen gesicherten Standort als die Erde. Erkenntnistheoretisch dreht sich die Welt also um uns, die vernunftbegabten Lebewesen. Und wie soll das gehen, wenn wir uns doch mit all unserer Vernunft faktisch um ganz etwas anderes drehen? Diese Frage läßt er erst gar nicht aufkommen. Vielmehr führt er das Kunststück vor, sich durch Berufung auf den kopernikanischen Umsturz vor dessen erkenntnistheoretischen Konsequenzen zu schützen. Ein weiteres Jahrhundert mußte noch vergehen, bis einer wagte, sich diesen Konsequenzen rückhaltlos auszusetzen: Nietzsche. Er erst begann zu ermessen, wie tief die kopernikanische Kosmologie die gesamte menschliche Perzeptionsapparatur trifft. Sie demonstriert, «wie schattenhaft und flüchtig, wie zwecklos und beliebig sich der menschliche Intellekt innerhalb der Natur ausnimmt»; «nur sein Besitzer und Erzeuger nimmt ihn so pathetisch, als ob die Angeln der Welt sich in ihm drehten».[90] Dieser

[88] G. Bruno, *Zwiegespräche vom unendlichen All und den Welten*, l.c., S. 42f.

[89] I. Kant, *Kritik der reinen Vernunft*, Vorrede zur zweiten Auflage, B XVI, l.c., S. 25

[90] F. Nietzsche, *Über Wahrheit und Lüge im aussermoralischen Sinne*, KSA 1, S. 875

Angelpunkt, von dem aus alles in der Welt seinen Ort bekommen soll, ist selbst ortlos. Die Welt hat keinen Mittelpunkt, sie hat kein «Da». Dabei verdiente die Erde durchaus, dieses «Da» zu sein, weil mit dem menschlichen Vernunftvermögen, «einer gegen sich selbst gekehrten, gegen sich selbst Partei nehmenden Thierseele auf Erden etwas so Neues, Tiefes, Unerhörtes, Räthselhaftes, Widerspruchsvolles *und Zukunftsvolles* gegeben war, daß der Aspekt der Erde sich damit wesentlich veränderte. In der That, es brauchte göttlicher Zuschauer, um das Schauspiel zu würdigen, das damit anfing und dessen Ende durchaus noch nicht abzusehn ist – ein Schauspiel zu fein, zu wundervoll, zu paradox, als daß es sich sinnlos-unvermerkt auf irgendeinem lächerlichen Gestirn abspielen dürfte!»[91] Aber es gibt diese kosmische Aufmerksamkeit nicht, es gibt strenggenommen nicht einmal den Kosmos, die geordnete, auf etwas hin oder um etwas herum gefügte Welt. Und seit wir das wissen, ist Gott tot, sein Tod aber nicht nur ein intellektueller Leugnungsakt, sondern der Verlust jeglichen kosmischen Gravitationszentrums: der Beginn einer kosmischen Implosion. «Was thaten wir, als wir diese Erde von ihrer Sonne losketteten? Wohin bewegt sie sich nun? Wohin bewegen wir uns? Fort von allen Sonnen? Stürzen wir nicht fortwährend? Und rückwärts, seitwärts, vorwärts, nach allen Seiten? Giebt es noch ein Oben und ein Unten? Irren wir nicht wie durch ein unendliches Nichts? Haucht uns nicht der leere Raum an?»[92]

Es ist ein «toller Mensch», den Nietzsche diese bohrenden Fragen hervorstoßen läßt, einer, der eine welthistorische, schwindelerregende Erfahrung im Zeitraffer durchlaufen hat und daran «toll» geworden ist. Eine der größten Selbstverständlichkeiten der Menschheitsgeschichte ist ihm weggebrochen. Seit Menschen ihre Umgebung als etwas so Zusammenhängendes wahrnehmen, daß sie fähig sind, darin eine Welt zu sehen, gibt es, über alle kulturellen Differenzen hinweg, eine Gemeinsamkeit: Diese Welt hat einen Mittelpunkt. Und der ist dort, wo *wir* sind: sei es der Opferstein, auf dem wir Fleisch und Blut darbringen, der Totempfahl, den wir umringen, die heilige Säule, die die Achse unserer Welt markiert, der Berg, um den wir wohnen, später das Land oder sogar die ganze Erde, um derentwillen Gott die Welt geschaffen hat. Aber kein Kollektiv entwarf eine Welt, die sich nicht um es drehte. Ohne Mittelpunkt hätte das Weltbild seine Hauptfunktion nicht erfüllt: dem Kollektiv Halt zu geben. Die Entdeckung, daß es einen solchen Mittelpunkt nicht gibt, gehört zu

[91] F. Nietzsche, *Zur Genealogie der Moral*, KSA 5, S. 323
[92] F. Nietzsche, *Die fröhliche Wissenschaft*, KSA 3, S. 481

den ganz großen Einschnitten. Sie ist in wörtlichem Sinne schwindelerregend. Anfangs ist der Schwindel zwar bloß ein gedachter, aber das Denken kann ihn nicht fassen, ohne daß auch er das Denken faßt und allmählich in den gesamten denkenden Organismus hineinkriecht – wozu es freilich nicht kommt, wenn sich nicht eine Gesellschaftsform bildet, die ihn vorantreibt, und die entsteht nicht über Nacht. «Ich komme zu früh», sagt Nietzsches toller Mensch, «ich bin noch nicht an der Zeit. Diess ungeheure Ereigniss ist noch unterwegs und wandert, – es ist noch nicht bis zu den Ohren der Menschen gedrungen. Blitz und Donner brauchen Zeit, das Licht der Gestirne braucht Zeit, Thaten brauchen Zeit, auch nachdem sie gethan sind, um gesehen und gehört zu werden.»[93] Wenn es wahr ist, daß die Welt keinen Mittelpunkt, keinen Angelpunkt, kein «Da» hat, dann ist auch jedes einzelne Hier und Jetzt ohne «Da». Das ist eine unabweisbare logische Konsequenz. Sie ist ungeheuerlich, doch zunächst bloß ein abstrakter Gedanke. Es muß viel Zusätzliches geschehen, bis er «Fleisch» wird, bis er die Begriffe, die Anschauungen, den Gleichgewichts- und Orientierungssinn denkender Wesen affiziert, sie taumeln macht und in einen Kampf ums Da verwickelt, der sich schließlich zum Kampf um ganz elementare, orientierende, Halt gebende Wahrnehmung physiologisiert. Diesen langwierigen historischen Prozeß rafft der tolle Mensch in seiner Person zusammen. Er ist der leibhaftige Kurzschluß zwischen der kopernikanischen Wende, die er noch zu reflektieren, und dem hochtechnologischen Kampf um Wahrnehmung, den er schon vorauszufühlen vermag: die seismographische Abbreviatur eines halben Jahrtausends.[94]

Paradigmata wechselt man nicht per Entschluß. Planck, Bohr oder Einstein haben wohl gemerkt, daß sie vor umstürzenden Entdeckungen standen; aber wie weit der Umsturz gehen und die Entdeckung tatsächlich die Grundlage für weitere Forschungen abgeben werde, das läßt sich immer erst nachträglich mit Sicherheit sagen. Kein Paradigma wird als solches schon geboren; es *wird* erst dazu – durch die Tragweite und Akzeptanz, die ihm – keineswegs nur aus Vernunftgründen, wie Kuhn schlagend gezeigt hat[95] – im Laufe der Zeit zuwächst. Und das Paradigma *par excellence*, das kopernikanische, ist sogar nur gegen die Absicht seines Autors zu dem geworden, was es

93 Ibidem

94 Ausführlich hierzu: C. Türcke, *Der tolle Mensch*. Nietzsche und der Wahnsinn der Vernunft, Lüneburg ⁴2000; v. a. Kapitel 2: Der ptolemäische Skandal.

95 Cf. Th. S. Kuhn, *Die Struktur wissenschaftlicher Revolutionen*, l. c., S. 158 ff.

ist. Es begann als astronomische Theorie, wurde zu einem umstürzenden Einwand gegen das christliche Weltbild und schließlich zur Grundlage der gesamten neuzeitlichen Naturwissenschaft, die, bei allem Hinauswachsen über Kopernikus, seither an einer Welt ohne Mittelpunkt laboriert. Insofern haben all die neueren, «paradigmatisch» genannten Theorien, die sich über die kopernikanische stülpten, nicht die gleiche Grundsätzlichkeit des Umbruchs wie die kopernikanische gegenüber ihren Vorgängern. Nicht nur, daß Brunos unendliche Welt ohne Mittelpunkt, Descartes' *res extensa*, Newtons physikalischer Raum ohnehin eher Ausgestaltungen des kopernikanischen Paradigmas sind als eigenständige neue. Auch wo etwas so Neues und Eigenständiges auftritt wie Einsteins Physik, die mit ihrem Begriff der Raumzeit durchaus ein neues Weltbild impliziert, legt sich das neue dem alten vergleichsweise wie eine Modifikation auf und krempelt es nicht völlig um. Keine Kritik an den Unzulänglichkeiten von Kopernikus oder Newton hat je wieder auf den Boden zurückgeführt, auf dem einzig haltgebende, sinnstiftende Weltbilder gedeihen können: die Geozentrik. Der Bruch mit ihr hat wie nichts zuvor und nichts seither an den Weltsinn gerührt. Es gibt also gute Gründe, das kopernikanische Paradigma als Paradigma *par excellence* von allen andern zu unterscheiden, die es seither überlagert haben.[96]

Das kopernikanische Paradigma zeichnet sich auch dadurch aus, daß es gleichsam noch posthum wirkt. Mit großer Zeitverzögerung, nachdem es physikalisch längst überholt und überlagert ist, beginnt es, physiologisch und ästhetisch durchzuschlagen. Es ist hier eine bemerkenswerte Ungleichzeitigkeit am Werk, die auf etwas sehr Grundsätzliches zurückgeht: die Fähigkeit des menschlichen Nervensystems, Begriffe zu bilden. Begriffe sind nicht ans Hier und Jetzt gebunden; sie können als Gedächtnis zurück in die Vergangenheit, als Erwartung voraus in die Zukunft eilen. Es war geradezu ein Geniestreich Epikurs, daß er die Begriffe *prolepseis* nannte: Vorgriffe.[97] Eigentlich sind Begriffe ja etwas Sekundäres: verflüchtigte,

[96] In dem Maße, wie er das unterlassen hat, ist Kuhn selbst ein wenig mitverantwortlich für die Inflation des von ihm eingeführten Paradigmabegriffs. Wenn etwa der Übergang von Korpuskular- zu Wellen- und Quantentheorie ein Paradigmenwechsel von gleichem Rang sein soll wie der von geozentrischer zu zentrumsloser Kosmologie, dann bekommt der Paradigmabegriff eine Dehnbarkeit, die auf Kosten seiner Kontur geht. Was tatsächlich neues Paradigma genannt zu werden verdient und was bloß Modifikation eines alten ist – diese Grenze verschwimmt.

[97] Epikur, *Brief an Herodot*, 72, in: ders., Briefe. Sprüche. Werkfragmente, Stuttgart 1989, S. 30

verallgemeinerte Empfindungen und Wahrnehmungen.[98] Aber sind sie erst einmal da, dann greifen sie aller weiteren Erfahrung auch vor. Sie wirken als abstrakte mentale Behälter, worin sich konkrete Empfindungen und Wahrnehmungen ablagern und die doch durch noch so viel Ablagerung nie ganz ausgefüllt werden. So gewiß dem Begriff des Baumes die Erfahrung vieler einzelner Bäume vorausgeht, so gewiß ist dieser Begriff allen jemals perzipierbaren Bäumen voraus; sie alle werden in ihn hineinpassen. Der Überschuß des Abstrakten gegenüber dem Konkreten macht die Zukunftsdimension der Begriffe aus, und je abstrakter sie werden, desto eher kann es geschehen, daß sie der Empfindungskapazität des Nervensystems derart weit vorauseilen, daß es lange dauert, bis sie ihnen nachkommt. Das Christentum brauchte ein gutes Jahrhundert, bis die nervliche Erregung, aus der es hervorging, in halbwegs festen Bekenntnissen, Dogmen und Lehren gerann. Aber es brauchte ein Jahrtausend, bis diese gedanklichen Gerinnsel sich sozusagen vom Kopf bis in die Eingeweide absenkten, sich über Symbole, Bilder, Gesänge, Gebäude, Rituale, Gewohnheiten schließlich zu einem den ganzen Menschen, die ganze Gesellschaft formenden Charakter konkretisierten. Da ist es vergleichsweise fast schnell, wenn die Entdeckung, daß die Welt ohne Mittelpunkt ist, sich schon nach einem halben Jahrtausend von etwas Gedachtem zu etwas Gefühltem, von einer theoretischen Weltsicht zu einem vitalen Weltempfinden zu sedimentieren beginnt. Dieser Prozeß tritt nun in sein manifestes Stadium, ohne daß sich irgendwelche Drahtzieher ausmachen ließen, die ihn absichtsvoll auf die Etablierung eines neuen Paradigmas hinlenkten. Das neue etabliert sich vielmehr naturwüchsig, kopflos, durch die unkoordinierten Kräfte eines globalen Sendezwangs, und es stellt sich heraus: Das neue Paradigma ist das posthume alte. Es ist wie bei einem Stern, dessen Licht in einer andern kosmischen Region erst ankommt, nachdem er selbst erloschen ist. Die längst vergangene kopernikanische Revolution feiert erst mit der mikroelektronischen Revolution ihren Advent in der Tiefe des Nervensystems. Erst jetzt elementarisiert sich ihr schockierender kosmologischer Gehalt zu einer sensorischen Disposition: zur Anschauungsform der Sensation. Mehr noch: Die kopernikanische Weltauffassung wird so überhaupt erst im strengen Sinn des Wortes zur Welt*anschauung*.

Damit tut sich im Paradigmabegriff unversehens eine physiologisch-ästhetische Tiefendimension auf, an die in der von Kuhn aus-

[98] S. u. Kapitel 2.

gelösten wissenschaftstheoretischen Debatte niemand gedacht hat. Gestritten wurde dort darüber, ab wann eine wissenschaftliche Theorie so grundsätzlich ist, daß sie den Tatbestand eines Paradigmas erfüllt, und welches Gemisch rationaler und irrationaler Motive zu ihrer Durchsetzung führt. Aber das Nervensystem, aus dem die kontroversen Theorien hervorgehen, wurde dabei mit stillschweigender Selbstverständlichkeit als konstante menschliche Grundausstattung unterstellt. Nun zeigt sich: Es ist ebensowenig etwas Festes wie diese Theorien selbst. Unsanft wird der wissenschaftstheoretische Paradigmendiskurs auf seine unreflektierten physiologischen Voraussetzungen gestoßen. Seine Koordinaten werden verrückt. In bestimmter Hinsicht ist das Paradigma der Sensation «paradigmatischer» als das von Kuhn konzipierte: nicht nur Forschungsgrundlage eines Wissenschaftssystems, sondern Wahrnehmungsgrundlage einer ganzen Gesellschaft. Es wird deutlich: Nicht nur wissenschaftliche Grundüberzeugungen sind historischem Wandel unterworfen; das gesamte Sensorium, aus dem sie erwachsen, verändert sich – nur ungleich langsamer. Vielleicht hat diese Veränderung mit den technischen Umwälzungen des 19. und 20. Jahrhunderts erstmals so viel Tempo bekommen, daß man sie überhaupt bemerken konnte. Und zweifellos ist ihre Geschwindigkeit mit der mikroelektronischen Revolution noch einmal deutlich gestiegen. Aber gemessen am rasenden wissenschaftlich-technischen Fortschritt verläuft sie nach wie vor im Schneckentempo. Man muß bereit sein, sie über große Zeiträume hinweg zu verfolgen, wenn man ein Gespür für ihre historische oder gar anthropologische Tragweite entwickeln will.[99]

[99] Die Umformung des Sensoriums durch den mikroelektronischen Sendezwang scheint kaum noch der Rede wert angesichts der atemberaubenden Umwandlung der Menschennatur, die mit der Biotechnologie ins Haus steht (cf. J. Rifkin, *Das biotechnische Zeitalter*, München 1998; A. Künzli, *Menschenmarkt*, Reinbek 2001). Doch der Schein trügt. Er entsteht, wenn man das Verhältnis von technischen Revolutionen als bloßes Nach- oder Nebeneinander denkt: zuerst die mikroelektronische, dann die biotechnische, oder: hier die eine, dort die andere. Doch wie sich gezeigt hat, überlagern, modifizieren, spezifizieren die späteren die früheren. Wie noch die Einsteinsche unter kopernikanischen Bedingungen, so steht erst recht die biotechnische unter Sensationsbedingungen. Sie soll die Menschen so herrichten – physisch, ästhetisch, charakterlich, mental –, daß sie den modernen Kampf ums Da bestehen können. Das ist es ja, was die Vorstellung vom Menschen nach Maß so gespenstisch macht. Wäre das Maß tatsächlich ein perfektes, es wäre nichts dagegen einzuwenden. Doch die Idealmaße werden unter Sendezwang imaginiert. Sie halluzinieren den Menschen, der

Damit ist ein Perspektivwechsel fällig. So ungeheuer nah die hochtechnisierte Sensationsgesellschaft ihren Mitgliedern auch rückt – sie kommt von weit her. Ihre neuesten Trends sind bloß Oberfläche, Mode, «letzter Schrei». Nun aber ist zu erkunden, was darin an lange Angesammeltem, Aufgestautem, Unerledigtem zum Ausdruck oder Ausbruch kommt. Es gilt die Quellen aufzusuchen, aus denen die moderne Logik der Sensation hervorgegangen ist, und die finden sich dort, wo das Paradigma der Sensation seinen historischen Ursprung hat: in der Wendezeit der Renaissance.

unter allen Umständen und Hinsichten «da» ist, sich sehen lassen kann, die perfekte, mediengerechte *performance* gibt. Was Michael Jackson noch mit den vergleichsweise dilettantischen Mitteln der kosmetischen Chirurgie versuchte, das soll die Gentechnologie wesentlich gründlicher und professioneller leisten: die Herstellung der optimalen menschlichen Mediengestalt. Chancen und Risiken der Gentechnologie kann man nur dann vernünftig abwägen, wenn man das Sensationsparadigma als ihre quasitranszendentale Voraussetzung mitdenkt.

2. Logik der Sensation

Wunderkammern

«Wir erkennen ja eine Bewegung nur durch einen Vergleich mit etwas Feststehendem. Wüßte jemand nicht um das Fließen des Wassers und sähe die Ufer nicht, während er sich auf einem Schiff inmitten des Wassers befindet, wie sollte der erkennen, daß das Schiff sich bewegt?» Das ist eine der Grundüberlegungen der modernen Relativitätstheorie, hier allerdings vorgetragen von einem Theologen des 15. Jahrhunderts. «Und da es stets jedem», fährt er fort, «ob er sich auf der Erde oder der Sonne oder auf einem anderen Stern befindet, so vorkommt, daß er sich gleichsam an einem unbeweglichen Mittelpunkt befindet und daß alles andere sich bewegt, deshalb würde jener, wenn er sich auf der Sonne, der Erde, dem Mond, dem Mars usw. befände, sich sicherlich immer neue Pole bilden. Der Bau der Welt ist deshalb so, als hätte sie überall ihren Mittelpunkt und nirgends ihre Peripherie, da ihre Peripherie und ihr Mittelpunkt Gott ist, der überall und nirgends ist.»[1] Und dieser Autor ist nicht auf dem Scheiterhaufen geendet? Im Gegenteil: als geehrter Kardinal. Daß Gott «überall und nirgends» sei, ein Gedanke, der verdächtig pantheistisch klingt, wenn er nicht gar den Atheismus streift, wird bei ihm zum unangreifbaren Fluchtpunkt der Rechtgläubigkeit, nur zu einem andern Ausdruck dafür, daß Gott der vollkommene Ineinanderfall von Einheit und Allheit sei – absolute Identität von allem, was für menschliche Erfahrung und Unvollkommenheit immer bloß in ein Nacheinander und Nebeneinander auseinanderfällt. Und so konnte sich Nikolaus von Kues, genannt Cusanus, erlauben, sämtliche räumlich-zeitlichen Vorstellungen auf dies Absolute hin zu relativieren. Noch den klarsten geometrischen Elementarformen wie Linie, Kreis, Dreieck mangele es an Vollkommenheit und Genauigkeit, noch den festesten Körpern an Festigkeit und Unbeweglichkeit, woraus folge, «daß sich die Erde bewegt»[2] und nicht Weltmittelpunkt sein könne, weil «kein Mittelpunkt gegeben werden kann, ohne daß ein wahrerer und genauerer gegeben werden könnte».[3] So treibt Cusanus eine tiefe Irritation in die geozentrische Kosmologie,

[1] Nicolai de Cusa, *De docta ignorantia. Die belehrte Unwissenheit,* Buch II, Hamburg ²1977, S. 95 f.

[2] Op. cit., S. 91

[3] Op. cit., S. 89

ohne sie nachweislich anzutasten. Das ist der Kunstgriff seiner *docta ignorantia*, die auch seinem Hauptwerk von 1440 den Titel gab: subversive Kühnheit in restaurativer Absicht. Daß in Gott ineinanderliegt, was in Zeit und Raum auseinandertritt, daß allein in Gott die absolute Genauigkeit ist, die allem irdischen Messen, Zählen, Vergleichen fehlt: das sollte der rettende Gedanke sein, der gestattete, die Erosion der christlichen Weltordnung auszusprechen und sie zugleich in etwas Höherem aufzuheben.

Doch einmal in der Welt, geht Irritation ihre eigenen Wege. Der cusanischen Lehre gibt sie etwas eigenartig Flirrendes wie einem impressionistischen Gemälde, dessen Einzelheiten durch das Licht, das sie erstrahlen läßt, zugleich in Auflösung begriffen sind. Davon ist beiläufig auch ein Begriff affiziert, dem damals kaum Beachtung galt und noch nicht anzumerken war, welche Karriere ihm bevorstand: Sensation. Erst im spätmittelalterlichen Latein ist *sensatio* allmählich zum gebräuchlichen Terminus für das geworden, was die Sinne tun: empfinden, wahrnehmen. Nicht, daß man sich vorher darüber keine Gedanken gemacht hätte. Schon Aristoteles hat Sehen, Hören, Riechen, Schmecken, Tasten der Reihe nach durchgenommen und einen festen Begriff für sinnliche Wahrnehmung: *aisthesis*. Sie «ist das Vermögen, die wahrnehmbaren Formen ohne den Stoff aufzunehmen, wie das Wachs das Zeichen des Rings aufnimmt ohne das Eisen und das Gold».[4] Wahrnehmung ist dabei keineswegs als bloßer Abklatsch von Dingen in Sinnesorganen vorgestellt, sondern durchaus schon als «eine gewisse Umwandlung»,[5] bei der «*logos* und *dynamis*»[6], will sagen, «Vernunftgemäßheit und Kraft», im Spiel seien. So ahnt er immerhin, was moderne Physiologie zunehmend bestätigt hat: Wahrnehmung ist nichts, was schlechterdings vernunftlos und passiv verläuft, sondern eine komplexe Transformationsleistung, in die verschiedene Sinnesorgane verschieden verwickelt sind. Dennoch war der Wahrnehmungsvorgang für Aristoteles nicht die größte intellektuelle Herausforderung. In seiner Schrift *Über die Seele* geht er zwar gut materialistisch vor: Erst kommt die Ernährung, dann die Wahrnehmung, dann das Denken, fast wie nach Brecht erst das Fressen, dann die Moral. Aber als Unterbau des Denkens bleibt ihm die Sinneswahrnehmung etwas Untergeordnetes. Deutlich höher steht ihm das Denken, dem allein der Zugang zum wahrhaft Seienden, der Halt und Orientierung gebenden ideellen Weltsubstanz vorbehalten

[4] Aristoteles, *Über die Seele*, 424a
[5] Op. cit., 416b
[6] Op. cit., 424a

sein soll. Und in dieser Wertschätzung sind ihm die abendländischen Intellektuellen bis ins hohe Mittelalter nahezu *unisono* gefolgt. Das sinnliche Vermögen gilt zwar als gute Gabe Gottes, aber als subalterne. Im Gegensatz zum Intellekt «erfaßt es nicht das Wesen der Dinge, sondern bloß ihr äußeres Zubehör»,[7] wie Thomas von Aquin kurz und präzise dekretiert.

Dieser Auffassung war selbstverständlich auch noch Cusanus. Dennoch läßt er in *De docta ignorantia* gleichsam nebenbei, nämlich in der vorausgeschickten Widmung, in der man eigentlich nur gestanzte Höflichkeiten erwartet, einen geistigen Gifttropfen fallen, der die überkommene Rangfolge von Denken und Wahrnehmung aufs Empfindlichste unterläuft: den Vergleich zwischen Intellekt und Magen. Und dabei fällt prompt der Begriff *sensatio*: «Nach Meinung der Naturkundigen geht dem Appetit eine gewisse trübe Empfindung (*tristem sensationem*) im Mageneingang voran, damit so die Natur, die sich selbst erhalten muß, dazu getrieben wird, sich wiederherzustellen. So scheint mir mit Recht das Staunen, dem sich das Philosophieren verdankt, dem Wissensdrang vorherzugehen, damit der Intellekt [...] sich durch Eifer für die Wahrheit vervollkommne. Es sind ja Raritäten, die uns, auch wenn es Monstren sind, zu bewegen pflegen.»[8] Das klingt so floskelhaft konventionell, daß man gar nicht gleich merkt, wie folgenreich hier alte philosophische Gemeinplätze neue Bedeutung empfangen. Der Appetit und das Staunen, so argwöhnt Cusanus, haben eine gemeinsame Triebfeder: eine bestimmte Mangelempfindung, ohne die weder körperliche noch seelische Bewegung in Gang kommt. Dem Magen fehlt natürlich Nahrung, wenn sie sich regt. Aber was fehlt dem Intellekt, wenn er staunt? Eine Erklärung. Staunen ist selbst schon der Beginn der Erklärungssuche. Daher Aristoteles' berühmte Definition: «Weil sie staunten, begannen die Menschen jetzt wie vormals zu philosophieren.»[9] Das meint auch Nikolaus, nur nicht, daß Staunen ein rein geistiger Vorgang sei. Und mit einem Schlag deckt seine lapidare Assoziation von Intellekt und Magen den physischen Untergrund des Staunens auf: das spezifische Unbehagen, in das alle unzugänglichen, rätselhaften, gedanklich nicht auflösbaren Phänomene einen denkenden Organismus versetzen, indem sie ihm Ruhe und Sicherheit nehmen und ihn antreiben, sie durch Wissen wiederzuerlangen. Dieser Antrieb ist ein enger Ver-

[7] Thomas von Aquin, *Summa theologica*, I, q. 57 a. 1 ad 2

[8] Nicolai de Cusa, *De docta ignorantia. Die belehrte Unwissenheit*, Buch I, Hamburg [4]1994, S. 2 f.

[9] Aristoteles, *Metaphysik*, 982 b; vgl. Platon, *Theaitetos*, 155 d

wandter des Mangelgefühls im Magen, der Appetit körperliches Staunen wie das Staunen seelischer Appetit, und beide sind *tristis sensatio*: die trübe Empfindung, Reizung, die den Organismus dazu treibt, «sich wiederherzustellen».[10]

Was aber ist es, worüber Menschen staunen? «Anfangs staunten sie, weil sie etwas Unerklärliches (*aporia*) vor sich hatten», sagt Aristoteles, etwa «sich selbst bewegende Marionetten, die Sonnenfinsternis oder die Inkommensurabilität der Diagonale».[11] Und auch hier setzt Cusanus einen neuen Akzent. «Es sind ja Raritäten, die uns, auch wenn es Monstren sind, zu bewegen pflegen.» *Monstrum*, der lateinische Begriff für das, was de*monstra*tiv vom gewöhnlichen Lauf der Natur abweicht, kann vieles bedeuten: göttlicher Eingriff, Wahrzeichen, Wunder, Unglaubliches, aber auch Ungeheuer, Ungetüm, Mißbildung. Welche dieser Bedeutungen Cusanus hier vorschwebt, wissen wir nicht, wohl aber, daß er seit seiner Studienzeit in Padua Umgang und Freundschaften mit italienischen Humanisten pflegte, unter denen sich der Geist einer neuen Zeit in Form einer intensiven Sammeltätigkeit zu regen begann – in Gang gesetzt durch den Fernhandel, der neben Gewürzen und Seide, Schmiedearbeiten und Geschirr reichlich exotische Gesteine, Muscheln, Federn, Knochen, Pflanzen, bisweilen auch lebendige Affen, Kamele, Löwen und sogar Orientalen und Afrikaner mitgebracht hatte. Das 15. Jahrhundert war die Zeit, wo eine professionelle Suche nach verschollenen oder seltenen antiken Handschriften begann, die Zeit, wo botanische Gärten mit den ungewöhnlichsten Pflanzen angelegt wurden, die Zeit der entstehenden Raritätenkabinette, wo Elephanten- und Haifischzähne, Mammutknochen und Rhinozeroshörner, Straußeneier und Edelsteine nicht mehr nur wegen ihrer angeblichen Abwehrkräfte gegen Gift und Krankheit Eingang fanden, sondern zunehmend einfach nur, weil sie kurios waren: als faszinierende Sonderlinge der Natur. Das freilich hieß eine menschliche Eigenschaft umwerten, die Kirchenvater Augustin ein Jahrtausend zuvor als Laster festgeschrieben hatte: *curiositas*.[12] Daß «alle Menschen von Natur aus nach Wissen streben»[13], wie Aristoteles sagt, hatte die christliche Lehre ausdrücklich als gottgewollt ak-

[10] Fast glaubt man, Nietzsche zu hören: Geist bemißt sich «nach dem Grade seiner aneignenden Kraft, seiner ‹Verdauungskraft›, im Bilde geredet – und wirklich gleicht ‹der Geist› am meisten noch einem Magen» (F. Nietzsche, *Jenseits von Gut und Böse*, KSA 5, S. 168).

[11] Aristoteles, *Metaphysik*, 983a

[12] A. Augustinus, *Bekenntnisse*, X, 35

[13] Aristoteles, *Metaphysik*, 980a

zeptiert, den rechten Wissenseifer (*studiositas*) als Tugend begrüßt – und ihn um so schärfer von seinem unheilbringenden Doppelgänger, der Neugier (*curiositas*), abgegrenzt, die als Augenbegierde, als Sich-Vergaffen in aufregende Naturvorgänge, Schauspiele, schöne Frauen beginnt, sich ins Sinnliche um des Sinnengenusses statt um des Schöpfers willen vertieft, Wissen um eigener Eitelkeit und Macht statt um wahrer Gotteserkenntnis willen erwirbt.[14] Und nun dies: Das Seltene an sich schätzen lernen, statt seiner angeblich übernatürlichen seine tatsächlichen natürlichen Qualitäten bewundern, sie als Erweiterungen des eigenen Gesichtskreises registrieren und studieren, als Vorgeschmack der Sonderbarkeiten, die in Bibliotheken, im Erdboden, in andern Kontinenten noch der Entdeckung harren mögen: das wird zum Charakterzug frühhumanistischer Aufklärung und Umtriebigkeit. Die Grenze zwischen *studiositas* und *curiositas* verschwimmt dabei. Gerade Cusanus ist Kronzeuge dafür, daß sie sich nicht scharf ziehen läßt. Schon in seiner Kölner Zeit hat er sich als Büchersammler hervorgetan, die *Naturalis Historia* des jüngeren Plinius und zwölf unbekannte Komödien von Plautus entdeckt, ist später an der Wiederentdeckung kleinerer Tacitus-Schriften beteiligt, unter ihnen die *Germania*, kauft sich auf dem Reichstag zu Nürnberg «für 38 Gulden», wie er eigenhändig vermerkt, neben seltenen Büchern wertvolle astronomische Geräte, die noch heute in seiner Bibliothek in Kues zu besichtigen sind,[15] und formuliert auch noch das erkenntnispsychologische Argument, das ihm solch humanistische Vielseitigkeit und Liebhaberei ganz unverfänglich erscheinen läßt: «Es sind ja Raritäten, die uns, auch wenn es Monstren sind, zu bewegen pflegen.»[16] Mit andern Worten: *Studiositas* fängt von Natur aus in den Niederungen der *curiositas* an – wie das Staunen in der Magengegend. Noch der untadeligste Wissenseifer ist über sich selbst hinausgewachsene, sublimierte Neugier. Lasterhaft ist nicht mehr die Neugier an sich, sondern das Verharren in ihrer unsublimierten Rohform.

Damit bringt Cusanus in das als Anfang der Philosophie hinlänglich bekannte Staunen eine ebenso unscheinbare wie gravierende

14 Thomas von Aquin, *Summa theologica*, II-II q. 167a. 2

15 Cf. E. Meffert, *Nikolaus von Kues*, Stuttgart 1982, S. 44ff., S. 112ff.

16 An der Stelle, wo er steht, nämlich in der Widmung von *De docta ignorantia*, hat dieser Satz überdies eine erstrangige theologische Pointe. Cusanus appelliert an den ausgeprägten Sinn für Seltenes und Monströses beim verehrten Kardinal Cesarini, dem Empfänger der Schrift, weil der Text, bei aller auf ihn verwendeten Mühe, die Züge eines ungeschlachten Sonderlings nicht losgeworden sei. Ein unentwirrbares Knäuel von Demut und Kühnheit, das eigene theologische Hauptwerk als Kuriosum firmieren zu lassen.

neue Bedeutungsnuance. Staunen über Raritäten und Staunen angesichts von Sonnenfinsternis oder Inkommensurabilität der Diagonale sind nicht gleichartig. Im einen Fall ist das Phänomen vornehmlich erstaunlich, weil man seine Funktionsweise nicht durchschaut, im andern vornehmlich, weil man so etwas noch nie gesehen hat, im einen ist es eher die Rätselhaftigkeit, im andern eher die Neuigkeit, die staunen läßt, und welche von beiden den Vorrang hat, ist keineswegs egal. Ob Raritäten als ein Fall von Aporie oder Aporien als ein Fall von Rarität gelten – davon kann die Lebensweise einer ganzen Gesellschaft abhängen. Sobald das Seltene zu einem Wert an sich wird, wird es zu einem Magier besonderer Art: zum unheimlichen Entzauberer seiner selbst. Rätsel muß man immerhin lösen, damit sie ihre Erstaunlichkeit verlieren. Raritäten hingegen werden von selbst alltäglich, Neuigkeiten von selbst alt; man muß sie nur eine Zeitlang um sich haben. Wo also das Seltene primär deshalb als aufsehenerregend zu gelten beginnt, weil es selten ist, und nicht, weil es sich nach undurchschauten Gesetzen bewegt, da bekommen Wahrnehmung und Aufmerksamkeit eine Ausrichtung, die die Struktur eines sich selbst verstärkenden Appetits hat. Systemtheoretiker würden von Rückkopplung sprechen. Gerade weil das Neue und Seltene schnell verschleißt, macht es Appetit auf neue Seltenheiten und Neuigkeiten. Dem Intellekt werden Raritäten das, was dem Magen die Nahrung ist; er braucht sie, um «sich wiederherzustellen». Das Aussein aufs Seltene und Neue kann also, wenn bestimmte Bedingungen gegeben sind, durchaus anfangen, systemisch zu wirken: zum Motor einer eigenwilligen, sich durch Rückkopplung vorantreibenden Weltaneignungsweise werden.

Cusanus' Verknüpfung der Begriffe *sensatio* – Staunen – Seltenheit liest sich im Rückblick wie eine Bauanleitung zu diesem Motor. Wenn das Geheimnis der *sensatio* das Staunen ist und der Inbegriff des Staunenerregenden das Seltene, dann ist der Bedeutungswandel von Sensation – weg von unspezifizierter Empfindung und hin zum Spektakulären – nur eine Frage der Zeit. Die sogenannten Kunst- und Wunderkammern der Renaissance sind frühe Vorboten dieser Entwicklung. Sie werden eigens um des Seltenen willen eingerichtet. Je ungewöhnlicher sie sind, desto ungewöhnlicher dünkt sich gewöhnlich ihr Eigentümer. Auch das ist ein Aspekt der vielgepriesenen Wiederaufwertung des Individuums in der Renaissance: marottenhafte Selbststilisierung von Privilegierten. Exaltierte Fürsten, Großkaufleute und Gelehrte sammeln zwar aus sehr unterschiedlichen Motiven, konvergieren dabei aber in der Art ihrer Naturaneignung. Leicht wird über den schönen Sammlungen vergessen, daß gesammelte Natur entkernte Natur ist. Was sich sammeln läßt, ist entweder gefangen, entwurzelt, verstümmelt oder tot, Privateigentum zudem, d.h. seinem Eigentümer als Trophäe, Ware oder Forschungsobjekt verfügbar. Erst als solche Verfügungsmasse, im wehrlosen Zustand der Archivier- und Analysierbarkeit, scheint die Natur eine für den Menschen zu werden: ihm die Augen für ihre Sonderbarkeiten zu öffnen. Die Kunst- oder Wunderkammern waren denn auch keine Rumpelkammern, sondern alsbald nach Rubriken wie *Naturalia* (Mineralien, Pflanzen, Tieren), *Antiquaria* (antiken Skulpturen), *Artificialia* (Kunstgegenständen), *Scientifica* (Instrumenten, Maschinen, Automaten) wohlgeordnete Kabinette oder ganze Galerien.[17] Nur so konnten sie wirken – um den Preis freilich, sogleich in den Selbstabnutzungsprozeß des Seltenen zu geraten. Archivieren des Ungewöhnlichen heißt, es in eine Ordnung bringen, worin es gewöhnlich wird. Die Wunderkammer aber soll die Dinge so zeigen, daß ihr Ungewöhnliches hervortritt. Nicht von ungefähr heißt sie bisweilen auch *theatrum*.[18] Viel wichtiger als die plausible Einteilung der Dinge nach Gattungen und Arten, Naturbelassenem und Bearbeitetem ist ihre staunenerregende Präsentation. Und dazu gehört, den Betrachter darüber zu irritieren, ob er es mit Natürlichem oder Künstlichem zu tun hat. Wenn er exotische Steine, Muscheln, Hörner, Eier, Federn sieht, staunt er da bloß über diese Dinge selbst und nicht mindestens ebensosehr darüber, daß er sie hier, in der vornehmen Kammer von Fürst X oder Großkaufmann Y, ihrem angestammten Zusammenhang entrückt und so hervorgehoben und geballt präsentiert bekommt, wie sie in der Natur nie vorkommen? Und wie die Naturalien damit den *touch* von Kulturgütern bekommen, so die verwitterten griechisch-römischen Skulpturen und Ruinen umgekehrt das Ansehen von Naturehrwürdigkeiten. Die Artificialia erscheinen um so kunstfertiger, je täuschender sie natürliche Farbenpracht und Gestalten nachbilden. Die Automaten wirken um so naturnäher, je artifizieller sie gemacht sind. Je reibungsloser ihre Selbstbewegung, desto authentischer stellen sie das höchste Naturgeheimnis dar: das des Lebens. «Im Kleinformat geschah dies in den sogenannten ‹Schüttelkästen›. Ein solches Beispiel aus Ambras [wo Erzherzog Ferdinand von Tirol ab 1573 eine aufwendige Kunstkammer errichten ließ, CT] zeigt auf

[17] Kunst- und Ausstellungshalle der Bundesrepublik Deutschland (Hg.), *Wunderkammer des Abendlandes.* Museum und Sammlung im Spiegel der Zeit, Bonn 1994, S. 22ff.

[18] Op. cit., S. 32

einem aus Moos, Muscheln, Gips, Holz, Papier und Draht täuschend echt gebildeten Waldboden eine Zusammenstellung von Schildkröten, Eidechsen, Schnecken und anderen Kriechtieren, die nur lose mit dem Untergrund befestigt waren und sich daher bei der kleinsten Erschütterung des Kastens selbständig, wie in quirliger, unentwegter Motorik verfangen, zu bewegen schienen. In den Kunstkammern waren derartige Übergänge vom Naturstoff zum verlebendigten Körper wie auf einer Theaterbühne in allen Stufen zu verfolgen.»[19]

Das durch Sammlung Entseelte im nachhinein wieder mit dem Schein des Lebens zu versehen, das war der Gipfel des Exotischen, der Punkt, an dem die Wunderkammer offen ins Schauspiel überlief, der Punkt, auf dem sie die irritierende, in Atem haltende Indifferenz von Natur und Kultur am besten geltend machen konnte – und damit ihren hybriden Anspruch, die Natur überhaupt erst in den Zustand zu versetzen, worin sie dem Menschen voll genießbar wird. In dem Maße, wie Wunderkammern als authentische Repräsentanten des Naturreichtums firmieren, suggerieren sie, daß die Natur selbst im Grunde ein unerschöpflich reiches Raritätenkabinett sei. Damit sind sie Wegbereiter einer neuen Naturerfassung. Der neuzeitliche analytische Forscherblick für die kleinsten Kleinigkeiten des Gewöhnlichen hat sich zunächst am Ungewöhnlichen geschärft. Detailversessen wurde er durch sein *faible* fürs Seltene. Im Raritätenkabinett übte er sich fürs wissenschaftliche Laboratorium, worin das Seltene dann durch die berufsmäßige Vergewöhnlichung des Ungewöhnlichen, seine beständige Klassifizierung und Zerlegung, verschlissen und der Appetit auf neue Seltenheiten allmählich auf Dauer gestellt wird.

Raritätensammlungen waren freilich nur die Begleiterscheinung einer viel umfassenderen Sammlung von Reichtum, die sich im Mitteleuropa des 15. Jahrhunderts dank sprunghaft steigenden Fernhandels vollzog. Die Märkte der großen Städte begannen überzuquellen. Sie wurden wie nie zuvor zu sozialen Magneten: zu umlagerten Umschlagplätzen von Stoffen, Gewürzen und Metallen. Zur Esoterik der Wunderkammern, die nur wenige Auserwählte zu sehen bekamen, bilden die Marktplätze, auf denen sich das Volk drängte, das exoterische Gegenstück. Große Märkte waren anfangs selbst nichts Alltägliches, fanden höchstens viermal pro Jahr statt, vorzugsweise zur Sonnenwende und Tagundnachtgleiche, also zu den Eckdaten des Sonnenjahrs. Daher wohl der Name *Jahr*markt. Jahrmärkte be-

[19] H. Bredekamp, *Antikensehnsucht und Maschinenglauben.* Die Geschichte der Kunstkammer und die Zukunft der Kunstgeschichte, Berlin 1993, S. 49

gannen im 12. Jahrhundert in der Champagne als Anhängsel der christlichen Messe, von der sie auch ihren Namen entliehen, traten allmählich ein in den Reigen herkömmlicher Schaustellungen wie Prozessionen, Hochzeiten, Hinrichtungen oder Investituren – und liefen ihnen schließlich den Rang ab. Im 16. Jahrhundert wurden sie zu festen Knoten im Netz eines weit über Europa hinausgespannten Fernhandels. In Straßburg zum Beispiel, einem der wichtigen Handelszentren, «öffneten die rund 22 000 Einwohner jährlich zweimal ihre Tore, um etwa 100 000 Meßbesucher zu empfangen. Diese kamen zu Schiff, im Wagentroß oder zu Fuß, sie reisten aus London, Antwerpen, Lyon und Venedig an, aber auch aus den Nachbardörfern der Region, und veränderten für jeweils drei Wochen das gesamte Leben der Stadt. Wie auf einem riesigen ‹Basar› konnte man auf Straßen und Plätzen, in Häusern, ja selbst in Klöstern bestaunen, was menschliche Geschicklichkeit hervorgebracht hatte: die erlesensten Produkte der Handwerker, die neuesten technischen Erfindungen, exotische Waren aus Übersee, Malereien, gelehrte und kurzweilige Bücher sowie ‹Neue Zeitungen› (Nachrichten, ‹Reportagen›), die von den Verfassern vorgetragen oder -gesungen wurden».[20]

Jahrmarkt ist also eine große Raritätenschau, gleichsam eine nach außen gekehrte Wunderkammer. Zum Markt gehört unveräußerlich das Marktschreien, das laute, Aufmerksamkeit heischende Anpreisen der eigenen Ware, das für den Verkauf um so nötiger, je offensichtlicher sie eine Dutzendware wie jede andere ist. Feilbieten ist eine Form von Schaustellung. An Orten, wo das in großem Stil geschieht, tendieren daher umgekehrt sämtliche Schaustellungen zu einem Feilbieten. Und so ist der Ort des Massenauflaufs von Händlern auch der, wo Wunderheiler, Artisten, Gaukler, Possenreißer und Tierbändiger lautstark auf ihre Kunst hinweisen. «Alltags- und Kunstgattungen des Marktplatzes sind so eng miteinander verflochten, daß es mitunter schwer wird, eine Grenze zu ziehen. Die Arzneiverkäufer und Reklameschreier waren zugleich Jahrmarktsschauspieler, die *Schreie von Paris* wurden in Versform und nach ganz bestimmten Melodien vorgetragen. Der Stil der (verbalen) Einladung in die Schaubuden unterschied sich in nichts vom Stil der Reklame der Volksbücherverkäufer (und die langen reklameartigen Titel dieser Bücher haben gewöhnlich den Ton marktschreierischer Einladungen).»[21] Viel freimütiger als ihr

[20] K. Kröll, *Körperbegabung versus Verkörperung*. Das Verhältnis von Körper und Geist im frühneuzeitlichen Jahrmarktsspektakel, in: E. Fischer-Lichte/C. Horn/M. Warstat (ed.), Verkörperung, Tübingen und Basel 2001, S. 37

[21] M. Bachtin, *Rabelais und seine Welt*, Frankfurt am Main 1987, S. 194

fürstlich-vornehmes Gegenstück gibt die volkstümliche, unter freiem Himmel aufgestellte Wunderkammer, der Jahrmarkt, das Flüchtige und Windige des Raritätenanpreisens zu erkennen. Dafür sorgen schon die Komödianten und Gaukler aller Art. Man kann sich darauf verlassen, daß sie nicht nur Karikaturen von Seltenheitswert feilbieten, sondern auch den Seltenheitswert karikieren. Die Pointe ihrer Schaustellungen besteht ja gerade darin, die Aufgeblasenheit vorgeblicher Sonderlinge platzen zu lassen und sie als armselige Alltagskreaturen zu enttarnen. So badet die Marktschreierei von früh an im Element ihrer eigenen Ironisierung – ob allerdings eher zu ihrer Schwächung oder Stärkung, ist ihr vorerst noch nicht anzusehen.

Fernhandel und Sensationspresse

Fernhandel ist ein riskantes Unternehmen, und um sicherzugehen, daß die Gebiete, die man bereisen möchte, lohnende Waren enthalten und nicht gerade von Naturkatastrophen, Krieg oder Aufruhr heimgesucht sind, braucht man möglichst aktuelle Informationen: *avisi* (Nachrichten, wörtlich: Warnungen), wie man sie in Venedig nannte, wo sie wahrscheinlich zuerst gesammelt und in Umlauf gebracht wurden. Während des 14. und 15. Jahrhunderts entstand, von Oberitalien aus bald Mitteleuropa und England ergreifend, in den Fußstapfen des Warenverkehrs ein Nachrichtenverkehr, den die Großkaufleute anfangs selbst organisierten. Erst als findige Händler auf die Idee kamen, eine eigene Profession daraus zu machen, begann er sich auf signifikante Weise zu verselbständigen. Ein Geschäft war aus Nachrichten nämlich nur zu machen, wenn sie nicht nur Geschäftsnachrichten waren. Alles, was die Aufmerksamkeit eines breiteren Publikums erregen konnte, ob Produkt überreizter Phantasie oder nüchterner Beobachtung, ob geprüft oder ungeprüft, erfüllte den Tatbestand einer Nachricht, wenn es glauben machen konnte, soeben geschehen, nahezu noch Gegenwart zu sein. So geht in den «Neuen Zeitungen» des 16. Jahrhunderts «die Kunde von Religionskämpfen, Türkenkriegen und Papstentscheidungen ebenso wie von Blut- und Feuerregen, Mißgeburten, Heuschreckenplagen, Erdbeben, Ungewittern und Himmelserscheinungen»[22] kunterbunt durcheinander. Anfangs erschienen Zeitungen sporadisch: wenn es etwas zu berichten und Volksaufläufe gab, die für optimale Verbreitung sorgten. Die Jahrmärkte waren so

[22] J. Habermas, *Strukturwandel der Öffentlichkeit*, Frankfurt am Main, Neuauflage 1990, S. 73

der Humusboden des frühen Zeitungs- und Buchdrucks, die Messen in Lyon und Frankfurt bald auch ausdrückliche Buchmessen. Was es allerdings für einen Einschnitt bedeutete, zu regelmäßiger wöchentlicher Nachrichtenverbreitung überzugehen, macht man sich heute kaum mehr klar. «Es gehörte beachtlicher Unternehmensgeist, eine sicher risikoreiche Markteinschätzung und eine für Informationsbeschaffung ausreichende Organisation dazu, wenn man ein Unternehmen starten wollte auf Grund der Erwartung, daß auch nächste Woche genügend druckbare Informationen anfallen würden. Für Zeitgenossen, Ben Jonson zum Beispiel, *beweist* die serielle Produktion von Neuigkeiten geradezu, daß es sich um Betrug handeln müsse»: «‹einen wöchentlichen Schwindel, um Geld zu machen.›»[23]

Wenn besagter Jonson in seiner 1625 aufgeführten Komödie *The Staple of News* die Zeitungen als einen Spiegel interpretiert, «worin das Zeitalter seine eigene Narrheit anschauen darf, oder Hunger und Durst nach veröffentlichten Nachrichtenpamphleten, jeden Samstag herausgebracht, aber alles hausgemacht und keine Silbe Wahrheit drin»,[24] so reagiert er wie ein überfeiner Seismograph auf das Systemischwerden von Nachrichtenproduktion: auf das unheimliche Spiel wechselseitiger Verstärkung, das da in Gang kommt, sobald die menschliche Eigenschaft der Neugier sich in einem Betrieb objektiviert, dessen ganzes Dasein im Lauern auf Neuigkeiten besteht, der davon lebt, die individuelle Neugier planmäßig zu befriedigen und anzuheizen und umgekehrt von ihr ernährt und aufgebläht wird. Die Verselbständigung der Neuigkeit zu einem Wert an sich, die mit der wechselseitigen Rückkopplung von privater und betrieblicher Neugier einhergeht, ist der zweite entscheidende Schritt in der Umwertung der *curiositas*. Zuerst ihre Neutralisierung: von der Sünde zum Grundimpuls aller Wahrnehmung; nun ihr Aufstieg: vom physiologischen Impuls zur systemischen Kraft. Der vollzog sich, wie das Beispiel Jonson zeigt, durchaus nicht ganz unbemerkt, wurde aber mit dem Begriff, der *uns* für solche Neuigkeiten selbstverständlich ist, zunächst gar nicht in Verbindung gebracht: Sensation. Zeitungen waren in ihrer von journalistischem Berufsethos einigermaßen ungetrübten Entstehungszeit genau das, was wir heute Sensationspresse nennen. Aber während Nachricht und Neuigkeit konvergieren, wie etwa im französischen *nouvelles* und englischen *news*, kommt das Wort Sensation

[23] N. Luhmann, *Die Realität der Massenmedien*, l.c., S. 53 f.

[24] «Wherein the age may see her owne folly, or hunger and thirst after publish'd pamphlets of Newes, set out every Saturday, but made all at home, & no syllable of truth in them» (zit. n. N. Luhmann, ibidem)

dort, wo es uns am nächsten liegt, überhaupt nicht vor: nicht bei mehr oder weniger fahrlässiger Nachrichtenverbreitung, nicht beim Jahrmarktsspektakel, nicht beim Durchgang durch die Wunderkammer. Seine Karriere beginnt an denkbar unspektakulärer Stelle: bei der akribischen Selbstvergewisserung des neuzeitlichen Ich durch Philosophie.

Sensualistische Philosophie

Weil die *sensatio* den Unterbau des Denkens bildet, ist sie subaltern. So war ein ganzes christliches Zeitalter lang argumentiert worden. John Locke, einer der intellektuellen Wegbereiter und Wegbegleiter der englischen Revolution, dreht den Spieß um. Weil sie der Unterbau des Denkens ist, ist sie dessen Elementarform. Sie gehört ins Zentrum der Aufmerksamkeit. Nur so läßt sich der Kampf gegen Vorurteile, den die philosophischen Pioniere der Neuzeit begonnen hatten, zu einem strengen Unternehmen machen. Wohl hatte schon Bacon einen scharfen Blick für sogenannte Idole, jene elementaren «Vorurteilsgötzen», die teils in der Beschaffenheit der menschlichen Gattung selbst stecken, teils im besonderen Charakter und Standpunkt eines jeden Individuums, teils durch den Eigensinn der menschlichen Sprache im sozialen Umgang erzeugt werden, teils durch die Verselbständigung von Phantasie und Denken zur «Theaterwelt» von Spielen, Fabeln und philosophischen Systemen.[25] Wohl hatte Descartes den Zweifel an all und jedem zur philosophischen Methode erhoben und nur gelten lassen wollen, was sich unmöglich bezweifeln läßt.[26] Aber *tabula rasa* haben beide nicht ernstlich gemacht. Ungetrübt blieb Bacons metaphysisches Vertrauen, ein von Idolen gereinigter, will sagen von sinnlicher Wahrnehmung ausgehender und sich induktiv vortastender Verstand werde allmählich das innere Wesen der äußeren Dinge erschließen und Schritt für Schritt den seit dem Sündenfall verlorenen Einklang mit der Natur wiederherstellen, und Descartes' Umschwung vom universalen Zweifel zur angeblichen Unbezweifelbarkeit der Existenz Gottes und der dem Verstand eingeborenen Ideen richtet im Nu Zweifelhaftestes wieder auf.

Nein, *tabula rasa*, reinen Tisch mit «Vorurteilsgötzen», macht nach Locke erst, wer den menschlichen Verstand selbst als *tabula rasa* be-

25 Cf. F. Bacon, *Neues Organ der Wissenschaften*, I, 39 ff.; Darmstadt 1974, S. 32 f.

26 Cf. R. Descartes, *Meditationen über die Grundlagen der Philosophie*, Hamburg 1959, S. 30 ff.

greift: «Nehmen wir also an, der Geist sei, wie man sagt, ein unbeschriebenes Blatt, ohne alle Schriftzeichen, frei von allen Ideen;[27] wie werden ihm diese dann zugeführt? [...] Woher hat er all das *Material* für seine Vernunft und für seine Erkenntnis? Ich antworte darauf mit einem einzigen Worte: aus der *Erfahrung.*»[28] «Wenn unsere Sinne mit bestimmten sinnlich wahrnehmbaren Objekten in Berührung treten, so führen sie dem Geist eine Reihe verschiedener Wahrnehmungen von Dingen zu [...]. Auf diese Weise kommen wir zu den *Ideen*, die wir von *gelb, weiß, heiß, kalt, weich, hart, bitter, süß* haben, und zu allen denen, die wir sinnlich wahrnehmbare Qualitäten nennen. Wenn ich sage, die Sinne führen sie dem Geist zu, so meine ich damit, sie führen von den Gegenständen der Außenwelt her dem Geist dasjenige zu, was in demselben jene Wahrnehmungen hervorruft. Diese wichtige Quelle der meisten unserer Ideen, die ganz und gar von unseren Sinnen abhängen und durch sie dem Verstand zugeleitet werden, nenne ich *Sensation.*»[29] Womit besagte Sensation zum erkenntnistheoretischen Schlüsselbegriff aufsteigt. Also nicht länger doppelte Buchführung – hier die Sinne, die die Außenwelt bloß empfinden und wahrnehmen, dort der Intellekt, der sie durch Begriffe erkennt – sondern Wahrnehmen wird selbst als eine Art Erkennen, Erkennen als andere Art des Wahrnehmens erachtet und für beide dieselbe Instanz verantwortlich gemacht: Geist (*mind*). Die Ideen, die dieser Geist «hat», sind denn auch weder irgendwelche ewigen Formen noch deren Abbilder oder eine eigene Denksubstanz (*res cogitans*), sondern zunächst einmal ganz elementare mentale Zustände, die nach Empfindung, Vorstellung und Begriff zu unterscheiden noch gar keinen Sinn macht. Sensation heißt bei Locke soviel wie Sinneserregung: sowohl die Erregung, die den Sinnen durch äußere Reize widerfährt, als auch die, in die sie den Organismus innerlich versetzen. Ideen sind anfangs nicht mehr als solche Erregungen, und «Geist» ist der innere Brenn-

[27] «[...] wie eine Schreibtafel, auf der aktuell nichts geschrieben ist» sagt Aristoteles (*Über die Seele*, 430a), nur meint er das anders: nicht so, daß Ideen oder geistige Formen überhaupt erst entstehen, wenn sich dem Geist etwas einprägt, sondern so, daß sie dabei nur aktualisiert, gleichsam geweckt werden. Nach Aristoteles prägt der Geist *sich* die Dinge ein, ist dabei nicht bloß passiv hinnehmend, sondern aktiv formend, muß über die dazu notwendigen geistigen Kräfte also schon verfügen. Das Vermögen, «wodurch die Seele denkt und annimmt», ist folglich als separater, mit dem Körper unvermischter «Seelenteil» (op. cit., 429a) verstanden: also als das Gegenteil von Lockes unbeschriebenem Blatt.

[28] J. Locke, *Versuch über den menschlichen Verstand*, II. Buch, Kap. I, 2, Hamburg 1981, S. 107f.

[29] Op. cit., II / I, 2; l.c., S. 108

punkt, worin ein Organismus diese Erregungen als *seine* verspürt. Locke denkt nahezu neurologisch: Äußere Dinge affizieren uns so, «daß sich von ihnen aus eine gewisse Bewegung durch unsere Nerven oder Lebensgeister, durch bestimmte Teile unseres Körpers bis hin zum Gehirn, das heißt zum Sitz der Sensation fortpflanzen muß, um hier in unserm Geist die besonderen Ideen zu erzeugen, die wir von jenen äußeren Objekten haben».[30]

Als Sitz der Sensation nicht etwa Herz oder Bauch, sondern das Gehirn annehmen, das an anderer Stelle so schön «Audienzsaal des Geistes»[31] heißt, die Sensation damit selbst zur Keimform des Geistes erklären und alle Vorstellungen und Begriffe von Wahrem, Erhabenem, Heiligem zu Verzweigungen und Verfeinerungen neuronal-mentaler Erregungszustände: das ist freilich eine Faust aufs Auge aller Metaphysik, und es mutet wie ein Erschrecken vor der eigenen Kühnheit an, wenn Locke, während er die Schlüsselrolle der Sensation für alle Erkenntnisprozesse schlagend darlegt, zugleich immer wieder betont, sie sei ja bloß eine von zwei Erkenntnisquellen. Dafür hat er durchaus Gründe. Jene durch Sensation bewirkten mentalen Zustände, die er «Ideen» nennt, sind ja nichts Statisches, sondern beginnen im Moment ihres Erregtwerdens auch schon ein Eigenleben, werden durch die innere Koordinationsinstanz, die diese Zustände «hat», reguliert, stabilisiert, transformiert, und diese Tätigkeit, die Locke «Operationen des Geistes» nennt und wozu er «wahrnehmen, denken, zweifeln, glauben, schließen, erkennen, wollen»[32] zählt, ist in der Tat nichts, was direkt durch äußere Reize hervorgerufen würde. Man kann nicht umhin, sich selbst gelegentlich als wahrnehmendes, wollendes, zweifelndes, schließendes Wesen wahrzunehmen, und muß doch zugeben, daß diese Wahrnehmung anderer Art ist als die von «gelb, weiß, heiß, kalt, weich, hart, bitter, süß», obwohl sie «ebenso deutliche Ideen» gewinnt «wie von Körpern, die auf unsere Sinne einwirken».[33] Lockes Folgerung daraus: Wo verschiedene Arten der Wahrnehmung, da verschiedene Erkenntnisquellen. «Während ich im ersten Fall von Sensation rede, so nenne ich diese Quelle *Reflexion*, weil die Ideen, die sie liefert, lediglich solche sind, die der Geist durch eine Beobachtung seiner eigenen inneren Operationen gewinnt. [...] Zweierlei Dinge also, nämlich äußere materielle Dinge als die Objekte der *Sensation* und die inneren Operationen unseres

[30] Op. cit., II / VIII, 12; l. c., S. 149
[31] Op. cit., II / III, 1; l. c., S. 130
[32] Op. cit., II / I, 4; l. c., S. 108
[33] Op. cit., II / I, 4; l. c., S. 109

Geistes als die Objekte der *Reflexion*, sind für mich die einzigen Ursprünge, von denen alle unsere Ideen ihren Anfang nehmen.»[34]

Doch jeder, der für irgendetwas zwei Ursprünge annimmt, hat sogleich das Grundproblem des Dualismus: Sind beide gleich ursprünglich, oder ergibt sich der eine aus dem andern? Locke scheint zu letzterem zu neigen. «Mit der Zeit gelangt der Geist dazu, über seine eigenen Operationen nachzudenken, die er an den durch Sensation gewonnenen Ideen vornimmt, und erwirbt dadurch eine neue Gruppe von Ideen, die ich Ideen der Reflexion nenne.»[35] Mit andern Worten: Reflexion kommt erst nach der Sensation und bezieht sich auf sie. Heißt das nicht, daß sie lediglich eine über sich selbst hinausgewachsene, sublimierte, reflexiv gewordene Sensation ist: etwas Sekundäres also? Man sollte es denken, zumal «primär» und «sekundär» für Locke zentrale Ordnungsgesichtspunkte sind. Die gesamte Körperwelt unterscheidet er im Hinblick auf primäre und sekundäre Qualitäten. Primär seien solche, die vom jeweiligen Körper «völlig untrennbar sind» wie «Festigkeit, Ausdehnung, Gestalt, Bewegung oder Ruhe und Zahl».[36] Ihnen wird die wundersame Fähigkeit zugeschrieben, in jeglicher Sensation einen authentischen und objektiven Eindruck ihrer selbst zu hinterlassen, während die sekundären Qualitäten dabei lediglich mittransportiert werden und «mit den Körpern überhaupt keine Ähnlichkeit aufweisen»,[37] wie der Schmerz mit dem Messer, der Geruch mit dem Veilchen, die Kälte mit dem Schnee, die Hitze mit dem Feuer. Keine Frage, diese Unterscheidung zwischen primären Qualitäten, die im Objekt selbst, und sekundären, die nur in unserer Sensation von ihm sind, lebt über ihre Verhältnisse. Sie erlaubt sich Urteile über die Objektivität der Dingwelt, die keine Sensation hergibt. Mehr noch: Sensation wird zum Störfaktor. Locke empfiehlt allen Ernstes ihre zeitweilige Ausschaltung – «man lasse die Augen kein Licht und keine Farben sehen, das Ohr keine Töne hören, den Gaumen nicht schmecken, die Nase nicht riechen»[38] – damit man sich von der objektiven Realität der primären Qualitäten und dem bloß subjektiven Verspürtwerden der sekundären überzeuge. Und auf einmal ist es allein die Reflexion, die uns – ausdrücklich an der Sensation vorbei – der Außenwelt versichern soll, während es anfangs allein die Sensation war. Lockes Sensualismus kommt auf den

[34] Ibidem

[35] Op. cit., II / I, 24; l. c., S. 125

[36] Op. cit., II / VIII, 9; l. c., S. 147 f.

[37] Op. cit., II / VIII, 15; l. c., S. 150

[38] Op. cit., II / VIII, 17; l. c., S. 151

Kopf zu stehen. Freilich vergesse man nicht, wobei ihm das widerfährt: beim Gewahrwerden, daß Sensation allein keinerlei Klarheit darüber verschafft, was Realität sei. Er laboriert an einem Problem, für das die moderne Hirnforschung mit all ihrem neurologischen Wissen genausowenig die Lösung hat wie er: Wie können innere Erregungszustände – und mehr sind die Lockeschen «Ideen» zunächst einmal ja nicht – etwas Äußeres, Objekte, Realität repräsentieren, bedeuten, ausdrücken? Natürlich gibt es Versuche wie den, Salamandern ein Auge herauszunehmen und um 180 Grad gedreht so wieder einzusetzen, daß die Sehfähigkeit bald zurückkehrt und alles wie zuvor scheint, nur daß die Versuchstiere nun, wenn sie ihre Zunge nach einem Wurm ausstrecken, um 180 Grad daneben züngeln und verhungern müßten, würden sie nicht gefüttert.[39] Nur was besagt das? Lediglich, daß schon tierische Organismen, nicht erst menschliche, nicht lebensfähig wären, würde ihr Sensorium ihnen nicht wirkliche, außer ihnen befindliche Objekte repräsentieren. Aber *wie* solche Repräsentation möglich ist – das ist die Frage, die unbeantwortet nagt, sobald einer so weit *tabula rasa* zu machen wagt, daß er den Geist als unbeschriebenes Blatt und die Sensation als Embryonalform aller mentalen Zustände annimmt.

Locke hat sich auf das Wagnis denn auch nicht ohne Reserve eingelassen, davor zurückgescheut, alle höheren Gedanken und Werte in die Niederungen der Sensation hinabzuziehen – und die Reflexion als zweite Erkenntnisquelle neben ihr stehengelassen. Und genau das kreidet George Berkeley ihm als Inkonsequenz an. Eine Generation jünger als Locke, ebenso in seinen Fußstapfen wandelnd wie in denen der anglikanischen Kirche, ist er für das Husarenstück bekannt geworden, Lockes Sensualismus zu radikalisieren, um so seine Radikalität zu hintertreiben. In dem, was wir «Geist» nennen, gibt es *nur* Sensation, dekretiert er. Es fehlt jedes triftige Kriterium, um zwischen primären Qualitäten zu unterscheiden, die den Dingen selbst innewohnen, und sekundären, die *wir* bloß an ihnen empfinden. Können wir doch keinen Augenblick aus unserer Empfindung heraustreten in einen Direktzugang zur Realität an sich. Vielmehr verhält es sich so: «Durch den Gesichtssinn erhalte ich die Licht- und Farben-Ideen in ihren verschiedenen Abstufungen und qualitativen Modifikationen, durch den Tastsinn perzipiere ich z. B. Härte und Weichheit, Hitze und Kälte, Bewegung und Widerstand, und von diesem allem mehr oder weniger hinsichtlich der Quantität oder des Grades. Der Geruchssinn verschafft mir Gerüche, der Geschmackssinn Geschmacks-

[39] Cf. H. Maturana, *Was ist erkennen?*, München 1996, S. 96 f.

empfindungen, der Sinn des Gehörs führt dem Geist Schallempfindungen zu in ihrer ganzen Mannigfaltigkeit nach Ton und Zusammensetzung. Da nun beobachtet wird, daß einige von diesen Empfindungen einander begleiten, so geschieht es, daß sie mit *einem* Namen bezeichnet und infolge hiervon als *ein* Ding betrachtet werden. Ist z. B. beobachtet worden, daß eine gewisse Farbe, Geschmacksempfindung, Geruchsempfindung, Gestalt und Festigkeit vereint auftreten, so werden sie für ein bestimmtes Ding gehalten, welches durch den Namen *Apfel* bezeichnet wird.»[40]

Wer aber «beobachtet», daß einige Empfindungen (*sensations*) einander begleiten, und «hält» sie für ein bestimmtes Ding? Die sinnliche Wahrnehmung selbst? Das ist schlecht möglich. Ein optischer Eindruck kann sich nicht selbst sehen, ein akustischer sich nicht selbst belauschen, genausowenig wie ein akustischer nicht gesehen oder gerochen, ein optischer nicht gehört oder getastet werden kann. Keine Sinneswahrnehmung kann sich selbst beobachten, geschweige denn sich mit andern zusammenfassen. Dazu muß mehr geschehen als bloßes sinnliches Perzipieren, und ein solches «Mehr» hat Berkeley dem, was er «Geist» nennt, wie einen doppelten Boden immer schon eingezogen. Scheinbar arglos sagt er, «daß die verschiedenen Sinnesempfindungen oder den Sinnen eingeprägten Ideen, wie auch immer sie miteinander vermischt und verbunden sein mögen (d. h. was für Objekte auch immer sie bilden mögen), nicht anders existieren können als in einem Geist, der sie perzipiert».[41] Doch besagter «Geist» hat hier unter der Hand die Bedeutung gewechselt. Er ist nicht mehr bloß die Instanz, die sinnlich perzipiert, sondern eine, die sich zugleich auch perzipierend zu ihren Perzeptionen verhält – als mache das keinen nennenswerten Unterschied. Und «Ideen» sollen zwar, ganz im Lockeschen Sinne, nichts anderes sein als Sensationen: mentale Zustände. Doch zugleich werden sie als «Objekte» deklariert. Wie das? Die Ideen *von* Objekten sollen selbst die Objekte sein? Zunächst einmal sind Objekte doch dasjenige, *was* ich sehe, höre, taste; Empfindung ist immer Empfindung *von etwas*. Sie *ist* nicht das Etwas, sondern eben bloß der mentale Zustand, worin sich etwas, d. h. ein Objekt, *mir* darstellt, und ob mein Zustand und besagtes Objekt einander ähnlich, angemessen oder sonst etwas sind, darüber gibt mir meine Sensation keine Auskunft. Sie kann nicht aus ihrer Haut und sich von außen, gleichsam neutral, mit ihrem Objekt ver-

[40] G. Berkeley, *Eine Abhandlung über die Prinzipien der menschlichen Erkenntnis*, § 1, Hamburg 1979, S. 25

[41] Op. cit., § 3, S. 26

gleichen. Woraus einerseits folgt, was Berkeley sagt: Für Sinnenwesen gibt es Objekte nie pur, sondern nur so, wie ihre Sinne sie ihnen darstellen. Woraus andrerseits aber auch folgt, was Berkeley unterschlägt: Empfindung ist nie pur; sie besteht darin, daß *etwas* empfunden wird: ein von ihr Unterschiedenes, ein Objekt.

Nun kann der Zustand der Sensation zwar selbst zum Objekt werden, nämlich wenn er bemerkt, bezeichnet, reflektiert wird. Berkeley aber tut so, als sei das Reflektieren einer Sensation nichts von ihr Verschiedenes, als sei das Wahrnehmen eines Objekts nichts anderes als das Wahrnehmen dieser Wahrnehmung, als hätte folglich die Wahrnehmung kein Objekt außer sich selbst. «Es besteht in der Tat eine auffallend verbreitete Meinung, daß Häuser, Berge, Flüsse, mit einem Wort, alle sinnlichen Objekte eine natürliche oder reale Existenz haben, die von ihrem Perzipiertwerden durch den Verstand verschieden ist.» Doch «was sind die vorhin erwähnten Objekte anderes als die sinnlich von uns wahrgenommenen Dinge, und was perzipieren wir anderes als unsere eigenen Ideen oder Sinnesempfindungen?»[42] Und wer das zugibt, muß auch das folgende schlucken: «Sage ich: der Tisch, an dem ich schreibe, existiert, so heißt das: ich sehe und fühle ihn; wäre ich außer meiner Studierstube, so könnte ich seine Existenz in dem Sinne aussagen, daß ich, wenn ich in meiner Studierstube wäre, ihn perzipieren könnte, oder daß irgendein anderer Geist ihn gegenwärtig perzipiert. Es war da ein Geruch, heißt: er wurde wahrgenommen; ein Ton fand statt, heißt: er wurde gehört; eine Farbe oder Gestalt: sie wurde durch den Gesichtssinn oder durch den Tastsinn perzipiert. Dies ist der einzige verständliche Sinn dieser und aller ähnlichen Ausdrücke. Denn was von einer absoluten Existenz nichtdenkender Dinge ohne irgend eine Beziehung auf ihr Perzipiertwerden gesagt zu werden pflegt, scheint durchaus unverständlich zu sein. Das Sein (*esse*) solcher Dinge ist ihr Perzipiertwerden (*percipi*).»[43]

Da ist es, das berühmte *esse est percipi*. Wie dieser Formel unter den Bedingungen eines globalen Sendezwangs nachträglich ein überraschender Wahrheitsgehalt zugewachsen ist, wurde im vorigen Kapitel umrissen. Nun ist sie an ihrem historischen Ursprung aufzusuchen, damit sich der Bedeutungswandel erschließt, der ihr zu ihrer posthumen Karriere verholfen hat. Zunächst einmal kommt sie als äußerste Radikalisierung der Erkenntniskritik daher. Berkeley geht tatsächlich so weit, daß er weder eine von Sensation unterschiedene Reflexion noch eine für sich bestehende Außenwelt gelten läßt, ja nicht einmal

[42] Op. cit., § 4, S. 27
[43] Op. cit., § 3, S. 26

eine Perzeptionseinheit verschiedener Sinnesorgane: «Während ich in meinem Arbeitszimmer sitze, höre ich eine Kutsche die Straße entlangfahren, ich blicke durch das Fenster und sehe sie, ich gehe hinaus und steige in sie ein. So könnte die Alltagssprache einen zur Meinung führen, ich höre, sehe und fühle dasselbe Ding, nämlich die Kutsche. Es ist jedoch gewiß: Die durch die einzelnen Sinne vermittelten Vorstellungen sind sehr verschieden und getrennt voneinander, da man aber ständig beobachtet hat, daß sie zusammen auftreten, spricht man von ihnen wie von ein und demselben Ding.»[44] Sind aber gehörte, gesehene und getastete Kutsche drei Perzeptionen, zwischen denen es nicht den geringsten inneren Zusammenhang gibt; ist keine Perzeption, keine Empfindung in andere konvertierbar, jede vielmehr ein Punktum für sich allein, nicht minder isoliert als eine Leibnizsche Monade und verloren in einer beziehungslosen Vielfalt, wo gibt es dann noch Konsistenz und Halt in der Welt?

Für Berkeley in zwei Instanzen, die ihn über jeden Zweifel erhaben dünken. Zum einen muß es «neben all dieser endlosen Mannigfaltigkeit von Ideen oder Erkenntnisobjekten» etwas geben, «das sie erkennt oder perzipiert und verschiedene Tätigkeiten wie wollen, sich einbilden, sich wiedererinnern an ihnen ausübt. Dieses perzipierende tätige Wesen ist dasjenige, was ich *Gemüt, Geist, Seele* oder *mich selbst* nenne. Durch diese Worte bezeichne ich nicht irgend eine meiner Ideen, sondern ein von ihnen allen ganz verschiedenes Ding, worin sie existieren, oder, was dasselbe besagt, wodurch sie perzipiert werden; denn die Existenz einer Idee besteht im Perzipiertwerden.»[45] Und daß dies Ich nicht auch bloß wieder ein Sammelname für einen Wust disparater Perzeptionen ist, sondern eine homogene, substantielle Einheit, dafür sorgt – Gott. Der nämlich ist die zweite unzweifelhafte Instanz. Seine Existenz eigens zu beweisen erübrigt sich, denn wenn bewiesen ist, daß es nur Perzeptionen, aber keine davon unterschiedene, für sich bestehende physische Welt gibt, dann ist Gott praktisch schon mitbewiesen. Woher sollen die Perzeptionen denn kommen, wenn nicht von ihm? «Wenn ich bei vollem Tageslicht meine Augen öffne, so steht es nicht in meiner Macht, ob ich sehen werde oder nicht, noch auch, welche einzelnen Objekte sich meinem Blick darstellen werden, und so sind gleicherweise auch beim Gehör und den anderen Sinnen die ihnen eingeprägten Ideen nicht Geschöpfe meines Willens. Es gibt also einen anderen Willen oder Geist,

[44] G. Berkeley, *Versuch über eine neue Theorie des Sehens*, § 46, Hamburg 1987, S. 32f.

[45] G. Berkeley, *Eine Abhandlung*, l. c., § 2, S. 26

der sie hervorbringt.»[46] Und dessen weise Einwirkung bringt das Kunststück fertig, die ganze Welt einerseits in nichts als Sensationen bestehen zu lassen und sie andrerseits so intelligent in realere und weniger reale abzustufen, daß die ganze bekämpfte Zweiheit von außen und innen, von Dingen und ihrer Vorstellung, von Sensation und Reflexion wiederkehren darf, ohne zugegeben werden zu müssen: «Die durch den Urheber der Natur den Sinnen eingeprägten Ideen heißen *wirkliche Dinge*; diejenigen aber, welche durch die Einbildungskraft hervorgerufen werden und weniger regelmäßig, lebhaft und beständig sind, werden als *Ideen im engeren Sinne* oder als *Bilder der Dinge*, welche sie nachbilden und darstellen, bezeichnet. Dann sind aber unsere Sinneswahrnehmungen, wie lebhaft und bestimmt sie auch sein mögen, nichtsdestoweniger *Ideen*, d. h. sie existieren im Geist oder werden durch den Geist perzipiert, ebenso gewiß wie *die* Ideen, welche er selbst gestaltet. Es muß zugegeben werden, daß die sinnlichen Ideen mehr Realität in sich tragen, d. h. sie sind kräftiger, geordneter, zusammenhängender als die Geschöpfe des Geistes.» «Sie sind auch in geringerem Grade vom Geist oder der denkenden Substanz, welche sie perzipiert, abhängig, indem sie durch den Willen eines anderen und mächtigeren Geistes hervorgerufen werden; aber sie sind doch *Ideen.*»[47]

So fügt sich Berkeleys Sensationalismus zu einem geschlossenen Wahnsystem, aber es ist mehr Sinn in dem Wahn, als Berkeley selbst bemerkt. Er läßt die *essentials* einer auf Sensation reduzierten Welt mit nachtwandlerischer Sicherheit aufblitzen. Was ist, wenn es nichts gibt als Sensation? Dann sind alle sogenannten höheren Ideen wie die des Guten, Wahren, Schönen, Göttlichen nichts als sublimierte, zu Kopfe gestiegene Erregung, und um diese skandalöse Konsequenz, die Gott zu einer bloßen Ausgeburt menschlicher Nervosität macht, nicht ziehen zu müssen, hatte Locke den «höheren» Ideen ein eigenes Vermögen reserviert: die Reflexion. Berkeley hingegen kehrt den Spieß um. Nein, sagt er, nicht die abstrakten Vorstellungen und Gedanken sind Gott am nächsten, sondern die elementaren Sinnesempfindungen. Die authentische Sensation ist die, die nicht in meiner Macht steht, die sich mir auch gegen meinen Willen aufdrängt – und gerade dadurch die höhere Macht bekundet, von der sie mir eingeprägt wird: Gott. Was man Vorstellung und Gedanke nennt, ist bloß ein selbstgemachtes mattes Echo der ursprünglichen, überwältigenden Sensationsmacht.

[46] Op. cit., § 29, S. 40f.
[47] Op. cit., § 33, S. 42

Als Gottesbeweis ist das derart kurzschlüssig, daß selbst zeitgenössische Theologen darüber den Kopf schüttelten. Als Ahnung, daß Sensation mit Überwältigung, also mit Gewalt und höherer Macht in engstem Zusammenhang steht, ist es kaum zu überschätzen. Hat doch die sogenannte Gotteserfahrung, wie im nächsten Kapitel gezeigt wird, einst als tiefe, traumatische Erschütterung begonnen. Und plötzlich, schlagartig, unwiderstehlich etwas eingeprägt bekommen durch eine höhere Macht, die zwar nicht Gott heißt, sondern elektronische Apparatur, ist das Charakteristikum moderner Sensationsproduktion. Wie nun, wenn Gott und elektronische Apparatur gar nicht so weit auseinanderlägen, wenn älteste und neueste Sensation zwei Extreme wären, die sich berühren? Wenn also Berkeley auch in dem Sinne kurzschlüssig wäre, daß er, ohne recht um die Tragweite seines Tuns zu wissen, zwischen diesen beiden Extremen über größte historische Distanzen hinweg einen fulminanten epochalen Kurzschluß hergestellt hätte?

Das ist zumindest die Perspektive, die er unversehens eröffnet. Es wäre kaum übertrieben, die hier vorgelegte Arbeit die Entfaltung eines Berkeleyschen Kurzschlusses zu nennen. Es ist abstrus, wie der anglikanische Theologe die erkenntniskritisch-aufgeklärte Mitgift, die er Locke verdankt, gegen ihn wendet. Aber beide laborieren mit gleicher Intensität an derselben, bis heute nicht wirklich bewältigten Frage: Was ist, wenn die Menschen derart essentiell Sinnenwesen sind, daß all ihre Vorstellungen und Begriffe von wahr, gut, schön und heilig in letzter Instanz nichts sind als Sensationen, also bloße Nervenerregung? Dann gibt es keinen Sinn in der Welt, sagt Locke. Es sei denn, kontert Berkeley, diese Erregung ist selbst der Sinn. Und genau das ist seine Pointe: Sensation *ist* Weltsinn, und je elementarer, überwältigender, unwiderstehlicher sie ist, desto offenbarer wird er. Das nennt man Umwertung der Werte. Sensation, bei Locke noch der Kampfbegriff gegen alles, was ihm unbeweisbar, dubios, also Metaphysik war, wie kirchliche Dogmen, ewige Ideen oder autarke geistige Substanz, wird im Handstreich zum Grundbegriff einer gewendeten Metaphysik, der auf verblüffend einfache Weise Erschütterung und Festigung in eins fallen läßt: im Begriff der Einprägung (*impression*). Wie die Münze, so die Seele. Charakter, Identität bekommt sie durch das, was sie prägt. Was sich überwältigend in sie eindrückt, das fixiert sie auch – durchzittert sie, aber gibt ihr auch Festigkeit, Identität. Genau dies ist das Paradox, das Berkeley zu seiner theologischen Trumpfkarte macht: Je heftiger, überwältigender der Eindruck, desto mehr Festigung, Sicherheit, Gottnähe. Die erschütternde Kraft der Sensation ist die Gott offenbarende. Gerade sie stärkt den Glauben, daß die Welt durch ihn weise gefügt und jede Reserve gegen sein Wort und seine Kirche unbegründet ist. An dem Punkt, wo Berkeley zum Skeptizisten zu werden scheint, gerade da wird er zum Dogmatiker – was ihm deshalb auf so verblüffende Weise gelingt, weil er dabei nur der inneren Logik des Sensationsbegriffs selbst folgt. Wenn nämlich die Welt in nichts als Sensation bestehen, aber nicht alle Sensation ein diffus-konfuses Einerlei sein soll, sondern weiterhin hübsch gestaffelt in das, wofür die Sprache Namen wie Affekt, Passion, Vorstellung, Gedanke, Vernunft hat, dann muß es so etwas wie eine Sensation *par excellence* geben, von der aus sich alle andern Sensationen als Abklatsch, Ableitung, Abhub oder was immer bestimmen lassen: eben jene unmittelbare, überwältigende, die sich durch höhere Macht einprägt. Sie ist die authentische, der Inbegriff von Sensation.

Französische Revolution als Spektakel

Die Entwicklung der Umgangssprache pflegt sich nicht nach Philosophen zu richten, sondern Philosophen decken, wenn sie gut sind, Abgründe in der Entwicklung der Umgangssprache auf. Um so bemerkenswerter, daß ausgerechnet der auf Restauration von Theologie und Kirche bedachte Berkeley sich wie eine philosophische Spürnase des Kommenden ausnimmt; hat doch seine Wahrnehmungs- und Erkenntnistheorie die innere Logik des Sensationsbegriffs genau in der Richtung entrollt, die der mitteleuropäische Umgangssprachgebrauch, ohne sich dabei um Berkeley irgend zu kümmern, dann prompt einschlug: vom Allgemeinbegriff zum Inbegriff von Sensation. Im Französischen, das zunächst ebenso wie das Englische das lateinische Wort *sensatio* in der allgemeinen Bedeutung von Empfindung, Wahrnehmung aufgenommen hatte, zeigt sich der Sinneswandel zuerst. Das *Dictionnaire Historique de la Langue Française* gibt für das Jahr 1754 *sensation* in der Bedeutung «eines starken Eindrucks auf mehrere Personen» an, für 1762 die Redewendung «eine Sensation machen», die 1775 zum stehenden Terminus «Sensation machen» abgekürzt erscheint, für 1778 «die Fähigkeit, sensibel für Stimulationen zu sein», für 1784 einen «Seelenzustand mit stark affektiver Komponente, unterschieden von Gefühl (*sentiment*) durch seine unmittelbaren Wirkungen und seinen mehr physiologischen Charakter». Das *Oxford English Dictionary* vermerkt seit 1779 *sensation* in der Bedeutung von «starker Eindruck (etwa durch Schrecken, Verwunderung, Überraschung etc.), erzeugt in einem Publikum oder einer Masse von Zuschauern und manifestiert durch ihr Benehmen». Das

Deutsche Fremdwörterbuch gibt für 1777 die Wendung «Sensation machen» an, für 1784 die Rezension eines Schauspiels, «welches bey seiner Erscheinung eine so große und allgemeine Sensation machte». «Der Herzog hatte gute Tage in Cassel und Göttingen, es hat mich sehr gefreut und ich denke, er hat auch da auf die Menschen gute Sensation gemacht», wird Goethe in Grimms *Deutschem Wörterbuch* zitiert. Das Theater, der repräsentative Auftritt oder das plötzliche Verscheiden von Herrschern und Standespersonen sind zunächst der Kontext der Bedeutungsverschiebung von Sensation. Wie lange sie mündlich schon eingeübt war, ehe sie in Zeitung, Brief und Roman Eingang fand, ist schwer zu sagen, auffällig aber, daß sie annähernd zeitgleich, ziemlich genau um das Jahr 1780, in so unterschiedlich entwickelten Gebieten wie dem französischen, englischen und deutschen Sprachraum aktenkundig wird – mit ziemlich einheitlicher Steigerungstendenz: von Wahrnehmung überhaupt zu hervorgehobener Wahrnehmung («starker Eindruck»), zu Empfänglichkeit für hervorgehobene Wahrnehmung («sensibel für Stimulationen»), zum erregten Zustand, in den die Seele unter starken Eindrücken gerät («stark affektive Komponente»), so daß in *Des Herrn Hofrat Moritz grammatischem Wörterbuch* von 1797 sich der Bedeutungsradius von Sensation bereits auf «Aufsehen, Aufmerksamkeit, Gährung, Bewegung» eingeschränkt findet: «Man kann recht gut sagen: das Buch wird Aufsehen erregen, für: Sensation machen.» Joachim Heinrich Campe schließlich, einer der aufmerksamsten Beobachter der deutschen Sprache und ihres Austauschs mit der französischen, resümiert in seinem *Wörterbuch zur Erklärung und Verdeutschung der unserer Sprache aufgedrungenen fremden Ausdrücke* von 1801: «*Sensation* ist also 1) sinnliche Empfindung und Gefühl. Es wird aber auch 2) in der gemeinen Deutsch-Französischen Sprechart für Aufsehen, Bewegung, Geräusch und Gährung genommen. So sagt man z. B. von einer Schrift, sie habe viel *Sensation* gemacht, und von einem unruhigen Volke, es werde große *Sensation* unter demselben wahrgenommen.» Womit klargestellt ist, daß Sensation durchaus auch für sozial-politische Unruhe- und Gärungsprozesse steht, nicht nur für individuell-seelische.

Möglicherweise ist der Wandel vom literarisch-philosophischen Begriff zur «gemeinen Sprechart», den das lateinische Lehnwort Sensation im Französischen, Englischen, Deutschen durchläuft, bis 1800 noch gar nicht so tief ins «gemeine» Volk gedrungen und eher auf die Umgangssprache der Gebildeten beschränkt. Auf jeden Fall ist er zunächst ein vorrangig urbanes Phänomen – Reaktion auf die schubartige Stadtentwicklung im Zeitalter des Merkantilismus. Der Abstand von Metropolen wie London und Paris zu vergleichsweise rückständigen Städten wie Frankfurt, Berlin, Weimar ist dabei sprachlich ohne Gewicht geblieben. Auch in deutschen Verhältnissen um 1780 scheint die Bedeutungsverschiebung von Sensation Sinn zu machen, und es ist nicht ohne Ironie, daß wir gerade einem Braunschweiger «Educationsrath», nämlich dem erwähnten Joachim Heinrich Campe, einen Blick auf das Paris des Jahres 1789 verdanken, der in einigen grandiosen Momentaufnahmen die soziale Umwälzung festhält, für die der Wandel im Sensationsbegriff das knappste sprachliche Kürzel gibt.

Am 14. Juli hatte der berühmte Sturm auf die Bastille stattgefunden. Auf den 4. August ist der erste Brief datiert, den der frisch Angekommene nach Hause schreibt: «Ob es wirklich wahr ist, mein lieber T*, daß ich in Paris bin? [...] Daß die großen, wunderbaren Schauspiele, die in diesen Tagen hier aufgeführt worden sind und noch täglich aufgeführt werden, keine Geschöpfe meiner Phantasie, kein Traum, sondern Thatsachen sind? [...] Ich habe mich aus dem wogenden Menschenstrom, der hier jetzt mehr als jemals, durch alle Straßen hin, den öffentlichen Plätzen zuwallt, herausgearbeitet; und setze mich nun am Ufer, d. i. in meiner Stube nieder, um die zahllose Menge neuer Bilder, Vorstellungen und Empfindungen, die, wie junge Bienenbrut, dem Beobachter bei jedem Schritte, den er thut, hier jetzt schwärmend zufliegen, wo möglich, ein wenig auseinander zu setzen und in Ordnung zu bringen. Umsonst! Das Rauschen des Menschenstroms dringt durch Fenster, Thüren und Wände bis in mein abgelegenes Kämmerlein; und die hohle, heisere Baßstimme der Neuigkeitsausrufer mit ihrem ewigen, in jeder Stunde, wer weiß wie oft, von neuem ertönenden: *Voilà du nouveau et du curieux!* ruft meine Aufmerksamkeit von der Auseinandersetzung der eingesammelten Ideen- und Empfindungsmasse unaufhörlich ab, um das Chaos noch chaotischer zu machen. Wie soll ich es anfangen, die äußern Sinne zu verstopfen, um den innern Zeit und Raum zu verschaffen, den schon eingesammelten zu großen Vorrath neuer Vorstellungen, nur erst in so weit auseinander zu legen, daß das Gedächtniß ihn in seine Fächer aufnehmen kann? Ich glaube ein Mittel dazu gefunden zu haben. Eine Unterhaltung mit Ihnen, lieber T*, wird mich, so lange sie dauert, empfindungslos gegen alle äußere Eindrücke machen. Ich schreibe Ihnen also»[48] – zum Beispiel wie die Ankunft verlief: «Wir kamen in Straßen, welche kaum so breit sind, daß zwei Wagen oder Cabriolets [...] neben einander hinfahren können; und diese engen,

[48] J.H. Campe, *Briefe aus Paris zur Zeit der Revolution geschrieben*, Hildesheim 1977, S. 1f.

schmutzigen oder, je nachdem die Witterung ist, mit Staub erfüllten Straßen, fanden wir auf beiden Seiten mit alten, geschmacklosen Häusern bebaut, welche fünf bis sieben Stockwerke hoch empor ragen und dann noch oben drein mit einer Menge hoher Schornsteine gekrönt sind [...] Alle Erdgeschosse durch ganz Paris sind, fast ohne Ausnahme, entweder Kramläden oder offenstehende Werkstätte; und eine Menge Inschriften, deren Buchstaben eine halbe Elle lang sind, verkündigen den Vorübergehenden, was in jedem Hause verkauft oder gemacht wird. Dies – und die ungeheure Volksmenge, die sich durch diese Straßen preßt, und die zahllosen Ausrufer, welche tausenderlei Dinge feil bieten, und mit ihrem unharmonischen Geschrei die Luft erfüllen und die Ohren gellen machen, zusammt den Gauklern, Taschenspielern und Marktschreiern, die an allen etwas freiern und geräumigeren Plätzen das Volk um sich her versammeln – giebt dem Ganzen die Gestalt eines ungeheuern Jahrmarkts, welcher vom ersten Tage des Jahrs bis an den letzten dauert. Denken Sie sich eine der engsten und volkreichsten Straßen zu Braunschweig oder Frankfurt zur Zeit der Messen; und Sie werden eine ungefähre Vorstellung von dem täglichen Straßengewühl in Paris haben.»[49]

Das Wort Sensation fällt hier keinmal, aber beschrieben wird eine der großen Brutstätten seines Bedeutungswandels. Alles, was im Begriff steht, ihn hervorzurufen, ist versammelt: Zunächst einmal das «Träume ich oder wache ich?», mit dem der Briefschreiber auf eine Übermacht von Eindrücken reagiert und zielsicher zu der Metapher greift, die von den Zeitgenossen am häufigsten zu Französischer Revolution einfiel: Schauspiel. Ob man darin nun den Sonnenaufgang der Freiheit oder den Untergang aller gottgewollten Ordnung, Sitte, Moral sah – innerhalb und außerhalb Frankreichs bestand große Einmütigkeit darüber, daß hier im Großen, nämlich für den Weltlauf, etwas derart Ungewöhnliches und komprimiert Bedeutsames geschah, wie es sonst nur im Kleinen, nämlich für eine Versammlung von Zuschauern, das Schauspiel bot. Wo Schauspiel ist, da ist Publikum. Für das Paris der Jahre 1789–93 gilt das zunächst in dem Sinne, daß es die Weltbühne war, deren Ereignisse überall, wohin Zeitungen reichten, aufmerksamst verfolgt wurden, damit zur Intensivierung des Nachrichtenverkehrs selbst schubartig beitrugen und einen ersten Vorgeschmack davon gaben, was Weltöffentlichkeit heißen könnte. Die Teilnahme dieses zerstreuten Weltpublikums – wobei sich die «Welt» hauptsächlich auf Europa beschränkte – reichte von Beifalls- und Mißfallenskundgebung bis zur politischen und militärischen Ein-

[49] Op. cit., S. 41 ff.

mischung, war doch die Revolution kein sozialer Freilandversuch, sondern von Anfang an im zumindest latenten Kriegszustand mit allen Feudalmächten Europas und Hoffnungsträger vieler bürgerlicher Salons und Kaffeehäuser. War also schon jenes Publikum, das fasziniert auf die Weltbühne Paris schaute, nicht auf den Grad von Passivität beschränkt, der ein Theaterpublikum kennzeichnet, so gilt das erst recht von der «hin und her wallenden Volksmenge»,[50] die als «ein unendlich buntes und vermischtes Publicum von Lastträgern und feinen Herrn, von Fischweibern und artigen Damen, von Soldaten und Priestern»[51] sozusagen den Generalbaß der Französischen Revolution gespielt hat – und selbst eines der signifikantesten Auflösungsprodukte der vormodernen Gesellschaft darstellt. Wo Publikum ist, da verschwimmen feudale Standesschranken, da laufen Angehörige verschiedener sozialer Klassen zu amorpher Masse zusammen, da haben bestimmte Grundmechanismen moderner Mobilmachung bereits gegriffen: etwa die gewaltsame Verwandlung eines großen Teils ländlicher Bevölkerung in käufliche Arbeitskraft durch ihre Vertreibung von angestammtem Grund und Boden und ihre Anschwemmung in den Städten, deren Verwandlung in Zentren sprunghaft expandierender, manufakturell betriebener Metall- und Textilverarbeitung und schwunghaften Handels, in Schmelztiegel von Entwurzelten und Altansässigen, Ab- und Aufsteigern – kurzum, in das, was Campe ins Bild vom ganzjährigen Jahrmarkt faßt.

Der urbane Ausnahmezustand namens Jahrmarkt, der von nah und fern Menschen zur Bewunderung von nützlichen und luxurierenden Waren, von Gauklern, Artisten und Possenreißern zusammenströmen ließ und zum Über-die-Stränge-Schlagen in Kauf, Rausch und Kräftemessen mit allen dazugehörigen Formen von Eklat und Katzenjammer verführte, hat, wie oben gezeigt, von Anfang an Züge eines Volksfests gehabt. Und das versammelte Volk, um dessen Gunst Händler und Schausteller dabei buhlen, das ebenso Nährboden wie Objekt des allgemeinen Spektakels ist, ebenso als Zuschauer wie als Akteur teilnimmt, bildet durchaus die Keimzelle des modernen Publikums. Das Heraustreten aus dem Alltag ins Jahrmarkttreiben ist zugleich ein Vorexerzieren des Zustands, in den tendentiell die ganze Gesellschaft gerät, wenn sie durch die Kräfte des Markts aus ihren vormodernen Formen gerissen wird. Deshalb ist das Bild vom *ganzjährigen* Jahrmarkt so instruktiv. Es erfaßt schlagartig den Wandel eines Festtagsspektakels zur alltäglichen Lebensbedingung, einen

[50] Op. cit., S. 47
[51] Op. cit., S. 49

Wandel, der in Paris in den ersten Revolutionstagen zu ungekannten Höhepunkten gelangte. Dazu gehört, daß jenes Publikum aus allen sozialen Klassen, das sich sichtbar kauf- oder schaulustig durch Straßen schiebt und auf Plätzen ballt, durch ein Publikum zweiter Ordnung überlagert worden ist, ein Publikum von Privilegierten und Gebildeten, dessen Lebenselixier Salon und Kaffeehaus und dessen vorrangiger Diskussionsstoff Bücher und Pressenachrichten sind, ein Publikum, das nie als große Menschenansammlung sichtbar in Erscheinung tritt, mündlich lediglich in kleinen Zirkeln diskutiert und ansonsten nur über Lesen, Schreiben und die Vertriebswege des gedruckten Worts verbunden ist, aber gerade durch seine Unkörperlichkeit einen schwer kontrollierbaren Raum für Freigeisterei, atheistische und gesellschaftskritische Umtriebe bildet, ohne den die Französische Revolution nicht in Gang gekommen wäre. Und Campes erster Blick auf Paris entdeckt sogleich die lebendigen Scharniere zwischen Publikum erster und zweiter Ordnung: die Nachrichtenausrufer und Zeitungskolporteure. Mit «ihrem ewigen, in jeder Stunde, wer weiß wie oft, von neuem ertönenden: *Voilà du nouveau et du curieux*!» reihen sie sich ein unter die Marktschreier und Gaukler, die Tand und Possen anpreisen, sind sie Teil eines Marktspektakels, das einerseits ihr Nährboden ist, philosophisch gesagt, die «Bedingung ihrer Möglichkeit», und andrerseits die ständige Gefahr ihres Untergehens im allgemeinen Ausruflärm – was vollkommen unverhältnismäßig wäre, denn das, was sie *du nouveau et du curieux* zu bieten haben, ist derart umwerfend, daß Campe nicht zögert, von Wundern zu sprechen: «vorausgesetzt, daß Sie für Wunder wollen gelten lassen, was in der ganzen Geschichte bis jetzt, so viel ich weiß, noch nie seines Gleichen gehabt hat, und was also, als etwas ganz Unerhörtes, außerhalb der bisher bekannten Natur und Ordnung der Dinge zu liegen scheint».[52] Und so unerhört *ist* für Campe, daß «die Hefen von Paris, vermischt mit dem Auswurf der Provinzen, ein Heer von armen, zerlumpten, und ausgehungerten Bettlern [...] das große Werk der bürgerlichen Erlösung ohne Anführer, ohne vorhergegangene Verabredung, und doch so übereinstimmend, und doch so planmäßig und ordentlich begannen, und nicht bloß so muthig, sondern auch so geschickt und so regelmäßig zu Stande brachten, daß die disziplinierteste Miliz unter Anführung der erfahrensten Kriegshelden wol nicht klüger, ordentlicher und wirksamer hätte verfahren können».[53]

[52] Op. cit., S. 92
[53] Op. cit., S. 93

Die Akteure mögen hier idealisiert sein, aber die Tatsache, daß ein jahrhundertealtes Gewaltsystem plötzlich nicht mehr greift, sein Militär geschehen läßt, daß Volksmassen sich zusammenrotten, die Bastille, das Symbol der Tyrannei, stürmen und auf den Straßen Hatz auf «Volksfeinde» machen; die Tatsache, daß die politischen Repräsentanten dieses Systems, Klerus und Adel, in dem Abstimmungsrausch einer einzigen turbulenten Nachtsitzung der Nationalversammlung sämtliche Standesprivilegien einbüßen und der König genötigt wird, einem Dankgottesdienst für die wiedererlangte Freiheit beizuwohnen – das *waren* unerhörte, alle Beteiligten überraschende, einen Taumel der Begeisterung auslösende Ereignisse. Und Campe, der reisende Sympathisant, der plötzlich von außen in den Strudel dieser Ereignisse gerät, erlebt auf eine geradezu exemplarisch intensive Weise sowohl den Taumel, der ihn ansteckt, als auch die Überreizung, die die sich überstürzenden Nachrichten von Weltbewegendem inmitten eines alltäglichen urbanen Marktspektakels für jedes menschliche Sensorium bedeuten. Hier hilft nur eines: «die äußern Sinne zu verstopfen, um den innern Zeit und Raum zu verschaffen, den schon eingesammelten zu großen Vorrath neuer Vorstellungen, nur erst so weit auseinander zu legen, daß das Gedächtniß ihn in seine Fächer aufnehmen kann». Es ist nämlich die Schwelle erreicht, an der Eindrücke aufhören, Eindrücke zu sein, Empfindungen *keine* Empfindungen mehr sind, weil sich die Aufnahmekapazität für sie erschöpft.

Mit einer historischen Situation, in der es so weit kommen könnte, haben die seit Locke um die Sensation bemühten Philosophen nicht gerechnet, die menschliche Empfänglichkeit für sinnliche Eindrücke als immergleiche Naturkonstante unterstellt und geglaubt, mit der Aufdeckung von deren Gesetzmäßigkeit sei es getan. Campes Geistesgegenwart besteht darin, sich *ad hoc* diesem neuen Grenzfall zu stellen, sich von einem bestimmten Sättigungsgrad an gegen neue Reize abzuschotten und zu versuchen, die Fülle der schon eingedrungenen durch ein altbewährtes Verfahren zu ordnen und speichern: das Briefschreiben. Die acht Briefe, die er da in atemberaubender Geschwindigkeit während dreier Wochen verfaßt – sie ergeben zusammen mehr als 300 Druckseiten – sind nicht nur Ausdruck des überquellenden revolutionären Hochgefühls, das schon durch Erlebnisse während der Anreise auf ihn übergriff, sondern zugleich eine Art Notwehr gegen die Überreizung durch sich überstürzende weltbewegende Ereignisse, eine Maßnahme, um ein Maximum dessen, was da auf ihn einstürmt, auch bei sich behalten zu können. Der Brief ist uralt, seine Funktion als Schutzwall gegen ein Übermaß an Reizen ist neu – wie die historische Situation selbst, die nicht nur bedeutendste

Ereignisse wie am Laufmeter produziert, sondern zugleich neue Bedingungen ihrer Wahrnehmung. Mit andern Worten: Von einem bestimmten Reizpegel an müssen Sensationen erst einmal zu dem *werden*, was sie als Sensationen identifizierbar macht; wo Wahrnehmung, Eindruck sein soll, da muß tatsächlich etwas eingedrückt werden, Spuren hinterlassen, haften bleiben, und nur was dazu stark genug ist und nicht auf ertaubte Stellen stößt, erfüllt fürderhin noch den Tatbestand der Sensation.

Natürlich sprachen die großen Pariser Ereignisse des Juli und August 1789 derart für sich selbst, wurden derart als weltbewegend gewußt, daß ihre Bekanntmachung die Konkurrenz kleiner Marktschreier, die irgendwelche Waren feilbieten, nicht zu fürchten hatte. Und trotzdem fand sie bereits unter Konkurrenzbedingungen eines Marktspektakels statt, die Campe aufmerksam registriert hat: «Bald ist es der engere Ausschuß auf dem Hotel de Ville, bald die bewafnete Bürgerschaft überhaupt oder die eines besondern Districts insonderheit, bald sind es die Districtsrepräsentanten in den sechzig Quartieren oder Districten der Stadt, welche Verordnungen und Benachrichtigungen für die Bürgerschaft anschlagen lassen; bald sind es andere Comünen, Gesellschaften oder einzelne Personen, welche das Publicum durch Bekanntmachungszettel, bald von diesem, bald von jenem, was geschehen ist oder geschehen soll, unterrichten wollen. [...] Vor jedem, mit dergleichen Zetteln [...] beklebten Hause, sieht man ein unendlich buntes und vermischtes Publicum [...], alle mit gierigen Blicken den Inhalt der Zettel verschlingend, bald leise, bald mit lauter Stimme lesend, darüber urtheilend und debattirend. Zehn oder zwanzig Schritte weiter hin, stößt man auf einen andern eben so bunten und vermischten Haufen, der einen an die Mauer gelehnten Tisch, mit einer kleinen Verdachung umgiebt, worauf die fliegenden Blätter und Broschüren des Tages feil geboten werden, welche zu eben der Zeit von vielen hundert Colporteurs durch alle Straßen der Stadt, nicht bloß dem Titel, sondern auch dem Hauptinhalte nach ausgeschrien werden.»[54]

Die Bekanntmachung und Interpretation der revolutionärsten Ereignisse und Vorhaben ist bereits in einen allgemeinen Konkurrenzkampf um Aufmerksamkeit verwickelt, in welchem sich die gedruckten Nachrichten sowohl mit beliebigen andern Waren als auch untereinander befinden, und Campe bemerkt sowohl den emanzipatorischen Schub, den die Nachrichtenflut in Gang setzt – «Denken Sie sich, wie diese Publicität, diese Theilnahme Aller an allem, auf die

[54] Op. cit., S. 48 f.

Entwickelung der menschlichen Seelenkräfte, besonders auf die Verstandes- und Vernunftausbildung der Leute wirken muß»[55] –, als auch die Überreizung und Abstumpfung, die «die hohle heisere Baßstimme der Neuigkeitsausrufer mit ihrem ewigen, in jeder Stunde, wer weiß wie oft, von neuem ertönenden: *Voilà du nouveau et du curieux!*» unweigerlich mit sich bringt. Die Revolutionsereignisse gebieten zwar geradezu von selbst ihre allgemeine Bekanntmachung, und die wiederum funktioniert nicht ohne die vielen Ausrufer, die sie andauernd wiederholen. Aber die Wiederholung verbreitet nicht nur, sondern entwertet auch ihren Inhalt, macht ihn zum Bestandteil eines allgemeinen Marktangebots und droht ihm so gerade die Besonderheit zu rauben, um deren authentischer Aufzeichnung willen Campe «die äußern Sinne zu verstopfen» beschließt. Damit rührt er an eine Doppeldeutigkeit von größter Tragweite: Dasjenige, was er «Wunder» nennt, also das Spektakuläre schlechthin, ist im eigentlichen Sinn des Wortes revolutionär: etwas, was «noch nie seines Gleichen gehabt hat, und was also, als etwas ganz Unerhörtes, außerhalb der bisher bekannten Natur und Ordnung der Dinge zu liegen scheint».[56] Andrerseits ist das Marktspektakel der Boden dieses Unerhörten. Keine Ware, kein Gaukelwerk, kein Kunststück kann wirkungsvoll angepriesen werden, ohne den Status des ganz Besonderen, noch nie Dagewesenen für sich zu reklamieren. Damit droht freilich noch den umwerfendsten Ereignissen das Absinken zu mehr oder weniger starken *highlights* eines ganzjährigen Jahrmarkts, dessen Doppelneigung, revolutionäre Aktionen sowohl zu provozieren als auch zu nivellieren, weiter reicht als Campe, der sie so eindringlich dargestellt hat, absehen konnte.

Zwar hat er, bei aller revolutionärer Euphorie, die einfache physische und ökonomische Schwerkraft nicht verkannt, die im Begriff stand, die revolutionären Akteure zurückzuziehen in den Schlamassel des Weltlaufs, den sie so verheißungsvoll suspendierten. «Das Volk hält sich, trotz der fortdauernden Anarchie und trotz des knappen Brodvorraths, kleine unbedeutende Auftritte abgerechnet, noch immer ruhig [...]. Ob indeß dieser unerhörte Zustand von Mäßigung und Ruhe, bei fortwährender Gesetzlosigkeit und Zerrüttung aller bürgerlichen Verhältnisse, noch lange fortdauern werde? Dies zu hoffen, hieße die Natur des Menschen überhaupt und die eines ganzen zahlreichen Volks insonderheit gänzlich verkennen. Auch die besten Gemüther *müssen* in einem solchen Zustande, wenn er anhaltend ist,

[55] Op. cit., S. 48
[56] Op. cit., S. 92

endlich ausarten.»[57] Aber die Ausartung, die Campe sich vorstellt, ist die einer allgemeinen Anarchie. Daß sie gerade ins Gegenteil ausschlagen und die Form eines geordneten, paranoiden Tugendterrors annehmen würde, der prinzipiell jeden Bürger bei geringster Meinungsverschiedenheit des Hochverrats gegen die Republik verdächtigte, lag noch außerhalb seines Gesichtskreises. Und doch zeigen seine Pariser Momentaufnahmen die spezifisch moderne Zusammengehörigkeit von Anarchie und Ordnung bereits an. In den beiden Sorten von Publikum, dem sichtbar durch die Straßen wogenden und dem ungreifbar durch Buchdruck verbundenen, die einander überlagern, durchdringen und wechselseitig ihre Bewegungen mitteilen, erfaßt Campe die moderne marktförmige Ordnung des Anarchischen: eine Erregungsmasse, die ebenso zu revolutionären Aktionen versammelbar wie zu allgemeinem Marktspektakel zerstreubar ist.

«So sagt man [...] von einem unruhigen Volke, es werde große Sensation unter demselben wahrgenommen», steht ein gutes Jahrzehnt später in seinem Wörterbuch. Seine Briefe aus Paris haben jedoch faktisch, ohne daß das Wort Sensation selbst fällt,[58] diese «große Sensation» in Form besagter Erregungsmasse bereits festgehalten und den Kampf um Aufmerksamkeit, in dem sie sich befand, als allgemeine künftige Lebensbedingung spürbar gemacht: als etwas, was die Wahrnehmungsverhältnisse nicht minder affiziert als die Produktions- und Herrschaftsverhältnisse. So ist Campe zu einem Kronzeugen für die Bedeutungsverschiebung in eben jenem Sensationsbegriff geworden, den er in seinen persönlichen aktiven Sprachschatz nicht aufnehmen mochte. Besser als es dem Braunschweiger «Educationsrath» in Paris gelang, kann man die reizübersättigte Atmosphäre des modernen urbanen Publikumsverkehrs kaum darstellen, worin sich Sensation aus einer bloß naturwüchsigen Reizaufnahme durch ein stets empfängliches Sensorium in einen Wettkampf von zudringlichen Reizen um Einlaß in ein überbeanspruchtes Sensorium verwandelt. Die sprachliche Konsequenz daraus, gleichsam die Sozio-Logik der Sensation, liegt auf der Hand. Nur die starken Reize, denen es gelingt, sich signifikant einzuprägen, erfüllen unter solchen Bedingungen noch den Tatbestand, der Sensation genannt zu werden verdient. Sensation heißt nun ferner der so produzierte Zustand schweifender Unruhe und Erregung, des Begehrens und Aufbegehrens: der psychosozialen Gärung. Vor allem aber bekommen diesen Namen die spektakulären Ereig-

[57] Op. cit., S. 211 f.

[58] Durchaus verständlich bei Campes Abneigung gegen die «unserer Sprache aufgedrungenen fremden Ausdrücke».

nisse, die so mächtig ins Sensorium eindringen, daß sie es in ihren Bann schlagen und so die schon von Berkeley bemerkte paradoxe Wirkung der Strukturierung durch Erschütterung ausüben: sowohl im einzelnen Gemüt als auch im öffentlichen Raum, in dem sie schockhaft Orientierungsmarken setzen, um die das diffuse Publikum sich so lange schart, wie der Schock nachwirkt.

1789 sind die Sensationen *par excellence* noch die revolutionären Ereignisse aus der Spezies des Unerhörten «außerhalb der bisher bekannten Natur und Ordnung der Dinge». Aber unter den Bedingungen eines allgemeinen Kampfs um Aufmerksamkeit ist es nur konsequent, daß bald jedes beliebige Ereignis, das kurzfristig in seinen Bann zu schlagen vermag, vom Sexualmord bis zur Bergbesteigung, Sensation genannt wird – und als ihr vorzüglicher Ort das Medium gilt, das davon lebt, Aufsehenerregendes zu verbreiten: die Presse. Ein halbes Jahrhundert nach der Französischen Revolution hat sich der bis heute gängige umgangssprachliche Gebrauch des Wortes eingespielt, und Edgar Allan Poe, einer der großen literarischen Seismographen des modernen Großstadtlebens, ratifiziert ihn gleichsam beiläufig, indem er seinen Meisterdetektiv C. Auguste Dupin sagen läßt: «Wir wollen doch nicht vergessen, daß es unseren Zeitungen viel weniger darum geht, die Sache der Wahrheit zu fördern, als vielmehr darum, eine Sensation zu schaffen – Aufsehen und Eindruck zu machen. Für das erstere tun sie nur dann etwas, wenn das letztere mit dabei herausspringt. Das Blatt, das einfach in die allgemeine Meinung einstimmt (so wohlbegründet diese Meinung sein mag), erntet bei der Masse keinen Glauben. Die Mehrheit der Leute betrachtet als tiefsinnig nur den, der sich in *scharfen Widerspruch* zur allgemeinen Ansicht stellt.»[59] Nur daß sich in solchem Widerspruch nicht mehr Subversion ausdrückt, sondern bloß noch Profilierungszwang.

Zweierlei Sensationsdiskurs

Seit sich gegen Ende des 18. Jahrhunderts die Bedeutung von Sensation verschoben hat, gibt es zwei Sensationsdiskurse: den philosophischen, der den Wahrnehmungsvorgang erkenntnistheoretisch zu ergründen sucht und sich nach Berkeley über Hume, Kant und ihre sensualistischen und rationalistischen Erben bis in die moderne Phänomenologie, Gestalttheorie und Neurophysiologie fortsetzt; und

[59] E. A. Poe, *Das Geheimnis um Marie Rogêt*, Werkausgabe Bd. I, Olten 1966, S. 802 f.

einen vulgären, der Sensation allmählich auf jene spektakulären massenwirksamen Ereignisse reduzierte, die Philosophen gewöhnlich als unter der Würde ihrer Reflexion erachten – womit ihnen allerdings der eminent philosophische Gehalt dieser Reduktion entgeht. Berkeley hat ihn im voraus aufleuchten lassen, als er alle Sensationen auf authentische, sich überwältigend einprägende Ursensationen zurückführte. Wo Sensation gleichbedeutend mit «dem Aufsehenerregenden» wird, findet nämlich keineswegs bloß geistlose Engführung statt. Vielmehr regt sich ein Gespür dafür, daß Sensation in der Bedeutung von «Wahrnehmung überhaupt» der modernen urbanen, jahrmarktförmigen Wahrnehmungsrealität nicht mehr gewachsen ist. So beginnt sich der unspezifische Allgemeinbegriff in Richtung auf seinen exponierten Inbegriff hin zusammenzunehmen: auf Sensation *par excellence*. Das ist wohl eine Engführung, aber zugleich ein Konzentrationsakt, ein Insichgehen. Die Sprache nimmt dabei derart Fühlung mit dem Puls ihrer Zeit, daß das Wort «Sensation» von der Gewalt seines Ursprungs zu zeugen beginnt. Sein Zeugnis ist freilich kein vorsätzliches oder bewußtes. Es besteht in einer semantischen Reaktion, die für ihre Bedeutung noch keine Worte hat. Sie innerviert lediglich, daß das Spektakuläre, Aufsehenerregende nicht ein unrepräsentativer Extremfall von Sensation ist, wie ein philosophisch wohltemperierter Sensationsdiskurs unterstellt, sondern ihr historischer Archetyp – der Glutkern aller Wahrnehmung und Erkenntnis. Als Spürnase dafür ist der vulgäre Sensationsdiskurs mindestens ebenso philosophisch wie der philosophische, nur weiß er es nicht. Aber instinktsicher registriert er, daß die moderne Gesellschaft durch die Dauererschütterung und -erregung ihrer selbst, durch die permanente Steigerung des Trommelfeuers ihrer Sensationsmaschinerie allmählich ihre Nerven blank legt – will sagen, ihren archaischen Untergrund zutage fördert. Damit beschreibt die Vulgarisierung des Sensationsbegriffs, sozusagen im Medium des Fühlens, eine berühmte philosophische Figur: den «Rückgang in den Grund».[60] Den gilt es nun bewußt zu vollziehen – auf die Gefahr hin, daß der Grund nicht, wie bei Hegel vorgesehen, absoluter Geist und höchste Wahrheit ist, sondern ein schwer zu erhellender blinder Fleck am äußersten Rand der zugänglichen Geschichte. Der Glutkern der Sensation ist ein solcher Fleck.

[60] «Man muß zugeben, daß es eine wesentliche Betrachtung ist [...], daß das Vorwärtsgehen ein *Rückgang* in den *Grund*, zu dem *Ursprünglichen* und *Wahrhaften* ist, von dem das, womit der Anfang gemacht wurde, abhängt und in der Tat hervorgebracht wird.» G. W. F. Hegel, *Wissenschaft der Logik I*, Werke (ed. Moldenhauer/Michel), Bd. 5, Frankfurt am Main 1969, S. 70

3. Physio-Theologie der Sensation

Traumatische Neurose und Nervensystem

«Nach schweren mechanischen Erschütterungen, Eisenbahnzusammenstößen und anderen, mit Lebensgefahr verbundenen Unfällen ist seit langem ein Zustand beschrieben worden, dem dann der Name ‹traumatische Neurose› verblieben ist. Der schreckliche, eben jetzt abgelaufene Krieg hat eine große Anzahl solcher Erkrankungen entstehen lassen»,[1] bemerkt Freud 1919. Ihr ärgstes Symptom ist ein peinigender Wiederholungszwang, der den Kranken im Traum «immer wieder in die Situation seines Unfalls zurückführt, aus der er mit neuem Schrecken erwacht»[2] – was nicht nur an den Nerven der Betroffenen rüttelt, sondern auch an einem Grundpfeiler der Psychoanalyse. Zwei Jahrzehnte lang hatte Freud sich und andere davon zu überzeugen versucht, daß das A und O des menschlichen Traums die Wunscherfüllung sei. Und die vielen Angstträume? Die waren für ihn kein Gegenbeweis, zu zahlreich die Fälle aus seiner therapeutischen Praxis, wo sich Traumangst als eine Art Angst vor der eigenen Schamlosigkeit erweisen ließ. Träumer fühlen sich zuinnerst bedroht, wenn Wünsche, die kein bürgerlicher Sittenkodex dulden kann, Wünsche, die sie im Wachzustand mit Abscheu von sich weisen würden, im Schlaf auf einmal als ihre eigenen Wünsche in ihnen aufsteigen. Und was für Wünsche sollten das sein, wenn nicht sexuelle? Kurzum, in seiner großen *Traumdeutung* behauptet Freud, es sei grundsätzlich so, «daß die Angstträume Träume sexuellen Inhalts sind, deren zugehörige Libido eine Verwandlung in Angst erfahren hat».[3]

Erst der Weltkrieg stößt ihn mit allem Nachdruck auf ein Phänomen, das er unter verschlüsselter Wunscherfüllung oder in Angst verwandelter Libido beim besten Willen nicht mehr verbuchen kann. Hier ist offenbar etwas qualitativ anderes am Werk als Angst: Schreck. «Schreck aber benennt den Zustand, in den man gerät, wenn man in Gefahr kommt, ohne auf sie vorbereitet zu sein.» «Ich glaube nicht, daß die Angst eine traumatische Neurose erzeugen kann; an der Angst ist etwas, was gegen den Schreck und also auch

[1] S. Freud, *Jenseits des Lustprinzips*, Studienausgabe, Bd. III, Frankfurt am Main 1975, S. 222

[2] Op. cit., S. 223

[3] S. Freud, *Die Traumdeutung*, Studienausgabe, Bd. II, Frankfurt am Main 1972, S. 176

gegen die Schreckneurose schützt.»[4] Sind aber Schreck und Angst derart verschieden, dann ist auch der Wiederholungszwang, den der Schreck bewirkt, ein qualitativ anderer als derjenige, der von verdrängten Lustregungen herrührt. Auf letzteren war Freuds Seelenkur eingestellt; verdrängte unbewältigte frühkindliche Wünsche so wiedererleben zu lassen und durchzuarbeiten, daß sie zu quälen aufhören und sich der Gesamtperson möglichst reibungslos einfügen, ist Hauptziel seiner Therapie. In der traumatischen Neurose hingegen wirkt eine andere Naturgewalt. Sie rumort nicht im Inneren der Person als abgespaltene, verdrängte Libido, sondern bricht von außen schockhaft ein. Und wenn sie dabei im Nervensystem einen Wiederholungszwang auslöst, dann muß der «ursprünglicher, elementarer, triebhafter als das von ihm zur Seite geschobene Lustprinzip» (S. 233) sein.

Eine Archäologie des Wiederholungszwangs steht damit an. Sie ist bei Freud über Anfänge nicht hinausgekommen: einen tastenden, spekulativen Rückgang in jene neurologische Physiologie, aus der seine Psychoanalyse einst hervorwuchs. Scheinbar simpel stellt er zunächst «den lebenden Organismus in seiner größtmöglichen Vereinfachung als undifferenziertes Bläschen reizbarer Substanz vor» und dessen Haut «als reizaufnehmendes Organ», schiebt dann freilich sogleich einen schweren Brocken Evolutionstheorie nach, wenn er zu bedenken gibt, «daß das Zentralnervensystem aus dem Ektoderm hervorgeht», daß es also selbst einmal Haut gewesen sei, ehe es *sich* mit verschiedensten Sorten von Haut zu seinem Schutz umgab und ins Körperinnere zurückzog. Solche Haut oder Membran sei in steter Anpassung an die Außenwelt begriffen, bis sie «endlich durch die Reizwirkung so durchgebrannt ist, daß sie der Reizaufnahme die günstigsten Verhältnisse entgegenbringt und einer weiteren Modifikation nicht fähig ist» (S. 236). Sie wird, so Freud, hart und anorganisch: stirbt ab – sorgt durch ihr «Absterben» aber dafür, daß alle tieferen Schichten des Organismus «vor dem gleichen Schicksal bewahrt» werden. Was Freud «Rinde» nennt, ist also abgestorbene, in Notwehr gegen die Außenwelt «durchgebrannte», hart gewordene Haut. Und daran knüpft er eine kühne Spekulation. Wie, wenn die Hirn*rinde*, jener feste Verband grauer Nervenzellen und mutmaßliche physische Sitz aller geistigen Leistungen, tatsächlich so entstanden wäre, wie das Wort es nahelegt: als allmählich hart gewordene Schutzschicht um das Hirninnere? Und wie, wenn ihr Rindencharak-

[4] S. Freud, *Jenseits des Lustprinzips*, l. c., S. 223. Weitere Seitenzahlen im Text.

ter ein physiologischer Wink dafür wäre, Bewußtsein, Gedanken, Begriffe ebenfalls als «Rinde» zu begreifen: als «durchgebrannte» Triebe, Wünsche, Gefühle, als ihre abgestorbene Haut, ihre verfestigten äußeren Rückstände und Repräsentanten? Es ist, als hörte man ein Echo von Freuds Nietzsche-Lektüre: «Ach, was seid ihr doch, ihr meine geschriebenen und gemalten Gedanken! [...] Welche Sachen schreiben und malen wir denn ab, wir Mandarinen mit chinesischem Pinsel, wir Verewiger der Dinge, welche sich schreiben *lassen*, was vermögen wir denn allein abzumalen? Ach, immer nur das, was eben welk werden will und anfängt, sich zu verriechen! Ach, immer nur abziehende und erschöpfte Gewitter und gelbe späte Gefühle!»[5] In Freuds Terminologie: «Durchgebranntes».[6, 7]

[5] F. Nietzsche, *Jenseits von Gut und Böse*, § 296, KSA 5, S. 239

[6] Natürlich ist *Jenseits des Lustprinzips* eine Anspielung auf *Jenseits von Gut und Böse*. Freud hat Nietzsche schon als junger Student gelesen und dessen Schriften noch ins Londoner Exil mitgenommen, ebenso unschätzbar von ihnen profitiert wie unter ihnen gelitten; kamen sie ihm doch bisweilen wie das genialwindige Erfliegen von Einsichten vor, mit deren wissenschaftlich fundiertem Erhinken er sich beschäftigt fühlte. Daher sein stetes Herunterspielen der Bedeutung Nietzsches für ihn. Es bedarf selbst der Psychoanalyse. Cf. hierzu R. Schlesier, *«Umwertung aller psychischen Werte»*. Freud als Leser von Nietzsche, in: C. Jamme (Hg.), *Grundlinien der Vernunftkritik*, Frankfurt am Main 1997, S. 243 ff.

[7] In seiner späteren *Notiz über den «Wunderblock»* (Studienausgabe, Bd. III, S. 363 ff.) weicht die Vorstellung vom Durchbrennen der vom Durchpausen. Ein kleines Schreibgerät hat es Freud angetan: eine «Tafel aus dunkelbräunlicher Harz- oder Wachsmasse, über welche ein dünnes, durchscheinendes Blatt gelegt ist, am oberen Ende der Wachstafel fest haftend, am unteren ihr frei anliegend. [...] Es besteht selbst aus zwei Schichten [...] Die obere Schicht ist eine durchsichtige Zelluloidplatte, die untere ein dünnes, also durchscheinendes Wachspapier.» (S. 366 f.) Schreibt man nun mit einem spitzen Stift auf die Folie, so drückt sich das darunterliegende Papier ins Wachs und läßt an der Druckstelle einen dunklen Schriftzug erscheinen. Hebt man Folie und Papier ab, verschwindet die Schrift. Die Schreibfläche ist spurlos und kann neu beschrieben werden. Die Spur im Wachs aber ist nur noch «bei geeigneter Beleuchtung lesbar». (S. 368) Freud sieht in diesem Gerät die Art und Weise repräsentiert, wie im menschlichen Wahrnehmungsapparat Gedächtnisspuren entstehen. «Immerhin erscheint es mir jetzt nicht allzu gewagt, das aus Zelluloid und Wachspapier bestehende Deckblatt mit dem System W-Bw [Wach-Bewußtsein] und seinem Reizschutz, die Wachstafel mit dem Unbewußten dahinter, das Sichtbarwerden der Schrift und ihr Verschwinden mit dem Aufleuchten und Vergehen des Bewußtseins bei der Wahrnehmung gleichzustellen.» (ebd.) Verständlich, daß Freud auf den «Wunderblock» flog. Endlich bot sich ein eingängiges Bild dafür, wie Bewußtsein sowohl Reizschutz als auch Reizleiter sein könnte, sowohl hart als auch

Auf der Spur des Wiederholungszwangs gerät Freud unversehens auch dem physiologischen Unterbau und möglichen «Sinn» des Bewußtseins auf die Spur. Beide Spuren laufen im Phänomen des Reizschutzes zusammen. «Für den Organismus ist Reizschutz eine beinahe wichtigere Aufgabe als die Reizaufnahme». Er «muß vor allem bestrebt sein, die besonderen Formen der Energieumsetzung, die in ihm spielen, vor dem gleichmachenden, also zerstörenden Einfluß der übergroßen, draußen arbeitenden Energien zu bewahren» (S. 237), und wenn die Haut versagt und ein Übermaß äußerer Reize einbricht, muß er es mit seinem eigenen Erregungshaushalt, dessen Quantum «von ruhender (gebundener) und frei beweglicher Besetzungsenergie» (S. 236) auffangen, wozu aus allen Körperregionen Energien in die «Umgebung der Einbruchstelle» zur «Gegenbesetzung» abgezogen werden, um die «neu hinzukommende strömende Energie» «in ruhende Besetzung umzuwandeln, also sie psychisch zu ‹binden›» – um den Preis freilich, daß unterdessen «alle anderen psychischen Systeme verarmen, so daß eine ausgedehnte Lähmung oder Herabsetzung der sonstigen psychischen Leistung erfolgt» (S. 240). Die sogenannte Gegenbesetzung ist eine Art Notwehr des Nervensystems: Es versucht notdürftig innerlich nachzuholen, wozu die Außenhaut viel geeigneter ist: der unerträglichen Übererregung eine Abfuhrmöglichkeit zu verschaffen. Und genau hier setzt Freuds Analogieschluß an. Wie es bei physischer Verletzung zugeht, so bei übermäßiger Schreckeinwirkung. Was die Haut dem Körper, ist die Angst dem «Seelenorgan» (S. 241): ein großer Reizschutz. Fällt der aus, dann brechen unerträgliche Reizmengen schockhaft ein, und die «Träume der Unfallsneurotiker», die «die Kranken so regelmäßig in die Situation des Unfalles zurückführen», «suchen die Reizbewältigung unter Angstentwicklung nachzuholen, deren Unterlassung die Ursache der traumatischen Neurose geworden ist». Und Freud folgert: Es müsse hier erst einmal eine präerotische, präsexuelle Seelenarbeit geleistet

durchlässig, sowohl Deckblatt als auch Transparent. Inzwischen hat sich an dieses Bild eine ganze philosophische Grammatologie gehängt, die den Wahrnehmungsvorgang als Auf- oder Einschreibprozeß zu «dekonstruieren» sucht – und wenig Anstoß daran nimmt, wie mechanisch sich Unbewußtes und Bewußtsein im Wunderblockgleichnis zueinander verhalten; sie kleben im Moment ihrer Vereinigung nur noch äußerlich aneinander. Der Bildwechsel vom «Durchbrennen» zum «Durchschreiben» hat keinen geringen Preis. Die Pointe des «Durchgebrannten», nämlich von den Kräften, die es hart werden ließen, auch zuinnerst durchglüht worden zu sein, geht verloren – und damit die Konnotation ausgebrannten, verglühten Lebens, die Nietzsches «erschöpfte Gewitter» und «gelbe, späte Gefühle» gerade aufbewahren.

werden, «ehe das Lustprinzip seine Herrschaft beginnen kann» (S. 241). «Gibt es ein ‹Jenseits des Lustprinzips›, so ist es folgerichtig, auch für die wunscherfüllende Tendenz des Traumes eine Vorzeit zuzulassen.» (S. 242)

Ist das nicht eine Mischung von überholter Wissenschaft und unwissenschaftlicher Metaphorik, was Freud hier vorträgt? So ließe sich aus Sicht moderner Neurophysiologie durchaus einwenden. So treffend das Bild vom «Bläschen reizbarer Substanz», weil die Elementarform des Organischen tatsächlich dadurch definiert ist, daß eine Membran einen Zellkern umgibt, ihn gegen seine Umwelt sowohl abschließt als auch den Austausch mit ihr reguliert, so wenig spielt die Hirnrinde, der Neocortex, die Rolle einer Membran oder Hülle des Gesamtgehirns, wie man darin übrigens auch nicht selbständige «Systeme» antrifft, die exklusiv für Empfindung, Wahrnehmung oder Bewußtsein zuständig wären, sondern lediglich Areale, die untereinander hochkomplex vernetzt sind und allenfalls intensive Beteiligung an dieser oder jener Funktion erkennen lassen. Nicht zu vergessen, daß der Hauptteil neurophysiologischen Wissens an pathologischen Fällen gewonnen wurde. Man beobachtete, daß bestimmte Leistungen der Motorik, der Wahrnehmung, des Gedächtnisses, Sprechens und Kombinierens ausfallen, wenn bestimmte Hirnteile defekt sind. Freilich kann das immer nur heißen: die jeweilige Leistung ist *nicht ohne* die Funktion des defekten Hirnteils möglich, aber nicht: sie ist allein auf diese Funktion zurückführbar. Inzwischen gibt es zwar reichlich technische Mittel, auch den umgekehrten Weg zu gehen und einzelne Hirnzellen gezielt zu reizen oder genau festzustellen, wann sie wie stark aktiv sind. Damit nahm aber nicht nur das neurologische Detailwissen sprunghaft zu; es kam auch die Einsicht, daß die Erregung einzelner Nervenzellen (Neuronen) oder Zellverbände in noch unabsehbarer Weise andere Verbände in Mitleidenschaft zieht. Auch dort, wo einzelne Neuronen genau meßbar «feuern», sitzt vielleicht nur der identifizierbare Herd einer viel breiter gestreuten Erregung.

Je besser die Hirnforschung neuronale Funktionen isolieren lernt, desto mehr lernt sie, wie wenig sie isolierbar sind.[8] Illusorisch, daß «ein einzelnes Neuron verläßlich als Objektdetektor oder etwas bescheidener als Merkmalsdetektor wirken» (S. 127) oder «als Kommandoneuron bzw. Kommandoelement über ein Motorzentrum den Beutefang» (S. 126) auslösen könnte. Nicht haltbar die These von

[8] Eines ihrer neueren Standardwerke, worin neurologische und philosophische Kompetenz sich besonders fruchtbar durchdringen, ist G. Roth, *Das Gehirn und seine Wirklichkeit,* Frankfurt am Main 1994 (Seitenzahlen im Text).

den «stammesgeschichtlich alten» und «neuen» Hirnregionen, als wären Klein-, Mittel- und Zwischenhirn mit ihrer Zuständigkeit für die «niederen» Tätigkeiten wie Motorik, Sensorik, Emotion, eine Art zerebraler Altbau, um den sich erst bei «höheren» Lebewesen das sogenannte Endhirn gebildet habe und als dessen Prachtfassade, als Regierungssitz der kognitiven und sprachlichen Leistungen, schließlich die Großhirnrinde: der Neocortex. «So wird der Neocortex oft als ‹stammesgeschichtlich neue› Hirnstruktur bezeichnet, die erst die Säugetiere ‹erfunden› hätten, obwohl hinlänglich bekannt ist, daß zumindest alle Landwirbeltiere einen solchen Neocortex haben. Nur heißt er bei Amphibien ‹Neopallium› und bei Vögeln u. a. ‹visueller Wulst›. Ebenso unsinnig ist es, das limbische System als ‹stammesgeschichtlich alt› zu bezeichnen, denn es ist keineswegs früher entstanden als der Neocortex, sondern zusammen mit ihm. All diese Bezeichnungen gehen auf die irrige Meinung zurück, das menschliche Gehirn sei der Endpunkt der Hirnentwicklung überhaupt, und innerhalb des menschlichen Gehirns sei wiederum der Neocortex der Gipfel der Evolution.» (S. 52f.)

Dieses Mißverständnis gehört zu den Geburtsfehlern der Hirnforschung; «der englische Neurologe John Hughlings Jackson (1835–1911), von vielen als Begründer der modernen Neurologie angesehen, entwickelte die Lehre vom *assoziativen* Cortex als dem Sitz der höchsten Hirnzentren, [...] dem der motorische Cortex als ‹mittlere Ebene› und Hirnstamm und Rückenmark als reine Ausführungsorgane» unterstellt seien, woraus sich dann fast wie von selbst ergab, «psychische Erkrankungen als den Verlust der Kontrolle des Verhaltens durch die höchsten Hirnzentren und die ‹Machtübernahme› durch die älteren und primitiveren Zentren», d. h. «durch den ‹Pöbel› der subcorticalen Strukturen gegen den rationalen Cortex» (S. 180f.) zu interpretieren. Zu den Errungenschaften neuester Hirnforschung gehört hingegen der Abschied vom Hierarchiedenken, und zwar funktional wie historisch: «Das Nervensystem besitzt *grundsätzlich* kein ‹oberstes› Wahrnehmungs- oder Verhaltenssteuerungszentrum.» (S. 138) Der Neocortex sitzt also den subcorticalen Zentren nicht auf wie ein Reiter dem wilden Pferd, sondern so, daß Hirnstamm und Hirnrinde «anatomisch und funktional aufs engste miteinander verbunden sind» (S. 184). Selbst Leistungen wie Verhaltensbewertung und Gedächtnisbildung, die man lange Zeit als höheres kognitives Vermögen der Hirnrinde reservierte, nehmen schon tief im Subcorticalen ihren Anfang, etwa im sogenannten limbischen System, das hauptsächlich mit Trieb- und Emotionsregulierung befaßt ist. Schon seine ersten motorischen und sensorischen Reaktionen muß ein Organismus danach «beurteilen», ob er sie beibehalten und einüben will, schon in elementarsten Fertigkeiten steckt eine Art «prozedurales» oder «implizites» Gedächtnis (S. 186) – weit unterhalb der Bewußtseinsschwelle und zum Gespött jeder schulmäßig-säuberlichen Trennung von Empfindung und Kognition samt deren eindeutiger Zuweisung zu bestimmten Hirnregionen. Epikurs alter Verdacht, daß das Urteil nicht erst im Satz beginnt, sondern schon im Lust- und Schmerzgefühl, bekommt durch die intensiven Verbindungen, die sich zwischen Cortex und subcorticalem Bereich auftun, reichlich Bestätigung und Vertiefung.

Arbeiten im Gehirn aber keine hierarchisch geschichteten, in sich selbständigen, bloß äußerlich aneinanderhaftenden Systeme, dann ist Freuds Rede von «psychischen Systemen» und deren Übertragung auf ein «Seelenorgan» erst recht problematisch. Als junger Nervenarzt, streng orientiert an den Standards zeitgenössischer Neurologie, war er noch bestrebt, «psychische Vorgänge darzustellen als quantitativ bestimmte Zustände aufzeigbarer materieller Teile».[9] Je mehr er jedoch in der Analyse dieser Zustände fortschreitet, je mehr seine Rede vom «Seelenorgan», vom «seelischen Apparat» und dessen «Instanzen» und «Systemen», etwa Bewußtes und Unbewußtes, Ich, Es und Über-Ich, sich zu einer eigenen Terminologie verselbständigt, desto unklarer wird der Status dieser Begriffe. Bisweilen verwendet er sie, als nähme er sie für bare Münze und nicht mehr als Metaphern, so als hätte er vergessen, daß die Seele kein Organ *ist*, sondern in Neuronen lediglich Organe *hat* – und nichts als eine Erregungskonstellation zwischen ihnen darstellt.[10] Dabei ist die Annahme eines gesonderten Seelenorgans für das Verständnis des traumatischen Wiederholungszwangs gar nicht nötig, wie Freud in *Jenseits des Lustprinzips* selbst zeigt; ist es doch *dasselbe* Nervensystem, das auf «Physisches» wie auf «Psychisches», auf Schlag wie auf Schreck reagiert, beide als Schocks erfährt und das Übermaß an Erregung, das da plötzlich auf es einstürmt, mit denselben Mitteln zu kanalisieren sucht: zu «binden», wie Freud sagt.

Diese Mittel sind die der neuronalen Verknüpfung. Ein Menschengehirn besteht schätzungsweise aus einer halben bis einer Billion

[9] S. Freud, *Entwurf einer Psychologie*, in: ders., *Aus den Anfängen der Psychoanalyse*, 1887–1902, Frankfurt am Main 1962, S. 308

[10] Freuds Schärfe hat in diesem Punkt etwa in dem Maße abgenommen, wie sie bei Nietzsche stetig gewachsen ist, bis er schließlich seinen Zarathustra sagen läßt: «Leib bin ich ganz und gar, und nichts außerdem; und Seele ist nur ein Wort für ein Etwas am Leibe.» (*Also sprach Zarathustra*, I, KSA 4, S. 39)

Neuronen. Ihre Möglichkeiten, sich über erregungsleitende Kontaktstellen, sogenannte Synapsen, untereinander zu verbinden, sind wegen ihrer Verschiedenartigkeit zwar keineswegs beliebig, wegen ihrer ungeheuren Anzahl jedoch schier unerschöpflich, auch in dem Sinne übrigens, daß das Nervensystem von sich aus gar nicht dazu neigt, sie alle auszuprobieren. Haben sich bestimmte Verknüpfungen einmal gebahnt – und «Bahnung» ist eine häufig wiederkehrende Freudsche Metapher für jene sich durchs Nervensystem ziehenden Erregungsspuren, die den Tatbestand «Seele» ausmachen –, haben sie sich als erfolgreiche Erregungsverarbeiter erwiesen, ist es nämlich viel bequemer, sie beizubehalten und allmählich zu automatisieren. Der Erwerb einfachster motorischer und sensorischer Fähigkeiten, sei es des Greifens nach Gegenständen oder der Kontrast-, Figur- und Farbunterscheidung, ist bereits ein Bahnen, Verknüpfen und Fixieren von Nervennetzen und damit das Anlegen eines Gedächtnisses. Nervennetze sind eingespielte, festgehaltene, wiederholbar gemachte Erfahrung. Nicht, daß einzelne Nervenzellen oder Zellverbände sich dabei planmäßig zusammenschlössen oder gar erinnerten. Sie selbst wissen gar nichts. Gedächtnis ist nicht irgendein Inhalt, etwa ein Bild oder Geräusch, das ihnen eingeprägt wurde, sondern bloß die jeweilige Kombination, zu der sie sich bei der Erregungsleitung vernetzt haben. Gedächtnis ist das Netz selbst, nicht etwas darin. Warum es sich jeweils so und nicht anders knüpft, dafür ist keine logische Regel ersichtlich, so gewiß alle logischen Regeln auf einem bestimmten Grad regelmäßiger Vernetzung beruhen.

Es gibt allerdings sehr unterschiedliche Grade von Festigkeit in diesen Netzen. Das festeste ist natürlich «die Grundorganisation des Gehirns, wie sie sich in der Stammesgeschichte herausgebildet hat, also die Tatsache, daß unser Gehirn ein typisches Wirbeltier-, Säugetier- und Primatengehirn ist. Weiterhin gehört dazu, daß sich Sinnesorgane im Normalfall bei allen Angehörigen der Art, Gattung usw. in gleicher Weise mit bestimmten Hirngebieten *geordnet* verknüpfen und daß dann diese Hirngebiete sich untereinander in ebenso geordneter Weise verbinden. All dies geschieht teilweise erfahrungsunabhängig, freilich nicht in der Weise, daß es Gene gäbe, die dies alles exakt vorschreiben. Vielmehr bestehen während der Individualentwicklung des Gehirns bestimmte genetische Rahmenbedingungen, unter denen sich die strukturelle Ordnung des Gehirns und damit das System der Erzeugung primärer Bedeutungen in selbstorganisierender, *epigenetischer* Weise ausbildet. So findet der optische Nerv seine Zielgebiete im Zwischenhirn und Mittelhirn auch dann, wenn man ihn ‹umzuleiten› versucht oder wenn man ihn durchschneidet und wieder auswachsen läßt.» «Die Ergebnisse dieser teils intrinsischen, teils umweltabhängigen frühen selbstorganisierenden Prozesse verfestigen sich schnell und ‹erstarren› weitgehend zu einer mehr oder weniger festen Verdrahtung.» «Diese Grundausrüstung bestimmt weitgehend die perzeptive und präkognitive Phase der Wahrnehmung, zum Beispiel die Art, wie im visuellen System Helligkeit, Kontrast, Farbe, Bewegung verarbeitet werden und wie Raum- und Tiefenwahrnehmung sich entwickeln. Die meisten dieser unbewußten und automatisierten Prozesse sind durch spätere individuelle Erfahrung nicht mehr modifizierbar. Wir teilen diese Prozesse mit anderen Säugetieren und zum Teil mit anderen Wirbeltieren.» (S. 235–237)

Schwer zu sagen, wo Gedächtnisbildung anfängt. Jedenfalls reicht sie bis in die physische Konstitution und Stabilisierung von Organismen hinein. Längst ehe sie bewußte Formen annimmt, wirkt sie als Selbstversicherung organischer Prozesse. Angst wiederum, als die Erwartung von Schmerzhaftem, ist nie ganz ohne Erinnerung an erlebten Schmerz, an einen Erregungsüberschuß, der durch bestimmte neuronale Verknüpfungen abgebaut wurde. Die Aktivierung dieser Verknüpfung und die Erinnerung an das Unangenehme, was sie verarbeitet hat, ist fürs Nervensystem derselbe Vorgang. Freuds Verdacht, daß an der Angst etwas sei, was gegen den Schreck schütze, erhärtet sich: Ihre Gedächtnisqualität ist dies Schützende. Wenn irgend etwas einem Organismus Sicherheit gibt, dann sein prozedurales oder implizites Gedächtnis, also das Netzwerk, das sein Nervensystem anlegt. Es ist die neuronale Elementarleistung der Vertrauensbildung, noch längst ehe ins Spiel kommt, was in der Psychologie Urvertrauen heißt. Das Vertraute, Bekannte, Sichere besteht zunächst in motorisch-sensorischen Verknüpfungsleistungen, und auch wenn deren Zustandekommen und Variationsmöglichkeiten noch nicht entfernt erschöpfend erforscht sind, so ist eines doch sicher: Nur auf der Basis jener Verknüpfungen, die bis ins Onto- und Phylogenetische hinabreichen, sind weitere Verknüpfungen möglich, und je später sie erfolgen, desto labiler und anfälliger, aber desto flexibler und variierbarer sind sie, und desto mehr Nervenarbeit kostet es, sie festzuhalten.

Für diese Nervenarbeit steht das Wort «Aufmerksamkeit». Aber wie Erkennen nicht erst bei der bewußten Identifikation und Benennung von regelmäßigen Ereignissen und Strukturen beginnt, so das Aufmerken nicht erst, wenn ein Ich sich auf eine identische Sache konzentriert. Längst vorher sind subcortical zahllose Reize registriert und danach «vorsortiert» (S. 207) worden, ob sie volle Aufmerksamkeit überhaupt erfordern. Wie es präkognitive Gehirnarbeit gibt, sozusagen ein Erkennen vor dem Erkennen, so auch präattentive: ein Merken, ehe man etwas merkt. Nur auf der Basis seiner eigenen Vor-Urteile wird ein Gehirn urteilsfähig. Ist seine Aufmerksamkeit auch längst nicht immer eine bewußte, so ist Bewußtsein umgekehrt durch Aufmerksamkeit geradezu definiert: als der Zustand, worin ein Wahrnehmungs-, Denk- und Steuerungsnetzwerk so gestrafft, d. h. so wach ist, daß es alles, was es tut und erlebt, als *sein* Tun und Erleben fühlt und *sich* darin als ein identisches, kontinuierliches Ich. Sich als dies Ich bemerken und es auf alles, was ihm zustößt, gezielt einstellen: diese doppelte Konzentrationsleistung darf auch dann als Inbegriff von Aufmerksamkeit gelten, wenn dieser Inbegriff lediglich wie die Spitze eines Eisbergs aus den vorbewußten Aufmerksamkeitsleistungen hinausragt. Nun mag man zwar neurologisch korrekt konstatieren: «Bewußtsein entsteht also unter Beteiligung der verschiedensten, das gesamte Gehirn durchziehenden Systeme und ist keineswegs ein rein ‹corticales› Phänomen.» (S. 211) Doch heißt wissen, welche neuronalen Elemente an bewußter Aufmerksamkeit beteiligt sind, schon wissen, wie Aufmerksamkeit zustande kommt? Keineswegs. Seit nicht nur ahnbar geworden ist, wie komplex neuronale Vernetzungen sind, sondern auch ruchbar, daß kein Drahtzieher in ihnen waltet, grenzt der Tatbestand der Konzentration, also daß unvorstellbar viele einzelne Nervenzellen ohne das geringste Wissen voneinander, ohne jeden Plan gleichwohl auf etwas Bestimmtes hin zusammengenommen werden, zu einer konsistenten Einheit der Wahrnehmung und des Bewußtseins zusammenschießen, an ein Wunder. Man kann feststellen, daß sie stattfindet, ihr Stattfinden so detailliert beschreiben wie vielleicht noch nie, aber nicht sagen, wie sie möglich ist. Aufmerksamkeit, Konzentration, Synthesis sind auch für die Physiologie geblieben, was sie für die Philosophie immer schon waren: unfaßlich.[11]

[11] Auch das Wörtchen «Selbstorganisation» hilft hier nicht weiter. Es besagt ja gerade, daß *kein* Selbst zu finden sei, durch dessen koordinierende Tätigkeit sich der staunenswerte Zusammenhalt erklären ließe; er sei vielmehr *von* selbst entstanden. *Von* selbst heißt *ohne* Selbst. Mit andern Worten: Man weiß nicht, wodurch. «Selbstorganisation» ist Chiffre für einen Erklärungsnotstand, keine Erklärung. An diesem Punkt ist die ganze Neurophysiologie keinen Schritt weiter als Kant. Mit Verve hat sie zwar zeigen können, daß die mentalen Schemata, die wir als Menschen immer schon mitbringen, wenn wir anfangen, die Vielfalt der auf uns einwirkenden Reize zu einer geordneten Erfahrung zu strukturieren, keineswegs, wie Kant suggerierte, «a priori» in uns liegen. Sie sind allesamt Produkte unzähliger, in Nervenverknüpfungen allmählich festgezogener Wiederholungen. Aber daraus erhellt nicht im geringsten, wie diese Schemata eine «Einheit

Immerhin weiß man zweierlei; 1. Die Nervenarbeit, die sich Aufmerksamkeit nennt, ist Schwerarbeit. «Um das zu verstehen, muß man wissen, daß das Gehirn einen weit überdurchschnittlichen Verbrauch an Sauerstoff und Stoffwechselenergie (Glukose-Zucker) aufweist. Während es nur zwei Prozent der Körpermasse ausmacht, verbraucht es im Durchschnitt 20 Prozent der gesamten Energie, d. h. zehnmal mehr, als ihm eigentlich zukommt.» «Gleichzeitig lebt das

der Apperzeption» ergeben können. Kant ging zwar zu weit, wenn er diese Einheit «transzendental» nannte (I. Kant, *Kritik der reinen Vernunft*, B 139, l.c., S. 141). Aber auch dieses Wort ist, bei Lichte besehen, eher Chiffre für einen Erklärungsnotstand als faktische Erklärung. Und so hat Kant es, zumindest in seiner Erkenntniskritik, auch vorrangig verwendet. Die «Einheit der Apperzeption» als «transzendental» bezeichnen heißt für ihn zunächst einmal Verzicht: Sie auf nichts Höheres oder Tieferes zurückführen, seien es Naturgesetze, angeborene Ideen, eine unsterbliche Seelensubstanz oder göttliche Weisheit, vielmehr sich dabei bescheiden, sie als einen «Actus der Spontaneität» (B 133, S. 136) festzuhalten, will sagen als etwas Unableitbares. – Eine Spur nur weniger enthaltsam gedacht als Kant, einen Moment nur zu lange gestaunt über ein Gehirn, das bei etwa einer Billion Nervenzellen mit einer Trillion Verknüpfungsmöglichkeiten und ohne oberste Koordinierungsinstanz gleichwohl das Kunststück eines homogenen, ichbewußten Erlebnisraums zustande bringt – und schon drängt sich mit neuer verführerischer Kraft der Gedanke der «prästabilierten Harmonie» auf, mit dem Leibniz den Erklärungsnotstand in puncto Synthesis zu beheben suchte. Wie soll, so seine Frage, aus unzähligen Monaden ein geordneter Weltbau werden, wenn nicht eine Über-Monade, eine göttliche Intelligenz, sie auf wunderbare Weise zu halt- und erkennbaren Konstellationen zusammengefügt hat? «Die ganze Natur ist voll von Wundern, aber von Wundern der Vernunft», schreibt er an Bossuet (zit. n. E. Cassirer, *Philosophie der symbolischen Formen*, Teil 2, Darmstadt 1994, S. 309). Das sind für ihn die «Wunder» der Konsistenz und Synthese, also der prästabilierten Harmonie selbst. Sie ist das Wunder schlechthin und außer ihr gibt es keines. – Die Lehre von der prästabilierten Harmonie ist zweifellos eine Variante zum Beweis der Existenz Gottes aus der zweckmäßigen Ordnung in der Natur. Kant, der unbestechliche Kritiker dieses Beweises, wußte sehr wohl, daß dessen Unzulänglichkeit ihm nicht seine Faszination raubt. «Dieser Beweis verdient jederzeit mit Achtung genannt zu werden. Er ist der älteste, kläreste und der gemeinen Menschenvernunft am meisten angemessene. Er belebt das Studium der Natur, so wie er selbst von diesem sein Dasein hat und dadurch immer neue Kraft bekommt. Er [...] erweitert unsere Naturkenntnisse durch den Leitfaden einer besonderen Einheit, deren Prinzip außer der Natur ist. Diese Kenntnisse wirken aber wieder auf ihre Ursache, nämlich die veranlassende Idee, zurück, und vermehren den Glauben an einen höchsten Urheber bis zu einer unwiderstehlichen Überzeugung.» (Op. cit., B 651 f., S. 550 f.) Wen nie die Versuchung anwandelte, das Selbst als prästabilierte Harmonie zu denken, der frage sich, ob er es sich nicht immer schon als eine Art Apparatur vorgestellt hat – unempfindlich für die Unfaßlichkeit seines Zusammenhalts.

Gehirn ‹von der Hand in den Mund›, d. h., es hat keinerlei Sauerstoff- und Zuckerreserven. Es wird nach Ausfall der Sauerstoffversorgung für nur wenige Minuten bereits irreversibel geschädigt.» (S. 201) Solch reservelose Schwerarbeit leistet niemand ganz ohne Not, schon gar nicht das Gehirn mit seiner Neigung, Erregung auf bequemstem Wege, nämlich über die schon eingespielten Vernetzungen zu verarbeiten. 2. Von Aufmerksamkeit läßt sich zwar nicht sagen, wie sie möglich ist, aber es gibt ein todsicheres Mittel, sie wirklich werden zu lassen: den Schock. Freuds Überlegung zur «Gegenbesetzung», zu der der plötzlich getroffene Organismus von überall her Energien heranziehe, enthält auch ein Stück Archäologie der Aufmerksamkeit. Wenn der Schock nicht so groß ist, daß er betäubt, dann macht er hellwach. Anders gesagt: Wenn die plötzlich einbrechende Reizwelle nicht derart übermächtig ist, daß das Nervensystem kapituliert, dann wird es durch hyperaktives Anlegen neuer Netze versuchen, sie zu kanalisieren. Seine Gespanntheit dabei ist der Inbegriff von Aufmerksamkeit. Deren Rohform erleben wir bei plötzlichem Schmerz. Alle Aufmerksamkeit gilt der schmerzenden Stelle. Der Beinbruch läßt den ganzen Organismus schlagartig Bein werden, der Zahnschmerz Zahn.[12] Dabei übt er im wörtlichsten Sinne Konzentration: zentriert sich, windet sich förmlich um das schmerzende Organ, als wolle er es mit einer schützenden Hülle umgeben, eine unterbliebene Hautleistung nachholen. In solchen Momenten befindet er sich auf dem Indifferenzpunkt von Aktivität und Lähmung. Erst wenn der Schmerz so weit bearbeitet ist, daß er nachläßt, kann sich die differenzierende Seite der Aufmerksamkeit entfalten: das «Herausmerken» von bestimmten Figuren oder Ereignissen aus ihrer Umgebung und das Feststellen feinster Unterschiede an ihnen. Diese im doppelten Sinn *fest*stellende Tätigkeit ist überall dort die Reaktion, wo der Organismus mit etwas konfrontiert ist, was er so noch nicht kennt, kann, eingeübt hat: wofür noch keine Nervennetze angelegt oder eingespielt sind. Damit ist nicht gesagt, daß dieses Anlegen oder Einspielen auch ge-

[12] «Das Zahnweh, subjektiv genommen, / Ist ohne Zweifel unwillkommen; / Doch hat's die gute Eigenschaft, / Daß sich dabei die Lebenskraft, / Die man nach außen oft verschwendet, / Auf einen Punkt nach innen wendet / Und hier energisch konzentriert. / Kaum wird der erste Stich verspürt, / Kaum fühlt man das bekannte Bohren, / Das Zucken, Rucken und Rumoren, / Und aus ist's mit der Weltgeschichte, / Vergessen sind die Kursberichte, / Die Steuern und das Einmaleins, / Kurz, jede Form gewohnten Seins, / Die sonst real erscheint und wichtig, / Wird plötzlich wesenlos und nichtig. [...] Denn einzig in der engen Höhle / Des Backenzahnes weilt die Seele» (W. Busch, *Balduin Bählamm*, 1883, Sämtliche Werke, Bd. II [ed. R. Hochhuth], München 1982, S. 542).

lingt, wohl aber, daß ein immenser Aufwand an Aufmerksamkeit nötig war, damit die spezifischen Verknüpfungen zwischen subcorticalen Bereichen und Cortex, die wir Bewußtsein nennen und die so keine andere bekannte Spezies fertiggebracht hat, zustande kamen. Warum gerade der *homo sapiens*, dafür lassen sich bestimmte Bedingungen angeben wie seine ungewöhnliche Gehirngröße im Verhältnis zum Gesamtkörper, seine besondere Kehlkopfbildung[13] und die Freisetzung seiner Hände durch aufrechten Gang; aber das sind keine zureichenden Gründe. Und auf welchen Wegen und Umwegen, motiviert durch welche Ereignisse sich diese neuronalen Verknüpfungen angebahnt und eingespielt haben, ist ebensowenig bekannt. Sicher ist nur, daß das angespannte Einüben jener Fähigkeiten, die Bewußtsein, Denken, Begriffsbildung heißen, eine nervliche Schwerarbeit ist, die kein Organismus auf sich nimmt, es sei denn unter größtem Druck. Anders gesagt: Es ist schlechterdings nicht einsehbar, wie die ständige Wiederholung, die solches Einüben bedeutet, anders hat beginnen können als unter gewaltigem Wiederholungs*zwang*.

Damit gerät die traumatische Neurose in ein neues Licht: Wie, wenn jener krankhafte Wiederholungszwang, dessen nervenzerrüttende Kraft Freud hervorkehrt, in seinen Anfängen das ganze Gegenteil war: eine nervenkonstituierende, eine Schubkraft jener neuronalen Verknüpfungen, die den *homo sapiens* überhaupt erst ergeben haben? Freud selbst weist in diese Richtung. Der Schock, der einen Organismus trifft, ist das schlechthin Fremde: das Unerwartete, Inkommensurable, Überwältigende, für das ihm die nervlichen Verarbeitungsmöglichkeiten fehlen. Die Angst hingegen, die «gegen den Schreck schützt», ist Erwartung von Schrecklichem – was sie nur sein kann, sofern sie selbst schon Schreckerfahrung in sich aufbewahrt: Erinnerung an erlebtes, aber zugleich verarbeitetes Schreckliches. In dem Maße aber, wie Schreckliches verarbeitet, nervlich kanalisiert wird, wird es selbst bekannt, vertraut, seiner schrecklichen Fremdheit ledig, ja zum Element des Reizschutzes gegen neue Schrecken. Das Nachholen der ausgefallenen Angst ist also eine Stabilisierungsmaßnahme: nachträgliches Mobilisieren eines schon bekannten Musters und der Versuch, das Unbekannt-Schreckliche auf dies Bekannte zurückzuführen, es gleichsam mit möglichst effizienten Nadelstichen in

13 «Der moderne *Homo sapiens* zeichnet sich gegenüber anderen Primaten durch eine relativ niedrige Lage des Kehlkopfes im Verhältnis zur Zunge und zum weichen Gaumen aus. Dies ermöglicht eine Ausweitung der Möglichkeiten der Lauterzeugung, insbesondere in Hinblick auf die Produktion von Vokalen.» (G. Roth, op. cit., S. 62)

dies Muster einzuweben und es dadurch selbst bekannt, vertraut zu machen. Und der artspezifische menschliche Kunstgriff hierzu ist die *Verselbständigung* der Wiederholung: erlebten Schrecken eigens nachzumachen und so lange zu wiederholen, bis er verblaßt und selbst zu den eingespielten neuronalen Verknüpfungen gehört, die das Sicherheitsgefühl ausmachen.

Mimikry ist in der Tierwelt vielfältig zu beobachten. Der Hase macht sich dem Erdboden gleich, in den er sich duckt, die Spannerraupe sich dem Ast, auf dem sie hockt, die Scholle nimmt schutzsuchend die Farbe des Meeresgrunds an. Aber die zwanghaft verselbständigte Wiederholung, um die es hier geht, ist eine sich selbst übersteigende Mimikry: nicht nur Schutzsuche *vorm* Schrecklichen, sondern auch *beim* Schrecklichen. Sie gleicht nicht nur sich dem Schrecklichen an, sondern auch das Schreckliche sich: beginnt es in eigene Regie zu nehmen. Angst ist in der ganzen Tierwelt verbreitet; alle Reize, die mit dem eigenen Nervennetz inkommensurabel sind, lösen Fluchtimpulse aus. Aber Angstbewältigung durch Angstproduktion kehrt den Fluchtimpuls um: zur Flucht nach vorn. Sie ähnelt einem Selbstimpfungsverfahren, bei dem der Organismus sich selbst eine Dosis des Schrecklichen verabreicht, um gegen das Schreckliche immun zu werden, also sich *gegen* sich wendet, um *sich* zu erhalten. Wie aber, wenn diese Wendung gegen sich selbst, diese spezifische Selbstbezüglichkeit, die Urform menschlicher Reflexivität wäre: die Wiege dessen, was später einmal Bewußtsein, Gedanke, Begriff genannt werden sollte? Es sieht ganz danach aus, als sei der traumatische Wiederholungszwang, dessen destruktive, vor aller ersichtlichen Lustregung wirkende Kraft Freud so beeindruckt hat, daß er ihr den Status einer «Vorzeit» des Lustprinzips einzuräumen gedachte, in seiner Frühzeit ein höchst konstruktiver Aufmerksamkeits- und Identitätsbildner gewesen. Vielleicht war er noch mehr: ein erstrangiger Kulturstifter? Diesem Verdacht, den Freud weckt, aber nicht teilt, den Roth nahelegt, aber nicht äußert, ist nun die kulturgeschichtliche Nahrung zuzuführen, nach der er verlangt.

Der Schrecken und das Heilige

Bestimmte historische Ereignisse, die für sich genommen gar nicht *so* umwerfend sind, können, wenn eine besondere Empfänglichkeit für sie da ist, unverhältnismäßige Wirkung ausüben. Das Erdbeben von Lissabon im Jahre 1755 war gewiß eine schreckliche Katastrophe. Aber erst unter den Bedingungen entstehender moderner Nachrichtenverbreitung konnte es seine seelenerschütternde Breitenwirkung entfalten. Es bedurfte seiner wahrlich nicht, um Zweifel an der weisen göttlichen Einrichtung der Welt zu bekommen, aber wenn das Schwelen dieser Zweifel, von dem schon das zwei Jahrtausende ältere Buch Hiob Zeugnis ablegt, einmal zu einem gewissen Punkt gediehen war, dann konnte ein Ereignis dieser Art wie Öl ins Feuer sein und den ganzen physikotheologischen Scharfsinn, der die bestehende Welt als die bestmögliche, als optimale Konstellation prästabilierter Harmonie zu erweisen suchte, *ad absurdum* führen. Ebensowenig bedurfte es des Ersten Weltkriegs, um zu wissen, was traumatische Neurosen sind. Aber er ließ sie so gehäuft auftreten, daß auch Freud nicht länger an ihnen vorbeisehen konnte – auf die Gefahr hin, daß sie seine ganze Triebtheorie erschütterten. Nur in einer komfortabel eingerichteten europäischen Bürgerwelt, die in einem heute kaum mehr vorstellbaren Maße von der Gewißheit eines steten kulturellen und geistigen Fortschritts getragen war, konnte freilich der Erste Weltkrieg, der ja nicht gerade der erste Krieg war, dermaßen erschütternd einbrechen, daß das Sensorium der Intellektuellen für die kulturelle Bedeutung von Erschütterung geradezu ruckartig geschärft wurde. In vieldeutiger Weise allerdings: als Kniefall vor der Naturgewalt des Krieges bei Ernst Jünger *In Stahlgewittern*; als verzweifelte Realsatire auf *Die letzten Tage der Menschheit* bei Karl Kraus; als Abkehr von der bürgerlichen Klasse in Georg Lukács' *Geschichte und Klassenbewußtsein*; als charismatische Predigt über das machtvolle Einbrechen der alle Kulturkategorien sprengenden göttlichen Gnade in Karl Barths *Römerbrief*. Und so ist es kein Zufall, daß 1917 auch ein Buch erschien, dessen Art, Erschütterung aufzuzeichnen, wie ein Gegenstück zur Freudschen anmutet, als wäre es das Kontrastmittel, das dem *Jenseits des Lustprinzips* erst die nötige Tiefenschärfe gibt. Es handelt sich um *Das Heilige* von Rudolf Otto.

Man kann es insofern tiefenpsychologisch nennen, als es Anstalten macht, zur tiefsten Schicht des menschlichen Gefühlslebens vorzudringen und dort einen religiösen Vulkan zu entdecken. «Betrachten wir das Unterste und Tiefste in jeder starken frommen Gefühlsregung sofern sie noch mehr ist als Heilsglaube Vertrauen oder Liebe», «so kann sich uns als Ausdruck der Sache nur einer nahe legen: Gefühl des *mysterium tremendum*, des schauervollen Geheimnisses.» «Es kann [...] mit Stößen und Zuckungen plötzlich aus der Seele hervorbrechen. Es kann zu seltsamen Aufgeregtheiten, zu Rausch Verzückung und Ekstase führen. Es hat seine wilden und dämonischen Formen. Es kann zu fast gespenstischem Grausen und Schauder herabsinken. Es hat seine rohen und barbarischen Vorstufen und

Äußerungen. Und es hat seine Entwicklung ins Feine Geläuterte und Verklärte.»[14] *Tremendum* ist allerdings ein ungenügendes Wort dafür, denn «Tremor ist an sich nur Furcht: ein wohlbekanntes ‹natürliches› Gefühl», kann also, so Otto, «nur analogische Bezeichnung für eine ganz artbesondere Gefühls-reaktion» sein, «die zwar Ähnlichkeit hat mit der Furcht», «aber selber noch ganz etwas anderes ist als Sich-fürchten». «Das Alte Testament ist reich an gleichläufigen Ausdrücken für dieses Gefühl. Besonders merkwürdig ist hier die ‹emat Javeh›, der ‹Gottes-schrecken›, den Javeh ausströmen ja senden kann [...] und der ganz verwandt ist dem deîma panikón (dem panischen Schrecken) der Griechen.» «Das ist ein Schrecken voll innerem Grauen wie es nichts Geschöpfliches, auch nicht das Bedrohlichste und Übermächtigste, einflößen kann.» (S. 14f.) Und das deshalb, weil Mysterium nicht bloß Geheimnis ist, sondern das schlechterdings «Fremde und Befremdende» (S. 31), «weil ich hier auf ein überhaupt ‹Ganz anderes› stoße das durch Art und Wesen meinem Wesen inkommensurabel ist und vor dem ich deshalb in erstarrendem Staunen zurückpralle» (S. 32f.). Und in diesem Ganz-anders-Sein liegt nicht nur die abstoßende Kraft unsäglichen Schreckens, sondern «zugleich etwas eigentümlich Anziehendes, Bestrickendes, Faszinierendes, das nun mit dem abdrängenden Momente des tremendum in eine seltsame Kontrast-harmonie tritt»: «die Kreatur die vor ihm erzittert in demütigstem Verzagen hat immer zugleich den Antrieb sich zu ihm hinzuwenden, ja es irgendwie sich anzueignen» (S. 42), sei es «durch magisch-kultisches Handeln, durch Formel ‹Weihe› Beschwörung Konsekration Einbannung» oder durch «die schamanistischen Verfahren der ‹Besitzung› Einwohnung Selbsterfüllung in Exaltation und Ekstase» (S. 44), weshalb all diese Hinwendungsformen strenggenommen schon Sekundärvorgänge, Reaktionen, Schreckbewältigungsmaßnahmen sind – Indizien dafür, «daß das religiöse Gefühl auf der ersten Stufe seiner Entwicklung zunächst nur mit dem einen seiner Pole, nämlich mit dem *abdrängenden*, aufbrach und zunächst nur erst als dämonische Scheu Gestalt gewann» (S. 43). «‹Schauervoll› und ‹Schauer› ist uns gewöhnlich schon auch ohne Zusatz des Adjektives gleich heiliger Schauer.» «Von dieser ‹Scheu› und ihrer ‹Roh›-form, von diesem irgend wann einmal in erster Regung durchgebrochenen Gefühle eines ‹Unheimlichen›, das fremd und neu in den Gemütern der Urmenschheit auftauchte, ist alle religionsgeschichtliche Entwicklung ausgegangen.» (S. 16)

[14] R. Otto, *Das Heilige*, München 1963, S. 13f. Weitere Seitenzahlen im Text.

Was immer Otto selbst getan hat, um diese Einsicht zu trüben[15] – sie ist bahnbrechend. Zwar war den Religionswissenschaftlern seit längerem bewußt, daß das moderne Adjektiv «heilig» bloß ein matter Abzug des althebräischen *qados* oder des griechischen *hagios* ist – eine moralisierende Übersetzung, die «furchterregend» zu «ehrfurchterregend» verharmlost. Wie also, wenn auch *qados* schon Sublimierung von Ursprünglicherem, Ungeheurerem wäre, wenn religiöse Urworte überhaupt nicht mehr in den Referenzschriften monotheistischer Hochreligionen offen zutage liegen, sondern allenfalls noch bei sogenannten Naturvölkern? Und so flogen die Ethnologen eine Zeitlang geradezu auf das *Mana*, das bei den Melanesiern soviel wie die Kraft bedeutet, welche Dinge oder Lebewesen aus ihrer Umgebung hervorhebt und in einen erregenden Ausnahmezustand namens *Tabu* versetzt. Zudem bemerkte man, daß das *Manitu* der Algonkin- und das *Wakanda* der Siouxsprache fast den gleichen Bedeutungsradius haben. Hier schien man auf die kulturübergreifende Urschicht religiöser Begriffe zu stoßen.[16] Doch die Jagd nach religiösen Urworten, die um die letzte Jahrhundertwende eine Art Ethnologensport war, ist unergiebig. Ottos Verdienst ist, das klargestellt zu haben. Die angeblichen Urworte sind nämlich selbst schon ein Übersetzungsnotstand: ungelenke Zusammenfassungen und -stauchungen langwieriger kollektiver Erregungsabläufe. «Wofür wir Worte haben, darüber sind wir auch schon hinaus.»[17] Es überwältigt uns nicht mehr so, daß wir nur erstarren, stammeln oder schreien könnten. Worte schaffen Distanz zum Erlebten; ihre zusammenfassende Kraft ist auch eine bändigende, besänftigende, beruhigende. Die scheinbaren Urworte sind also nicht der erlebte religiöse Ursprung, sondern schon seine Bearbeitung. Ihr Aussprechen ist ein Notventil unaussprechlicher Erregung, und in solche Erregung, so Otto, versetzt nichts so sehr wie panischer Schrecken. Das Heilige ist weder ein Ur-

[15] Das bedenkenlose Schließen vom eigenen, höchstpersönlichen Gefühlshaushalt, also dem eines mitteleuropäischen Professors des 20. Jahrhunderts, auf die tiefste emotionale Schicht der Menschheit überhaupt; die durch nichts bewiesene Behauptung, das Urgefühl sei «religiös», *sui generis* und mit keinem «natürlichen» Gefühl zu vergleichen; schließlich die Empfehlung des *mysterium tremendum* als Jungbrunnen der dekadenten modernen Kultur, als Revitalisierungsmittel der zivilisationskrank darniederliegenden menschlichen Erlebnisfähigkeit: das sind schon arge Geduldsproben.

[16] Cf. die vorzügliche Zusammenfassung der durch die Namen Frazer, Codrington, Wundt, Hubert und Mauss bestimmten ethnologischen Diskussion der letzten Jahrhundertwende bei E. Cassirer, op. cit. S. 93 ff.

[17] F. Nietzsche, *Götzen-Dämmerung*, l. c., S. 128

wort noch ein Begriff, der einem Ding, Lebewesen oder Sachverhalt genau angemessen wäre. Es ist vielmehr Kürzel für einen Schreckbearbeitungsprozeß, der aus der Konstitution des *homo sapiens* offenbar nicht wegzudenken ist und geradezu dazu nötigt, den traumatischen Wiederholungszwang, die mutmaßliche «Vorzeit» des Lustprinzips, religionstheoretisch unter die Lupe zu nehmen.

Wiederholungszwang als Kulturstifter

Der Ursprung der Religion liegt im dunkeln. Weder läßt er sich aus einer seelischen Tiefenschicht hervorkehren, noch geben die ältesten auffindbaren Spuren menschlicher Naturbearbeitung ihn preis. Gewöhnlich kann man zwar aus Überbleibseln von Feuerstellen, Hütten, Töpfen, Waffen oder Steinritzungen einiges über das Kollektiv erschließen, das mit ihnen umging. Und sobald dessen Techniken, Sitten und Gebräuche auch nur etwas schärfere Konturen gewinnen, treten mit größter Regelmäßigkeit magisch-kultische Züge daran hervor. Signifikante Knochenansammlungen, versetzt mit Resten von Pflanzen, Mineralien, Töpfen, Faustkeilen oder Spießen sind nicht nur sichere Indizien für zeremoniell gepflegte Begräbnis- und Opferstätten, an denen die Toten mit den kostbarsten verfügbaren Beigaben versehen wurden, sondern auch die Hauptfundgruben der Frühzeitarchäologie. Vom Ursprung der Religion sind sie allerdings weit entfernt. Was für die Archäologen Frühzeit, ist für den *homo sapiens*, aufs ganze gerechnet, schon Spätzeit, und Funde aus der mittleren Steinzeit, etwa aus dem 10. bis 8. vorchristlichen Jahrtausend, die die Ungeschiedenheit sozialer und magisch-kultischer Lebensführung erweisen, besagen nichts darüber, wie es diese Spezies 30 bis 40 Jahrtausende vorher mit der Religion gehalten hat.[18] Sicher

[18] Hier tut sich ein Grundsatzproblem auf, nicht nur für Archäologie und Paläontologie, sondern ebenso für die Ethnologie. Auch die ist ja aus dem Bemühen erwachsen, «den Ursprüngen näher zu kommen», auch wenn Durkheim «dem Wort Ursprung wie dem Wort primitiv einen ganz relativen Sinn» geben möchte: «Wir verstehen darunter keinen absoluten Anfang, sondern den einfachsten sozialen Zustand, der jetzt bekannt ist, den Zustand, über den hinaus es uns heute unmöglich ist, weiter vorzudringen.» (E. Durkheim, *Die elementaren Formen des religiösen Lebens*, 1912, dt. Frankfurt am Main 1981, S. 26) Und daß man bei den Völkern, die aus europäischer Sicht primitiv erscheinen, «einfache» Zustände vorfindet, vielleicht nicht den Menschheitsursprung pur, aber doch etwas, was nicht stark davon abweicht, ist der Anfangsglaube der Ethnologie, von dem sie schwerer loskommt als ihr selbst bewußt ist. Natürlich weiß

ist nur, daß diese relativ späten Kulturen insofern noch primitiv sind, als sie die Unterscheidung zwischen sozialem und religiösem Leben, Kultur und Kult, natürlich und übernatürlich noch nicht trennscharf vollzogen haben, und daß ihr Kult Totenkult – Opferkult ist. Es gibt keinen Kult, der nicht auf eine Opferpraxis zurückverwiese:

sie längst, daß die sogenannten «Naturvölker» nicht «älter» sind als die «Kulturvölker»; sie stammen aus demselben Menschheitskern, haben nur eine andere Entwicklung genommen. Eine andere heißt aber nicht einfach eine mindere. Manche von ihnen sind zu Verwandtschafts- und Sprachsystemen gelangt, deren Komplexität das Fassungsvermögen von Mitteleuropäern übersteigt (cf. C. Lévi-Strauss, *Das wilde Denken*, 1962, dt. Frankfurt am Main 1968). «Minder» ist jene andere Entwicklung nur in einer Hinsicht: Sie hat zu weniger Naturversachlichung – und damit Naturbeherrschung – geführt. Dies «Weniger» freilich wiegt schwer, denn der Zwang zur Versachlichung, neurologisch gesprochen, zur Erregungskanalisierung, zur Vergewöhnlichung durch Wiederholung, oder religionstheoretisch gesprochen, zur Profanisierung, ist ein elementarer Antrieb allen menschlichen Fortschritts. Profanisierung beginnt ja nicht erst bei den alten Griechen oder in der Neuzeit, sondern, wie in diesem Kapitel noch ausführlicher gezeigt wird, schon mit dem Faßlich-Machen des Unfaßlichen, dem Geheuer-Machen des Ungeheuren durch seine wiederholte, ritualisierte Vergegenwärtigung, also schon mit der Konstitution des Heiligen, nicht erst mit seiner Entweihung. Der Profanisierungsimpuls enthält ein unaufgebbares *tertium comparationis*; es gibt nun einmal Kulturen, die er weiter und andere, die er weniger weit vorangetrieben hat; welche, die es auf dem Versachlichungsniveau von Ahnenkult, Totemismus, Tieropfer nicht ausgehalten haben und schließlich bei Schrift, Geld und Industrie gelandet sind, und andere, die auf diesem Niveau geblieben sind. Nur darf man sich das nicht so vorstellen, daß letztere irgendwann einfach stagnierten und nur noch dumpf vor sich hinvegetierten; man kann ein niederes Versachlichungsniveau hoch kultivieren wie auf einem hohen zutiefst verrohen. «Komplexer» und «einfacher» sind daher keineswegs untrügliche Kennzeichen für mehr und weniger fortgeschrittene Kulturen; erst recht nicht «höherwertig» und «minderwertig». – Um so weniger überzeugend, wenn Ethnologen ausgerechnet auf der Basis dieser Einsicht das alte lateinische *primos in orbe deos fecit timor* (die ersten Götter auf Erden schuf die Furcht) entkräften wollen. «Fast alle Berichte, die Missionare oder Reisende über primitive Religionen verfaßt haben, künden von der Furcht, dem Schrecken oder Grauen, in denen die Anhänger dieser Religionen befangen sind.» «Ethnologen jedoch, die diese primitiven Kulturen näher erforschten, stießen nur selten auf Spuren von Furcht. Evans-Pritchard wählte für seine Hexereiuntersuchung ein Volk, das auf ihn den Eindruck des zufriedensten und unbeschwertesten im Sudan machte, die Zande», und er «schreibt über die Nuer, daß sie zutiefst religiöse Menschen seien, die ihren Gott als vertrauten Freund sehen.» (M. Douglas, *Reinheit und Gefährdung*. Eine Studie zu Vorstellungen von Verunreinigung und Tabu, Frankfurt am Main 1988, S. 11 f.) Die «Zufriedenheit» von Zande und Nuern des 20. Jahrhunderts, wenn sie denn tatsächlich so groß war, wie sie dem Ethnolo-

auf konzentriertes kollektives Blutvergießen von Mensch und Tier. Die Frage nach dem Ursprung der Religion ist die nach dem Ursprung des Opfers.[19]

Opfer sind Wiedergutmachungsversuche. Irgend etwas soll durch sie aus der Welt geschaffen werden. Auch wenn sie im Unklaren darüber lassen, was es ist: daß es sich um etwas Schreckliches handelt, das nach Besänftigung, Bereinigung geradezu schreit, ist ebenso ein Grundzug aller archaischen Opferformen wie ihr Wiederholungscharakter. Einmal besänftigen genügt nicht. Das Opfer muß immer wieder vollzogen werden. Es ist paradox. Es will etwas Schreckliches besänftigen, aber es ist selbst schrecklich. Es will etwas aus der Welt schaffen, aber es erinnert unentwegt daran. Implizites Gedächtnis ist, wie wir sahen, schon weit unterhalb der Bewußtseinsschwelle am Werk: überall dort, wo ein Nervensystem feste neuronale Verbindungen knüpft, die ihm zu weiterer Erregungsverarbeitung zur Verfügung stehen. Die älteste greifbare Form expliziten, spezifisch menschlichen Gedächtnisses hingegen ist das Opfer. Zunächst in dem vordergründigen Sinne, daß hier ein Kollektiv sehr handfest eines vergangenen, aber nicht überwundenen Schreckens gedenkt. Rechnet man aber mit, daß noch die frühesten überlieferten Opferrituale, bei denen wahrscheinlich eine Menschenhorde über ausgewählte Artgenossen oder Tiere hergefallen ist, sie getötet oder gar verschlungen hat, Spätformen in der Entwicklung des *homo sapiens* sind, Früchte von mindestens 20 Jahrtausenden Kulturarbeit, so gerät besagter

gen erschien, beweist selbstverständlich nicht die Unerheblichkeit von Schrecken und Furcht für Ritualbildung und Hexerei, sondern allenfalls, wie weit die Schreckbearbeitung hier gediehen ist, wie sehr sie auf einem bestimmten Versachlichungsniveau kultiviert wurde, kurzum, wie wenig primitiv diese Stämme sind – während ihnen maximale Primitivität, ja Ursprungsnähe unterstellt wird, sobald sie als Beweisstücke für eine neue ethnologische Offenheit herhalten müssen, welche sagt: Es müssen nicht Furcht und Schrecken, es können auch ganz andere Dinge sein (nach Mary Douglas z. B. Ordnungsliebe), die zu Ritual- und Kultbildung führen. – Solche Offenheit ist freilich ein anthropologisches Kannitverstan. Kein Konstatieren von «Zufriedenheit» bei «Naturvölkern» widerlegt das *primos in orbe deos fecit timor*, während der neurologische Befund, daß sich bestimmte Arten von Wiederholung nur unter traumatischem Zwang einspielen, es entschieden stützt.

[19] *Rezein* und *operari*, das griechische und das lateinische Wort für «handeln», bedeuten auch «opfern, darbringen» und erinnern daran, daß die Opfertötung einmal als das menschliche Handeln *par excellence* gegolten hat – als das, was den Menschen spezifisch ausmacht (W. Burkert, *Homo Necans*. Interpretationen altgriechischer Opferriten und Mythen, 2., erweiterte Auflage Berlin 1997, S. 9 f.).

Schrecken, an den diese Kulturarbeit permanent erinnert, weil sie nicht aufhören kann, ihn zu wiederholen, in ein neues Licht. Allem Anschein nach ist seine traumatische Gewalt nicht nur Gegenstand, sondern auch Stifterin des Gedächtnisses. Sie hat bewirkt, daß es ein spezifisch menschliches Gedächtnis überhaupt gibt, so daß Gedächtnisfeier hier nicht nur bedeutet, daß eines vergangenen Ereignisses feierlich gedacht wird, sondern vor allem, daß das explizite Gedächtnis sich selbst feiert, das Zustandekommen seiner selbst als Gedenkvermögen, also als Denkvermögen. Im Opferritual feiert dieses Vermögen sozusagen Geburtstag. Das Paradox des Opfergedenkens erweist sich damit als das feierlich bekräftigte und überhöhte Paradox des menschlichen Gedächtnisses selbst. In seiner Entstehungsphase ist es offenbar nichts anderes gewesen als das verzweifelte, immer wieder neu ansetzende Loskommenwollen von peinigender Reizüberflutung. Nur durch Wiederholung, so sagen wir heute, prägt man sich Dinge ein. Ursprünglich war es umgekehrt: Nur durch Wiederholung konnte man einen unerträglichen Reizüberschuß abbauen. Erkenntnistheoretisch gesprochen: Gedächtnis entstand beim angestrengten Versuch, zu vergessen.[20]

Es ist Zeit, ein Gespür für das physiologische Raffinement in diesem Widersinn zu entwickeln. Die Wiederholung kommt vom Schrecklichen zwar nicht los, ist sie doch sein ständiges *da capo*. Aber gerade dadurch kommt sie von seinem Hier und Jetzt los. Es gelingt ihr der Kunstgriff der Vergegenwärtigung. Sie läßt etwas, was nicht

[20] Um der spezifisch menschlichen Gedächtnisbildung auf die Spur zu kommen, muß man, wie Jan Assmann in einer großen Studie gezeigt hat (J. Assmann, *Das kulturelle Gedächtnis*. Schrift, Erinnerung und politische Identität in frühen Hochkulturen, München 1992), weniger bei der «Gedächtniskunst» ansetzen, die Individuen üben, um sich möglichst viel zu merken, als bei der viel älteren «Erinnerungskultur», die ein Kollektiv pflegt, um sich immer wieder zu vergegenwärtigen, was seine Identität ausmacht. Erinnerungskultur artikuliert sich primär als Fest. «Feste und Riten sorgen im Regelmaß ihrer Wiederkehr für die Vermittlung und Weitergabe des identitätssichernden Wissens und damit für die Reproduktion der kulturellen Identität. Rituelle Wiederholung sichert die Kohärenz der Gruppe in Raum und Zeit.» (S. 57) Aber dazu hat es erst einmal kommen müssen. Wo das Fest «Einhaltung einer sozialen Verpflichtung» bedeutet und unter der Frage steht «Was dürfen wir nicht vergessen?» (S. 30), da hat sich sein Zwang schon erheblich gelockert. Was man nicht vergessen *darf*, das ist man fähig zu vergessen. Der Zwang des Nicht-vergessen-Dürfens ist bereits ein sublimes moralisches Kulturprodukt. Er substituiert den älteren, gewaltigeren, physiologischen des Nicht-vergessen-Könnens. Die Erinnerungskultur, die Assmann für die Grundlage allen Gedenkens hält, ist selbst schon ein recht spätes Stadium der Gedächtnisbildung.

mehr ist, was kein Hier und Jetzt mehr hat, dennoch wiederkehren, abgelöst von seiner singulären physischen Präsenz – als deren Echo, Zitat, Abzug, Vervielfältigung, Extrakt. Was wiederkehrt, ist nicht die Sache selbst, sondern ihr «Geist», nur daß dieser Geist noch weit davon entfernt ist, verselbständigt als schemenhaftes Spukwesen vorgestellt zu werden. Seine Vorstellung ist vielmehr seine Darstellung, seine *Performance*, und die besteht in der Ganzkörpertätigkeit des feierlichen kollektiven Herfallens über bestimmte Menschen und Tiere. «Geist» ist zunächst bloß dies Tun selbst, nichts davon Abgelöstes, aber dies Tun ist der Beginn des Sich-Ablösens, des Abstrahierens vom Hier und Jetzt: ein erstes unbeholfenes Tappen auf jenem Weg, den Bachofen sehr schön die «Losmachung des Geistes von den Erscheinungen der Natur»[21] genannt hat und dessen erste Anfänge wir uns kaum beschwerlich und langwierig genug vorstellen können. Das «Geistige» daran ist zunächst bloß das stupide Wiederholen selbst und die damit einhergehende allmähliche Verregelmäßigung. Die aber ist nicht nur der Versuch, das Schreckliche durch seine Vergewöhnlichung verblassen zu lassen, sondern auch, es in eigene Regie zu nehmen. Daß man es sich selbst antut statt es angetan zu bekommen, auch sein Subjekt ist statt nur sein Objekt, nimmt ihm schon ein wenig von seiner grauenhaften Fremdheit und ist ein erster winziger Funken menschlicher Souveränität.

Daran kommt besonders drastisch die ungeheure Umwertung zum Vorschein, die der traumatische Wiederholungszwang schon in seinen Elementarformen vornimmt.[22] Vom Schrecklichen loszukommen, indem man es reproduziert, statt vor ihm zu fliehen, ist eine Form, es *gut*zuheißen. Schreckliches gutheißen aber ist nichts Geringeres als die Durchbrechung der tierischen Weltauslegung. Auch Tiere deuten ja ihre Umwelt, wenn sie bestimmte Reize als Gefahr,

[21] J.J. Bachofen, *Das Mutterrecht*, Auswahl (ed. H.J. Heinrichs), Frankfurt am Main 1980, S. 48

[22] In ihm findet sich denn auch der harte Kern jener «Umwertung der Werte», die Nietzsche, mehr erratend als beweisend, am Typus des Priesters festmacht. Der nämlich habe die natürliche Welt- und Wertordnung der physischen Stärke und Schwäche auf den Kopf gestellt und durch den unglaublichen Streich, seine eigene physische Schwäche und Erbärmlichkeit in eine hinterhältige, abgründige Stärke zu verkehren, einen beispiellosen historischen Siegeszug angetreten. Freilich ist der Priester für Nietzsche immer nur eine besonders delikate Larve des Vernunftmenschen, und was er an vielen Stellen über die Entstehung des Priestertypus erzählt, ist eine Parabel über die Entstehung der Vernunft selbst, also über die Menschwerdung. Cf. C. Türcke, *Der tolle Mensch*. Nietzsche und der Wahnsinn der Vernunft, l.c., S. 66ff.

Nahrung, Schutz oder Sexualobjekte wahrnehmen. Doch erst wo diese Deutung doppelten Boden bekommt, wird sie spezifisch menschlich. Interessanterweise geschieht das am Punkt der höchsten Eindeutigkeit, nämlich des höchsten Grauens und Schreckens, der nur eines verlangt: schnellste rettende Reaktion. Ausgerechnet dieser Schrecken wird vom traumatischen Wiederholungszwang als das genommen, was von ihm errettet. Das Gegenteil seiner selbst wird in ihn hineingedeutet. Er tritt auseinander in Vorder- und Hintergrund, in «Erscheinung» und «Wesen»: das Schreckliche, als das er wirkt, und das Rettende, das darin steckt. Ihn vergegenwärtigen heißt also nicht nur ihn von seinem singulären Hier und Jetzt ablösen, vervielfältigen, schematisieren, vergewöhnlichen, sondern ihm zugleich seine Eindeutigkeit rauben, ihn mit einer zweiten Dimension versehen: der eines höheren, rettenden Sinns. Nur daß dessen Behauptung, diese Geburtsanstrengung jeglicher Metaphysik und Theologie, zunächst die physiologische Form einer Triebhemmung hat: Bestimmte Wesen gewöhnen sich an, ihrem natürlichen Flucht- und Schutzimpuls nicht mehr unmittelbar nachzugeben. Unter Schock beginnen sie vielmehr, ihn umzuwenden und Schutz *vorm* Schrecklichen *beim* Schrecklichen zu suchen. Wenn irgendwo der Keim dessen zu suchen ist, was später «Geist» heißt, dann in dieser Umwendung. Und besagter Keim hat den unschätzbaren Vorzug, schlagartig klarzumachen, was an entwickelteren Formen undeutlich wird: wie innig die sogenannten «ersten» mit den «letzten» Dingen verbunden sind, wie sehr es bei der Triebumwendung, dieser Elementarmaßnahme zur Selbsterhaltung, zugleich um Rettung und Erlösung geht. Der Punkt der beginnenden menschlichen Gefühlsambivalenz, des Auseinandertretens von Gut und Böse, Wesen und Erscheinung, Geist und Natur, ist der Indifferenzpunkt von Physiologie und Theologie.

Nicht, daß damit die Entstehung des Geistes erklärt wäre, denn besagte Umwendung ist selbst ein Rätsel. Sie dürfte zunächst nicht viel mehr als ein reflexhaftes Reagieren gewesen sein, und es mag unvorstellbar lange gedauert haben, bis daraus eine selbstgesteuerte, tradierbare Fertigkeit wurde. Die Lebewesen, die diese Wendung vollzogen, müssen zwar eine besonders nervöse Konstitution gehabt haben, in dem doppelten Sinne, daß sie sowohl besonders schreckanfällig waren als auch fähig, diesen Schreck in einer bis dato ungeübten Weise zu verarbeiten, und man mag spekulieren, daß die besondere Entwicklung des Gehirnvolumens, der Hand- und Kehlkopfform des Vormenschen die Entstehung des *homo sapiens* besonders begünstigt hat. Aber damit erfaßt man bestenfalls einiges, was für diese eigenartige Umwendung der Triebimpulse hin zum Schrecklichen, um von ihm loszukommen, unentbehrlich war, aber nicht, warum und wie sie stattfand. Man könnte den Abbau von überschüssiger, quälender Erregung ein Grundgesetz des Organischen nennen und den spezifisch menschlichen Wiederholungszwang eine physiologische Maßnahme im Dienst dieses Gesetzes. Nur ist damit nicht im mindesten erklärt, wie diese Maßnahme über bloße Physiologie hinauswachsen und die paradoxe Form eines *physiologischen Fehlschlusses* annehmen konnte: physiologisch, weil ein ausdrückliches, bewußtes Schließen hier noch gar nicht stattfindet, sondern bloß reflexhaftes Reagieren, und dennoch Fehlschluß, weil in diesem Reflex die Denkfigur «Dies ist schrecklich, also muß ich es gutheißen» implizit durchaus enthalten ist. Geist in seinen allerersten Anfängen *ist* physiologischer Fehlschluß. Oder umgekehrt: Der physiologische Fehlschluß ist der Geburtsfehler des menschlichen Geistes – jene *metabasis eis allo genos*, durch die aus Tieren Menschen wurden.[23]

Daß der physiologische Fehlschluß nicht freiwillig, sondern nur unter dem Zwang, unerträgliche Erregung abzubauen, zustande kam, darf als sicher gelten. Bestimmte hochnervöse Wesen vermochten sich gegen Schockerfahrung nicht anders zu wehren als durch Wiederholung des Schockierenden. Aber daß die Wiederholung tatsächlich die Wirkung einer Selbstimpfung und -immunisierung bekam, daß ihre Verselbständigung, Ritualisierung, Kultivierung gelang, ist aus diesem Zwang nicht zu erklären: sozusagen der Sprung im Ursprung der Menschheit, das winzige Moment von Unableitbarkeit, Spontaneität, Freiheit darin. Und dieser Sprung ist es, was den physiologischen Fehlschluß zu einer so paradoxen Angelegenheit macht. Er ist ein logischer Widersinn, aber alle Logik verdankt sich ihm. Er ist die Wendung einer ganzen Spezies gegen ihre eigenen Triebe, aber niemand ist auf Erden so erfolgreich und beherrschend geworden wie eben diese gegen sich selbst gewendete Spezies. Und hat man erst einmal in den Opferritualen, die das Herz aller frühen Kulturen bilden, den Wiederholungszwang als den Herzschlag entdeckt, dann muten die Frühschichten des religionsgeschichtlichen Materials wie vielfältig hallende, einander übertönende und überlagernde Echos dieses Wiederholungszwangs an. «Vor dem mir graut – zu dem michs drängt», heißt das in Dichtersprache. In prosaischer psychoanalytischer Terminolo-

[23] Der in jeder neuen Generation mit neuer Macht wiederkehrende Hang zu jener Denkfigur, die in der Philosophie «naturalistischer Fehlschluß» heißt, nämlich die Natur trotz aller Widrigkeiten als an sich gut, als Produkt eines guten Schöpferwillens oder als Sitz höchster Normen und Werte auszugeben, zeigt, wie schwer es ist, von den eigenen Geburtsfehlern loszukommen.

gie: «Identifizierung mit dem Angreifer».[24] Weil Otto deren Verlaufsform nicht begriff, stand er vor einem Rätsel. Wie kann das *mysterium tremendum* zum *mysterium fascinans* werden, wenn doch vom Schauervollen «kein Übergang möglich» sei «zu den Gefühlen positiver Hinkehr zum numen» (S. 43)? Nun, die Negatives in Positives umwendende Kraft des Wiederholungszwangs *ist* dieser Übergang: der Motor aller Magie. Das gezielte Nachmachen von Naturgewalten, das in keiner archaischen Kultur fehlt, ist ein zur Bemächtigungstechnik ausgearbeiteter Wiederholungszwang. Der nachgemachte Regen

[24] Nichts greift so an wie der Schrecken, und die Wiederholung des Schrecklichen ist Identifizierung mit ihm. «Identifizierung mit dem Angreifer» ist also die Innenseite jenes Notwehrvorgangs, jener Flucht nach vorn, die von außen als traumatischer Wiederholungszwang erscheint – und insofern ursprünglich durchaus gleichbedeutend mit «physiologischem Fehlschluß» ist. Anders gesagt: «Physiologischer Fehlschluß» drückt erkenntnistheoretisch aus, was «Identifizierung mit dem Angreifer» psychologisch ausdrückt. Beide Formeln aber stehen für das Geheimnis der Menschwerdung. Nur daß die Psychoanalyse ihre grundstürzende Entdeckung so grundsätzlich nicht hat verstehen wollen, um nicht selbst von ihr überrollt zu werden. Schon in *Jenseits des Lustprinzips* fällt Freuds Neigung auf, den traumatischen Wiederholungszwang gleichsam zu verbiedern, indem er ihn an Beispielen aus dem Triebleben der bürgerlichen Kleinfamilie zu erläutern sucht. Das Kind, das sich über das Fortsein der Mutter hinweghilft, indem es stundenlang «fort» spielt und die kränkende Verlusterfahrung durchs Spiel allmählich in eine Lusterfahrung umwendet, oder das sogenannte Triebschicksal, das bestimmte Personen dazu führt, immer wieder den gleichen bitteren Kelch der Enttäuschung durch Geliebte, Freunde oder Kollegen zu schlürfen – sie stehen bereits in einer ödipalen Konstellation und zeugen allenfalls von *neurotischem* Wiederholungszwang, wie gekränkte Libido ihn bewirkt. Beweisen sollen sie jedoch einen *traumatischen* Wiederholungszwang, wie Eisenbahnunglücke ihn auslösen. Doch den blenden sie gerade aus. Das Phänomen des Wiederholungszwangs wird tendentiell wieder auf den Gesichtskreis der therapeutischen Praxis eingeengt, über den es so beunruhigend hinausragt. In der Freud-Nachfolge hat sich diese Tendenz verstärkt. Bei Freud selbst kommt zwar der Sachverhalt vor, den man «Identifizierung mit dem Angreifer» nennt, aber noch nicht die Formel. Erst seine Tochter Anna hat sie geprägt (A. Freud, *Das Ich und die Abwehrmechanismen*, London 1952, S. 125 ff.) – und ihren Bedeutungsradius weiter eingeschränkt. Der «Angreifer» ist jetzt nur noch der übermächtige Vater, traumatischer Schrecken nur noch so weit thematisch, wie *er* ihn auslöst oder repräsentiert. Und die Identifizierung mit ihm wird nur noch unter wohltemperierten Kulturbedingungen wahrgenommen. Ihre traumatische Urgeschichte, ihr Anteil an der Menschwerdung entfällt. Der Identifizierungsmechanismus, der so zur Analyse und Behandlung kommt, mag noch so sehr als seelischer Primärvorgang erscheinen. Kulturtheoretisch gesehen ist er ein hochgradig domestiziertes Sekundärphänomen.

soll kommen, der nachgemachte Löwe seine bedrohliche Kraft verlieren, die nachgemachte Jagd das Mammut schon vorab erlegen, und diese Riten sind für die Betroffenen zunächst genauso lebenswichtig, genauso «Handwerk» wie das sachgemäße Bearbeiten des Bodens oder Herstellen von Werkzeugen und Waffen. Der imitierende Zauber wird zunächst genauso als Naturbeherrschungsmaßnahme praktiziert wie Sammeln, Jagen und Ackern. Die Kraft, auf die er dabei setzt, heißt Ähnlichkeit. Im Wiederholungszwang steckt selbst schon eine Logik der Ähnlichkeit: der Versuch, ein Schreckliches durch ein Ähnliches zu besänftigen und tendentiell zu entmachten. Herstellung von Ähnlichkeit ist Herstellung von Sicherheit und Vertrautheit, Schutzsuche gegen das schlechterdings Fremde, und als ähnlich wird zunächst einmal alles erfahren, was eine Sache vergegenwärtigt, verkörpert, an sie erinnert. Das kann ihre Nachahmung sein, aber auch ein physischer Teil oder ein Zubehör von ihr oder etwas aus ihrer räumlichen oder zeitlichen Nähe. Der Regentanz ist dem Regen ebenso «ähnlich» wie der Mammutzahn dem Mammut, der Speer dem Krieger, der Stein dem Berggipfel, der Unglücksbote dem Unglück. Im Tanz «hat» man den Regen, im Zahn das Mammut etc., im Ähnlichen also das Ähnliche: das ist der handfeste praktische Untergrund des späteren erkenntnistheoretischen Grundsatzes, Ähnliches werde nur durch Ähnliches erkannt.[25]

Das Zentrum und Konzentrat dieses praktischen Untergrundes ist das Opfer. Ahistorisch die Vorstellung, es habe einmal eine frühmenschliche Phase unmittelbarer, auf ungehemmte Wunscherfüllung versessener magischer Naturbeeinflussung und -bezauberung gege-

[25] Der Prüfstein für jeden guten Materialisten ist natürlich die materielle Arbeit. «Man kann die Menschen durch das Bewußtsein, durch die Religion, durch was man sonst will, von den Tieren unterscheiden. Sie selbst fangen an, sich von den Tieren zu unterscheiden, sobald sie anfangen, ihre Lebensmittel zu *produzieren*», sagen Marx und Engels an einer berühmten Stelle (*Die deutsche Ideologie*, MEW 3, Berlin 1969, S. 21), und sie haben recht. Es geht hier denn auch nicht etwa darum, die Arbeit aus dem Kult abzuleiten, sondern nur um die anfängliche Ungeschiedenheit von Kult und Arbeit; sie sind beide aus derselben Schreckbewältigungsanstrengung hervorgegangen. Nun entspringt zwar aus keinem Schrecken oder Wiederholungszwang unmittelbar die Idee, einen Stein als Faustkeil, einen Knochen als Keule, einen Stock als Hebel zu benutzen und sie dafür ein wenig herzurichten. Aber die Idee allein macht's noch nicht; sie leuchtet auf und geht wieder unter. Die Menschen beginnen sich erst dort von den Tieren zu unterscheiden, wo die «Idee» festgehalten, d. h. wo ein ganzes, permanent reproduzierbares Arbeits*system* aus ihr geworden ist, und wie das *ohne* Wiederholungszwang möglich gewesen sein soll, ist schlechterdings undenkbar.

ben, ehe das Opfer mit all seinen Grausamkeiten und Entbehrungen dazwischentrat.[26] Es ist freilich umgekehrt: Der magische Impuls, der natürlichen Umgebung die eigenen Wünsche aufzudrängen, war anfangs der Notwehrimpuls, die vernichtende Übermacht dieser Umgebung beschwörend *ab*zudrängen. Seine Beharrlichkeit entstammt nicht freier Lust, sondern dem traumatischen Zwang zur Wiederholung. Der aber findet seine geballte Selbstdarstellung, -auslegung und -rechtfertigung im grausamen Hinschlachten von Mensch und Tier. Wann damit begonnen und wie weit anfangs dabei zwischen Mensch und Tier unterschieden wurde, läßt sich nicht mehr feststellen, und noch das frühste greifbare Stadium des Opfers ist, wie gesagt, schon ein Spätstadium des *homo sapiens*. Wo immer das Opfer Konturen gewinnt, ist es bereits in die Phase seiner Selbstauslegung eingetreten: nicht mehr bloßer reflexartiger Wiederholungszwang, sondern einer, der sich einen Adressaten, ein *Wozu* gegeben hat. Geopfert wird nicht an sich, sondern jemandem: einer höheren Macht, die Wiedergutmachung verlangt. Eines der Elementarmittel gegen den Schrecken ist, ihn nach außen zu kehren in die Vorstellung eines Objekts, das ihn verkörpert. Höhere Mächte wie Mana, Wankanda, Dämonen oder Götter sind solche Verkörperungen des Schreckens: Sie objektivieren ihn, machen ihn faßbar. Und er wird besonders gut faßbar, sobald er anthropomorph gefaßt wird: als Zornesausbruch menschenähnlicher Wesen. Die Vorstellung solcher Wesen hat sich das Wechselverhältnis der Ähnlichkeit schon zunutze gemacht. Jene Schreckensmächte, denen *wir* uns ähnlich machen, sind auch *uns* ähnlich. Ihr Toben als Zorn interpretieren heißt einerseits: Es hat einen erkennbaren Grund, nämlich unser Fehlverhalten. Und es heißt andrerseits: Wo Zorn ist, ist auch Besänftigung möglich. Wir können unsere Schuld durch eine ihr entsprechende Wiedergutmachung aufwiegen. Die Opferpraxis konkretisiert den Wiederholungszwang als Wiedergutmachungszwang, worin die Urformen der Gerechtigkeit, der Äquivalenz und des Zahlungsverkehrs koinzidieren.[27]

In dem Maße aber, wie der Wiederholungszwang zugleich Umwertung ist, nämlich Gutheißen des Schrecklichen, ist er auch Keimform all jener Übergangsriten, die im Leben archaischer Kollektive wie Marksteine wirken. Wiederum ist deren Prototyp das Opfer selbst. Keine Opferhandlung, in der nicht ein «stirb und werde» steckte, die nicht den Tod in irgendeiner Weise als Übergang in neues Leben zelebrierte. Wozu etwa wird das Blut der Getöteten feierlich versprengt,

[26] So E. Cassirer, l.c., S. 265 f.

[27] Dazu ausführlich Kapitel 4.

wozu werden sie selbst oder Teile von ihnen vergraben, verbrannt oder verzehrt? Damit neues Leben aus ihnen sprieße. Es ist nur ein Fortspinnen dieses Opfergedankens, wenn man jedes neue Leben als Herkunft aus dem Tod, jeden neuen Lebensabschnitt als Tod eines alten zu interpretieren beginnt, die Pubertät als Tod der Kindheit, den Ehestand als Tod der Adoleszenz etc., und schließlich jede bedeutsame Zäsur im Lebens- und Jahreslauf zu einer Variation des «stirb und werde» macht: die Genesung streift die Krankheit als etwas Totes ab, der Friedensschluß den Krieg, Neumond, Wintersonnenwende, Frühlingsbeginn die jeweils vorangegangene Jahreszeit.[28] Im Bann des Opferkults werden alle Übergänge zu Opfergängen stilisiert. Der Lebenskult, den die Übergangsriten zelebrieren, ist immer auch Totenkult. Und wie kein Opfer ohne Tötung, so ist kein Totengedenken ohne Opfer. Das Grauenerregende an den Toten ist ja zunächst nicht, daß sie nicht mehr sind, sondern daß sie leblos und trotzdem noch *da* sind. Das macht sie so schrecklich fremd. Das aus ihnen gewichene Leben, das sie so vertraut machte und ohne das man sie sich nicht vorstellen kann, schlägt für die Lebenden in unfaßbaren Schrecken um. Er muß gebannt werden. Daher werden die

[28] Arnold van Gennep hat zuerst die konstitutive Bedeutung von Übergangsriten für alle Naturvölker erkannt und aus deren ethnischer Vielfalt ein dreiteiliges Grundschema herausgearbeitet: «Trennungsriten kennzeichnen die Ablösungsphase, Schwellen- bzw. Umwandlungsriten die Zwischenphase [...] und Angliederungsriten die Integrationsphase.» (A. van Gennep, *Übergangsriten*, 1909, dt. Frankfurt am Main 1986, S. 21) Die entscheidende Phase ist natürlich die mittlere, wo der Initiand oder das Kollektiv nicht mehr im alten und noch nicht im neuen Zustand ist; man «schwebt zwischen zwei Welten» (S. 27), befindet sich räumlich oder sozial in einem Niemandsland, sei es in einer vom Kollektiv isolierten Hütte oder tatsächlich in Wüste, Sumpf oder unwegsamer Wildnis, wird symbolisch aus dem sozialen Netz entfernt, als ranglos, geschlechtslos, wehrlos behandelt, durch Nahrungs- und Schlafentzug, durch Schläge, Verstümmelung, Beschneidung gewaltsam für das neue Leben zugerichtet, in das man eintreten soll. Victor Turner (*Das Ritual*, 1969; dt. Frankfurt am Main 1989) hat die Gewalt des Schwellenzustands als den Glutkern aller Rituale herausgearbeitet. Es ist nun an der Zeit, ihn auch neurophysiologisch zu erfassen. Die einschlägigen Übergangsriten als mehr oder weniger kultivierte Verschlüsselungen einer aus traumatischem Wiederholungszwang geborenen Umwertung der Werte zu dechiffrieren und so das eigentliche Thema ihres Variationsreichtums kenntlich zu machen, wäre kein unerheblicher Beitrag zur Straffung der Ritualtheorie im Zeitalter ihrer Verfransung – und eine Chance, einen Philosophen für die Ethnologie fruchtbar zu machen, der als Frühhistoriker zwar nicht ernstlich in Betracht kommt, aber um so mehr als Seismograph für Umwertungen: Nietzsche.

Toten zu Gespenstern und Dämonen objektiviert, die man fassen kann. Sie sind bereits erste Beruhigungsformen des namenlosen, gestaltlosen Schreckens, in den das gewichene Leben sich verwandelte, und der Totenkult besteht darin, diese Beruhigungsformen weiter herbeizuzitieren und auszugestalten, bis sie ganz in den Ruhezustand der Ahnen übergehen, der das ruhende, Sicherheit und Kontinuität stiftende Fundament der Lebenden ausmacht und durch Wiederholung ruhig *gehalten* werden muß. Die regelmäßige Vergegenwärtigung der Toten geschieht, damit ihre schreckende Gegenwart *aufhört*, ihr Gedächtnis ist dazu da, nicht immer an sie denken zu müssen – ein zuverlässiger Zeuge dafür, daß Gedächtnis bei dem unablässig wiederholten Versuch entstand, etwas loszuwerden.

Ekstase und Todestrieb

Den Schrecken – so haben wir dieses Etwas bisher genannt, aber nicht gesagt, worin er besteht. Wenn man von der Grauenhaftigkeit der archaischen Opfer auf das schließt, wovon sie das Echo sind, dann kann es sich nur um ein gräßliches Urverbrechen handeln, und Freud ist für den Verdacht berühmt geworden, diese Tat sei der Vatermord gewesen. Doch dieser Schluß zehrt von einer nicht zwingenden Voraussetzung: der Verhältnismäßigkeit zwischen dem Schrecken und demjenigen, was ihn auslöst. Die Pointe am Schrecken aber ist seine Inkommensurabilität – nicht nur im furchtbaren Sinne, wenn eine Naturgewalt jäh hereinbricht, sondern auch im läppischen Sinne. Man kann Kleinkinder zutiefst erschrecken und seelisch schädigen durch Laute und Gebärden, die nicht die geringste physische Gefahr für sie bergen. Der Schrecken, in den Blitz und vor allem Donner archaische Kollektive versetzt haben, steht in keinem Verhältnis zu ihrer wirklichen Gefahr, und im Mythos von Pan, der in der Mittagshitze durchs Gehölz streicht und den dort im Schatten dösenden Hirten den nach ihm benannten panischen Schrecken einjagt, ist dies Mißverhältnis zwischen Schreck und Schreckauslöser eigens thematisiert. Eine schreckhafte, nervöse Konstitution hat an allen Ecken und Enden Gelegenheit, einen Schrecken davonzutragen. Wodurch und wie er sie ereilt, hängt ganz von den äußeren und inneren Umständen ab. Schreckerfahrung und -bearbeitung sind konstitutiv für die frühe Menschheit, die Schreckauslöser hingegen kontingent. In Feuerland oder Amazonien, in Sibirien oder im Zweistromland können sehr unterschiedliche Naturgewalten ihn auslösen. Es gibt keinen Auslöser *par excellence*, daher die enorme Variationsvielfalt, die Fülle der ethnischen und kulturellen Besonderheiten bei einer in ihrer Grundstruktur so frappierend einförmigen Tätigkeit: dem traumatischen Wiederholungszwang. Weil die Verhältnismäßigkeit zwischen Schrecken und Gefahr erst gelernt werden muß – vielleicht ist sie überhaupt die erste Leistung des sogenannten Realitätsprinzips – ist es gut möglich, daß die zwanghafte Wiederholung erlebten Schreckens den ursprünglichen Schreckauslöser an zerstörerischer Gewalt weit übertrifft, das sich ritualisierende, ein ganzes Kollektiv zum Schlachten vereinigende Opfer nicht etwa bloß ein blasser Abzug, sondern ein geballtes Konzentrat ist, eine synthetische Leistung, bei der ein aufgestautes Übermaß peinigender Erregung sich in organisierter Weise darstellt und Abfuhr verschafft.

Zu solcher Organisation gehört übrigens auch etwas, was gewöhnlich eher das Ansehen des Chaotischen hat: die Ekstase, wörtlich übersetzt: das Außersichsein. In heftigem Schreck und Schmerz ist man außer sich, außerhalb jeder Erregungsbalance, außerhalb jeder Kontrolle. Wie aber, wenn es gelingt, solches Außersichsein eigens hervorzurufen, es zu einem willentlich veranstalteten Vorgang zu machen, zu etwas, was ein Extremzustand ist wie Schock und Schmerz, aber zugleich eine Art selbstproduzierten Impfstoffs dagegen: in der Lage, ihn aufzufangen und dabei nicht nur abzumildern, sondern aktiv in etwas anderes als Schmerz zu verwandeln? Das war vielleicht die schwierigste Aufgabe beim sich ausbildenden Opferritual. Schwer zu sagen, wie weit ein sich allmählich ritualisierender traumatischer Wiederholungszwang auf ein frühmenschliches Nervensystem selbst schon hypnotisierend, in Trance versetzend, berauschend wirken konnte, und wie weit da Rauschstoffe in Kräutern, Wurzeln und Früchten nachhelfen mußten. Rausch, Hypnose, Trance sind zwar keineswegs dasselbe, als klinische Zustände sogar ziemlich genau voneinander unterscheidbar, als Formen des Außersichseins aber mit einem gemeinsamen Nenner versehen, und vor allem: Sie haben ein vorklinisches Dasein – im historischen Sinne wie im Sinne ihres Intensitätsgrads –, wo ihre Konturen gegeneinander noch keineswegs scharf sind, wo nicht ausgemacht ist, wie hier körpereigene Morphine und Opiate mit eingenommenen Rauschmitteln stimulierend oder sedierend zusammenwirken. Die Herstellung eines solchen Zustands, der sowohl die Seite ungewöhnlicher Erregungssteigerung wie -dämpfung haben kann und das Ineinanderspiel beider ist, dürfte anfänglich eine selbstdisziplinierende Maßnahme ersten Ranges gewesen sein, Ekstase nicht Rückfall in die Regellosigkeit, sondern Technik der Schmerzbetäubung und Verwandlung von Schreckerregung ins Lustgefühl des Rauschs. «Hinüber wall ich / Und jede Pein / Wird einst ein Stachel / Der Wollust seyn» ist

Novalis' geniale Formel dafür.[29] Und wo man ritualisierte kollektive Ekstaseformen antrifft, sind es Festformen, die die Opferpraxis wie eine Schutzschicht umgeben. Heftiges Gestikulieren und Tanzen bis zur Erschöpfung, Selbstkasteiung, sexueller Exzeß – welche dieser Formen die Ekstase auch annimmt, sie zeigen einen Stand kultureller Entwicklung an, auf dem das pure Opferschlachten als Schreckbesänftigung längst nicht mehr ausreicht, vielmehr selbst schon als so schrecklich roh empfunden wird, daß es mildernder Begleitumstände bedarf, um von den Beteiligten überhaupt ausgehalten zu werden – so wie man später Exekutionskommandos Alkohol verabreichte. Heute verfügt man über die notwendigen Dosen und Instrumente, um Lebewesen umgehend und notfalls gegen ihren Willen in Hypnose, Alkohol-, Heroin- oder sonstigen Rausch zu versetzen. Ursprünglich war das In-Ekstase-Geraten eine anstrengende Eigenleistung, Resultat einer aufwendigen Wiederholungs- und Konzentrationstechnik – und durch berauschende Genußmittel wegen ihrer geringen Dosis allenfalls zu befördern, aber nicht zu ersetzen.[30]

[29] Novalis, *Hymnen an die Nacht*, Werke, Tagebücher und Briefe Friedrich von Hardenbergs, Bd. 1, München 1978, S. 158

[30] Nietzsches Rede von der «ritterlich-aristokratischen» Kaste, die in der Frühzeit der Menschheit obenauf gewesen sei und mit ihr «eine mächtige Leiblichkeit, eine blühende, reiche, selbst überschäumende Gesundheit, sammt dem, was deren Erhaltung bedingt, Krieg, Abenteuer, Jagd, Tanz, Kampfspiele und Alles überhaupt, was starkes, freies, frohgemuthes Handeln in sich schliesst», bis sich schließlich eine «priesterliche Werthungsweise» davon abgezweigt, «gegen die aristokratische Werthgleichung (gut=vornehm=mächtig=schön=glücklich=gottgeliebt) mit einer furchteinflössenden Folgerichtigkeit die Umkehrung gewagt» und das Gegenteil dekretiert habe, nämlich «die Elenden sind allein die Guten, die Armen, Ohnmächtigen, Niedrigen» (F. Nietzsche, *Genealogie der Moral,* KSA 5, S. 266 f.) – als Wiedergabe des realen Geschichtsverlaufs ist das natürlich nicht ernst zu nehmen. Um so ergiebiger ist es für die Psychologie des Schamanen, des Pioniers der Ekstasetechnik. In einem Tierrudel gibt es gewöhnlich nur eine Autorität, die der körperlichen Stärke, selten die des Alters und auch nur, solange das Alter mit Kraft und Gesundheit verbunden ist. Es bedeutet demgegenüber tatsächlich eine kaum zu überschätzende Umkehrung, wenn ein Kollektiv Fieber, Trance, epileptoide Anfälle als *tabu*, wörtlich: «Aus-Zeichnungen», zu deuten beginnt und Personen, die in aufsehenerregender Weise in solche Zustände geraten, als «Erwählte» erachtet. Und genau das findet im Schamanismus statt: die Assoziation der höchsten Stammesautorität mit einem Außersichsein, das alle Anzeichen von Gebrechen und Schwäche hat. Allerdings einer besonderen Art von Schwäche. «Nicht dem Umstand, daß er epileptische Anfälle hat, verdankt zum Beispiel der Eskimo- oder der indonesische Schamane seine Kraft und sein Ansehen, sondern dem Umstand, daß er sie meistert.» (M. Eliade, *Schamanismus und archaische Ekstasetechnik,* Frankfurt am Main 1975,

Die Ekstase steht übrigens doppeldeutig zur Sexualität: Sie kann deren Steigerung zu einem exzeßhaften Bestandteil des Kults bedeuten, etwa als rituelle Kopulation zum Herbeibeschwören des fruchtbaren Regens, der dann seinerseits als Kopulation von Himmel und Erde imaginiert wird. Aber auch sexuelle Enthaltsamkeit ist ein Heraustreten aus dem gewöhnlichen Zustand der Triebbefriedigung. Demonstratives, alle Register der Ekstasetechnik ziehendes Sich-Versetzen in den Zustand der Abstinenz ist in antiken Kulturen nicht minder häufig mit Opferdarbringung verquickt als sexueller Exzeß. Dieser Befund verlangt geradezu danach, den Wiederholungszwang triebtheoretisch aufzuschlüsseln und hinter das von Freud so häufig gebrauchte Wort «Triebverzicht» ein dickes Fragezeichen zu setzen. Das nachträgliche Angezogenwerden von einer überwältigenden Gewalt: ist das Verzicht, also freiwilliges, ergebenes Ablassen von eigenen Begierden und Wünschen? Eher doch wohl ein aktives Trieb-Umwenden, wodurch sich das Unlustobjekt tendentiell in ein Lustobjekt verkehrt. Die «Identifizierung mit dem Angreifer» bedarf keines Übervaters und keiner ödipalen Dreieckssituation; sie findet schon im Wiederholungszwang selbst statt – und lädt dazu ein, «Vorzeit» des Lustprinzips im Sinne von «Vorbereitungszeit» zu interpretieren: sozusagen als dessen Latenzphase.

Abbau von Unlust ist zwar nicht Erzeugung von Lust, aber eine Art Vorarbeit dazu. «Es ist ein herrliches Gefühl, wenn der Schmerz nachläßt», erläutert in dem bekannten Irrenwitz einer seine Gewohnheit, sich mutwillig den Kopf zu stoßen. Als Witz mag das schwach sein; triebtheoretisch ist es stark. Wenn Trieb soviel wie Lust suchen und Unlust meiden heißt – und Bahnung optimaler Nervenwege zur Erregungsleitung ist nur ein neurologischer Ausdruck dafür –, dann muß der Trieb dort, wo Unlust sich nicht vermeiden läßt, in der Suche nach ihrem optimalen Abbau bestehen. Ganz uneinsichtig Freuds These, bei der Schreckbearbeitung durch Wiederholung sei das Lustprinzip «außer Kraft gesetzt».[31] Es arbeitet lediglich inkognito an der Vorbereitung seiner selbst, philosophisch ge-

S. 38) Und auch wenn die ekstatischen Zustände des Schamanen sich nicht so fein säuberlich als «höhere», religiöse von natürlichen Krankheitszuständen abgrenzen lassen, wie Eliade gern möchte: ihr Prinzip ist das Umwenden von Schwäche in Stärke, die Umkehrung des Außersichseins von etwas, was einem widerfährt, in etwas, was man «meistert». Wo derart die Autorität der puren physischen Stärke (die freilich alles andere als «ritterlich-aristokratisch» ist), der Autorität jener Umwendungsstärke zu weichen beginnt, da beginnt genau das, was Nietzsche Priesterpsychologie nennt.

[31] S. Freud, *Jenseits des Lustprinzips*, l. c., S. 239

sprochen: an den Bedingungen seiner Möglichkeit. Wie es religionshistorisch nicht stimmt, daß die Menschheit sich anfänglich in einer Phase ungehemmter magischer Wunschbildung, sozusagen einer frei flottierenden Allmacht der Gedanken befunden habe, bis dann die Erfindung des Opfers mit all ihrer Gewalt dazwischentrat, so stimmt es psychogenetisch nicht, daß zuerst ein ungegängeltes Lustprinzip am Werk sei, bis es dann von einem Realitätsprinzip überformt werde. Vom Wunsch des Säuglings nach umgehender oraler Befriedigung wissen wir nur, weil er schreit, wenn sie nicht eintritt. Das sogenannte «Prinzip» der Lust erkennt man daran, daß es nicht befolgt werden kann. Es steht von Anfang an unter Entbehrungsbedingungen. Wo es sich zu artikulieren beginnt, stößt es auf Widerstände, die es auf Umwege treiben. Das reine Lustprinzip hat, wie das Paradies, keine historische Realität. Das sogenannte Realitätsprinzip aber ist die Realität *des Lustprinzips*, denn die Realität des Triebs ist das Verspüren von Widerstand, das Gezwungensein, ihn zu überwinden, zu unterlaufen, zu umgehen, mit andern Worten: das Gezwungensein, intelligent zu werden. Und die Bewältigung des Schrecklichen durch seine Wiederholung ist die Intelligenzleistung, die das Menschentier zum *homo sapiens* werden ließ. Der traumatische Wiederholungszwang gehört bereits zur Realität des Lustprinzips, wie umgekehrt das positive Genießen von Lust eine Art vorgeschobenster Posten des Realitätsprinzips ist: ein gelungenes Fernhalten oder Umwenden von Unlust. Wie Abbau von Unlust latente Lust, so ist manifeste Lust das Latentgewordensein ihrer Störenfriede.

Was Freud *Jenseits* des Lustprinzips nennt, ist auch diesseits. Als umwendende Kraft, die, indem sie den Abbau von Unlust betreibt, auch schon am Aufbau von Lust arbeitet, ist der Wiederholungszwang der menschliche Trieb *par excellence*. Zu seiner kulturstiftenden Rolle wäre Freud aus den ihm wohlbekannten ethnologischen Forschungen das Material nur so zugefallen. Aber er verschwendet keinen Gedanken daran. Zwar knüpft er eine neue Definition von Trieb an den Wiederholungszwang, aber eine eigenartig vorkulturelle: «Ein Trieb wäre also ein dem belebten Organischen innewohnender Drang zur Wiederherstellung eines früheren Zustands». (246) Er bemerkt nicht, daß sich das als geradezu mustergültige Definition des kultischen Opfers lesen läßt – und assoziiert dazu ausschließlich Naturvorgänge. Die immergleichen Laichwanderungen der Fische und Wege der Zugvögel, das Durchlaufen der immergleichen Phasen vom Keim bis zum ausgewachsenen Organismus, die Trägheit des organischen Lebens als solchem – sie sind ihm

Zeugen dafür, wohin der Wiederholungszwang die Organismen dränge und treibe: zu einem Zustand, «den das Lebende einmal verlassen hat und zu dem es über alle Umwege der Entwicklung zurückstrebt». «Das Ziel alles Lebens ist der Tod». (248) Im Entstehungsstadium des Organischen sei dies Ziel noch geradlinig erstrebt worden: Die Spannung, die mit dem Lebendigwerden in die Materie eintrat, «trachtete danach, sich abzugleichen; es war der erste Trieb gegeben, der, zum Leblosen zurückzukehren» (248). So also führt Freud seinen berühmten Todestrieb ein: als Urtrieb alles Organischen. Und wie kam es, daß er nicht der einzige blieb? Angeblich dadurch, daß Organismen Keimzellen auszubilden begannen. Sie «bewahren wahrscheinlich die ursprüngliche Struktur der lebenden Substanz und lösen sich [...] nach einer gewissen Zeit vom ganzen Organismus ab» (249), beginnen ein Eigenleben und durchkreuzen damit die ursprüngliche Todesstrebung. «So arbeiten die Keimzellen dem Sterben der lebenden Substanz entgegen.» (249) Was sich in ihnen regt, «sind die eigentlichen Lebenstriebe», und so «ist es wie ein Zauderrhythmus im Leben der Organismen; die eine Triebgruppe stürmt nach vorwärts, um das Endziel des Lebens möglichst bald zu erreichen, die andere schnellt an einer gewissen Stelle dieses Weges zurück, um ihn von einem bestimmten Punkt an nochmals zu machen und so die Dauer des Weges zu verlängern» (250) – ein Prozeß, der «zu immer größeren Ablenkungen vom ursprünglichen Lebensweg und zu immer komplizierteren Umwegen bis zur Erreichung des Todeszieles» (248) geführt habe.

Der Eros ist nach dieser Vorstellung zunächst lediglich eine Selbstbehinderung des Todestriebs: nichts als dessen Umweg und Aufschub, den er sich durch die Abstoßung von Keimzellen selbst beschert hat. Sobald der Eros aber eingeführt ist, bekommt er den Status einer eigenen Macht, wird er als gleichwertiger Gegenspieler des Todestriebs und «das Leben selbst» als «ein Kampf und Kompromiß zwischen diesen beiden Strebungen»[32] genommen. Lassen wir die Ungereimtheiten beiseite, die unvermeidlich sind, wenn man einen Urtrieb unterstellt und ihn dann in zwei gleichwertige verdoppelt, die beide dem Gesetz des Spannungsabbaus folgen sollen, aber so gegensätzlich, daß der eine den Tod, der andere das Leben sucht, und jede konkrete Triebregung sowohl aufs Konto des einen wie des andern gerechnet, sowohl als Lust wie als Frust gedeutet werden kann.[33]

[32] S. Freud, *Das Ich und das Es*, Studienausgabe, Bd. III, l. c., S. 307

[33] Daß «man dort, wo Phänomene des Masochismus, der Selbstbestrafung oder dergleichen auftauchen, sich auf die Todestrieblehre stützend, mit der Ana-

Grundlegender sind die beiden «Wesens»eigenschaften, die Freud dem Urtrieb beilegt: konservativ und regressiv. Sie bedeuten durchaus Verschiedenes, die eine soviel wie sich erhalten wollen, die andere, in einen früheren Zustand zurück wollen. Freud tut so, als liefen beide auf dasselbe hinaus, als bewiesen beide einmütig und eindeutig, daß Spannungsabbau wollen nichts anderes sei als nicht mehr leben wollen, denn Leben *sei* Spannung. Das ist aber nur die eine Seite des Spannungsabbaus. Denn sobald Spannung nicht mehr bloß die physikalische zwischen unbelebten Dingen, sondern die organische innerhalb eines belebten Körpers ist, so «will» der von nun an etwas Unmögliches: vollkommenen Spannungsabbau *erleben*. Solange man etwas erlebt, ist der Spannungsabbau nicht vollkommen, denn Spannung *ist* Leben. Ist er aber vollkommen, dann wird nichts mehr erlebt; der Körper ist tot. Die Suche nach Lust ist der Versuch, dies Unmögliche zu realisieren, und in den wenigen Momenten, wo der Abbau so störungsfrei genossen werden kann, *als sei* er vollkommen, da gibt es einen Vorgeschmack dieses Unmöglichen, da kostet man, biblisch gesprochen, von den Früchten des gelobten Landes, in das man nicht gelangt. Nicht von ungefähr hat sich der große christliche Triebtheoretiker Augustin die ewige Seligkeit als Verewigung jener Glücksaugenblicke vorgestellt, in denen das Unmögliche realisiert scheint: «wo meiner Seele erstrahlt, was kein Raum erfaßt, wo erklingt, was keine Zeit wegnimmt, wo duftet, was kein Wind verweht, wo schmeckt, was keine Sattheit verleidet, wo sich aneinanderschmiegt, was kein Überdruß auseinanderlöst».[34]

Sofern jeder Organismus sich selbst erhalten will, ist er konservativ. Sofern er dabei aber zugleich vollkommenen Spannungsabbau sucht, ist er das Gegenteil von regressiv. Wohl ist unbelebte Materie älter als belebte, aber Unbelebtsein nicht der Urzustand des jeweiligen belebten Körpers, als wäre er zuerst da gewesen und hätte dann

lyse aufhört und meint, schon primäre, biologisch gegebene Tatsachen vor sich zu haben», oder daß «die Wirksamkeit der Traumzensur als Beweis für die Existenz des Todestriebs» genommen wird – das sind nur die krassesten Mißbräuche von Freudianern, die Otto Fenichel früh schon bemerkte (O. Fenichel, *Zur Kritik des Todestriebs*, 1935, in: ders., Aufsätze, Bd. I, Olten und Freiburg 1979, S. 369f.). Das Problem ist nur: Die Eros-Todestrieb-Lehre hat gegen solch beliebige Zuschreibung keinerlei methodische Bremse. Freud ist hier im Prinzip nicht anders verfahren, nur ungleich behutsamer als seine übereifrigen Schüler.

[34] A. Augustinus, *Bekenntnisse*, X, 6. Für diesen stillgestellten Glücksaugenblick hat sich später die Formel *nunc stans aeternitatis* (stehendes Jetzt der Ewigkeit) eingebürgert. Geprägt hat sie Boethius, *De Trinitate*, 4. Aber das, wofür sie steht, findet sich schon bei Augustin unübertroffen dargestellt.

erst Leben eingehaucht bekommen. Sobald er überhaupt etwas ist, ist er ein Zellgebilde, eine organische Organisation, und deren Suche nach vollkommenem Spannungsabbau ist nicht Suche nach einem anorganischen Urzustand, sondern nach etwas, was noch nie war. Sie ist nicht regressiv, sondern utopisch, die christliche Idee der ewigen Seligkeit die unüberbotene Objektivation dieser Utopie. Freuds Vorstellung vom regressiven Drang alles Organischen nach Wiederherstellung eines anorganischen Urzustands entstammt hingegen einer Sphäre, die ihm in diesem Zusammenhang nicht bewußt wird: der kultischen. Der Todestrieb ist genau wie das Verlangen konzipiert, das ein opferndes Kollektiv verspürt: sich mit seinem Ursprung in Einklang zu setzen. Nur daß der reale kultische Ursprung das Maximum an Unruhe bedeutet, nämlich traumatischen Schrecken, während Freud ihn als das gerade Gegenteil vorstellt: als anorganischen Ruhezustand, den angeblich alles Organische ersehnt. So deckt er den traumatischen Wiederholungszwang mit seinem Gegenbild zu, bettet ihn gleichsam zur Ruhe, hüllt ihn in das Gewand eines vorkulturellen Naturtriebs, worin die blutige Grundhandlung des Kultus als etwas ganz Natürliches erscheint: als die Selbstaufopferung, Selbstauflösung, nach der alles Fleisch von sich aus drängt. Diese Verhüllung erfüllt den Tatbestand der Verdrängung. Schon der Titel *Jenseits des Lustprinzips* läßt ja programmatisch anklingen, was Freud vorhat. Der traumatische Wiederholungszwang soll ins Jenseits des konkreten Wirkungskreises der Psychoanalyse, in die vorpsychologische Sphäre reiner Biologie und Physiologie, verbannt werden. Aus diesem Jenseits findet er von nun an nur noch so in die psychoanalytische Theorie und Praxis Einlaß, wie der latente Traumgedanke in den manifesten Trauminhalt: zensiert. Entweder explizit als Wiederholungszwang, dann aber nur noch als neurotischer, aus den psychosexuellen Störungen der ödipalen Dreieckssituation erwachsener;[35] oder aber als Repräsentant des Todestriebs, der als in steter Mischung und Entmischung mit seinem Widerpart, dem Eros, befindlich vorgestellt wird. Der Mischungsgedanke ist dabei ein wahrer Helfershelfer der psychoanalytischen Zensur. Er ist äußerlich genug, um keinen der beiden sich mischenden Triebe innerlich anzutasten, und Joker genug, um überall einsetzbar zu sein, wo fundamentale Gefühlsambivalenz, sei es bei Sadismus, Masochismus, Kriegs- oder Unterwerfungsbereitschaft, nach schneller Erklärung verlangt. Sogar den «Sinn der Kulturentwicklung» liefert er: «Sie muß uns den Kampf zwischen Eros und Tod, Lebenstrieb und Destruktionstrieb zeigen, wie er sich

[35] S. o. Anm. 24

an der Menschenart vollzieht.»[36] Solcher Gemeinplatz ist der Preis dafür, daß Freud eine der aufregendsten Entdeckungen seines Alters nicht ernstlich an sich heranlassen konnte. Er darf den traumatischen Wiederholungszwang nur so weit einbeziehen, wie seine kulturstiftende Gewalt unkenntlich bleibt. Sonst wäre die gesamte sexualitätszentrierte, auf dem ödipalen Konflikt basierende psychoanalytische Arbeit erschüttert. Der Todestrieb ist genau die «Erklärung», will sagen, die Chiffre des traumatischen Wiederholungszwangs, die diese Erschütterung abwehrt. Sie ist für die psychoanalytische Theorie das, was der Traum für den Schlaf ist: Hüter.[37] Sie sorgt dafür, daß Freud

[36] S. Freud, *Das Unbehagen in der Kultur*, Studienausgabe, Bd. IX, Frankfurt am Main 1974, S. 249

[37] Nicht von ungefähr ist der Todestrieb nicht Freuds persönliche Marotte geblieben. Sein ambivalentes Verhältnis dazu (bloß «Spekulationen», die «anfangs nur versuchsweise vertreten» wurden, «aber im Laufe der Zeit haben sie eine solche Macht über mich gewonnen, daß ich nicht mehr anders denken kann» [*Das Unbehagen in der Kultur*, S. 246 f.]) hat sich auf den ganzen psychoanalytischen Diskurs übertragen. Selbst Fenichel, der am Todestrieb sowohl das Fehlen einer «somatischen Triebquelle» moniert, «die das psychische System erregbar und mit Hilfe von sensorischen Reizen tatsächlich erregt macht», als auch die dann fällige «Veränderung an der Quelle, die der ‹Abfuhr› der Erregung=Entspannung gleichkommt», und es insofern für unmöglich hält, «den ‹Todestrieb› als eine Triebart einer anderen Triebart entgegenzustellen» – er ist weit davon entfernt, «die Tatsachen wie die philosophische Tiefe, die der Freudschen Hypothese zugrunde liegen, zu leugnen». «Sehr tief und eindrucksvoll erscheint eine biologische Verallgemeinerung des Nirwanaprinzips.» «Daß das Leben ein ‹Ablauf zum Tode hin› ist, scheint mir zutiefst dem Wesen der Lebenserscheinungen gerecht zu werden.» (Op. cit., S. 364 f. und 370) – Die dualistische Vorstellung eines durch Eros und Todestrieb gespaltenen und hin- und hergerissenen Lebens hat unzweifelhaft auch bei Melanie Kleins minutiöser Analyse der frühkindlichen Aufspaltung der Mutterbrust in einen «guten» und einen «bösen» Anteil Pate gestanden und den Blick für die Mikrologie und die Bedeutung dieses Spaltungsprozesses für die Konstitution des kindlichen Selbst durchaus geschärft, also heuristisch produktiv gewirkt, ohne selbst dabei wahrer zu werden (cf. etwa M. Klein, *Bemerkungen über einige schizoide Mechanismen*, 1946, in: dies., Gesammelte Schriften, Bd. III, Frankfurt am Main 2000). Der Todestrieb-Gedanke hat auch dann sein Gutes, wenn, sozusagen in seinem Windschatten, Psychoanalytiker bereit werden, sich vital Traumatisierten, etwa KZ-Überlebenden, zu öffnen und das eigene Trauma-Verständnis zu vertiefen, auch wenn dadurch die These, «daß das Trauma, indem es einen Zustand der Triebentmischung und der Aufhebung libidinöser Besetzungen schafft, den Todestrieb freisetzt» (D. Laub, *Eros oder Thanatos*. Der Kampf um die Erzählbarkeit des Traumas, in: Psyche 9/10, 2000, S. 862), nicht stringenter wird. – Umgekehrt wird man nicht jeder Kritik am Todestrieb froh. Seine gesellschafts-

auch in seinen Spätschriften eisern an der Vorstellung festhalten kann, Kultur verdanke sich einem kapitalen Sexualverbrechen und seiner Abbüßung. Weiterhin erzählt er den Mythos vom mächtigen Urvater, der alle Frauen der Horde für sich beanspruchte, alle Söhne wegscheuchte, die an ihnen ihre Brunst kühlen wollten, «sein Ende fand in einer Empörung der Söhne, die sich gegen den Vater vereinigten» und gleichwohl über die Söhne posthum siegte: «Um miteinander in Frieden leben zu können, verzichteten die siegreichen Brüder auf die Frauen, derentwegen sie doch den Vater erschlagen hatten, und legten sich Exogamie auf.»[38]

«Tode ti»

Nun, kein moderner Forscher weiß genau, wie es am Ursprung der Kultur zugegangen ist. Keiner war dabei. Dennoch: So leicht, wie Freud hier suggeriert, ist Triebverzicht sicher nicht entstanden. Er steht nicht am Anfang der Kultur, sondern ist selbst schon ein fortgeschrittenes Kulturprodukt. Wesen, die ihn üben wollen, müssen in der Triebumwendung bereits hochgradig geübt sein. Um zu bemerken, daß es in bestimmten Situationen «besser» sein könnte, dem Trieb zur sexuellen Befriedigung nicht nachzugeben, müssen sie bereits eine Erfolgsgeschichte der Triebumleitung durchlaufen haben: gelernt haben, sich in einen außergewöhnlichen Zustand zu versetzen, der Unlust abfedert und tendentiell in Lust umwandelt. Mit andern Worten: Sie müssen in der Fähigkeit zur Ekstase schon recht weit gekommen sein. Ekstasetechnik ist nicht notwendig Askesetechnik, aber Askesetechnik ist eine sublime Form von Ekstasetechnik. Völlig anachronistisch daher die Vorstellung, daß Söhne ohne jede Kulturübung, ohne die geringste Ahnung davon, was Triebumwen-

kritische Dechiffrierung, für die Herbert Marcuse bekannt geworden ist, besteht lediglich darin, das Freudsche Todestriebkonzept kritiklos nachzuerzählen und dann unter den Vorbehalt zu stellen, unter «nicht-repressiven Bedingungen» wäre selbstverständlich alles anders. «Wäre der erreichte Lebenszustand erfreulich und wünschenswert, so würde das der unbewußten Anziehung, die die Triebe auf einen ‹früheren Zustand› zurückzieht, erfolgreich entgegenwirken. Die ‹konservative Natur› der Triebe käme in einer erfüllten Gegenwart zur Ruhe. Der Tod hörte auf, ein Triebziel zu sein.» (H. Marcuse, *Triebstruktur und Gesellschaft*, 1955, dt. Frankfurt am Main 1973, S. 219 und 232) Das ist für «kritische Theorie» entschieden zu arglos.

[38] S. Freud, *Der Mann Moses und die monotheistische Religion*, Studienausgabe, Bd. IX, l. c., S. 575 f.

dung ist, sich durch das gemeinsame Erschlagen des Urvaters zu der hohen Kulturleistung des schlechten Gewissens aufgeschwungen haben könnten samt der Einsicht, statt so weiterzumachen wie der Alte, sei es viel besser, sich den Triebverzicht einer exogamen Heiratsordnung aufzuerlegen. Das ist ähnlich an der Langwierigkeit historischer Entwicklung vorbeigedacht wie wenn man unterstellte, die Menschheit habe beim ersten Empfinden von Ungenügen an der Verständigung durch Rauchzeichen kurzerhand die Post erfunden oder beim ersten Unbehagen an der Dumpfheit rituellen Getrommels die Klaviersonate. Auch wenn niemand einen empirischen Bericht über die Entstehung der sexuellen Enthaltsamkeit geben kann: Ihre frühesten Erwähnungen findet sie, quer durch alle Kulturen hindurch, als ritueller Ausnahmezustand, in den Buße, Trauer, Menstruation oder lebenswichtige Stammesvorhaben nötigen. Es ist ein Zustand, der von Opfern begleitet ist oder sie begleitet, wenn die Abstinenzleistung nicht sogar selbst als Opfergabe dargebracht wird. Und rechnet man das physiologische Raffinement daran mit, daß hier eine Ekstase geübt wird, die nachhaltiger und effektiver wirkt als Trance oder Rausch, die das klare, planende Bewußtsein nicht trübt, vielmehr zu seiner Sammlung beiträgt (nahezu als fester Posten bei der Vorbereitung auf Jagd- und Kriegszüge), zudem leichter erträglich ist als Selbstverstümmelung und Nahrungsentzug und somit beim In-Regie-Nehmen des Schreckens, beim Abfedern von Unlust durch Unlust und Umwenden von Unlust in Lust ein hochgeeignetes Übungsstück für Fortgeschrittene darstellt, dann spricht alles dafür, daß die historischen Anfänge der sexuellen Enthaltsamkeit tatsächlich dort zu suchen sind, wo die ältesten Dokumente sie lokalisieren: im Kult. Die Fähigkeit und Bereitschaft, sie zu üben, dürfte mit ihrer Entdeckung als magischem Mittel Hand in Hand gegangen sein, und erst nachdem sie sich im Kraftfeld des Opferrituals zur Kulturtechnik ausgebildet hatte, wurde sie auch als profanes Herrschaftsmittel einsetzbar.

Auch die menschliche Stimme wird sich zur gegliederten Sprache zunächst nur in dem Maße entwickelt haben, wie sie als magisches Mittel in den großen Schreckbearbeitungsprozeß eintrat, dessen Konzentrat das kultische Opfer darstellt. Noch bei heutigen Kindern macht sich der Stimmlaut zuerst als Bote von Unlust bemerkbar, und wo er anfängt, sich auf Objekte zu beziehen, ist er zunächst bloß akustische Untermalung des Greifens nach und Deutens auf etwas – noch nichts, was aus der mimisch-gestischen Ganzkörpertätigkeit als etwas Eigenständiges herausgetreten wäre. Und selbst unter modernen Kulturbedingungen, wo jedes Kleinkind, wie schlecht es sonst auch behandelt werden mag, verglichen mit der Frühzeit des *homo sapiens* in bestimmter Hinsicht in Watte gepackt aufwächst, nämlich eingebettet in ein schon funktionierendes Gesellschafts- und Sprachsystem, das, bei allem, was man sonst gegen es sagen kann, als Schutzschicht gegen die Einbrüche unmittelbaren Naturschreckens hohe Leistungsfähigkeit beweist – selbst unter modernen Kulturbedingungen ist die Verwandlung des Stimmlauts vom Anhängsel des Mimisch-Gestischen zu einem eigenen Ausdruckssystem ein anstrengender Prozeß. Nicht auszudenken, wie mühselig sie ohne Schutzschicht und vorgebahnte Wege gewesen sein muß, und schlechterdings unvorstellbar, wie sie anders als unter gewaltigem Zwang hat vonstatten gehen können: eben dem zur Wiederholung. Wenn es richtig ist, daß die sogenannte Interjektion, nämlich «der einzelne, von einem übermächtigen momentanen Eindruck abgedrungene Affekt- und Erregungslaut»,[39] das wesentliche physiologische Element der Sprache ausmacht, dann dürfte Sprache anfangs nichts anderes gewesen sein als unter Wiederholungszwang entfaltete Interjektion.

Erst unter diesem Gesichtspunkt zeigt sich übrigens, wie genial Aristoteles' Formel für die primitive Benennungsleistung ist, um die herum sich das menschliche Sprachsystem gebildet hat: *tode ti*, wörtlich übersetzt: «dies da»[40]. Seine Beispiele dafür sind denkbar einfach: «dieser bestimmte Mensch oder dieses bestimmte Pferd».[41] Solche «Dies da» sind dasjenige, worauf alle Benennung sich stützt. Ohne jeweils ein «Dies da» als etwas «Unteilbares und der Zahl nach eines»[42] zu unterstellen, könnte man überhaupt nichts benennen; Sprache hätte an nichts festen Halt. So weit Aristoteles' philosophisches Argument. Interessanter ist freilich der Subtext, das geradezu archäologische Fingerspitzengefühl in seiner Formel: *Tode ti* ist ein unüberbietbares Kürzel für den gesamten Aufmerksamkeitsbildungsprozeß. Das bestimmte Pferd oder der bestimmte Mensch sind ja schon «Dies da» unter wohltemperierten Kulturbedingungen, wo ein durchgearbeitetes Sprachsystem für ziemlich alles, was einen umgibt und irgend Aufmerksamkeit erregt, ein Wort bereit hält. Aber dazu hat es erst einmal kommen müssen, und so viel haben wir neurophysiologisch gelernt: Derart aufmerksamkeitserregend, daß sich die mühselige Arbeit der Namensgebung daran heftet, das so lange geübte und wiederholte Formen einer bestimmten Lautkombination,

[39] E. Cassirer, *Philosophie der symbolischen Formen*, Teil 1, Darmstadt 1994, S. 133f.

[40] Aristoteles, *Kategorien*, V, 3b

[41] Op. cit., V, 2a

[42] Dafür steht das griechische *atomon*, lateinisch: *individuum*; op. cit., II, 1b

bis ein festes verfügbares Wort, ein Eigenname daraus geworden ist, ist nicht irgendein beliebiges «Dies da», sondern nur das «Dies da» *par excellence*: der Schrecken. Er ist das Aufmerksamkeitsheischende schlechthin: unbedingte Präsenz, die alles andere verblassen läßt. Mit andern Worten: kategorisches «Da». Schrecken ist bekanntlich kein Ding, sondern Ereignis. Das Wort bleibt denn auch in der Schwebe zwischen dem, was den Schrecken auslöst, und seiner Empfindung, und genau diese Unentschiedenheit zwischen Objekt und Subjekt bildet die aristotelische Formel nach. Sie nennt kein bestimmtes Objekt, sondern steht für jedes bestimmte Objekt, aber nicht nur für das Objekt selbst, sondern ebenso für das Zeigen darauf: das nervliche Sich-Zusammennehmen auf einen aufmerksamkeitsheischenden Reiz hin. *Tode ti* ist kein Eigenname, wohl aber die Formel, die das Geheimnis der Namensbildung enthält. Namen sind ursprünglich artikulierte Interjektionen: Demonstrativa.[43] Sie richten sich nicht auf Allgemeines, sondern schlechterdings Singuläres: Inkommensurables. Und sie sind der Versuch, es durch Wiederholung kommensurabel zu machen: zu vergewöhnlichen. Mit andern Worten: Sie drücken anfangs nicht aus, was ist, sondern was überwältigt. Ihr Ausdrücken ist ursprünglich ein Wegdrücken. Sie beginnen nicht als Objektidentifikation, sondern als akustische Schreckabwehr. Namen sind Decknamen in dem doppelten Sinn, daß sie den Schrecken zudecken und den Sprecher vor ihm in Deckung bringen. Sprache beginnt als Chiffrensprache. Sie tut stimmlich, was der Kult insgesamt tut: eine Schutzschicht um jene Nervenbündel legen, die erst viel später *homines sapientes* heißen. Und die Gliederung von Interjektionen zu artikulierten Namen gehört zum Prozeß der Ritualbildung, der diese Schutzschicht herstellt.

Moderne Überlegungen zur Sprachentstehung sind stets in der Versuchung, implizit oder explizit ein schon existierendes Sprachsystem vorauszusetzen. Die ethnologische Suche nach religiösen Urworten etwa möchte besagte Worte wie kostbare, aus dem Boden einer schon halbwegs entfalteten Sprache gewachsene Pflanzen ernten, statt zu überlegen, ob es nicht gerade umgekehrt sei: daß Sprache die Entfaltung solcher Urworte ist, nur daß die zum einen im Zuge ihrer Entfaltung selbst ständig überarbeitet werden, zum andern erst im Rückblick, nachdem der Vergewöhnlichungsprozeß durch Artikulation, also die Benennung, die gewöhnlichsten, alltäg-

[43] Eine der wirklich gelungenen Formulierungen bei Otto, wo er die «altarabischen Gottheiten» «örtliche numina» nennt, «die eigentlich nichts sind als wandelnde Demonstrativpronomina» (l. c., S. 149).

lichsten Dinge und Vorgänge erfaßt hat, als «religiös» erscheinen. Mana, Tabu oder Manitu sind natürlich keine Urworte, sondern wohlartikulierte, geschliffene, über bloßen Widerhall des Schrekkens längst hinausgewachsene – so weit verallgemeinert oder vergewöhnlicht, daß sie auf alles anwendbar sind, was den Anschein des Ungewöhnlichen hat.[44] Und doch sind sie ferner Nachhall solcher Urworte, Erinnerung daran, daß es einmal Benennungen gegeben hat, in denen Namengebung und Schreckgestammel noch ungeschieden waren – ganz in dem oben dargelegten Sinne, daß Erinnerung zunächst Deckerinnerung war: In-Deckung-Gehen vor dem, woran man sich erinnerte. Daß der Name das «Wesen» einer Person oder Sache ausmache, daß, wer ihren Namen weiß, auch über sie selbst verfügt, ist zwar ein alter, von zahllosen Mythen und Märchen dokumentierter Glaube, aber in der Namensmagie schon ein die eigenen Ursprünge zudeckendes Spätstadium. Angefangen hat sie nicht mit dem Ausdruck des Wesens, sondern mit der Bannung des Unwesens, und das Unwesen *par excellence*, der Schrecken, ist das Negativ, von dem alle Vorstellungen eines Wesens, einer Essenz, eines Typus, Charakters, Ansich, Eigentlichen oder wie die Philosophie es sonst nannte, abgezogen sind. «Wesen» ist gebanntes Unwesen. Das kann heißen: unschädlich gemachtes, wie im berühmten Märchen von Rumpelstilzchen, wo die Königstochter ihr Kind rettet, indem sie den Namen dessen ausspricht, der es ihr rauben will, und damit seine Kraft – ihn selbst – zunichte macht. Gebanntes Unwesen kann aber auch befriedetes heißen. Die große Kehrtwendung des Wiederholungszwangs, den Schutz vorm Schrecklichen beim Schrecklichen zu suchen, vollzieht der Name im Kleinen nach. Er ist Schutz vorm Schrecklichen – zunächst in dem Sinne, daß er denjenigen, der ihn stammelt oder ausruft, vor etwas schützen soll, was ihn zu überwältigen droht. Wie aber das Schreckliche sich dabei ins Rettende verkehrt, so geht der Schutz *vor* etwas, den der Name erfleht, in den Schutz *für* etwas über. Das Benannte selbst soll geschützt werden, um dann seinerseits dem Benenner Schutz geben zu können.

[44] «So wird insbesondere von dem *Manitu* der Algonkin berichtet, daß der Ausdruck überall angewandt wird, wo die Vorstellung und die Einbildungskraft durch irgend etwas Neues, Außergewöhnliches erregt wird: wird etwa beim Fischen zum erstenmal eine bisher unbekannte Fischart gefangen, so stellt sich für sie alsbald der Ausdruck des ‹*Manitu*› ein [...] Die Ausdrücke des ‹*wakan*› und *wakanda* bei den Sioux scheinen auch etymologisch auf Interjektionen des Erstaunens zurückzugehen.» (E. Cassirer, l. c., S. 99)

Die verschiedenen Bedeutungsnuancen, die das Namengeben dabei angenommen und in einem Zeitraum übereinandergeschichtet hat, der sich eher in Jahrtausenden als Jahrhunderten mißt, lassen sich nirgends besser erschließen als an der berühmten Jesaia-Stelle, die mit Vorliebe für erbauliche Sonntagspredigten strapaziert wird: «Ich habe dich bei deinem Namen gerufen; du bist mein.»[45] Diese wenigen Worte enthalten das komprimierteste Namensgedächtnis. Die älteste Schicht des Namennennens ist darin durchaus noch vernehmbar: der verzweifelte menschliche Ausruf in der Situation des drohenden Todes. Ich rufe die todbringende Naturgewalt an, damit sie abläßt und «mein» wird. Solches Überwältigen durch Namengebung hat, wie gezeigt, klein angefangen: nicht als triumphierende Besitzergreifung, sondern als allmähliche, schleichende Umwertung des Schrecklichen in sein Gegenteil durch ständige zwanghafte Wiederholung. Namengebung ist zunächst nichts anderes als die stimmliche Seite solcher Umwertung. Das Unwesen soll, indem es einen Namen bekommt, zum «Wesen» werden: «mir gut», meine Schutzmacht. Der Schrecken soll bloß noch ihre Kehrseite sein, die nur dann zum Vorschein kommt, wenn die Schutzmacht nicht «gut» behandelt wird. Und erst über den Umweg der Schutzmacht entwickelt der Name identitätsstiftende Kraft. Die Schutzbedürftigen wollen den Schutz einer höheren Macht. Das drücken sie so aus, daß sie an deren Namen teilhaben wollen: daß *sie* es ist, die ihnen einen Namen gibt. Das ist die zweite Bedeutungsschicht im Jesaia-Zitat: Umkehrung des Benannten in den eigentlichen Namengeber. Das Ich, welches da beim Namen ruft, ist nun nicht mehr das armselig stammelnde menschliche, sondern Jahwe, die göttliche Macht schlechthin, und die *sucht* nicht Schutz, wenn sie benennt, sondern *gibt* ihn. Ferner ist das Du, das Jahwe bei seinem Namen ruft, nicht etwa ein Individuum, sondern ein Kollektiv: sein Volk Israel. Darin schlägt sich die Erinnerung an etwas nieder, was der Totemismus am deutlichsten aufbewahrt hat: daß Menschennamen zunächst Kollektivnamen waren, und zwar von Schutzmächten geborgte: Wir gehören der und der Schutzmacht an und tragen daher deren Namen.[46] Die noch deutlich

[45] Jes 43,1

[46] Wahrscheinlich stellen die Totemtiere, nach denen sich ein ganzer Clan benennt, schon relativ späte, gut fixierte Gestalten solcher Schutzmächte dar – und erst recht die anthropomorphen, mit differenzierten individuellen Zügen ausgestatteten Personengötter. Insofern ist die These, daß alle Namen ursprünglich Götternamen waren (cf. H. Usener, *Götternamen.* Versuch einer Lehre von der religiösen Begriffsbildung, Bonn 1896), nur richtig, wenn zweierlei dabei

durchscheinende, kaum übermalte Vorform des Jesaiazitats heißt also: «Ich habe dich bei *meinem* Namen gerufen ...» Die Endkorrektur von «meinem» in «deinem» hat daher einen Subtext: Dich bei deinem Namen rufen kann nur *ich*, denn er ist mein Abkömmling. Auch dies ist ein Kürzel für einen langen historischen Prozeß: Wo der Eigenname des Kollektivs sich von dem der Schutzmacht – Gottheit – zu unterscheiden beginnt, drückt er zunächst nur sein Abgeleitetsein von ihr aus. Einen Eigennamen haben heißt ihr zu eigen sein. Diese Zugehörigkeit ist insofern das «Wesen» des Benannten, als sie Frieden unter den Stammesgenossen stiften soll – und zum Opfer gehört kategorisch, daß es einmütig vollzogen werde. Erst spät dürfte der Eigenname dort angekommen sein, wo wir ihn heute zuerst wahrnehmen: beim menschlichen Individuum. Und auch dort anfangs auf schreckliche Weise. Einen Eigennamen bekommen heißt zunächst: aus der Menge der Stammesgenossen ausgezeichnet werden – als Opfer. «Ich habe dich bei deinem Namen gerufen, du bist mein» bedeutet in diesem Fall so viel wie: Du wirst geschlachtet, bist der Auserwählte, der die Einmütigkeit unter den andern herstellt, der Friedenstribut, Schutzzoll. Und erst im Zuge des allmählichen Zurücktretens vom Menschenopfer hat die «Besonderung» des menschlichen Individuums ihren Sinn wandeln und statt Absonderung des einzelnen in die absolute Schutzlosigkeit auch dessen *besondere* Schutzwürdigkeit heißen können. Mit andern Worten: Erst im Windschatten des Schreckens konnte sich jene zarte Schicht der Namensmagie bilden, die das Jesaia-Zitat allenfalls wie ein utopischer Firnishauch überzieht: «Du bist mein» im Sinne von rundum geborgen, die Herstellung solcher Geborgenheit als geheime Endabsicht des Namens, die gesamte menschliche Namengebung als Stellvertreterin dieser Endabsicht, so wie in der biblischen Schöpfungsgeschichte Adam stellvertretend, im Namen Gottes, den Tieren Namen gibt. Und dieser Stellvertretungsgedanke hat seinen bis heute unerledigten Sinn darin, daß das, was der Name, der einem Neugeborenen ja nicht bloß wie eine Kennummer, sondern wie ein Schutz, ein Segen gegeben wird, wünscht, tatsächlich nur durch einen allmächtigen und -gütigen

mitgesagt wird: 1. «Gott» ist hier in der ganz unspezifischen Bedeutung von Schutzmacht zu nehmen, nicht so, daß die ersten Menschen zu allem, was ihre Aufmerksamkeit erregte, sogleich tier- oder menschenähnliche Göttergestalten assoziierten. 2. Die Fixierung als Schutzmacht ist immer schon die zweite Phase der Namengebung, worin der erste entscheidende Umschwung, die Verwandlung dessen, wovor man Schutz sucht, in dasjenige, worin man Schutz sucht, schon stattgefunden hat.

Gott voll erfüllbar wäre: die ganz eigene, aber vollkommen unversehrte Entfaltung dessen, der diesen Namen trägt.

Die «Namensprache», die, nach der Deutung Benjamins, der paradiesische Mensch bei der Benennung der Tiere spricht,[47] ist das genaue theologische Gegenbild jener Namensprache, aus deren Schreckgestammel in der historischen Wirklichkeit das artikulierte Lautsystem hervorgegangen ist. Beide benennen schlechterdings Singuläres; nur handelt es sich im einen Fall dabei ums absolut Fremde, das sich offenbart, indem es schockhaft einbricht, im andern ums absolut Vertraute, das sich offenbart, indem es sich vorbehaltlos zu erkennen gibt. Das eine ist inkommensurabel als der Schrecken, der seinesgleichen nicht hat, das andere als das unvergleichlich Individuelle, Besondere, das von Schrecken nichts weiß. Die beiden Extreme aber berühren sich. Die paradiesische Namensprache imaginiert, was die Schreckabwehr des Namens in letzter Instanz intendiert: einen Zustand, worin es keinen Schrecken mehr gibt. Wo die Namensmagie utopisch wird, deckt sie nur ihren tiefsten Wunsch, ihren Triebgrund auf: den Lustimpuls in der Schreckbewältigung. Und sie spiegelt ihre eigenen Anfänge. Der Sündenfall nämlich, interpretiert als Heraustreten aus der paradiesischen Namensprache in die Sprache des Urteils, aus dem reinen Ausdruck des Inkommensurablen in seine Subsumtion, aus dem Offenbaren, was «Dies da» ist, ins Sagen, worunter es fällt, ist das Spiegelbild des Wiederholungszwangs, der auf umgekehrte Weise aus der Namensprache heraustritt: Bei seinem unablässigen Versuch, das Inkommensurable kommensurabel, das Unfaßliche faßbar, das Ungewöhnliche gewöhnlich, das Fremde bekannt, das Schreckliche vertraut zu machen, also zu subsumieren, wird er aus dem Stammeln von notdürftig artikulierten Interjektionen hinausgetrieben in die Entfaltung eines gegliederten Sprachsystems.

Wie sich diese Entfaltung im einzelnen vollzogen hat, wie aus Exklamationen allmählich feste Nomina wurden und sich Prädikate und Adjektive darum bildeten, ist hier nicht Thema, lediglich die spezifische Wiederholungsstruktur in diesem Prozeß: Wie sich bei stechendem Schmerz der ganze Körper gleichsam um das schmerzende Organ windet, als wolle er es nachträglich mit schützender Haut umgeben, so hat sich der Name wie ein Verband um den traumatischen Einstich des Schreckens gewunden und das Sprachsystem wiederum um den Namen. Ein doppeltes Zudecken hat dabei stattgefunden. Wie der Name das Herunterspielen des Schreckens, so ist die entfal-

[47] W. Benjamin, *Über Sprache überhaupt und über die Sprache des Menschen*, Ges. Schriften, l.c., Bd. II. 1, 1974, S. 152ff.

tete Sprache das Herunterspielen des Namens: seine Eingliederung in ein ganzes Sprachsystem. Die im Namen geballte Erregung verläuft sich in diesem System, der magische Abwehr- und Bemächtigungsimpuls neutralisiert sich zu einem Objektmarkierer, zu einem von vielen Bestandteilen eines differenzierten Klassifizierungsrasters. Und doch tritt der Name nicht so einfach ins Glied der Sprache zurück wie jedes Prädikat, Adjektiv oder jede Präposition. Wie das «Dies da», das er benennt, zwar mal dies oder das sein kann, aber im Akt der Benennung immer ein bestimmtes, unauflösliches Etwas bleibt, das der Sprache ihre Bestimmtheit überhaupt erst gibt,[48] so bleibt der Name dasjenige, woran Prädikat, Adjektiv, Präposition, Präfix, Suffix etc. haften und worum sie sich drehen, eine Art «erstes Wesen» also, wozu sich die übrige Sprache als das verhält, was bei Aristoteles *symbebekon* (lateinisch: *accidens*) heißt: Hinzukommendes.

Wesen und Hinzukommendes (Substanz und Akzidens) sind ein Begriffspaar, das in der abendländischen Metaphysik eine große Karriere gemacht hat, nur sozusagen an der falschen Stelle. Aristoteles, sein Protagonist, hat es vornehmlich auf Naturdinge und Artefakte angewandt, als erschlösse sich deren spezifische Konsistenz ausgerechnet dadurch, daß man sie in ein Inneres, Früheres, Haltbares, und ein Äußeres, Späteres, Zerstörbares, das eben bloß *hinzu*tritt, also auch hätte wegbleiben können, einteilt.[49] Für das Verhältnis von

[48] Noch der radikalste Konstruktivismus beansprucht, bestimmte, wohldefinierte Aussagen zu machen, und zwar über *etwas*: bestimmte, in gewisser Hinsicht konsistente Sachverhalte. Und die heißen bei Aristoteles die «Atome» der Benennung (*Kategorien*, II, 1 b). Ob es *an sich* Atome, d. h. konsistente, irreduzible Elemente sind, steht dahin, aber in bezug auf die Benennung müssen sie es sein, sonst läuft sie leer, hat nichts, was sie konsistent *macht*. Man darf das menschliche Benennungssystem gern eine Konstruktion nennen, wenn man nicht vergißt, daß keine Konstruktion ohne etwas sein kann, woraus sie konstruiert oder woran sie haftet. Auch Chiffre kann sie nur sein, wenn etwas *da* ist, was sie zudeckt. Und Schmerz und Schreck sind «da» wie nichts sonst, so sehr sie umgekehrt gerade das Paradebeispiel für die Unzulänglichkeit allen Benennens abgeben. Welche Worte reichen an sie schon heran. Das aristotelische *tode ti* bringt diese beiden Seiten auf ein und denselben Punkt. Einerseits ist es Wahrzeichen für die Unzulänglichkeit menschlicher Benennung, andrerseits unauflöslicher Stachel im Konstruktivismus: Hinweis darauf, daß die Konsistenz von Aussagen, gerade weil sie bloß relativ ist, niemals nur aus ihnen selbst stammen kann.

[49] Das erscheint nur plausibel, solange Aristoteles unverfängliche Beispiele wählt, etwa so: «[...] wir sagen ja auch nicht, Sokrates entstehe schlechthin, wenn er schön oder musisch wird, oder gehe zugrunde, wenn er diese Eigenschaften verliert, bleibt doch Sokrates selbst, das Zugrundeliegende, bestehen» (Aristoteles, *Metaphysik*, 983 b). Aber schon wenn «musisch» und «weiß» von

Name und Sprache macht das Begriffspaar hingegen Sinn. Zum einen wird hier schlagartig deutlich, was Akzidentien ursprünglich waren: Namenskrücken. Sie kommen dem Namen zu Hilfe wie die Krücken dem Gehbehinderten. Nur durch sie kann er gehen, aber gerade nicht so, wie er eigentlich möchte. Zum andern ist es auch heute noch völlig unbedenklich, den Namen das «Wesen» oder den «Grund» der Sprache zu nennen, wenn dabei mitgedacht wird, daß Wesen gebanntes Unwesen, Grund zugedeckter Abgrund heißt, und nicht, wie die philosophische Ontologie von Parmenides bis Heidegger über all ihre internen Differenzen hinweg einmütig suggeriert, unzerstörbar zuverlässiges und vernunftförmiges Weltfundament. Die Vorstellung eines solchen Fundaments ist avancierte Schönfärberei des Ursprungs. Am Ursprung steht die haarsträubende Gewalt des physiologischen Fehlschlusses, das erpreßte Gutheißen des Schrecklichen. Je älter die Mythologie, desto mehr hallt sie davon wider. Sie erzählt davon als einem Abgrund. Die Ontologie macht daraus ihren Grund. Zwar bearbeitet die Mythologie selbst schon den physiologischen Fehlschluß, dem sie entspringt: stilisiert, glättet, rationalisiert ihn in dem Maße, wie sie selbst subtiler und rationaler wird. Gleichwohl bleibt sie sein gewaltiges Echo. Auch wo sie die Namen längst in einen objektidentifizierenden Sprachfluß integriert hat, hört sie nicht auf, in einem ganz emphatischen Sinne kollektives Namensgedächtnis zu sein. Wie kämen wir dem Ursprung des Namens auf die Spur, wenn sie diese Spur nicht enthielte, wenn sie uns nicht davon erzählte, wie man die Toten bei ihrem Namen rief, um ihren Schrecken zu bannen, wenn sie nicht die Eigenart hätte, die Namen hervorragender Personen und Orte – in der Regel Heroen und Heiligtümer – mit der Aureole einer

Sokrates ausgesagt werden (cf. *Metaphysik*, 1007b), so haften ihm diese beiden Eigenschaften auf unterschiedliche Weise an. Kein Mensch kann ohne Hautfarbe entstehen und behält sie gewöhnlich bis zum Zerfall der Haut. Hier kommt nichts zum Subjekt hinzu, sondern ist zeitlebens da. Porphyrius hat an diesem Problem laboriert. «Akzidenz aber ist, was auftritt und verschwindet ohne Untergang des Subjekts. Es zerfällt in zwei Arten: trennbare und untrennbare Akzidenzien. Schlafen ist ein trennbares, Schwarzsein für Rabe und Äthiopier ein untrennbares Akzidenz», sagt er und redet sich dann einfach heraus: «aber der Rabe kann weiß und der Äthiopier kann ohne die Farbe vorgestellt werden ohne Untergang des Subjekts» (Porphyrius, *Einleitung in die Kategorien*, 5, in: Aristoteles, Kategorien. Lehre vom Satz, übers. v. E. Rolfes, Hamburg 1974, S. 23). Weg*denken* kann ich mir natürlich alles mögliche vom Subjekt, ohne es anzutasten: die Hautfarbe, das Skelett, das Nervensystem. Aber wenn diese Dinge wirklich wegfallen, ist auch das Subjekt weg. Untrennbare Akzidentien sind hölzerne Eisen.

etymologischen oder genealogischen Herleitung aus göttlichem Ursprung zu umgeben, ja wenn sie nicht sogar so weit ginge, Namengebung und Weltgründung ineinanderfallen zu lassen.[50] Wie könnten wir ohne das Namensgedächtnis der Mythologie begreifen, warum noch der kühlste moderne Sprachanalytiker das Gefühl nicht loswird, mehr zu tun als nur eine Kennummer auszugeben, wenn er seinem Kind einen Namen gibt? Und genau hier ist der Punkt, wo sich die Mythologie mit ihrem Gegenteil, dem kritischen Denken, berührt: sozusagen das beiden gemeinsame Guckloch hinter die Kulissen der Ontologie, durch welches das Sein, das Wesen, der Grund, die Substanz, die Essenz, das Ansich, das Fundament und wie ihre schönen Objektivationen sonst noch heißen mögen, sich als veräußertes, erstarrtes, selbstvergessenes Wünschen zu erkennen geben, als erkaltete, sich selbst verstellende Utopie – nicht minder allerdings als das Sprachsystem selbst, durch das sie fixiert wurden. Ja, auch Sprache erweist sich aus diesem Blickwinkel als Kulisse. Es nützt nichts, Wesen, Ansich, Substanz etc. als metaphysischen Spuk, als unsauberes

[50] Der Gott, der am Anfang des Alten Testaments die Welt ins Dasein ruft, indem er ihre kosmischen Elemente ausspricht, ist schon eine ontologisch geschliffene Spätform davon, die bloß noch erahnen läßt, was René Girard so schön «Gründungsgewalt» (R. Girard, *Das Heilige und die Gewalt*, Zürich 1987, S. 140) genannt hat – und die nirgends kompakter dargestellt ist als in Hesiods *Theogonie*, wo die jüngeren Götter jeweils über die älteren herfallen, bis schließlich der jüngste, Zeus, im Kampf gegen die Titanen so überwältigend siegt, daß dadurch die Welt «gegründet», d. h. zu einem in sich konsistenten Kosmos wird. «Um in der Welt leben zu können, muß man sie gründen – und keine Welt entsteht im ‹Chaos› der Homogenität und Relativität des profanen Raums. Die Entdeckung oder die Projektion eines festen Punktes, des ‹Zentrums›, kommt einer Weltschöpfung gleich», sagt Eliade (M. Eliade, *Das Heilige und das Profane*, Frankfurt am Main 1990, S. 24) und bringt reichhaltiges religionsgeschichtliches Material aus allen Kontinenten dafür bei, daß dieser Punkt, quer durch alle kulturellen Besonderheiten hindurch, als Punkt eines Einstichs, Einschlags, Einbruchs vergegenwärtigt wird. Ob repräsentiert durch einen in die Erde gerammten heiligen Pfahl, um den sich der Clan lagert und an den das Opfer gebunden wird, durch eine Säule, die sich als Weltachse in die Erde bohrt und in den Himmel ragt, durch einen Stein, der wie ein Meteor in die Erde eingeschlagen, einen Berg, der vulkanartig aus ihr hervorgebrochen wirkt, oder durch den Schnittpunkt des Kreuzes als des Symbols der vier Himmelsrichtungen – immer ist bei der Markierung des Zentrums ein Schock mitimaginiert, an eine «Gründungsgewalt» erinnert. Man kann die Fähigkeit der Mythologie, ihren eigenen traumatischen Ursprung kosmologisch abzubilden und dabei an Phantasie nur so überzuquellen, nur bewundern: Wie der Kult sich um den traumatischen Schrecken windet, so die «Welt» als Schutzschicht vorm Chaos um einen neuralgischen Weltmittelpunkt.

Denken auszutreiben und dann gereinigte Sprache an ihre Stelle zu setzen und auf korrekte Sätze genauso reservelos zu bauen wie die Metaphysiker einst auf Gott oder die Ideen. Hier gilt allemal Nietzsches Stoßseufzer: «Ich fürchte, wir werden Gott nicht los, weil wir noch an die Grammatik glauben ...»[51] Wer Sprache bloß für bare Münze nimmt, nicht auch als Attrappe, bloß als das, was sie sagt, nicht auch als das, was in ihr «durchgebrannt», erloschen, verstummt ist, verhält sich immer noch naiv gläubig zu ihr. Er mag ihre Sätze noch so akribisch analysieren und tappt doch bloß auf ihrer Oberfläche herum. Umgekehrt gesagt: Eine Sprachanalyse, die Sprache für nichts als einen gegliederten Lautverbund zur Identifikation und Mitteilung von Dingen und Zuständen hält und die darin untergegangene Namensmagie nicht zur Kenntnis nimmt, verfährt wie eine Psychoanalyse, die das Unbewußte ignoriert. In Adornos Worten: «[...] der Gedanke, der den Wunsch, seinen Vater, tötet, wird von der Rache der Dummheit ereilt.»[52]

Das Heilige: ein Profanisierungsprodukt

Keinmal fiel in diesem Kapitel bisher das Wort Sensation. Dabei drehte es sich ausschließlich um sie: um ihre Urgeschichte. Freilich, man hätte sich damit begnügen können, auf deren Oberfläche entlangzugleiten und zu bemerken, daß es spektakuläre Veranstaltungen natürlich nicht erst gibt, seit sie Sensationen heißen, daß Umzüge, Tänze, Theaterspiele, Wettkämpfe, Hinrichtungen und was sonst noch Massenaufmerksamkeit erregen kann, allesamt viel älter und vor allem sakralen Ursprungs sind. Man hätte den Opferkult als ihren historischen Kern bezeichnet und hervorgehoben, daß das Opfer ursprünglich Menschenopfer, blutiger Ernst war, bei dem es um Leben und Tod eines ganzen Clans ging. Wenn etwas die kollektive Aufmerksamkeit restlos in seinen Bann schlug, also in höchstem Maße aufsehenerregend war, dann das Opferritual, worin man das Heilige, die furchtbare göttliche Schutzmacht, vernichtend wie rettend gegenwärtig glaubte. So wäre man relativ schnell zu dem Resultat gekommen, daß der Inbegriff dessen, was wir heute sensationell nennen, für archaische Völker die Epiphanie des Heiligen war. Man hätte dann noch hinzufügen können, daß für die moderne Weltbevölkerung kaum mehr eine Begebenheit so spektakulär zu werden vermag, wie

51 F. Nietzsche, *Götzen-Dämmerung*, l.c., S. 78
52 Th. W. Adorno, *Minima Moralia*, § 79, Frankfurt am Main 1976, S. 158

es für antike Kollektive die kultischen Ereignisse waren. Wenn etwa die Feier der Wintersonnenwende alle Mitglieder eines Clans in sich hineinzog, ihnen das Gefühl gab, von ihrem ekstatischen, rückhaltlosen Vollzug des Opfers hänge der Umschwung von Untergang in Aufgang der Sonne, von Dunkelheit in Licht, Tod in Leben und damit nicht nur das Kommen des neuen Jahres, sondern der Fortbestand der Welt ab, so dürfte sie dieser Vorgang ungleich intensiver durchschauert, fasziniert, mitgenommen haben als das Erdbeben von Lissabon seine Zeitgenossen, sofern sie nicht unmittelbar davon betroffen waren, oder als die viel furchtbareren Verwüstungen des Wirbelsturms «Mitch» in Mittelamerika die Heutigen, die davon nur noch vorbeihuschende Bilder auffangen. Und was den Dionysien, den großen Weihespielen des alten Athen, gelang, nämlich alle Bürger der Polis – sofern frei und männlich, versteht sich – zu gebannten Zuschauern bei der Aufführung der neuen, eigens zu diesem Anlaß verfaßten Tragödien zu machen, also sie tatsächlich in *einem* Amphitheater um ein und dasselbe, alles andere in den Schatten stellende spektakuläre Ereignis zu scharen, das schaffen heute keine Olympischen Spiele, kein Rock Festival und keine Love Parade mehr. Natürlich liegt das an der Struktur der Kollektive, die heute komplexe, heterogene Massenzusammenballungen sind und nicht mehr homogene Sippen mit Wirkungskreis bis zum nächsten Bergrücken oder Flußlauf. Aber es liegt auch an den sich überstürzenden, miteinander konkurrierenden, audiovisuell vervielfältigten, verkürzten, verflachten Ereignissen selbst, denen zu nachhaltiger Wirkung kaum mehr Zeit gelassen ist. Gewöhnlich ist nicht einmal mehr eine Kleinfamilie für dasselbe TV-Programm zu gewinnen, weshalb die Zahl der Zweit- und Drittfernseher in Kinder- und Schlafzimmer rapide zunimmt. Kurzum, das schlechterdings Spektakuläre, von dem, soweit die eigene Erfahrung reicht, tatsächlich alle fasziniert sind, sprechen und zehren, gibt es praktisch nicht mehr, und insofern ist es richtig, festzuhalten: Heutige Sensationen sind unter globalen Konkurrenzbedingungen bis zur Unkenntlichkeit inflationierte, verblaßte Nachfahren der Epiphanie des Heiligen.

Nur was ist damit gesagt? Das Heilige ist ja nicht etwas, was sich von selbst versteht, gar eine «Kategorie a priori»,[53] sondern, wie gezeigt, ein Übersetzungsnotstand, ein nachträglicher Sammel- und Deckname für ungeheure Erregungsabläufe, die sich dahinter und darunter abgespielt und dabei nichts Geringeres konstituiert haben als das spezifisch menschliche Sensorium samt seinem besonderen

[53] R. Otto, l. c., S. 137

Vermögen zur Vergewöhnlichung durch Wiederholung, das wir heute Vernunft oder Geist nennen. Was bei Otto so eindrücklich *mysterium tremendum* heißt, war zunächst bloß durch Mark und Bein fahrendes *tremendum*, d. h. panischer Schrecken, und wo es als *mysterium* daherkommt, da ist es bereits mystifiziertes *tremendum*, da hat die Umdeutung der Schreckgewalt in eine Schutzmacht längst kulturbildend zu wirken begonnen – und läßt nun den Nachfahren, z. B. modernen Religionswissenschaftlern, ihr Produkt als den Ursprung schlechthin erscheinen: als die göttliche Allmacht höchstselbst, als das Heilige an sich, welches überall, wo es sich authentisch offenbare, das schaudernde «Gefühl des Numinosen»[54] errege und die Menschen mit einer Erlebnistiefe und Gefühlsfülle beschenke, gegen die sich jedes andere Gefühl und Erleben, ja die gesamte «natürliche» Sinneswahrnehmung als bloßes Gleichnis, als matter profaner Abglanz oder Nachhall ausnehme. Das ist religiöser Schwulst. Nicht minder ahistorisch und unpsychologisch allerdings die atheistische Gegenrechnung: Die zunächst einzig an ihren physischen Bedürfnissen orientierte Menschheit sei von dem Drang, «immer verwickeltere Verrichtungen auszuführen», schließlich auch zum Ausdenken religiöser Hirngespinste geführt worden. «Zur Jagd und Viehzucht trat der Ackerbau, zu diesem Spinnen und Weben, Verarbeitung der Metalle, Töpferei, Schiffahrt. Neben Handel und Gewerbe trat endlich Kunst und Wissenschaft, aus Stämmen wurden Nationen und Staaten. Recht und Politik entwickelten sich, und mit ihnen das phantastische Spiegelbild der menschlichen Dinge im menschlichen Kopf: die Religion.»[55]

Nein, der Ursprung des menschlichen Sensoriums ist weder religiös noch profan, das Heilige weder reale Ursprungsmacht noch entbehrliche Projektion, sondern unentbehrliche Chiffre. Die Bildung des spezifisch menschlichen Sensoriums und die Bildung dieser Chiffre sind derselbe Prozeß gewesen. Etwas darstellen, vorstellen, begreifen – anfangs ungeschiedene Tätigkeiten – hieß zunächst, sich dagegen zu wehren, sich davor zu schützen, es zuzudecken. Wie das spezifisch menschliche Spielen als Herunterspielen des Schrecklichen begonnen hat, so das spezifisch menschliche Identifizieren als Chiffrieren. Und diesen Vorgang des Zudeckens durch Vergewöhnlichung darf man genausogut Profanisierung nennen. Die Darstellung des Heiligen ist ja nichts anderes als das Bestreben, ihm seine furchtbare Fremdheit zu nehmen, es kommensurabel, umgänglich, vertraut, alltäglich zu machen, mit einem Wort: profan. Wie das Gedächtnis beim Versuch

[54] Op. cit., S. 138
[55] F. Engels, *Dialektik der Natur*, MEW 20, 1975, S. 450

des Vergessens entsteht, so das Heilige beim Versuch seiner Profanisierung. Durch sie gewinnt es überhaupt erst Gestalt, Verkörperung, Greifbarkeit, lange bevor sich herausstellt, daß damit bereits der erste Schritt zu seiner Entweihung getan ist. Die Gegenspielerin des Heiligen arbeitet zunächst als das Medium seiner Hervorbringung. Sie zeichnet seine Kontur, indem sie umreißt, was sich ihr widersetzt. «Mein Denken verhält sich zur Theologie wie das Löschblatt zur Tinte. Es ist ganz von ihr vollgesogen. Ginge es aber nach dem Löschblatt, so würde nichts, was geschrieben ist, übrig bleiben»,[56] notierte Benjamin einmal fast beiläufig und glaubte damit die Quintessenz dessen zu geben, was ihn zuinnerst bewegte. Seine Formulierung gibt aber weit mehr: eine Allegorie für die Konstitution des menschlichen Denkens überhaupt – und den Fingerzeig, daß aus dieser Konstitution das Heilige nicht wegzudenken ist. Wo Denken beginnt – und es beginnt, wie gezeigt, sehr roh und ungeistig – da ist es erfüllt vom Heiligen, aber nicht, weil es dies Erfülltsein so schön fände, sondern weil es das gerade Gegenteil will: das Heilige ganz aufsaugen, ohne Rest verschwinden lassen. Neurophysiologisch gesprochen: Es will die Absorption aller störenden, quälenden Erregung. Die vollkommene Absorption aber wäre die vollendete Profanisierung, das Erleben des vollkommen spannungsfreien Zustands, also jener stillgestellte Augenblick, «wo erklingt, was keine Zeit wegnimmt, wo duftet, was kein Wind verweht, wo schmeckt, was keine Sattheit verleidet, wo sich aneinanderschmiegt, was kein Überdruß auseinanderlöst». Nur daß der Profanisierungswille an dies selige Ende nicht kommt, weil es immer mehr an Erregung zu verarbeiten gibt, als ein Nervensystem verarbeiten kann. Das Heilige ist Chiffre für einen uneinholbaren Erregungsüberschuß. Er hört nicht auf, im menschlichen Nervensystem zu sitzen, solange die Nötigung zur Schreckbearbeitung nicht aufhört, und ein Denken, das sich diesen ebenso verwundenden wie stimulierenden Stachel ausreißen und von aller Metaphysik befreit fortfahren möchte, verfährt, als hätte es sich das Bergpredigtgebot «Ärgert dich aber dein rechtes Auge, so reiß es aus»[57] allzusehr zu Herzen genommen: Es verstümmelt sich.

Heutige Sensationen sind inflationierte, verblaßte Nachfahren der Epiphanie des Heiligen. Ja. Aber die menschliche Ursensation ist nicht das Heilige, sondern der Schrecken. Freilich nicht in dem Sinne, daß die Menschheit ihn erfunden hätte. Sie hat lediglich ein

[56] W. Benjamin, Notizen und Vorarbeiten zu den Thesen ‹*Über den Begriff der Geschichte*›, Ges. Schriften Bd. I, 3, l. c., 1974, S. 1235

[57] Matth 5,29

singuläres Mittel seiner Bearbeitung gefunden. Auch nicht in dem Sinne, daß sie anfangs 24 Stunden am Tag angsterfüllt gezittert hätte. Auch sie wird an Nahrung, Licht, Farben, Wärme, Körperberührung und Geschlechtsverkehr nicht minder Lust und Genuß gefunden haben als andere Säugetiere auch. Aber das ist nicht, was sie spezifisch geprägt, ihr einen eigenen Gattungscharakter gegeben hat. Charakter heißt, wörtlich übersetzt, Prägung, und es gibt keine Prägung ohne Druck, Stoß, Stich oder Schock. Was der Prägestock für die Münze, war fürs menschliche Nervensystem der Schock: ein erschütternder Verfestiger. Nur daß die Verfestigung hier nicht als einmaliges Starr-vor-Schreck-Werden stattfand, sondern in eigene Regie genommen und durch unablässige Wiederholung derart in die Länge und Breite gezogen wurde, daß die ritualisierten Formen von Sprache, Kult und Arbeit, die dabei entstanden, ein relatives Eigenleben bekamen. Einerseits sind sie erloschene, verglühte Gefühle, «durchgebrannte» Triebe und Wünsche, wie Freud so schön sagt, und insofern «abgestorben»: Ablagerungen des menschlichen Erregungshaushalts. Andrerseits gehören sie diesem Haushalt selbst an, wirken selbst filternd, mildernd, verfeinernd, verwandelnd, verstärkend daran mit, wie Erregung verläuft, wie konkret empfunden und wahrgenommen wird, und sind insofern gerade nicht äußere, abgestorbene «Rinde» oder «Zelluloidfolie» des menschlichen Sensoriums, sondern, wenn man schon bildlich sprechen will, dessen atmende Haut, die es nicht nur schützt, sondern auch zusammenhält und befähigt, sich beharrlich auf etwas, eine Sache, eine Person, eine Konstellation, ein Problem zu konzentrieren, mit andern Worten, weit über die Dauer unmittelbarer physischer Stimulation hinaus die synthetische Leistung einer langfristigen, nachhaltigen Aufmerksamkeit zu erbringen. Malebranche hat also nicht übertrieben, als er die Aufmerksamkeit «Gebet der Seele» nannte.[58]

Rückgang in den Grund

Damit stehen wir vor einem paradoxen begriffsgeschichtlichen Befund. Wenn die menschliche Ursensation der Schrecken, ein unbedingtes, kategorisches «Da» ist, dann heißt das: Als die Wahrnehmung spezifisch menschlich zu werden begann, entzündete sie sich

[58] Wenn diese Formulierung, die Benjamin ihm ohne Beleg zuschreibt, überhaupt von ihm stammt; cf. W. Benjamin, *Franz Kafka*, Ges. Schriften, Bd. II,2, l. c., S. 432

am Extrem, dem schlechterdings Erregenden. *Sensatio* wurde sie durchs Sensationelle *par excellence*. Nur durch den singulären Kunstgriff, es durch Wiederholung zu vergewöhnlichen, seinen Erregungsschwall zu temperieren, ist das, was sich heute als menschliches Sensorium ausnimmt und als Verbund bestimmter gleichsam fest vernetzter Wahrnehmungs- und Vergegenwärtigungsformen von Generation zu Generation fortzuerben scheint, eingeübt, eingespielt, eingeschliffen worden. Mit andern Worten: Das menschliche Sensorium, das uns als eine einigermaßen konstante Mitgift des *homo sapiens* vorkommt, ist das Resultat einer langen Deeskalation der Sensation, und zwar einer so langen, daß man sich bei ihrer zeitlichen Berechnung leicht um ein paar zehntausend Jahre verschätzen kann. Ihre ältesten noch greifbaren Kulturspuren sind allesamt schon Überlagerungen und Übersetzungen von erheblich Früherem. Sie markieren bereits das Spätstadium der allmählichen Beruhigung und Festigung des menschlichen Sensoriums zu einer homogenen Einheit. Und die letzten fünf Jahrtausende, durch Architektur, Bild und Schrift ungleich besser dokumentiert als alles Vorangegangene und daher oft mit «der» menschlichen Geschichte verwechselt, suggerieren uns diese Einheit schließlich als vollendete Tatsache. Natürlich gibt es weiterhin reichlich Aufregungen und Sensationen, die das Sensorium aus der Fassung bringen können. Aber diese «Fassung» ist dabei immer schon als sein Normalfall unterstellt, die Sensation als der vom Normalfall bloß abweichende Extremfall. Daß die Abweichung ursprünglich gerade umgekehrt verlaufen, der sogenannte Normalfall in Wahrheit bloß der beruhigte Extremfall ist, ist wie gelöscht. Nichts scheint mehr an den langen Vergewöhnlichungs- oder Profanisierungsprozeß zu erinnern, den das menschliche Sensorium auf dem Wege zum wohltemperierten Kulturzustand durchlaufen hat – einen Zustand, den die ersten systematischen Erkenntnis- und Wahrnehmungstheoretiker, Platon und Aristoteles, bereits in aller Selbstverständlichkeit wie eine Naturkonstante hinnehmen. Und das tun auch noch diejenigen, die zwei Jahrtausende später das lateinische *sensatio* in der allgemeinen, unspezifischen Bedeutung von Wahrnehmung, Empfindung in die Erkenntnistheorie einführen. Dennoch – mit diesem Wort ist ein Wendepunkt erreicht. Es beginnt seine Karriere zwar mit einem gravierenden Mißverständnis: der Verkennung von etwas kulturell Gewordenem als Natur. Doch seine Karriere besteht darin, über dies Mißverständnis hinauszuwachsen und es allmählich zu erhellen – durch die eigensinnige semantische Bewegung, in die es gerät. Wie es dabei seine Bedeutung von gewöhnlicher Wahrnehmung zur Wahrnehmung des Ungewöhnlichen,

Aufsehenerregenden, und schließlich zu diesem Erregenden selbst verschiebt, wurde im vorigen Kapitel gezeigt. Aber jetzt erst lüftet diese Bewegung ihr geschichtsphilosophisches Geheimnis. Sie erweist sich als eine soziale Großveranstaltung dessen, was die Neurophysiologie «prozedurales Gedächtnis» nennt. Sie tut nämlich nichts Geringeres als den jahrtausendelangen Deeskalationsprozeß der Sensation, vom Inkommensurablen zum Gewöhnlichen, von der Sensation schlechthin zur Sensation überhaupt, im Zeitraffer rückwärts zu durchlaufen und ihn durch die Prozedur der semantischen Reeskalation zu erinnern. Das ist kein bewußter Prozeß, aber ein in buchstäblichem Sinn aufschlußreicher. Er dröselt seine eigene Geschichte rückwärts auf wie Penelope abends ihr Gewebtes. Und selbstverständlich ist dieses Zurückgehen der Sensation in sich selbst nicht nur ein sprachlicher Vorgang. Daß ab 1780, über die Grenzen einiger Nationalsprachen hinweg, das Wort Sensation in der mitteleuropäischen Umgangssprache semantisch eskaliert und die Konnotationen von Aufsehen, von Erregung, Gärung, Unruhe und schließlich die des Aufsehenerregenden selbst annimmt, ist bloß Ausdruck einer viel umfassenderen sozialen Eskalation: des Übergangs der modernen Gesellschaft zum ganzjährigen Jahrmarkt, wo Marktschreierei und Sensationellsein zur allgemeinen Wahrnehmungs- und Lebensbedingung vergewöhnlicht werden. Aber dieser Übergang, eine schwungvolle Vorwärtsbewegung der bürgerlichen Gesellschaft, offenbart sich nun zugleich als weltgeschichtlicher Rückwärtsgang. Und genau diese Gegenläufigkeit in sich macht den Sachverhalt aus, der bei Hegel «Rückgang in den Grund» heißt. Daß die Logik der Sensation die Verlaufsform eines solchen Rückgangs hat, war am Ende des vorigen Kapitels noch ein vager Verdacht. Nun hat er die gesamte Urgeschichte der Sensation zum Zeugen. Es drängt sich der Gedanke auf, daß die Fluchtbahn, auf der die moderne Gesellschaft mit *high-tech*-Geschwindigkeit von ihren archaischen Ursprüngen wegdriftet, eben dorthin zurückführt, daß das Trommelfeuer industriell erzeugter Sensationen im Begriff steht, die Urgeschichte der Sensation im Krebsgang wieder herauszutrommeln.

Damit stellt sich ein weiterer Perspektivwechsel ein. Die brisanteste Bedeutungsnuance, die im vorigen Kapitel am Sensationsbegriff hervortrat, war zweifellos die von Unruhe, Gärung, Aufruhr, weshalb die Französische Revolution in jeder Hinsicht als *die* Sensation ihrer Epoche gelten durfte. Nun erweist sie sich als das erste große *highlight* eines weltgeschichtlichen Prozesses, der die großen sozialen Revolutionen unversehens erscheinen läßt, als wären sie nur die Vorhut und Außenseite einer weit radikaleren Revolution, nämlich einer physiologischen, die nicht nur jahrhundertealte soziale Hierarchien und Einstellungen in Unruhe und Gärung versetzt, sondern das seit Jahrtausenden temperierte, deeskalierte menschliche Sensorium selbst. Die darin sedimentierte Erregung wieder aufzurühren: das ist die neue Bedeutung, die dem Wort «Aufruhr» zuwächst. Die neue aber ist die älteste. Auch «Revolution» hieß ja wörtlich und ursprünglich «Zurückwälzung», ehe sich im 18. Jahrhundert allmählich einbürgerte, einen sich vorwärts wälzenden Aufstand und Umbruch darunter zu verstehen. Und nun, wo «Revolution» unter allgegenwärtigem Sensationsbeschuß eine nie gekannte tiefenphysiologische Dimension bekommt, beginnt, wie bei einem Palimpsest, die ursprüngliche Bedeutung des Wortes wieder hervorzutreten. Die hochtechnologische Umwälzung läßt deutliche Anzeichen einer Zurückwälzung ins Archaische erkennen. Ihre treibende Kraft aber ist der audiovisuelle Schock. Er gewinnt den Rang eines Wirbels der Menschheitsgeschichte. Sein profanes, flüchtiges, millionenfach inflationiertes «Da» ist ja nicht nur der Aufmerksamkeitsmagnet schlechthin, als der er sich im ersten Kapitel zeigte, sondern, wie sich nun herausstellt, zugleich der Universalerbe jener Ursensationen, die einst als Inbegriff des Heiligen erschienen. In dem Maße aber, wie er dies Erbe antritt, wird der audiovisuelle Schock zur *absoluten Sensation.*

4. Absolute Sensation

«The Pencil of Nature»

«Die grössten Ereignisse – das sind nicht unsre lautesten, sondern unsre stillsten Stunden»,[1] sagt Nietzsche. Und es dürften recht stille Stunden gewesen sein, als in der französischen Provinzstadt Chalon-sur-Saône die Sonne durch ein geöffnetes Fenster auf eine Steinplatte schien, die ein findiger Mann dort im Dunkeln aufgestellt und mit lichtempfindlichen Substanzen behandelt hatte: Joseph Nicéphore Niépce, der Erfinder der Heliographie. Stolz schreibt er seinem Bruder am 16. 9. 1824, «daß es mir durch Verbesserung meines Verfahrens gelungen ist, eine Aufnahme (point de vue) zu machen, die so gut ist als ich es nur wünschen konnte [...] Diese Aufnahme ist von Deinem Zimmer von au Gras her aufgenommen worden, ich habe mich dazu meiner größten Kamera und meines größten Steines bedient. Das Bild der Gegenstände erscheint mit erstaunlicher Schärfe und Genauigkeit bis zu den kleinsten Einzelheiten und mit ihren feinsten Tonwerten. Da dieser Abdruck beinahe ohne Farbe ist, kann man über die Wirkung nur bei schräger Betrachtung des Steines gut urteilen. Dann erst wird sie dem Auge sichtbar infolge der Schatten und Lichtreflexe, und diese Wirkung ist, kann ich Dir sagen, geradezu zauberhaft.»[2] Jene stillen Stunden, in denen das Sonnenlicht erstmals die Umrisse der gegenüberliegenden Gebäude so auf den Stein zeichnete, daß man sie darauf genau wiedererkennen konnte, waren die Geburtsstunden des modernen Bildschocks.[3]

Nur wo war da der Schock? In der Verblüffung, bei günstiger Beleuchtung plötzlich diese Umrisse zu entdecken? Das war nur die Wirkung des Schocks. Er selbst war noch gar nicht faßbar, solange Stunden verstreichen mußten, bis die Sonne dem Stein seine Umgebung einzeichnete, während ein flinker Zeichner sie vielleicht in

[1] F. Nietzsche, *Also sprach Zarathustra*, l. c., S. 169

[2] J. N. Niépce, zit. n. B. Busch, *Belichtete Welt*, Frankfurt am Main 1995, S. 181

[3] Der Primat des Optischen im audiovisuellen Schock hat dazu geführt, daß seine akustische Seite in diesem Buch unterrepräsentiert bleibt. Sie ist andernorts Thema (cf. C. Türcke, *Zurück zum Geräusch*. Die sakrale Hypothek der Musik, in: Merkur 6/2001). Nicht von ungefähr ist für die Abfolge von Bildschocks ein musikalischer Begriff einschlägig: Stakkato. Im folgenden ist beim Wort Bildschock der Tonschock implizit mitzudenken, vom Filmbild an explizit (cf. Kapitel 1, Fn. 7).

wenigen Minuten skizziert hätte. Und dennoch war der Schock latent da: angelegt in der strukturellen Besonderheit der Heliographie. Zeichnen kann kein Mensch anders als nacheinander: zuerst diesen Strich, dann jenen, zuerst auf diesem Teil der Fläche, dann auf jenem. Das Sonnenlicht hingegen bearbeitet die ganze Fläche gleichzeitig und an jedem Punkt mit der gleichen Genauigkeit. Und darin steckt schon jenes «Auf einmal», das anfangs nur der Betrachter als ein plötzlich hervortretendes «Da» erlebte: «Auf einmal» sah er die Umrisse, weil die Sonne sie «auf einmal» gezeichnet hatte. Gleichzeitigkeit und Plötzlichkeit sind die beiden Seiten des «Auf einmal». In der Heliographie fallen sie noch auseinander. Das Licht «wirft» sich im Nu auf die Fläche, aber die Fläche vermag es noch nicht im Nu festzuhalten. Sie so zu präparieren, daß sie die lange Belichtungszeit auf *einen* Augenblick zusammenrafft, *jetzt* den Lichteindruck festhält und ihn als ein «Da» hervortreten läßt, das war nun die große Aufgabe – zu groß für den Privattüftler Niépce allein. Als er sich mit dem Schausteller und Geschäftsmann Daguerre zusammentat, der im Zentrum von Paris einträgliche Guckkästen betrieb, arbeiteten beide auf dieses «Da» hin. Daguerres Experimente mit Jodsilberplatten, auf denen Quecksilberdampf das Lichtbild zum Vorschein brachte, waren dabei ein gewaltiger Schritt vorwärts. Die französische Akademie der Wissenschaften begann sich für die neue Erfindung zu interessieren. Als es Daguerre 1839 gar gelang, sie unter seinem Namen, als «Daguerrotypie», der französischen Regierung zu verkaufen, da wurde gleichsam das Richtfest dieses neuen «Da» gefeiert.

Kaum war das Patent öffentlich bekannt gemacht, da «belagerte man bereits alle Optikergeschäfte, die freilich nicht genug Instrumente herbeischaffen konnten, um den Bedarf der hereinstürmenden Armee künftiger Daguerrotypisten zu decken. Nach einigen Tagen sah man auf sämtlichen Pariser Plätzen Kameras, die, auf Stative montiert, vor Kirchen und Palästen in Stellung gebracht worden waren. Sämtliche Physiker, Chemiker und alle übrigen Gelehrten der Stadt waren damit beschäftigt, Silberplatten zu polieren, und sogar die besseren Kolonialwarenhändler wollten sich unter keinen Umständen um das Vergnügen bringen, einen Teil ihres Vermögens auf dem Altar des Fortschritts zu opfern, ihn in Jod- und Quecksilberdämpfen dahinschwinden zu sehen.»[4] Es fehlte nur noch der industrielle Zugriff auf die neue Erfindung. Den allerdings vollzog nicht Daguerre, sondern Fox Talbot. Ihm gelang 1841 die «Kalotypie»: das Festhalten von Lichtbildern auf vergleichsweise billigem, mit Sil-

[4] Zit. n. B. Busch, l. c., S. 212

bernitrat und Kaliumjodid behandeltem Papier statt auf teuren Silberplatten – in einer Belichtungszeit von einer halben Minute statt einer Stunde. Und dieses Papier, die Urform des photographischen Negativs, auf Positive umzukopieren: das war nur noch «eine rein mechanische Angelegenheit, ein guter Aufseher wäre in der Lage 20 Arbeiter anzuleiten».[5] So entstand 1843 die erste photographische Manufaktur. Dort ließ Talbot das erste photographisch illustrierte Buch herstellen: *The Pencil of Nature*.

Daß die Natur mit ihrem eigenen Stift zeichnet und, wenn man sie nur läßt, sich selbst getreuer abbildet als jeder Maler: das war eine Kriegserklärung an die gesamte bildende Kunst. Allen, die da brotlos oder um ihren Kunstgenuß gebracht zu werden drohten, war die Photographie folglich nicht geheuer. Heute werden sie gewöhnlich als rückständig belächelt. Dabei war der Verdacht, daß es da nicht mit rechten Dingen zugehe, alles andere als abwegig. Schon Niépce nannte die Bilder, die ihm das Sonnenlicht auf den Stein zeichnete, gelegentlich *rétines* – Netzhäute. Das war einerseits zwar plausibel; wußte man doch seit langem schon, daß das menschliche Auge wie eine *camera obscura* funktioniert. Eine solche *camera* bauen hieß also, sich am Nachbau des menschlichen Auges zu versuchen. Aber nun eine künstliche Netzhaut vor sich zu sehen und darin einen einzigen Augen-Blick in versiegeltem Zustand – das war gleichwohl gespenstisch. Daguerres erste Porträts getraute man sich denn auch nicht lange anzusehen. «Man scheute sich vor der Deutlichkeit der Menschen und glaubte, daß die kleinen winzigen Gesichter der Personen, die auf dem Bilde waren, einen selbst sehen könnten.»[6] Und so kommt es, daß in diesem Augen-Blick, der einen selbst so ansieht, daß man sich bei ihm, wie bei einem gerade Gestorbenen, nicht ganz sicher ist, ob er vielleicht doch noch lebt, durch einfache chemische Reaktionen der Schauder archaischen Totenkults leise wieder aufgerührt wird. Die mit Silbersalzen und Jodlösungen behandelten Papierflächen tun ja nichts als durch Licht dunkel werden. Sie lassen lediglich geschehen, daß der Augen-Blick auf ihnen hervortritt. Das Unheimliche ist, wie aktiv sie in dieser Passivität sind: Sie lösen aus dem Kontinuum ungezählter Augenblicke einen einzigen heraus und stellen ihn still. Nun, könnte man sagen, tat das nicht auch schon der alte Jagdzauber, als er dazu animierte, Wisente auf Höhlenwände zu malen? Keine Frage, der gemalte Wisent ist ein stillgestellter: in den

[5] W. H. F. Talbot, zit. n. B. Busch, l. c., S. 194

[6] W. Benjamin, *Kleine Geschichte der Photographie*, in: Ges. Schriften, Bd. II. 1, l. c., S. 372

Zustand der Totenstarre versetzt. Man malt ihn nicht auf, um der verblassenden Erinnerung an ihn neue Lebendigkeit zu geben, sondern weil er in der Erinnerung lebendiger als einem lieb ist und man ihm genau dieses Leben nehmen will. Die Malerei stellt still durch Verdichtung: Alle Erfahrungen, die man mit dem lebendigen Tier gemacht hat, werden auf einen Aspekt, eine Pose, einen Ausdruck zusammengedrängt. Die Photographie hingegen stellt still, indem sie aus dem Raum-Zeit-Kontinuum einen einzigen Augenblick herauslöst. Sie «stellt» ihn in doppeltem Sinn: wie der Wachmann den Dieb und wie der Regisseur die Szene. Nie bietet sie den Augenblick an sich dar, sondern stets das, was sie aus ihm gemacht hat – was freilich nur möglich ist, wenn etwas *da* war, was sich stellen *ließ*, etwas Ungestelltes, das sich tatsächlich auf der künstlichen Netzhaut abgezeichnet hat. Sonst wäre da nichts zu sehen. Jedes Photo strahlt daher unhintertreiblich ein «Es-ist-so-gewesen» aus,[7] auch wenn jedes zugleich zu verstehen gibt, daß es *so* gerade nicht gewesen ist. Einen Augenblick aus dem Raum-Zeit-Kontinuum herauslösen heißt ja immer auch, ihn aus einem verschwindenden in einen stehenden zu verwandeln, ihm Nachdruck und Bedeutung aufzuladen, wie er sie nie hatte, ihn nachträglich als etwas erscheinen zu lassen, was er nie war. Und dennoch ist *er* es, der da anders erscheint als er war. Seine trügerische Erscheinung ist der einzig mögliche Ort seiner Aufbewahrung: sozusagen seine Zufluchtstätte.

Jedem beliebigen Augenblick kann solche Metamorphose widerfahren, «denn das Gerät verzeichnet getreu, was immer es sieht, und würde sicher einen Schornstein oder Schornsteinfeger mit der gleichen Unvoreingenommenheit abbilden wie den Apoll von Belvedere».[8] Als Auge ist es vollkommen gleichgültig. Das kann zweierlei heißen; zum einen: Es hat für jeden Augenblick die gleiche Hingabe, widmet sich einem Schornsteinfeger, Wischlappen oder Essensrest, als wäre er das

[7] R. Barthes, *Die helle Kammer*, 1980, dt. Frankfurt am Main 1985, S. 87. Mit der digitalen Photographie ist das nur graduell, nicht prinzipiell anders geworden. Zwar kann man sich weniger denn je darauf verlassen, daß das, was man auf dem Photo identifiziert, sich auf seinem Negativ zuvor eigens abgezeichnet hat, wenn das «Negativ» nur noch aus elektronischen Impulsen besteht, die in verschiedenster Weise kombinierbar sind. Und dennoch hat auch dieses «Negativ» irgendwann als *Engramm* begonnen. Etwas hat sich darin tatsächlich abgezeichnet, ehe es, vielleicht bis zur Unkenntlichkeit, manipuliert wurde. Das «Es-ist-so-gewesen» verschwindet nicht, es rückt nur ferner – in dem Maße, wie die digitale Technik ein ganzes Arsenal neuer Möglichkeiten eröffnet, den Augenblick zu stellen und zu verstellen.

[8] W. H. F. Talbot, *The Pencil of Nature*, zit. n. B. Busch, l. c., S. 200

mysterium fascinans höchstselbst – mit einer Aufmerksamkeit, die in ihrer zeitlichen wie räumlichen Konstanz jedes lebendige Nervensystem übertrifft. Ein Mensch kann seine Beobachtung nur sehr begrenzte Zeit voll auf eine Sache konzentrieren, und das Netzhautbild, das er dabei von ihr hat, ist auch nur im Zentrum, um die Fovea herum, ganz scharf. Zu den Rändern hin verschwimmt es. Die Kamera hingegen ermüdet nicht. Ihre Bilder sind, wenn gelungen, allesamt und jedes einzelne bis in die äußersten Winkel gleichmäßig scharf, ihre Randverzerrungen nahezu unmerklich, und das menschliche Auge kann, etwa mithilfe eines Vergrößerungsglases, nachträglich jeden photographisch festgehaltenen Augen-Blick studieren und all die winzigen Schattierungen, Falten, Risse, Maserungen etc. darauf entdecken, die ihm selbst an Ort und Stelle entgangen sind oder nie auffallen würden.[9] So gesehen, ist das Kameraauge übermenschlich. Erst durch seine Fähigkeit, ein beliebiges Hier und Jetzt festzuhalten, fällt dem lebendigen Betrachter dessen Detailfülle zu.[10] Allerdings um einen hohen Preis. Die Fülle ist erstarrt – leblos. Unwillkürlich erinnert die Photographie daran, was «abbilden» ur-

[9] «The naturalist is to have a new kingdom to explore, as much beyond the microscope as the microscope is beyond the naked eye.» (Aus einem Brief Morses, «der im New Yorker Observer veröffentlicht wurde und durch den die Amerikaner zum erstenmal etwas über Daguerres Erfindung erfuhren» (zit. n. B. Busch, l. c., S. 222 f.).

[10] Nach Benjamin ist es bekanntlich das einzigartige Hier und Jetzt, was die *Aura* eines Bildes ausmacht. Damit meinte er vor allem das Hier und Jetzt des jeweiligen Bildes, kaum aber das Hier und Jetzt dessen, was das Bild festzuhalten trachtet. Daher seine vorschnelle Folgerung, die Vervielfältigungstechnik von Photographie und Film mit ihrer «Tendenz einer Überwindung des Einmaligen» bewirke «die Zertrümmerung der Aura» (W. Benjamin, *Das Kunstwerk im Zeitalter seiner technischen Reproduzierbarkeit*, Ges. Schriften, l. c., Bd. I. 2, S. 479). Überwunden wird die Einmaligkeit zwar auf der Bildseite. Vom Negativ lassen sich massenweise Abzüge machen. Auf der Objektseite hingegen geschieht dabei gerade das Gegenteil. Hier wird die Einmaligkeit überhaupt erst herauspräpariert. Erst die Photographie ist in der Lage, ein wirkliches Hier und Jetzt mit all seinen Zufälligkeiten festzuhalten, nicht bloß ein suggeriertes wie Gemälde oder Skulptur. Das «Es-ist-so-gewesen», das ich im photographischen Abzug in Händen halte und das mir zugleich unfaßbar entrückt ist, strahlt eine umgekehrte Aura aus: nicht die «einmalige Erscheinung einer Ferne, so nah sie sein mag» (ibid.), wohl aber die Erscheinung einer einmaligen Nähe, so fern sie sein mag. Umwälzung der Aura: Das ist möglich, wie gerade die Photographie zeigt. Aber eine Umwälzung, die alles Auratische abschüttelt, und das ausgerechnet kraft eines ästhetischen Mediums, dessen Zauber darin liegt, jedes Hier und Jetzt im Nu stillstellen zu können? Das ist ausgeschlossen.

sprünglich einmal bedeutete: stillstellen, töten. Einen Wisent an die Höhlenwand malen hieß ihm das Leben nehmen wollen. Man *bannte* ihn auf die Wand, machte ihn so zwar durchaus gegenwärtig, aber damit er unschädlich werde, nicht, weil man seine Gesellschaft so schätzte. Mit den ältesten Abbildungen steht es nicht anders als mit den ältesten Opferritualen: Auch zu ihnen bequemte man sich nicht freiwillig. Auch sie sind zunächst Zeugnisse zwanghafter Schreckbearbeitung durch Wiederholung. Die Maske, das Amulett, die Statue, das Wandbild: sie alle wiederholen, verkörpern, stellen dar, um das Dargestellte zu bannen und zu entmachten. Sie haben ein unvergleichlich höheres Kulturniveau als die ersten ritualisierten Interjektionen und Gesten, aber keine grundsätzlich andere Struktur. Das Bild – sei es als Skulptur, sei es als Wandgemälde, beginnt seine Karriere denn auch als Ritualzubehör. Was der Schrekkensschrei stimmlich, versucht die Stillstellung bildlich: einem Schrecklichen seine schreckliche Lebendigkeit zu nehmen. Und das Ruckartige, Plötzliche, Punktuelle, das der Photographie eigen ist, belebt jenen Ursinn der Bildproduktion wieder, der im Zuge ihrer Temperierung zur bildenden Kunst allmählich verblaßt war.

Nicht zufällig hält sich die Redewendung, daß man mit der Kamera Bilder «schießt» und dabei mehr oder weniger gut «trifft». Klar, der Photograph ist kein herkömmlicher Jäger, der das Tier selbst erlegt und als Beute mitnimmt. Er trifft bloß das Hier und Jetzt einer Sache, läßt es zum Augen-Blick erstarren und zieht es von ihr ab. Dieser Abzug ist alles, was ihm zufällt. Er nimmt ungleich weniger mit als der Jäger. Aber nicht auch mehr? Ist nicht gerade der blasse Abzug die auratische Haut der Sache, ihr Inbegriff, ihr wahres Selbst, der Photograph also der raffiniertere Jäger? Dieser Verdacht ging unter den Pionieren der Photographie durchaus um. Oliver Wendell Holmes, den man ihren ersten Erkenntnistheoretiker nennen könnte, lehnt sich ausdrücklich an einen altgriechischen Philosophen an: «Demokrit von Abdera, bekannt als der lachende Philosoph, weil er die Wahrheitssuche nicht unvereinbar mit einer heiteren Miene hielt, glaubte und lehrte, daß alle Körper unablässig kleine Bilder ihrer selbst aussenden, die unsere Wahrnehmungen auslösen, wenn sie mit den Sinnesorganen in Kontakt kommen.» Leider haben diese Bildchen, griechisch: *eidola*, den Mangel, sogleich zu verfliegen, und hätte jemand Demokrit weismachen wollen, er wisse sie festzuhalten, «so würde der lachende Philosoph seinem Namen alle Ehre gemacht und durch eine Lachsalve den Sprecher in Erstaunen gesetzt haben. Die Daguerrotypie hat dies zuwege gebracht. Sie hat unsere flüchtigsten Spiegelbilder fixiert, jene Erscheinungen, die der Apostel, der

Philosoph und der Dichter als Inbegriff des Unbeständigen und Unwirklichen bezeichnet hätten.»[11] Es ist ihr, mit andern Worten, gelungen, aus den flüchtigen Bildchen stehende Bilder, aus dem *eidolon* ein *eidos* zu machen. Umgangssprachlich heißt *eidos* soviel wie das Aussehen oder die Gestalt einer Sache. Der Designbegriff «Erscheinungsbild» kommt dem durchaus nahe. Bei Demokrit spielt *eidos* noch keine Hauptrolle. Anders bei Platon. Bei ihm wird dieser Begriff zu einem philosophischen Schwergewicht, und zwar, indem er ihn gleichsam umstülpt. Er läßt ihn von der äußeren Gestalt der Sache zu ihrem Inneren, ihrem Inbegriff, ihrem Wesen mutieren. Man kann auf dem Weg von den frühen zu den reifen Dialogen Platons genau verfolgen, wie sich diese Umkehrung vollzieht, wie *eidos*, anfangs ein betont ästhetischer Begriff, vorzugsweise für das Aussehen schöner Knaben verwendet, sich allmählich verinnerlicht – und schließlich nur noch für das steht, was man an einem Objekt gerade *nicht* sieht, sondern allein gedanklich erfassen können soll: sein unverlierbares, ewig sich gleichbleibendes Grundmuster oder Urbild, das seither als platonische Idee berühmt geworden ist. Und nun kommt ein Photographie-Pionier daher, der in antiker Philosophie mehr schwadroniert als bewandert ist, stülpt den philosophisch aufgeladenen *eidos*-Begriff einfach wieder nach außen zurück und behauptet: Das Wesentliche an den Dingen ist nicht das unsichtbare Innere, sondern das äußere Erscheinungsbild. In seinen Worten: «Man gebe uns ein paar Negative eines sehenswerten Gegenstandes, aus verschiedenen Perspektiven aufgenommen – mehr brauchen wir nicht. Man reiße dann das Objekt ab oder zünde es an, wenn man will.» «Es gibt nur ein Kolosseum oder Pantheon, aber wie viele Millionen möglicher Negative haben sie abgesondert, seitdem sie erbaut wurden – die Grundlage für Billionen von Bildern. Materie in großen Mengen ist immer immobil und kostspielig; Form ist billig und transportabel. Wir haben die Frucht der Schöpfung erhalten und brauchen uns nicht um den Kern zu kümmern.»[12]

Das ist natürlich eine Frechheit, aber eine ungemein erhellende. Denn das photographische Negativ ist tatsächlich eine Rückübersetzung des platonischen *eidos* ins Sinnliche – dahin, wo es hergekommen ist. Unversehens scheint damit der magische Impuls im Kernsatz der gesamten idealistischen Erkenntnistheorie auf: Wer das *eidos* erfaßt, erfaßt die Sache selbst. Diese Überzeugung haben ja

[11] O. W. Holmes, Das Stereoskop und der Stereograph (1859), zit. n. W. Kemp, *Theorie der Fotografie I*, München 1980, S. 114 f.

[12] O. W. Holmes, op. cit., S. 119

nicht nur Aristoteles, Plotin, Thomas von Aquin, Cusanus, Spinoza und Hegel mit Platon gemeinsam, sondern auch alle sogenannten Naturvölker, die das Standbild des Jaguars umtanzen oder die Strohpuppe des Feindes verbrennen. Die Photographie deckt diesen magischen Impuls freilich nicht auf, ohne ihn selbst zu teilen, ja ihn durch ein neues technisches Verfahren zu vervielfältigen, zu vulgarisieren. Ihre Rückübersetzung des *eidos* ins Sinnliche ist durchaus ein «Platonismus fürs Volk» – und zwar ein viel effizienterer als das Christentum, dem Nietzsche dies Etikett angehängt hat.[13] Er wollte damit sagen: Erst durch den Kunstgriff, die unsichtbare platonische Idee nach außen ins Sichtbare zu stülpen, oder, theologisch gesprochen, erst durch das Dogma, die schlechterdings jenseitige Gottheit sei in einem einzigen Menschen vorbehaltlos Fleisch, anschaulich, sinnlich greifbar geworden, konnte der Platonismus volkstümlich werden. Also nur um den Preis einer handfesten Vergröberung. Doch wie sublim nimmt sich diese Vergröberung noch gegen die photographische aus! Wofür das Christentum eine ganze Inkarnationslehre brauchte, dafür braucht die Photographie nur die künstliche Netzhaut. Sie ist – und dafür hatte Holmes bei aller philosophischen Fahrlässigkeit ein präzises Sensorium – das zeitgemäße Inkarnationsmedium des 19. Jahrhunderts: die bis zur allgemeinen Kenntlichkeit und Praktizierbarkeit vergröberte Wiederversinnlichung des *eidos*, die Neuexposition und Inflationierung seiner alten magischen Kraft.

Mit alledem vollzieht die Photographie einen «Rückgang in den Grund». Die Magie, die sie ausübt, ist ja keineswegs bloß metaphorisch zu verstehen. Der alte Doppelvorgang des Bannens lebt auch in ihr fort. Dessen Ursprungsintention war zwar, wilde Naturgewalt unschädlich, kraftlos, leblos zu machen. In dem Maße aber, wie ihm das gelingt, kehrt sich der Bann um; er geht dazu über, dem Überwältigten, leblos Gemachten neues Leben einzuhauchen: ein unschädliches, gefügiges, vom Menschen abgeleitetes. Dieser Übergang ist der von Notwehr in Kunst. Gegen ein *mysterium tremendum* gibt es nur eines: es durch Stillstellung unschädlich machen. Ist es aber schon so weit stillgestellt, beruhigt, daß es nicht mehr unmittelbar durch Mark und Bein geht, dann können seine Verkörperungen allmählich anfangen, zur Knetmasse menschlicher Phantasie zu werden. Man kann ihre Gestalt mit Worten so ausmalen oder aus Stein herausarbeiten, daß sie wie lebendig *erscheint* – und der Wunsch sich zu regen beginnt, der Pygmalion berühmt gemacht hat: die Statue, die er

[13] «Christenthum ist Platonismus für's ‹Volk›» (F. Nietzsche, *Jenseits von Gut und Böse*, KSA 5, S. 12).

aus Marmor bildete, möge die Augen aufschlagen und seine Geliebte werden. Die Stillstellung geht über in eine Neubelebung des Stillgestellten. Schreckbekämpfung artikuliert sich zwar ursprünglich als Tötungswille. Doch in dem Maße, wie der Schrecken verblaßt, regt sich in diesem Tötungswillen Lebenswille. Ja, auch er will durchaus Leben, nur eben eines zu seinen Bedingungen: eines, das nicht mehr schreckt. Gibt es so ein Leben? Nein. Leben ist ein Spannungszustand, wie wir bei Freud lernten, und Nietzsche ist noch deutlicher geworden: «Leben selbst ist *wesentlich* Aneignung, Verletzung, Überwältigung des Fremden und Schwächeren, Unterdrückung, Härte, Aufzwängung eigner Formen, Einverleibung und mindestens, mildestens, Ausbeutung.»[14] Ein Leben, worin nichts mehr schreckt, hat nirgends einen Ort. Es ist im wörtlichen Sinne utopisch. Nur daß diese Utopie nicht aufhört, das wirkliche Leben zu begleiten, weil die Triebspannung, unter der es steht, nicht aufhört, ihren eigenen Abbau zu wollen – in der im vorigen Kapitel dargelegten paradoxen Weise, daß sie dabei sowohl den Zustand ihres Nichtseins wünscht als auch wünscht, diesen Zustand zu erleben: also etwas Unmögliches. Dieser paradoxe Triebwille aber hat sein Gegenstück, ja sein geradezu photographisches Negativ in der christlich-theologischen Vorstellung von der ewigen Seligkeit als stillgestellter Zeit, als *nunc stans*: stehendem Jetzt. Und zwar setzt die Stillstellung mit größtem triebtheoretischen Bedacht genau in dem Moment ein, wo der Spannungsabbau so störungsfrei genossen wird, als sei er vollkommen. Diesen flüchtigsten Augenblick selbstvergessenen Glücks hält Gott so zauberhaft fest, als drücke er ruckhaft einen metaphysischen Auslöser, verewigt ihn und rettet so jede einzelne der Kreaturen, die er dafür vorherbestimmt hat.

Nach theologischer Lehre kann das nur Gott: die Zeit selbst stillstellen, nicht bloß etwas *in* der Zeit, und so bewirken, daß das erstarrte Leben zugleich das erfüllte Leben ist. Das göttliche Kunststück hat freilich einen Haken: Es ist ein bloß von Menschen vorgestelltes, geglaubtes, erhofftes. Nun aber haben Menschen einen Apparat erfunden, der tatsächlich etwas von diesem Kunststück fertigbringt: «Es gibt in der Bibel die schöne Stelle: ‹Gott sprach: Es werde Licht, und es ward Licht.› Jetzt kann man den Türmen von Notre-Dame befehlen: ‹Werdet Bild!› und die Türme gehorchen. So wie sie Daguerre gehorcht haben, der sie eines schönen Tages zur Gänze mit sich fortgetragen hat.»[15] Forttragen kann man nur einen

[14] F. Nietzsche, *Jenseits von Gut und Böse*, l.c., S. 207

[15] J. Janin, zit. n. W. Kemp, *Theorie der Fotografie* I, München 1980, S. 47

stillgestellten Augenblick. Er ist seines Eigenlebens beraubt, aber auch aufbewahrt; getötet, aber auch gerettet. Und die Seite der Rettung ist nicht zu gering zu veranschlagen. Auch wenn jeder weiß, daß er durchs Photographiertwerden nicht selig wird, so zehrt doch der ungeheure, in Billionen von Abzügen sich niederschlagende Geschäftserfolg der Photographie von einer ganz elementaren Schmeichelei. Sich selbst, seine Lieben, seine nächste Umgebung photographiert vor sich zu haben heißt: Das Hier und Jetzt, das ich hier sehe, ist nicht irgendeines, sondern ein eigens festgehaltenes – herausgehoben aus der Unzahl unbemerkt verstrichener Augenblicke, kurzum: etwas Besonderes. Wenn es schon nicht festgehalten wurde, weil es etwas Besonderes ist, so ist es gewiß etwas Besonderes, weil es festgehalten wurde. Und die ersten Heliographien von Niépce, der Ausblick aus dem Fenster oder der gedeckte Tisch, ließen ja nicht wegen des Tischs oder des Ausblicks den Atem stocken, sondern weil es hier erstmalig gelungen war, sie von der Sonne auf einen Stein zeichnen zu lassen.

Diesen Geburtszauber der Photographie haben mehr als eineinhalb Jahrhunderte rasanter Entwicklung nicht ganz zerstören können, und er lenkt den Blick zurück auf die lichtempfindliche Substanz, von der er ausgegangen ist. Sie reagiert bloß chemisch auf Licht, ohne irgendein Objekt in ihrer Umgebung dabei in Mitleidenschaft zu ziehen. Und doch setzt sie dabei etwas in Kraft, was alle Objekte in ihrer Umgebung betrifft und alle umwertet: den Imperativ «Werdet Bild!» Und der ist der metaphysische Volltreffer, den sie landet. Sie selbst weiß davon natürlich nichts. Ihr chemischer Prozeß wirkt nur für menschliches Bewußtsein metaphysisch. Aber eben: er wirkt. Und zwar so, daß durch ihn der gesamten Natur, soweit sie sich in lichtempfindlicher Substanz niederzuschlagen vermag, eine neue Eigenschaft geschenkt wird: die Fähigkeit, Bild zu werden. Nur daß dieses Geschenk mit einer Hypothek belastet ist, deren Gewicht erst allmählich zum Vorschein kommt: Bild werden können heißt Bild werden sollen, und über kurz oder lang: müssen. Der Imperativ «Werdet Bild» setzt einen unheimlichen Sog in Gang. Im Anfangsstadium der Photographie ist er noch kaum spürbar. Im Vordergrund steht hier zunächst der Photograph als moderner Held: Wie Gott durch sein Wort dem Licht, so befiehlt Daguerre durchs Licht den Türmen von Notre Dame. Es ist ein Privileg, privilegierte Objekte im Bild festzuhalten. Aber zum Geburtszauber der Photographie gehörte die Gewißheit, daß sie in Kürze aufhören werde, Privileg zu sein. Ihre kommerzielle Massenverbreitung war von vornherein einkalkuliert. Sie angestoßen zu haben, sollte ja gerade den Ruhm ihrer Pioniere ausmachen. Niépce und Daguerre schlossen ihren berühmten Vertrag, «um alle nur möglichen Vorteile aus diesem neuen Gewerbezweig zu ziehen».[16] Der Tatbestand, den Horkheimer und Adorno *Kulturindustrie* genannt haben, ist hier vorab erfüllt: das in Frage stehende Kulturprodukt ist nicht etwa erst nachträglich in die Fänge des Markts geraten, sondern eigens für ihn entwickelt worden. Kulturindustrie beginnt keineswegs erst im 20. Jahrhundert.

Das Auge der Kamera

Die Entstehungszeit der Photographie ist die Zeit der industriellen Revolution, wo eine neue Produktionsweise, das Bedienen von Dampfmaschinen, den Takt der gesellschaftlichen Entwicklung anzugeben begann, wo aus brotlos gemachter Land- und Handwerksbevölkerung, aus fahrendem Volk und Stadtmob ein Proletariat rekrutiert wurde, das sich seine dürftigen Lebensmittel nur verdienen konnte, indem es seine Arbeitskraft an die Maschinenbesitzer verkaufte, und das Schwellen des Markts zum ganzjährigen Jahrmarkt in dieser Zeit liegt nicht nur am Zuwachs der auf ihm feilgebotenen Güter, sondern auch daran, daß er mit Menschen überschwemmt wird, die sich verdingen wollen. Nun, ein Ort der Selektion war der Markt immer. Waren kaufen können heißt stets auch das Recht haben, sie liegenzulassen. Nur macht es einen entscheidenden Unterschied, ob über Gebrauchsgüter befunden wird oder über Menschen. Sie trifft es anders als Stoffe, Möbel oder Eßwaren, wenn sie liegengelassen werden. Für sie wird der Selektionsmechanismus des Markts zur Schicksalsinstanz, die, aus unerforschlichem Ratschluß, die einen verwirft, die andern erwählt. Und auch wenn die Erwählung ziemlich armselig ausfallen kann, etwa als lebenslanges Schuften für Hungerlohn, so ist sie dennoch ein sinnstiftender Akt. Denn es ist Sinn und Zweck jeder Ware, verkauft zu werden, nur daß allein die menschliche empfindet, ob sie ihn erfüllt oder verfehlt. Einer Arbeitskraft bedeutet unverkäuflich sein so viel wie sinnlos, will sagen mittellos und unbeachtet dahinzuvegetieren – ein Zustand, der die Betroffenen gewöhnlich auch dann recht schnell zu dekomponieren beginnt, wenn, wie in reichen Ländern, ein soziales Netz sie halbwegs auffängt. Eine «ungeheure Warensammlung»[17] nennt Marx den Reichtum der modernen Gesellschaften, ungeheuer zumal deshalb, weil die menschliche Arbeitskraft zum konstitutiven

[16] Zit. n. B. Busch, l. c., S. 169

[17] K. Marx, *Das Kapital*, l. c., S. 49

Element dieser Sammlung wird, ihr Verkauf zum Stiftungsakt des gesellschaftlichen Zusammenhalts, der Markt zum Stifter. In seinem Kraftfeld bekommt jedes einzelne Stück dieser Sammlung mit der Warenform gleichsam den Drang eingeimpft, vom Markt aufgenommen zu werden: Sinn zu empfangen. Natürlich, diese Impfung ist keine physische. Noch dem kostbarsten Vehikel, Kleidungs- oder Schmuckstück ist es egal, wenn es brachliegt oder verrottet, nur den Menschen nicht, die damit umgehen. *Sie* haben den Eindruck, das Ding dränge sich danach, verkauft und gebraucht zu werden. Dieser Eindruck ist Projektion, aber eine, die gute ökonomische Gründe hat. Auch wenn es Menschen sind, die diesen Drang stellvertretend für die leblosen Dinge empfinden, so ist er doch, sobald diese Dinge den Status von Waren haben, auch in ihnen selbst. Man kann ein Ding nicht als Ware wahrnehmen, ohne den Drang, vom Markt erwählt zu werden, als *seine* Eigenschaft wahrzunehmen.

Die Photographie bildet diesen Sachverhalt förmlich ab. Sobald sie den Siegeszug antritt, den Daguerre mit ihrem aufsehenerregenden Verkauf an die französische Regierung einleitete, beginnt ihr Geburtszauber als Sog zu wirken. Jedes Objekt und jeder Augenblick kann nun Bild werden, aber wehe denen, denen das nicht gelingt. Und nur für einen Bruchteil von ihnen ist Kamerakapazität da. Alles aber, was nicht aufgenommen wird, gehört nunmehr zu der grauen, amorphen Masse unbemerkt verstrichener Augenblicke. Und so kommt es, daß sich die Realität für das Kameraauge in eine Unzahl von Momenten aufzulösen beginnt, die sich alle danach drängen, einer der erwählten festgehaltenen Augenblicke zu sein. Freilich, von der künstlichen Netzhaut aufgenommen zu werden, kann eine ebenso armselige Erwählung sein, wie vom Markt aufgenommen zu werden. Und doch bedeutet es Errettung von jener Banalität und Unbeachtetheit, mit der alles geschlagen zu werden droht, was nicht Bild wird. Mit dem Sog aber, den die Photographie auszuüben beginnt, hebt auch an, was im ersten Kapitel «Kampf ums Da» genannt wurde. Was nicht Bild wird, ist nicht dokumentiert, ohne beglaubigte Identität – nicht *da*. Das schwingt als Subtext bereits mit, wenn Benjamin die Aufnahmen, die Eugène Atget von menschenleeren Pariser Plätzen, Winkeln, Treppen gemacht hat, «mit denen eines Tatorts» vergleicht und dann verallgemeinernd fortfährt: «Aber ist nicht jeder Fleck unserer Städte ein Tatort? nicht jeder ihrer Passanten ein Täter?»[18] In der Tat: Die Photographie hat, noch in den unverfänglichsten Situationen, etwas Kriminalistisches. Auch wenn sie – Jeff Wall ist hierin Virtuose – den

[18] W. Benjamin, *Kleine Geschichte der Photographie*, l. c., S. 385

Augenblick so «stellt» wie der Regisseur die Szene, nämlich ausgetüftelt bis ins Detail, hört sie nicht auf, ihn auch im andern Sinn zu «stellen»: wie der Wachmann den Dieb. Kein Arrangement läßt sich bis ins letzte Stäubchen, bis in den letzten Gesichtsmuskel im voraus so präparieren, daß die Kamera nicht irgendwas oder irgendwen ertappte. Was immer photographiert wird, wird *in flagranti* photographiert. Allerdings ist eines hinzuzufügen: Tatort ist jeder Ort, Täter ist jeder Passant nur, sofern er aufgenommen wird – sofern die Kamera ihn dazu *macht*. Womit sogleich auch das Umgekehrte gilt: Ein Ort, der nicht aufgenommen wird, ist nicht einmal Tatort, bloß noch ein Loch in der Topographie. Eine Person, die nicht photographiert wird, ist nicht einmal Täter, bloß noch anonyme, amorphe Unperson. Bild werden kann zwar höchst mißlich sein, wenn man gerade aus dem Bordell kommt, eine Waffe auf jemanden richtet oder einfach nur hemmungslos gähnt. Aber überhaupt nicht Bild werden heißt verloren sein – nicht einmal eine Identitätskarte haben.

Photographisch «aufnehmen» hat stets zwei Bedeutungen: ebenso registrieren, kontrollieren wie annehmen, retten. Und beide sind untrennbar voneinander. Das macht die Unvoreingenommenheit des Kameraauges so irritierend. Wenn es tatsächlich jeden Schornstein nicht minder bis in alle Winkel scharf abbildet als den Apoll von Belvedere, dann ist es in dieser Hinsicht dem menschlichen Auge nicht nur sehtechnisch überlegen, sondern auch moralisch. Es kennt keine Hierarchien und Autoritäten, keine willkürlichen Vorlieben und Ausblendungen, respektiert das Mächtige, Hervorstechende, Attraktive keineswegs mehr als das Ohnmächtige, Abseitige, Mißliebige. Seiner Unbestechlichkeit löst sich die Zeit in eine Folge von gleich gültigen Augenblicken auf und jeder festgehaltene in einen Raum gleich gültiger Details. Dies gleichsam demokratische Hinsehen löst all jene Subsumtionsverhältnisse auf, die das lebendige Auge in seinem Blickfeld sogleich herstellt oder feststellt. Dessen Lebendigkeit besteht ja darin, Eindrücke nach bekannt und unbekannt, wichtig und unwichtig zu ordnen und neue Reize so unaufwendig wie möglich in schon vorhandene Wahrnehmungsmuster, will sagen in eingespielte neuronale Vernetzungen zu integrieren. Trägheit und Bestechlichkeit sind zwei der Erfolgsgeheimnisse des zentralen Nervensystems bei der Welterfassung, und der photographisch festgehaltene Augenblick ist der Spiegel, der dem menschlichen Blick genau diese Untugenden, sozusagen sein mangelhaftes Demokratieverständnis, vorhält und ihm zeigt, worüber er auch bei bestem Willen achtlos hinweggleitet: lauter winzige Details, die ebensowenig ignoriert zu werden verdienen wie er selbst.

So erscheint das Kameraauge als Anwalt des Individuellen: als eine Art optischer Befreier. In gewisser Weise tut es fein ästhetisch, was der Markt als Vergesellschaftungsinstanz grob ökonomisch tut. Auch er läßt ja Individuen aus allen feudalen Subsumtionsverhältnissen, in die sie als Leibeigene, Hintersassen, Lehenspflichtige eingefügt waren, heraustreten und stellt sie auf eigene Füße, nur eben zu Marktbedingungen, die das mittel- und arbeitslose Individuum, also dasjenige, welches nicht «aufgenommen» wird, auf viel gleichgültigere Weise untergehen lassen können als alle feudalen Subsumtionsverhältnisse. So auch die Gleichgültigkeit der künstlichen Netzhaut. Indem sie alle Details eines festgehaltenen Augenblicks mit der gleichen Intensität festhält, sie aus den Subsumtionsverhältnissen, die der menschliche Blick in seinem Blickfeld notorisch feststellt, heraustreten läßt und sie ihm entfesselt, schutzlos darbietet, kann es kommen, daß irgendeine Winzigkeit für ihn unversehens einen derartigen Eigensinn entfaltet, dem Betrachter gleichsam ans Herz fliegt und in ihrer erstarrten Form so treffend, lebendig, bedeutend für ihn wird, wie sie es in lebendiger Form nie gewesen ist oder geworden wäre – und ihm jenen plötzlichen Stich versetzt, den Roland Barthes so schön das *punctum* genannt hat.[19] Der aufmerksame Betrachter beugt sich über ein solches Photo wie ein zu spät kommender Retter, an den der glimmende Lebensdocht dieses *punctum* erst posthum, im Zustand des Verloschenseins, sein SOS sendet. Nur metaphorisch, durch nachträgliche Aufmerksamkeit, durch Gedächtnis kann er es retten – wenn er denn die Empfänglichkeit dafür hat, im festgehaltenen Augen-Blick das brechende Auge, den stillgestellten Abschied wahrzunehmen.

[19] «Das *punctum* einer Photographie, das ist jenes Zufällige an ihr, das *mich besticht* (mich aber auch verwundet, trifft).» Und «dieses Wort entspricht meiner Vorstellung um so besser, als es auch die Idee der Punktierung reflektiert und die Photographien, von denen ich hier spreche, in der Tat wie punktiert, manchmal geradezu übersät sind von diesen empfindlichen Stellen; und genaugenommen sind diese Male, diese Verletzungen Punkte.» (R. Barthes, *Die helle Kammer.* Bemerkung zur Photographie, l. c., S. 35 f.) Barthes geht nun eine Reihe von Photos durch, um an scheinbar belanglosen Details – einem weiten Gürtel, Spangenschuhen, verschränkten Armen, einem verbundenen Finger etc. – zu zeigen, was er unter *punctum* versteht. Das tut er auf sehr persönliche Weise. Was ihn besticht, muß nicht mich bestechen. Das *punctum* ist völlig subjektiv. Nicht aber die Punktualität, die allein schon in dem Ruck steckt, der ein lebendiges Hier und Jetzt zur Photographie erstarren läßt und sich unweigerlich auch ihren Betrachtern mitteilt. Nur wie, ist damit noch nicht gesagt. Es gibt Photographien, die gleichsam lärmend daherkommen und eine manifeste Schockwirkung entfalten, ohne daß irgendein *punctum* aus ihnen hervortritt. Das *punctum* ist leise.

Das *punctum* ist freilich bloß der Glücksfall der Photographie. Nicht jedes Photo hat eines, nicht jeder Betrachter ist empfänglich dafür, während an der Grobwirkung der Photographie niemand vorbeisehen kann: ihrem Schnappschußcharakter. Der Imperativ «Werdet Bild», der eine Detailfülle schockartig erstarren läßt, hat einen unvermeidlichen Widerhall: den Imperativ «Seht her», mit dem der erstarrte Augenblick auf die nachträglichen Betrachter schockartig zurückwirkt. Diesen zweiten Imperativ kennen wir schon. Er ist auf dem Jahrmarkt zu Hause, auf dem sich nicht von ungefähr ein wichtiges Stück Vorgeschichte der Photographie abgespielt hat. Die Vervielfältigungstechniken Holzschnitt, Kupferstich, Buchdruck und Lithographie sind nur die eine Ahnenlinie der Photographie. Die andere ist die Schaustellung von Kuriositäten, exotischen Mineralien, Pflanzen und Tieren, Wunderheilmitteln und Zaubertricks, Guckkästen, in denen das Auge durch fremde Landschaften schweift, dann Panoramen, in denen sich ein ganzer Rundblick eröffnet, und schließlich Dioramen, die einen gemalten Ausblick so ruckartig in verschiedene Beleuchtung versetzen, daß es scheint, als bewege er sich. Gelegentlich gehörte zu den Jahrmarktsgaukeleien sogar das Schwarzwerdenlassen von Chlorsilber unter Lichteinwirkung – ohne die geringste Ahnung freilich, was das einmal mit den Guckkästen zu tun haben könnte. Als Niépce, für den die Heliographie zunächst bloß der Perfektionierung der Lithographie diente, und der Panoramen- und Dioramenbetreiber Daguerre ihren Vertrag schlossen, da vereinigten sich die beiden Ahnenreihen in einem Kind, das sich schlagartig sowohl von der traditionellen Handwerksmühe beim Herstellen von «Negativen» emanzipiert als auch vom Jahrmarkt als traditionellem Ort der Schaustellung. Im Übergang vom sporadischen zum ganzjährigen Jahrmarkt stellt die Photographie einen qualitativen Sprung dar. Daß sie in Kürze ein Massenartikel sein würde, der alle sozialen Klassen, Öffentlichkeit und Privatsphäre gleichermaßen durchdringt, haben ihre Pioniere klar vorausgesehen. Weniger deutlich war ihnen, in welchem Maße der neue Artikel auch als neue Anschauungsform wirken würde.

Photographie als Anschauungsform

Anschauungsform? Der Begriff ist philosophisch stark belastet. Kant hat ihn für nichts Geringeres als Raum und Zeit reserviert, weil sich, wie er sagt, alles Sinnliche nur *in* Raum und Zeit wahrnehmen läßt, Raum und Zeit selbst aber überhaupt nicht wahrnehmbar sind, weil nicht sinnlich. Also, so folgert er, sind sie etwas, was *wir* zur Wahrnehmung oder Anschauung immer schon mitbringen: die beiden Elementarformen, worin sie uns zuteil wird.[20] Wie allerdings Raum und Zeit meine Formen sein können, wenn ich doch selbst wieder in Raum und Zeit bin, oder wie, wenn es im Ich tatsächlich etwas geben sollte, was Raum und Zeit transzendiert, dies Transzendentale zu irgendeiner konkreten Anschauung fähig sein soll – das sind bis heute ungelöste Probleme des Kant-Diskurses, die es angeraten sein lassen, «Anschauungsform» etwas tiefer zu hängen und darunter zunächst einmal die Verknüpfungen zu verstehen, die in einem Nervensystem jeweils so festgezurrt sind, daß alle weiteren Vernetzungen auf ihrer Basis stattfinden. Sodann können auch Reglementierungen, die einem Perzeptionssystem von außen aufgesetzt werden, sei es mit verstärkender oder dämpfender, kanalisierender oder diffundierender Wirkung, Anschauungsformen heißen, und in diesem Sinne gehört die Photographie unzweifelhaft dazu. Bestimmte elementare Sehleistungen wie Hell-Dunkel- und Farbunterscheidungen, Gestalt- und Bewegungswahrnehmung werden durch die Photographie keine andern, aber sie werden anders gelenkt. Was photographiert wird, ist Blickfang – sowohl in dem Sinne, daß es von dem Augen-Blick einer künstlichen Netzhaut gefangen wird, als auch in dem, daß es als Aufgefangenes wiederum den Blick von Betrachtern fängt, und zwar ebenso ruckartig, wie es selbst gefangen wurde.

Alles, was derart gefangen wurde, ist gerettet – jedenfalls davor, zur grauen Masse der achtlos verstrichenen Augenblicke zu gehören. Eine Apparatur hat ihm den Status der Besonderheit, der Aufmerksamkeitswürdigkeit verliehen. Ein Medium ist da, dessen spezifische Leistung darin besteht, die Kuriosität von der Seite des Inhalt auf die der Form zu verlegen. Der Inhalt sei so alltäglich wie er wolle; in die Form des festgehaltenen Augenblicks gebracht wird er kurios, des Aufsehens wert, und erst innerhalb dieser Form ist dann noch einmal zwischen mehr oder weniger Kuriosem zu unterscheiden. Holmes hatte also gar nicht nennenswert übertrieben, als er behauptete: «Wir haben die Frucht der Schöpfung erhalten und brauchen uns nicht um den Kern zu kümmern.» Denn die Ruckartigkeit, mit der die Photographie die Dinge erstarren läßt und ihnen gleichsam die Form abzieht, ist ja das Kuriosum, das sich auf den Betrachter ruckartig überträgt. Die Kamera «schießt» also zweimal: zunächst, wenn sie das Objekt auf ihre künstliche Netzhaut bannt; sodann,

[20] I. Kant, *Kritik der reinen Vernunft*. Die transzendentale Ästhetik, B 33 ff., l. c., S. 69 ff.

wenn dieser gebannte Augen-Blick auf die lebendige Netzhaut des Betrachters überschießt. Das ist gleichsam der verspätete Rückstoß des ersten «Schusses», philosophisch gesprochen: seine Reflexion. Egal, ob das Objekt selbst erregend oder sturzlangweilig ist, die Kamera *macht* es zum Blickfang, versetzt es in den Status eines aufmerksamkeitsheischenden «Dies da» – und impft ihm damit automatisch den Imperativ «Hergesehen» ein, den es dann auf den Betrachter ausstrahlt. Diese ebenso magische wie mechanische Reflexion des Augen-Blicks ist das Erfolgsgeheimnis der Photographie. Sie produziert am Laufmeter Tatorte und Täter, die die herkömmlichen verblassen lassen. Was am traditionellen urbanen Tatort, dem des Massenauflaufs von Händlern, Gauklern, Possenreißern und Wunderheilern, jeder einzelne lautstark tun muß, nämlich seine Darbietung durch Anpreisen in den Stand der Besonderheit versetzen, das tut die Photographie lautlos und weit über den öffentlichen Raum hinaus. Überall, wo man sie anschaut, auch im stillen Kämmerlein, entfaltet sie ihr «Hergesehen». Sie hat die Wirkung eines ubiquitären optischen Marktschreis, und sieht man den genau an, so kann man ihm ein verstohlenes, geradezu biblisch anmutendes Flehen ablesen: Nimm mich auf, wie auch ich aufgenommen bin. In diesem Augen-Blick aber setzt Berkeleys *esse est percipi* zu seinem historischen Bedeutungswandel an. Sein ist Wahrgenommenwerden. Aber Wahrgenommenwerden ist Aufgenommenwerden. Und aufgenommen werden muß man ebenso vom Markt wie von der künstlichen Netzhaut. Beide aber, das ökonomische wie das photographische Aufgenommenwerden, tragen in sich sowohl die kriminalistische Bedeutung des Prüfens, Spurensicherns, Registrierens, Kontrollierens als auch die karitative des Aufnehmens, Bergens, Rettens. Sie vereinigen in sich, was die Theologie in Gott nie widerspruchsfrei zusammenbekommen hat: den unbestechlich richtenden und den gnädigen Blick auf die Welt.

Mit alledem betreibt die Photographie von Anfang an, was erst viel später, nämlich in den siebziger Jahren des 20. Jahrhunderts, den Namen «Warenästhetik»[21] bekam. Gemeint war damit, daß Warenpräsentation immer auch eine ästhetische Veranstaltung ist. Dinge, die schon als Waren zur Welt kommen, müssen daher schon bei der Herstellung für den Markt hergerichtet, mit einer glänzenden Oberfläche versehen werden. So zieht die Warenproduktion mit innerer Notwendigkeit eine ganze Technologie der Oberflächengestaltung nach sich. Mit sicherem Griff hat Emile Zola die Atmosphäre ihrer Frühzeit ein-

[21] Cf. W. F. Haug, *Kritik der Warenästhetik*, Frankfurt am Main 1972

gefangen: «Alle waren sich darüber einig, daß der Chef der beste Dekorateur von ganz Paris sei, ein wahrhaft revolutionärer Dekorateur, der in der Kunst der Schaufensterdekoration die Schule des Brutalen und Kolossalen begründet hatte. Er verlangte scheinbar ungeordnete, wie zufällig aus den geleerten Fächern herausgefallene Massen und wünschte, daß sie in den glühendsten Farben flammten und sich wechselseitig in der Wirkung steigerten. Den Leuten müßten die Augen wehtun, wenn sie aus dem Geschäft kämen, pflegte er zu sagen.»[22] Die Photographie ist der ideale Multiplikator und Verstärker solcher Schaufensterarrangements. Wie sie tendentiell jedes ihrer Motive in einen Tatort verwandelt, so auch in ein Schaufenster. Ja, sie läßt beide ineinanderfallen. Kein Tatort, der nicht auch Schaufenster, kein Schaufenster, das nicht auch Tatort wäre. Insofern könnte man Holmes, den ersten Erkenntnistheoretiker der Photographie, ebensogut ihren ersten Warenästhetiker nennen. «Wir haben die Frucht der Schöpfung und brauchen uns nicht um den Kern zu kümmern» – damit meinte er: Die «Frucht», jene Haut oder Oberfläche, die die Photographie den Dingen ruckartig abzieht, ist das Entscheidende. Das sollte philosophische Theorie sein, geht aber ebenso als Verkaufsstrategie durch: Auf das, was von der Oberfläche umhüllt wird, kommt es nicht an. Ob das feilgebotene Ding tatsächlich die Lust gewährt, die seine Oberfläche verheißt, kann dem Verkäufer egal sein. Die Photographie ist seine natürliche Verbündete: Meisterin der Oberfläche. Jede Ware drängt sich danach, photographisch dargestellt zu werden und sich gleichsam in die Oberfläche aufzulösen, die das «Wesen» der Ware ausmacht. Und der Glanz, den sie dadurch empfängt, ist nicht nur ein Begierde erregendes Glitzern, sondern zugleich das auratische Erstrahlen des Marktsinns, Verheißung des Gerettetwerdens vom Liegengelassensein, das sich im Verkauf realisiert.[23]

[22] E. Zola, *Das Paradies der Damen*, München 1976, S. 79

[23] Womit freilich nicht gesagt ist, Photographie sei nichts als zur Anschauungsform transformierter Marktschrei. Dagegen spricht besonders das von Barthes herausgearbeitete *punctum*: jener feine tiefe Stich, der gerade nicht von dem groben Imperativ «Hergesehen» ausgeht, sondern von einem Detail, das sich unter diesem Imperativ gleichsam duckt, um dann unter ihm hervor und aus seinem Intentionszusammenhang in einer Weise herauszuspringen, die weder das Auge des Photographen noch das der Kamera und das des Rezipienten voraussehen konnte – und alle kommerzielle Verwertung transzendiert. Auch jede künstlerische Photoarbeit, die diesen Namen verdient, besteht darin, das Marktschreierische des Bildschocks zu unterlaufen, verfremden, durchbrechen. Aber das gelingt ihr nie an der neuen Anschauungsform vorbei, sondern nur durch sie hindurch.

Keine Frage, die Anschauungsform der Sensation, die unter mikroelektronischen Bedingungen zu einer paradigmatischen globalen Gewalt herangewachsen ist, hat in der Photographie sozusagen die Augen aufgeschlagen. Sie ist das Medium, das der Bedeutungsverschiebung des Wortes Sensation von unspezifischer Wahrnehmung überhaupt zur Wahrnehmung des Aufsehenerregenden und schließlich zum Aufsehenerregenden selbst den entscheidenden technischen Anschub gegeben hat. Was bei Schiller noch Metapher war, wenn er sich von einer «Sprache, die für dich dichtet und denkt», durchdrungen wähnte, beginnt in der Photographie wörtlich zu werden: Das Kameraauge sieht tatsächlich für dich, auch wenn du blind wärest. Ein durchaus übermenschliches Sehen findet da statt, wie sich zeigte. Die Intensität und Gleichmäßigkeit, mit der es die gesamte Detailfülle eines Augenblicks festhält, sie aus allen Subsumtionsverhältnissen heraustreten läßt, übertrifft jedes lebendige Auge und beschämt es, wenn es bei seiner Entdeckungsreise auf einem Photo tausend Winzigkeiten zu bemerken beginnt, die ihm im wirklichen Leben entgangen sind oder wären. Für ein derart empfängliches Sensorium ist das Kameraauge durchaus ein Tugendspiegel. Doch Tugend hat es allenfalls für andere. An sich ist es vollkommen indifferent. Es kann nur deshalb jeden Augenblick mit der gleichen vorbehaltlosen spurensichernden Intensität festhalten, weil ihm diese Augenblicke allesamt egal sind. Sie bedeuten ihm nichts. Sie sind nicht nur aus dem Zeitkontinuum herausgelöst, sondern auch aus jeglichem nervlichen Erregungskontinuum. Und nur wo Erregung ist, da ist Bedeutung. Im Moment der Erstarrung hört die Erregung auf, und erstarrte Bedeutung ist keine, es sei denn für lebende, erregbare Wesen, die sie wiederzubeleben wissen, so wie Lesen ein Wiederbeleben von Schriftzeichen ist, die an und für sich, d. h. ohne Leser, nichts bedeuten. Nur daß der Maler oder Schreiber mit Pinsel oder Stift *sein* Sehen und Denken auf eine Fläche aufzutragen versucht, während der Photograph ein mechanisches Auge für sich sehen läßt, das durch Licht nicht erregt, sondern eben bloß belichtet wird: chemisch verändert. Wohl aber stellt sich diese Veränderung dar, *als wäre* sie die größte Erregung. Die künstliche Netzhaut nimmt jeden beliebigen Augenblick mit einer Hingabe auf, die eine lebendige nur für die höchsten aufbrächte. Und indem sie damit dem Betrachter jeden Schornstein genauso ans Herz legt wie den Apoll von Belvedere, macht sie den Apoll zu einem etwas anderen Schornstein. Noch das geringste Detail ist ihr der Beachtung würdig, aber alle Details danken diese Würde dem armseligen Umstand, daß eine Apparatur sie durch bloßes Festhalten «würdig» gemacht hat: gleichsam in einem Pauschaladelungsverfahren. Das *punctum*, zu dem mir irgendein Detail eines Photos plötzlich aufschießt, ist nur der eine besondere Brosamen, der im Zuge einer allgemeinen Nivellierung abgefallen ist. Wo nämlich alles geadelt wird, hört der Adel auf, und was stattfindet, läßt sich mit einem bekannten Buchtitel sagen: *Die Verklärung des Gewöhnlichen.*[24]

Nur daß die hier zugleich ihr Gegenteil ist: Vergewöhnlichung des Besonderen. Tatsächlich durchdringen sich in der Photographie die Extreme. Eine uralte magische Praktik, die Stillstellung des Augenblicks, wird mit modernsten Mitteln vollzogen. Stillgestellt werden mußte aber ursprünglich nicht irgend etwas, sondern das, was durch Mark und Bein ging, in höchstem Maße aufsehenerregend, Sensation *par excellence* war: der Schrecken. Ihm galt es zu entrinnen. Die christliche Vorstellung vom stehenden Jetzt als verewigtem Glücksaugenblick ist ein später theologischer Kehrreim darauf. Er wendet die ursprünglich negative Vorstellung von Rettung als Verschontwerden um in die positive von Rettung als ewiger Seligkeit, ändert aber nichts daran, daß Stillstellung des Augenblicks unhintertreiblich mit Rettung assoziiert ist: entweder *sich* retten wollen *vor* dem, was man stillstellt, oder *das* retten wollen, was man stillstellt. So oder so geht es dabei ums Höchste der Gefühle. Sowohl der stillgestellte Schrekken als auch sein Negativ, der stillgestellte Glücksaugenblick, erfüllen den Tatbestand der Epiphanie des Heiligen, sind Sensationen in der Extrembedeutung des Wortes. Und dieses Extrem gerät nun in die Fänge einer Apparatur, die, solange der Vorrat an künstlicher Netzhaut reicht, einen Augenblick nach dem andern mit gleicher Intensität und ohne jede Ermüdungserscheinung stillstellen kann, jedem der Stillgestellten das Ansehen, oder, philosophisch gesagt, die Anschauungsform einer Sensation verleiht, jeden mit dem Imperativ «Hierhergesehen» auflädt und dem menschlichen Sensorium zu verstehen gibt: Wahrnehmung wird zu dem, was diesen Namen voll verdient, überhaupt erst durch den Ruck, den ihr die stillgestellten Augenblicke geben.

[24] A. C. Danto, *Die Verklärung des Gewöhnlichen.* Eine Philosophie der Kunst, Frankfurt am Main 1984. Wobei zweierlei klarzustellen ist: 1. Kunst ist, seit es Photographie gibt, nur noch ein Spezialfall solcher Verklärung. Auch jedes kunstlose Geknipse «verklärt». 2. *Alle* Kunst für Verklärung des Gewöhnlichen auszugeben, heißt vergessen, daß auch die Kunst gerade umgekehrt angefangen hat: in der Vergewöhnlichung des Schrecklichen. Die Verklärung des Gewöhnlichen ist dazu der Sekundärvorgang, der den Primärvorgang umkrempelt und verdeckt.

Die Epiphanie des Heiligen wird damit in die Niederungen der am Laufmeter technisch produzierten Dutzendware herabgezogen, der künstlichen Netzhaut und ihren Abzügen aber zugleich der paradoxe Status einer *besonderen* Dutzendware verliehen. Die gewöhnliche Ware lautstark als etwas ganz Ungewöhnliches anzupreisen, gehört seit altersher zum ganz gewöhnlichen Markttreiben. Darüber erhebt sich die künstliche Netzhaut. Sie saugt den Marktschrei in sich auf, löst ihn vom Hier und Jetzt des Marktgewühls ab, transformiert ihn vom Ohr zum Auge, vervielfältigt ihn dabei sprunghaft, läßt sein lautloses «Hierhergesehen» überall wirken, wo Photos angeschaut werden – und gibt «Billionen von Bildern» damit den Hauch von Epiphanie. Was Marx der Ware generell unterstellte, «daß sie ein sehr vertracktes Ding ist, voll metaphysischer Spitzfindigkeit und theologischer Mucken»,[25] das gilt ganz vorzüglich von der Photographie. In jeder ihrer Aufnahmen, so läppisch sie auch sei, vollzieht sie eine theologisch-metaphysische Doppelbewegung: profanisiert Heiliges, resakralisiert Profanes. Diese Doppelbewegung gehört nun aber unter die Lupe.

Bildgedächtnis der industriellen Revolution

Es hat sich im Laufe von 150 Jahren herumgesprochen, daß die industrielle Revolution nicht nur der Kahlschlag war, den das *Kommunistische Manifest* in ihrer Frühphase diagnostizierte: «Alles Ständische und Stehende verdampft, alles Heilige wird entweiht, und die Menschen sind endlich gezwungen, ihre Lebensstellung, ihre gegenseitigen Beziehungen mit nüchternen Augen anzusehen.»[26] Das war zwar richtig, aber nur eine Seite des Umbruchs. Er hatte jedoch zwei. Die Entweihung des Heiligen war auch die Weihung des Markts, die Herabsetzung alles Sinnstiftenden zur bloßen Ware ging einher mit dem Aufstieg der Ware zu einer Verkörperung von Sinn und Rettung. Nur was heißt das? Daß hier bloß eine neue Religion eine alte ablöst? Daß das Heilige lediglich in anderer Gestalt wiederkehrt? Das stimmt zwar im Groben, aber im Entscheidenden geht es fehl. Selbst diejenigen, die sich vom neuen Warenglanz vollkommen faszinieren ließen, haben, solange sie halbwegs bei Sinnen waren, doch nicht ernsthaft geglaubt, die von der Ware suggerierte Sinnstiftung könnte jene um-

[25] K. Marx, *Das Kapital I*, l. c., S. 85

[26] K. Marx / F. Engels, *Manifest der kommunistischen Partei,* MEW 4, Berlin 1977, S. 465

fassende Weltrettung und -erlösung, für die der christliche Gott stand, im Maßstab 1:1 ersetzen. So weit ging die Sakralisierung der Ware dann doch nicht. Desgleichen wäre es lächerlich, zu behaupten, aus jedem Photo spränge den Betrachter unmittelbar die Sensation des Heiligen an; die Leute merkten es nur nicht. Sie merken sehr wohl, daß kein Heiliges hier anwest, daß Photographieren und Photographiertwerden weder rettet noch selig macht – und trotzdem hört der Zauber des stillgestellten Augenblicks selbst dadurch, daß eine Apparatur ihn billionenfach vervielfältigt, nicht auf. Das Verhältnis zu ihm ist nicht religiös; selbst wer die Abzüge seiner Lieben *wie* Ikonen aufstellt, glaubt nicht ernstlich, es *seien* Heiligenbilder. Aber es ist auch nicht einfach irreligiös. Der Drang, Augenblicke stillzustellen und ihrem «Hierhergesehen» zu folgen, ist größer denn je. Die Photoindustrie boomt. Wie das menschliche Zentralnervensystem implizite und explizite Erinnerung kennt,[27] so offenbar auch impliziten und expliziten Glauben, und wo expliziter Glaube nicht mehr anzutreffen ist, da ist ebensowenig aller Glaube weg, wie der Eisberg weg ist, wenn seine Spitze nicht mehr aus dem Wasser ragt. Vielmehr spricht alles dafür, daß hier ein «Rückgang in den Grund» angetreten wurde: der explizite Glaube sich zu einem impliziten *reelementarisiert* hat – gleichsam zurückgezogen in die tieferen Schichten des Nervensystems: von einer reflexiven Haltung zu einer eher reflexartigen, von einer intellektuellen Leistung zu einer eher sensorisch-motorischen. Daher der eigenartige Schwebezustand, in den der Zauber des photographisch stillgestellten Augenblicks versetzt. Sich darauf zu versteifen, er strahle die Sensation des Heiligen aus, ist absurd; aber zu sagen, er tue es ganz und gar nicht, ist auch nicht richtig. Man muß bei Metaphern Zuflucht suchen, wenn man sich dies Schweben zwischen Sein und Nichtsein begreiflich machen will. Der optische Marktschrei, den die Photographie ausstößt: ist er nicht eine Art optischer Nachhall des Heiligen, das Echo, der Schatten von etwas Entschwundenem?

Diese Frage läßt einem altbekannten Aphorismus Nietzsches unversehens eine neue Bedeutung zuwachsen. «Nachdem Buddha todt war, zeigte man noch Jahrhunderte lang seinen Schatten in einer Höhle, – einen ungeheuren schauerlichen Schatten. Gott ist todt: aber so wie die Art der Menschen ist, wird es vielleicht noch Jahrtausende lang Höhlen geben, in denen man seinen Schatten zeigt.»[28] Solche Höhlen gibt es heute wie Sand am Meer. Es sind die modernen *came-*

[27] S. o. Kapitel 3

[28] F. Nietzsche, *Die fröhliche Wissenschaft*, l. c., S. 467

rae obscurae. Was ihre künstliche Netzhaut festhält, sind die Schatten entschwundener Epiphanie, oder, in akustischer Terminologie: ihr Nachhall. Nur daß diese *camerae obscurae* technische Wunderkammern sind: fähig, den Nachhall zu konservieren, den Schatten zu bannen und so ungeheuerlich zu vervielfältigen, daß er ein atemberaubendes Eigenleben zu führen, seinen eigenen Zauber auszuüben beginnt: nicht länger als Schatten von etwas, sondern als Schatten seiner selbst. Und erst in diesem verselbständigten Zustand wird die Sensation *absolut*. Nicht im Sinne eines Intensitätsmaximums. Kaum etwas, was heute Sensation genannt wird, vermag uns kollektiv noch so unbedingt in seinen Bann zu schlagen, wie archaische Kollektive von ihren Opferritualen geschlagen wurden. «Absolut» heißt ja zunächst einmal nur «losgelöst». In diesem Sinne ist die absolute Sensation etwas, was eine losgelöste Existenz führt – ungefähr so wie im Hades das Selbst, nachdem sein Fleisch und Blut längst dahin ist, immer noch als Schatten fortlebt. Freilich ist der Schatten dabei immer als etwas nahezu Nichtiges vorgestellt worden: als vollkommen farblos und blutleer im Vergleich zu dem, was ihn wirft. Die modernen Höhlen jedoch, die den Schatten vergangener Epiphanie aufbewahren, vergrößern und vervielfältigen ihn zugleich ins Ungemessene. So ist der Schatten zwar ungleich blasser als das entschwundene Original, aber in all seiner Blässe auch wieder ungleich wirkmächtiger. Er ist ein bloßes Surrogat, aber das Surrogat ist zur Sache selbst geworden. Und damit tritt die andere Bedeutungsnuance von «absolut» hervor: die des Unbedingten, Kategorischen.

Das Ineinanderspiel dieser beiden Bedeutungen läßt sich am Übergang der Wahrnehmung vom menschlichen Sensorium auf die photographische Apparatur genau festmachen. Die Apparatur ist einerseits bloß Knecht, das Kameraauge lediglich dazu da, daß das menschliche Auge etwas Faszinierendes zu sehen bekommt. Gehorsam hält es jeden Augenblick fest, der ihm befohlen wird. Aber der Knecht ist auch Herr, das Kameraauge das Medium einer Verabsolutierung, die dem menschlichen Auge Maß, Takt und Richtung seines Blicks ruckhaft vorgibt. Es verabsolutiert den Augenblick: löst ihn aus dem historischen Raum-Zeit-Kontinuum heraus. Zudem ist es losgelöst von aller Erregung, die dem menschlichen Blick innewohnt, absolut insofern, als es auf nichts Rücksicht nimmt: Nicht auf das Motiv; das Banalste nimmt es mit der gleichen übermenschlichen Intensität auf wie das Ergreifendste. Nicht auf den Photographen; auf das Kommando von Hans und Franz arbeitet es ebenso gewissenhaft wie auf das von Atget oder Nadar. Nicht auf die Subsumtionsverhältnisse, die der menschliche Blick unweigerlich herstellt, aber auch nicht auf sein

Fassungsvermögen; jeder festgehaltene Augenblick schießt gleichermaßen sein «Hierhergesehen» auf den Betrachter ab. Und dieser Imperativ wiederum ist absolut in dem Sinne, daß er kategorisch, d. h. nur aus sich und um seiner selbst willen gilt und zudem dem menschlichen Auge so gut wie keine Chance läßt, ihm auszuweichen. Wie sich dies Auge spontan dorthin wendet, wo Licht aufblitzt, und nur durch kurzzeitige Willensanstrengung davon abgehalten werden kann, so ist es auch langfristig nicht davon abzubringen, dorthin zu blicken, wo ihm eine blitzartige Erstarrung gleichsam als erstarrter Blitz entgegenschießt. So macht sich der kategorische Imperativ «Hierhergesehen» mit der Unbedingtheit eines traumatischen Schocks bemerkbar, nur daß es sich dabei um einen in eine Unmenge winziger optischer Nadelstiche aufgelösten Schock, eine vervielfältigte, kaum mehr faßbare Unbedingtheit handelt, mit andern Worten um den traumatischen Schock im Zustand des Schattens seiner selbst – bis zur Unkenntlichkeit verflüchtigt und verfeinert.

Die letzte Bemerkung eilt bereits voraus. Erst von der entfalteten Mikroelektronik aus offenbart sich ja die ganze Tragweite des Bildschocks. Seinen photographischen Anfängen sieht man noch nicht an, was einmal aus ihm werden würde, aber sie enthalten schon das ganze Prinzip. Der Bildschock ist die Initialzündung absoluter Sensation – und in dieser Eigenschaft die Bildminiatur ihrer Zeit: durchaus das, was Benjamin sich unter «einer von Spannungen gesättigten Konstellation» vorstellte, die «sich als Monade kristallisiert».[29] Den Bildschock als absolute Sensation begreifen heißt ihn als eine solche Monade nehmen, worin eine ganze Epoche sich auf einen Punkt zusammenzieht. In der aufmerksamkeitsheischenden Ruckwirkung des Bildschocks ist die Ruckhaftigkeit repräsentiert, mit der sich die Dampfmaschinen bewegen, und das akustische Stakkato, mit dem sie die Ohren derer betäuben, deren Los es ist, sie für einen Hungerlohn zu bedienen. Und der Zwang, sich diesen Maschinen anzupassen und bestimmte Bewegungen genauso ruckartig und mechanisch zu vollziehen wie sie selbst, war zunächst für eine ganze Bevölkerungsklasse der vorherrschende Aspekt von Ruck und Schock, wogegen der Bildschock in die Sphäre der Erholung, das Betrachten von Photos unter die spärlich gesäten Freizeitvergnügungen fiel. Daß der Bildschock einmal die treibende Kraft, der Pulsschlag der gesamten industriellen Produktion sein würde, daß sie in dem Maße unter seine Regie treten würde, wie sie sich von einer dampfgetriebenen zu einer elektrifizierten und schließlich mikroelektronischen verfeinerte, daß Bildschirme

[29] W. Benjamin, *Über den Begriff der Geschichte*, l. c., Bd. I. 2, S. 702 f.

eines Tages den Takt des gesamtgesellschaftlichen Arbeitsprozesses angeben würden: das war zunächst noch nicht absehbar. Wohl aber war die Synthese aus ältester Magie und modernster Technik, die der photographische Bildschock herstellt, von Anfang an offenkundig – aber unterschätzt. Hier herrscht Nachholbedarf. Es muß überhaupt erst gelernt werden, den photographisch stillgestellten Augenblick als das unwillkürliche Bildgedächtnis der industriellen Revolution zu lesen – und damit auch als *mémoire involontaire* des archaischen Bodensatzes, den diese Revolution bei ihrem Siegeszug aufgerührt hat. Holen wir also nach.

Fetisch Ware

Revolution heißt wörtlich «Zurückwälzung». Kopernikus nannte sein Hauptwerk *De revolutionibus orbium coelestium* – nicht um «revolutionär» im modernen Sinne zu sein, sondern um etwas schlechterdings Konservatives, mit dem Schein der Ewigkeit Umgebenes auszudrücken: den Umlauf der Himmelskörper. Und als das Wort im England des 17. Jahrhunderts auf die politische Sphäre übergriff, da nicht etwa für die Machtergreifung Cromwells, «sondern im Gegenteil im Jahre 1660, als das Rumpfparlament gestürzt war und die Monarchie restauriert wurde. Genau im gleichen Sinn wurde das Wort noch 1688 gebraucht, als die Stuarts vertrieben waren und William und Mary in den Besitz der königlichen Würde kamen. Die ‹glorreiche Revolution› [...] wurde keineswegs als Revolution empfunden, sondern als die Restauration der Königsgewalt».[30] Der große Bedeutungsumschwung kam genau am 14. Juli 1789 in Paris, als dem König die Nachricht vom Sturm auf die Bastille überbracht wurde, er ausrief «C'est une révolte» und der Überbringer der Nachricht, der Duc de la Rochefoucault-Liancourt, die geflügelte Antwort gab: «Non, Sire, c'est une révolution.» «Hier spricht das Wort noch einmal und politisch zum letzten Mal im Sinne der alten Metapher, die eine Himmelsbewegung auf die Erde überträgt, aber hier hören wir auch, wie vielleicht zum erstenmal der Ton sich geändert und der Bedeutungsakzent sich von der Gesetzmäßigkeit des in sich beschlossenen Kreislaufs auf die Unwiderstehlichkeit, die dieser Kreisbewegung eignet, verlagert hat.»[31] So unaufhaltsam, wie sich Gestirne auf ihrer Umlaufbahn zurückwälzen, wird sich der Aufruhr, der hier losgebrochen ist, nach vorn wälzen und ein ganzes Gesellschaftsgebäude

[30] H. Arendt, *Über die Revolution*, 1963, dt. München [4]1994, S. 51 f.

[31] Op. cit., S. 58

zum Einsturz bringen: das ist der Gedanke hinter Liancourts geflügeltem Wort. Er hat gezündet und den Revolutionsbegriff selbst umgewälzt. «Die Vorstellung einer unwiderstehlichen Bewegung, die wenige Jahrzehnte später begrifflich als Idee einer historischen Notwendigkeit gefaßt werden sollte, zieht sich wie ein roter Faden durch die Geschichte der Französischen Revolution.»[32]

Mehr noch: Besagte Vorstellung hat sich eine Generation später auf die Epoche der Durchsetzung großer Maschinerie übertragen. «Die Bourgeoisie kann nicht existieren, ohne die Produktionsinstrumente, also die Produktionsverhältnisse, also sämtliche gesellschaftlichen Verhältnisse fortwährend zu revolutionieren»,[33] lautet die bekannte Formulierung aus dem *Kommunistischen Manifest*. Sie versteht unter «Revolution» natürlich Umwälzung nach vorn, Umsturz – und dennoch nicht den Typus der politischen Revolution, wie die englische, amerikanische oder französische ihn repräsentieren. Gemeint ist vielmehr jener im 16. Jahrhundert beginnende Umbruch, den Marx später an den englischen Verhältnissen, wo er sich besonders brutal vollzog, als «sogenannte ursprüngliche Akkumulation» ergreifend dargestellt hat: jene mit «Blut und Feuer» betriebene Trennung von Produzenten und Produktionsmitteln, die einen großen Teil der europäischen Landbevölkerung von der Scholle vertrieb, einem beträchtlichen Teil der Handwerker den Rückhalt von Werkstatt und Zunft nahm, sie gemeinsam mit fahrendem und bettelndem Volk als mittellose, verkäufliche Arbeitskräfte in die großen Manufakturen und schließlich an die neuen Dampfmaschinen trieb und die Besitzer dieser Maschinen zur neuen herrschenden Klasse machte. Dieser revolutionäre Prozeß hat die Welt ungleich gründlicher und nachhaltiger umgebrochen als Amerikanische und Französische Revolution zusammen.[34] Die Menschenrechte, die die *Bill of Rights* proklamierte, sind noch längst nicht verwirklicht, während die kapitalistische, warenproduzierende Gesellschaft derart durchgesetzt ist, daß sie niemand mehr wegzudenken oder gar wegzubekommen weiß. Um so bemerkenswerter, wenn diese beispiellos erfolgreiche industrielle Revolution das Beiwort «fortwährend» bekommt – als etwas verstanden wird, was, einmal in Gang gekommen, nicht mehr aufhören kann. Ihr Sieg über die vormoderne Gesellschaft könnte kaum gründlicher sein, aber er verdammt sie dazu, immer weiter, immer

[32] Op. cit., S. 59

[33] K. Marx / F. Engels, l.c., S. 465

[34] In Arendts großem Revolutionsbuch kommt er gar nicht vor. In ihrer politischen Theorie spielt er die Rolle eines blinden Flecks.

schneller zu siegen. Ihre eigene Umwälzbewegung wird dadurch zu einem dauerhaften Kreisen in sich, die zwanghafte permanente Erneuerung der technischen Geräte und sozialen Beziehungen zum Wiederholungszwang, zu einem Voranschreiten, das gleichwohl auf der Stelle tritt. Unversehens nähert sich die Bedeutung von Revolution wieder jenem immergleichen Umlauf der Sterne an, mit dem sie am radikalsten gebrochen zu haben schien. Und daß die Vorwärtsbewegung der modernen Gesellschaft zugleich rückläufig, ihre permanente Umwälzung auch in dem Sinne aufrührerisch sein könnte, daß sie längst überwunden Geglaubtes, Abgelagertes, Uraltes wieder aufrührt – dieser Verdacht hat gerade Marx nie ganz losgelassen. Einerseits legt er größten Nachdruck auf die Entweihung alles Heiligen, die diese Gesellschaft betreibt. «Sie hat die heiligen Schauer der frommen Schwärmerei, der ritterlichen Begeisterung, der spießbürgerlichen Wehmut in dem eiskalten Wasser egoistischer Berechnung ertränkt. Sie hat die persönliche Würde in den Tauschwert aufgelöst und [...] an die Stelle der mit religiösen und politischen Illusionen verhüllten Ausbeutung die offene, unverschämte, direkte, dürre Ausbeutung gesetzt.»[35] Andrerseits ist Marx Urheber der Formel vom «Fetischcharakter der Ware»[36]. Wie reimt sich das?

Darüber wurde in den sechziger und siebziger Jahren viel Tinte verschrieben – in größter Unbekümmertheit über den theologischen, um nicht zu sagen, ontologischen Status dieses Fetischs. Wenn er denn einer *ist*: was bedeutet das? Daß in der kapitalistischen Gesellschaft bloß eine neue, moderne Religion die vormodernen ablöst? Und die neue überdies primitiver, archaischer ist als ihr christlicher Vorgänger? Solche Fragen wurden von den langatmigen Marx-Exegesen, die das Verhältnis von Hegelscher Wesenslogik und Kapital vorwärts und rückwärts durchnahmen, das Verhältnis von Gebrauchs- und Tauschwert, von abstrakter und konkreter Arbeit umständlich nachbuchstabierten und zu wiederholten Malen den Kapitalismus aus der Warenform «ableiteten», nicht einmal ernsthaft gestellt. Nun aber, wo Marx als toter Hund gilt, wird ihre Dringlichkeit offenbar. Wie man von Sensation nicht gründlich handeln kann, ohne ihr Verhältnis zum Heiligen zu klären, so nicht von der Ware, ohne den Status des Fetischs zu erörtern. Hier hilft nur genaues Hinsehen. Das Wort Fetisch kommt vom portugiesischen *feitiço*: «Zauberwerk». Dahinter steht das lateinische *factitius*: «künstlich gemacht». Gemeint waren damit zunächst primitive Machwerke afrikanischer Stämme, über die

35 K. Marx/F. Engels, l. c., S. 464 f.

36 K. Marx, *Das Kapital I*, l. c., S. 85

reisende Europäer die Nase rümpften:[37] unbeholfen geschnitzte, behauene, geformte Figuren, die nach Fertigstellung sogleich bedenkenlos als Verkörperungen göttlicher Kräfte dem Stammeskult einverleibt wurden. Marx' Pointe ist nun: Eine warenproduzierende Gesellschaft hat überhaupt kein Recht zum Naserümpfen über solche Praktiken, denn sie tut im Grunde nichts anderes. In ganz alltägliche Dinge, deren Wert lediglich darin besteht, daß man sie gut zur Bedürfnisbefriedigung gebrauchen kann, projiziert sie einen zweiten Wert hinein und erklärt ihn zum eigentlichen, wenn sie findet, ein Stoff, Rock oder Brot sei soundsoviel *wert* – obwohl sich dieser zweite Wert, der sogenannte Tauschwert, gerade nicht aus der natürlichen Beschaffenheit des jeweiligen Dings ergibt, sondern einzig aus der Tatsache, daß Menschen qualitativ höchst verschiedene physische Dinge quantitativ gleichsetzen, gegeneinander austauschbar machen – und so allmählich einen Markt zwischen sie schieben, auf dem man alles, was man genießen will, zuvor kaufen muß. Wenn nun eine ganze Gesellschaft glaubt, daß besagter Tauschwert, der ein Ding zur Ware macht, eine Eigenschaft dieses Dings selbst sei, dann projiziert sie in sinnliche Dinge einen unsinnlichen «höheren» Wert – ganz so wie der afrikanische Stamm, der sein Schnitzwerk für die Verkörperung göttlicher Kräfte hält. Verwandelt in eine Ware, geht jedes triviale Gebrauchsding auf einmal als «sinnlich übersinnliches Ding» um; es bekommt «Fetischcharakter».[38]

Was aber heißt hier «Charakter»? Daß die Ware tatsächlich Fetisch *ist* oder bloß *wie* ein Fetisch? Das ist bei Marx keineswegs so eindeutig, wie es auf den ersten Blick scheint. Klar, von einer Ware wird gewöhnlich nur behauptet, daß ein gewisser Wert in ihr steckt, aber nicht göttliche Kraft. Insofern dient der Fetischbegriff bloß als Metapher. «Um daher eine Analogie zu finden, müssen wir in die Nebelregion der religiösen Welt flüchten. Hier scheinen die Produkte des menschlichen Kopfes mit eignem Leben begabte, untereinander und mit den Menschen in Verhältnis stehende selbständige Gestalten. So in der Warenwelt die Produkte der menschlichen Hand. Dies nenne ich den Fetischismus, der den Arbeitsprodukten anklebt, sobald sie als Waren produziert werden, und der daher von der Warenproduktion unzertrennlich ist.»[39] Lassen sich aber Kopf und Hand so säuberlich trennen? Der Witz des Vorangegangenen war doch gerade, daß ohne den Kopf, der auf physische Dinge die Form der Austausch-

[37] Cf. Ch. de Brosses, *Du culte des dieux fétiches*, Paris 1760

[38] K. Marx, l. c., S. 85

[39] Op. cit., S. 86f.

barkeit projiziert, die Hand keine einzige Ware herstellen noch tauschen könnte. Und umgekehrt: Die «Nebelregion der religiösen Welt» ist nicht nur ein Kopfprodukt. Das hat gerade der frühe Marx schlagend dargelegt – an einer Stelle, wo er Kants und Hegels Stellung zum Gottesbeweis erörtert. Dem bekannten Kantschen Einwand, hundert gedachte Taler seien nun einmal nicht hundert wirkliche, hält er dort entgegen: «Hat nicht der alte Moloch geherrscht? War nicht der delphische Apollo eine wirkliche Macht im Leben der Griechen? Hier heißt auch Kants Kritik nichts. Wenn jemand sich vorstellt, hundert Taler zu besitzen, wenn diese Vorstellung ihm keine beliebige, subjektive ist, wenn er an sie glaubt, so haben ihm die hundert eingebildeten Taler denselben Wert wie hundert wirkliche. Er wird z. B. Schulden auf seine Einbildung machen, sie wird *wirken, wie die ganze Menschheit Schulden auf ihre Götter gemacht hat.* [...] Hat ein wirklicher Taler anderswo Existenz als in der Vorstellung, wenn auch in einer allgemeinen oder vielmehr gemeinschaftlichen Vorstellung der Menschen? Bringe Papiergeld in ein Land, wo man diesen Gebrauch des Papiers nicht kennt, und jeder wird lachen über deine subjektive Vorstellung. Komme mit deinen Göttern in ein Land, wo andere Götter gelten, und man wird dir beweisen, daß du an Einbildungen und Abstraktionen leidest.»[40] Die Differenz von Gott und Geld verschwimmt. Beide sind Projektionen, an beiden sind Kopf und Hand beteiligt. Und vor allem: Projizieren ist nicht nur Spintisieren. Der späte Marx geht im Fetisch-Kapitel sogar noch weiter: Es ist ein elementarer physiologischer Vorgang. «So stellt sich der Lichteindruck eines Dings auf den Sehnerv nicht als subjektiver Reiz des Sehnervs selbst, sondern als gegenständliche Form eines Dings außerhalb des Auges dar.» Will sagen: Ohne Projektion kann man nicht einmal sehen, geschweige denn erkennen, denken, interpretieren. Um so fragwürdiger, wenn Marx fortfährt: «Aber beim Sehen wird wirklich Licht von einem Ding, dem äußeren Gegenstand, auf ein andres Ding, das Auge geworfen», während die Projektion beim Fetischcharakter der Ware darin bestehen soll, daß «das bestimmte Verhältnis der Menschen selbst [...] für sie die phantasmagorische Form eines Verhältnisses von Dingen annimmt».[41] Eine merkwürdige Entschärfung. Einerseits wird Projektion als menschliches Elementarverhalten hervorgekehrt, andrerseits sogleich in «wirkliche» physiologische und «phantasmagorische» metaphysische eingeteilt – ganz

[40] K. Marx, *Anmerkungen zur Doktordissertation,* MEW, Ergänzungsband, 1. Teil, Berlin 1974, S. 371

[41] K. Marx, *Das Kapital I,* l. c., S. 86

nach dem Muster von den wirklichen und den bloß gedachten hundert Talern, das Marx in seinen Jugendjahren so fulminant kritisiert hatte. Es war doch *seine* Einsicht gewesen, daß das Phantasmagorische selbst wirklich ist, das Metaphysische selbst physische Gewalt hat. Warum nun der hastige Rückzieher unter das Niveau des einst von ihm selbst vorgezeichneten Projektionsbegriffs? Aus Sorge, das Thema könnte theologischer werden als beabsichtigt und zu dem Geständnis nötigen, daß Geld ein Gott *ist* und nicht bloß *wie* ein Gott, die Ware tatsächlich ein Fetisch und nicht bloß *wie* einer?[42]

[42] Über dieses Problem wird auch in der gegenwärtigen Debatte hinwegformuliert, als sei es gar keines. Christoph Deutschmann etwa, der den Gedanken des Warenfetischs mit vielen erhellenden Resultaten in die soziologische Debatte zurückgebracht hat (*Die Verheißung des absoluten Reichtums.* Zur religiösen Natur des Kapitalismus, Frankfurt am Main 1999), ist in diesem Punkt keinen Deut klarer als Marx: «Seine These war [...], daß der religiöse Götzendienst, dem die vormoderne Welt huldigte, in der bürgerlichen Gesellschaft nur durch einen neuen ersetzt wird: den ökonomischen.» (S. 65) Götzendienst *ist* Religion, die Unterscheidung von religiösem und ökonomischem Götzendienst etwa so wie die von einem runden und einem großen Kreis. – Jochen Hörisch erfindet das «Kunstwort ‹Ontosemiologie›» als den kleinsten gemeinsamen Nenner für das, was «zahllose Religionen, Philosophien, Theorien und Weltbilder ausdrücklich oder implizit» versuchen: «eine Korrelation von Sein und Sinn auszuweisen bzw. so zu stiften [...], daß die Frage danach, ob diese Stiftung auch tatsächlich intersubjektiv gültig sei, gar nicht erst aufkommt» (*Kopf oder Zahl.* Poesie des Geldes, Frankfurt am Main 1996, S. 26). Auf diesem sehr kleinen Nenner, auf den jeder beliebige Geltungsanspruch verrechenbar ist, ruht dann die große These: «Das Abendmahl, das Geld und die Neuen elektronischen Medien bilden (aufeinander folgend und einander überlagernd) den ontosemiologischen Rahmen unserer sog. christlich-abendländisch-rationalen Kultur.» (S. 26) Als die drei «ontosemiologischen Leitmedien» werden sie auf die vage Gemeinsamkeit nivelliert, «nicht eigentlich vermeidbar» zu sein und «ein soziokulturelles Teppichmuster» hervorzubringen, «das alle Einzelereignisse mit einem orientierenden Fundament versieht» (S. 27). Für die spezifische Differenz zwischen Fetischcharakter der Ware und Fetischdienst an Leib und Blut Christi folgt daraus: «An die Stelle der substantiellen Ontosemiologie des Abendmahls tritt die funktionale des Geldes.» (S. 31) Als ob das Abendmahl in bezug auf seinen Zweck, die kultische Gemeinschaft, nicht auch höchst funktional wäre; als ob Brot tatsächlich «substantiell» würde, wenn es im Moment seines Verzehrs für den Leib Christi gehalten wird. Müßte dann nicht auch alles Geld «substantiell» sein, solange es geltende Währung ist? «Ontosemiologie» ist ein hölzernes Eisen.

Klarheit verschaffen kann hier einzig ein Rückgang: zum sakralen Ursprung von Geld und Ware. Der aber liegt nicht etwa im 8. bis 7. vorchristlichen Jahrhundert, als die Lyder die ersten Münzen prägten, sondern viel früher. Münzprägung ist nur der letzte Akt eines langen Prozesses, den man nicht begreift, wenn man sich nicht vorab eines klarmacht: Der Tausch ist weitaus älter als der Markt. Sein Ursprung war längst Thema in diesem Buch. Wenn aber klar werden soll, wie Urgeschichte und Hochtechnologie der Sensation ineinandergreifen, muß er unter einem andern Gesichtspunkt noch einmal aufgenommen werden. Dieser Ursprung ist das Opfer. Der traumatische Wiederholungszwang, aus dem die menschliche Opferpraxis einst hervorging, wurde im vorigen Kapitel ausgiebig dargestellt. Das Schreckliche wiederholen, um gerade so den Schrecken erträglich, bekannt, gar vertraut zu machen, das war die physiologische Notwehr von Nervenbündeln, die sich anders nicht zu helfen wußten, um den unerträglichen plötzlichen Erregungsüberschuß des traumatischen Schocks abzubauen und Nervenbahnen für seinen Abfluß anzulegen. Kurzum, die neurologische Basis des Wiederholungszwangs ist das Streben nach Spannungsabbau: nach ausgeglichenen Erregungsverhältnissen. Und darin steckt, auf der Grenze von bloßem Reflex und beginnender Gedankendämmerung, bereits das Grundmotiv der Äquivalenz: die Obsession, daß die Zwangswiederholung dem Schrecken, den sie wiederholt, *gleich* ist, also gleich*wertig*, ihn vertreten, ersetzen, begleichen kann. Lange Zeit dürfte diese Obsession bloß dumpf-quälend verspürt und reflexartig praktiziert worden sein, ehe sie, um ihre eigene Qual zu mildern, begann, sich einen Adressaten, einen Zweck, einen Sinn zu geben. Und hier muß eine der mentalen Großtaten des frühen *homo sapiens* eingesetzt haben. Der Wunsch nach Erregungsausgleich ist nach außen gekehrt worden: in den Wunsch nach ausgeglichenen Naturverhältnissen. Der Schrecken wird zu Schreckens*mächten* objektiviert, diese Mächte werden personifiziert, wodurch die Zwangswiederholung das Ansehen einer Gabe bekommt, die diesen Mächten darzubringen ist, damit sie aufhören zu schrecken – zu «zürnen». Eine Notmaßnahme zum Erregungsausgleich beginnt sich selbst darzustellen als Maßnahme zur Beruhigung und Festigung der gesamten Naturverhältnisse – der «Welt». Opfergabe gegen Verschontwerden: das ist die erste manifeste Form des Äquivalents, die erste explizite Tauschgleichung. Sie entspringt nicht der Begierde auf diesen oder jenen physischen Genuß, sondern unverhältnismäßigem Leidensdruck. Das Unerträgliche erträglich, das Inkommensurable kommensurabel machen: das ist ihr Motiv. Nur daß sie dabei die Unverhältnismäßigkeit nicht los wird. Oder ist es etwa verhältnismäßig, daß das menschliche Kollektiv einen Teil von sich opfert, damit es als ganzes verschont bleibe? Als Gott ist man übervorteilt, wenn man das Ganze verschont, aber nur einen Teil dieses Ganzen dafür bekommen hat. Als menschliches Kollektiv aber kann man nicht mehr als einen Teil von sich geben; brächte man das Ganze dar, gäbe es nichts mehr zu verschonen. Und schon der Teil ist zu viel. Für die Geopferten, die «Erwählten», ist es ein vollkommen unverhältnismäßiges Schicksal, für die andern zu bluten. Der Leidensdruck, der zur Tauschgleichung führt, treibt dazu, diese Gleichung von den Rückständen der Unverhältnismäßigkeit zu befreien. Je unerträglicher es Menschen wird, ihresgleichen als Opfer darzubringen, desto größer die Nötigung, diese Gabe durch eine erträglichere, «äquivalentere» zu ersetzen. Der Wiederholungszwang beginnt als Ersetzungszwang manifest zu werden.[43]

Es gibt ein altgriechisches Wort, das wie kein zweites diesen Vorgang schlagartig zu erhellen vermag: *Hekatombe*.[44] Es bedeutet so viel wie «hundert Rinder» und ist als altes sakrales Opfermaß aktenkundig. Offenbar stand den Göttern zu besonderen Anlässen eine Hundertschaft Rinder zu; im alten Athen etwa zu Jahresbeginn. Der erste Monat im Jahr hieß dort Hekatombaion – «der Monat, in dem die Hekatombe dargebracht wird». Es war dies der Monat, wo Athen alljährlich sein Gründungsfest beging, wo es seine eigene Wohlgegründetheit und ruhige Festigkeit beschwörend bekräftigte und folglich die höchste Dosis des Götterberuhigungsmittels für angezeigt erachtete: eben die Hundertschaft Rinder. In der *Ilias* wird zu verschiedenen Gelegenheiten, wann immer die Not groß und die Stimmung der Götter schlecht ist, eine Hekatombe dargebracht. Sie kommt aber nicht nur als Opfermaß vor, sondern auch als Äquivalent für extrem erlesene Artefakte, etwa die goldene Rüstung des Glaukos oder die goldenen Quasten am Schild der Athene. Wenn die «hundertrindrig» genannt werden, dann klingt das nach einem festen altehrwürdigen

[43] So wenig wie im vorigen Kapitel die Geschichte der Sprachentwicklung kann hier die der Äquivalenzentwicklung geschrieben werden. Nur ihre spezifische Logik ist nachzuzeichnen, und wenn das vorzugsweise am Beispiel des mediterran-europäischen Raums geschieht, dann nicht aus eurozentrischer Beschränktheit, sondern weil dort besagte Logik besonders signifikante Form angenommen und nicht von ungefähr dort der Weltaufstieg des Geldes begonnen hat.

[44] Zum folgenden cf. B. Laum, *Heiliges Geld*. Eine historische Untersuchung über den sakralen Ursprung des Geldes, Tübingen 1924. Eine Studie, deren Bedeutung für das Äquivalenzproblem noch keineswegs ausgeschöpft ist.

Wertmaß. Um so befremdlicher, daß es kaum etwas gibt, was derart wertvoll wäre, daß es damit gemessen werden könnte. Man muß es in Bruchteile zerlegen, um wenigstens kostbare Rüstungen, Speere, Dreifüße, Schalen oder auch einmal «ein Weib» damit zu messen, die zwanzig, zwölf, vier oder noch weniger Rinder aufwiegen mögen, aber niemals hundert, nicht zu reden von den alltäglichen Gebrauchsgütern, für die auch *ein* Rind als Gegenwert viel zu groß wäre. Das deutet freilich darauf hin, daß die Hekatombe ein Maß ist, mit dem *nicht mehr* gemessen wird, ein archaisches Maß, dessen Funktion nicht mehr erinnert sein will. Und gäbe es in antiken Zeugnissen nicht reichlich Hinweise auf die Ersetzbarkeit des Menschen durchs Tier – Isaak und Iphigenie sind nur die prominentesten Fälle –, gäbe es nicht immer wieder versprengte Erwähnungen des Brauchs, einen Gefangenen oder Todgeweihten gegen ein Quantum Rinder auszulösen, ja wären bei den Sühneleistungen, die zwischen Sippen oder Familien für von der Gegenseite zugefügten Schaden vereinbart sind, hundert Rinder für einen erschlagenen Mann nicht ein nahezu fester Rechnungsposten[45] – wir könnten nur raten, was Hekatombe ursprünglich einmal bedeutet hat: Hundert Rinder opfern ist so gut wie einen Menschen opfern, und «so gut wie» heißt in diesem Fall: «besser». Das Tieropfer erlöst vom Leidensdruck des Menschenopfers. Für Menschen ist es also angemessener, «äquivalenter», während es für die Götter bedeutet, mit einem Ersatz abgespeist zu werden, weshalb es sich gar nicht empfiehlt, besonders herauszustreichen, *wofür* die Hekatombe Äquivalent ist.

Man mag das die «List»[46] im Opfertausch nennen, wenn man hinzudenkt, daß diese List anfangs aus schreckerfüllter Notwehr hervorging und noch nicht den Aspekt schlitzohrigen Händlergebarens hatte. Den bekommt der Tausch erst allmählich – in dem Maße, wie die Substitution des Menschenopfers raffiniert wird, wie Hekatombe nicht mehr hundert Rinder bedeutet, sondern nur noch «viele», wie ein Rind durch eine gewisse Anzahl Schafe oder Ziegen ersetzbar wird, das ganze Tier durch einen Teil des Tieres und schließlich das reale Darbringen, will sagen das Hinschlachten von etwas Lebendigem, durch das symbolische Darbringen, das Deponieren von etwas Leblosem, aber Haltbarem: vorzugsweise Metall.[47] Und erst auf die-

[45] Belege bei Laum, op. cit., S. 60ff.

[46] M. Horkheimer / Th. W. Adorno, *Dialektik der Aufklärung*, l. c., S. 57

[47] In andern Kulturkreisen, etwa im polynesisch-australischen Raum, wo Rinder unbekannt und Metalle ungebräuchlich waren, haben vielfach Muscheln die Rolle eines solchen Tauschmittels übernommen, manchenorts auch die Kauri-

ser Kulturstufe, wo man darauf kommt, den Opferspieß (griechisch: *obelos* oder *obolos*) selbst zur Opfergabe zu machen statt des aufgespießten Tiers,[48] die Opferschale selbst anstatt des darin gebratenen Fleischs, oder die metallene Nachbildung des Tiers anstatt des lebendigen Originals, da sind die Vorformen dessen erreicht, was uns als Geld geläufig geworden ist. Das Metall, in der Regel Gold oder Silber,[49] muß nun nur noch die Form des Gebrauchsgegenstands loswerden, ein handliches Format annehmen und das, was es bedeuten, wofür es äquivalent sein soll, mit einem Prägestock eingedrückt bekommen – und fertig sind die Münzen.

Bis es so weit war, sind Jahrtausende verstrichen. Wo der Münzumlauf beginnt, ist der Tausch schon uralt. Nur seine Loslösung vom Opferkult steckt vergleichsweise noch in den Kinderschuhen. Es liegt auf der Hand, daß der Äquivalenzprozeß, der mit der Substituierung des Menschenopfers in Gang kam, bloß ein anderer Aspekt des im vorigen Kapitel verfolgten Profanisierungsprozesses ist. Als dessen Pointe erwies sich, daß er im Herzen des Sakralen beginnt, ja daß die Konstituierung des Heiligen selbst schon einer ersten Profanisierungsregung entspringt. Den Schrecken durch seine Wiederholung umzuwerten, gutzuheißen, zu etwas Heiligem zu machen ist schon ein erster, wenn auch winziger Distanzierungsschritt. Tauschtheoretisch

schnecke. Am deutlichsten wird ihre Funktion beim Brautkauf – nicht nur wegen ihres Glanzes und ihrer Haltbarkeit, auch wegen ihrer Eigenschaft, das weibliche Geschlecht zu symbolisieren. Daraus folgt freilich noch längst nicht, Geld sei als Frauenersatz *entstanden*: als Kompensation sexuellen Triebverzichts von Männern. S. u. Fn. 52.

48 Cf. B. Laum, op. cit., S. 106ff.

49 Auch das natürlich aus sakralen Gründen. Gold ist überkulturell, vielleicht sogar überall, wo es vorkam, als irdischer Widerschein der Sonne und Speicher ihrer göttlichen Kräfte verstanden worden. Dasselbe gilt für Silber in bezug auf den Mond. Es ist nicht nur die Haltbarkeit, die sie zu allgemeinen Äquivalenten empfiehlt, und es ist keineswegs nur der hohe Aufwand ihrer Gewinnung und Formung, der ihren hohen Tauschwert ausmacht. Umgekehrt: Wegen ihrer magischen Qualitäten wurden sie dieses Aufwands für wert erachtet. Das ist freilich bitter für die Marxsche Arbeitswertlehre, derzufolge sich der «Wert» eines jeden Dings einzig nach dem Quantum Arbeit bemißt, das in ihm steckt – also auch der Wert jener goldenen, silbernen oder ehernen Klümpchen, die als Wertmesser, d. h. Geld, in Kleinasien zu kursieren begannen. Mißlich, wenn sich herausstellt, warum die Vorstellung, Gold sei 13 ein Drittel mal so viel wert wie Silber, in der Antike so verbreitet war und noch bis in neuzeitliche Geschäftspraxis hineinragte: nicht etwa, weil Goldmünzen 13 ein Drittel mal haltbarer, glänzender oder arbeitsaufwendiger sind als Silbermünzen, sondern weil der Jahresumlauf der Sonne gut 13 Mondumläufe in sich faßt. Cf. B. Laum, S. 128f.

gesprochen: Der unerträgliche Schrecken wird durch das Äquivalent eines erträglicheren ersetzt. Und diese Profanisierungsdynamik wird um so schwungvoller, je weiter sie sich vom Ursprung entfernt und das Menschenopfer durch Gaben ersetzt, die weniger schmerzen. Wie es fast unmöglich ist, genau den Punkt zu bestimmen, an dem der Abbau von Unlust in die Gewinnung von Lust übergeht, weil das eine im andern jeweils schon latent enthalten ist, so läßt sich schwerlich der Punkt angeben, an dem die Profanisierung des Opfertauschs so profan wird, daß sich vom Opfertausch eine andere Form des Tauschs abzuspalten beginnt. Aber dieser Punkt existiert, und er läßt sich einkreisen.

Dazu müssen allerdings bestimmte historische Bedingungen erfüllt sein. Es muß gelernt worden sein, daß der Inbegriff des Naturschrekkens, das Heilige, nicht der einzig mögliche Tauschpartner ist, daß man sich auch gegen mindere, aber dafür greifbarere Formen von Naturschrecken durch Tausch sichern kann. Wenn umherschweifende Anthropoidenhorden aufeinander treffen, ist nämlich der Ernstfall gegeben, der da heißt: Krieg oder Tausch. Wobei Tausch nicht etwa bedeutet, daß man sogleich Wurzeln oder Früchte gegen Felle oder Fleisch gibt.[50] Vielmehr tauscht man das Kostbarste aus, das man sonst nur den Göttern darbringt: Menschen. Man gibt einander Geiseln, um sich voreinander zu schützen. Wir wissen nicht, wann und wo das begonnen hat; kein Kulturanthropologe war Zeuge. Aber wenn neurologisch wie religionsgeschichtlich unabweisbar ist, daß der Tausch als Schreckabwehrmaßnahme begonnen hat, dann kann schwerlich etwas anderes die Urform des zwischenmenschlichen Tauschs gewesen sein als der Geiseltausch. Geiseln sind Todgeweihte, aber sie werden getauscht, damit sie leben bleiben. Ihr Tausch hat durchaus die Intensität einer wechselseitigen Transplantation: Wie ihr uns ein Stück von euch, so pflanzen wir euch ein Stück von uns ein. Die Geisel, die ins andere Kollektiv geht, bringt die Eigenheiten ihres eigenen Kollektivs mit, in erster Linie dessen Schutzmächte, und die bedrohen das Wirtskollektiv mit furchtbarer Rache, falls es die Geisel versehrt. Es ist aus größtem Mißtrauen, daß man sich gegenseitig das Kostbarste ausliefert, das man hat; aber es ist zugleich die vertrauensbildende Maßnahme *par excellence*. Sie setzt

50 So etwa pflegen sich Ökonomen den Beginn des zwischenmenschlichen Tauschs vorzustellen. Auch Marx war in diesem Punkt bloß Ökonom. Was er «einfache Wertform» nennt (*Das Kapital* I, S. 63 ff.), ist keineswegs die Elementarform des Tauschs, sondern eine vom Opfertausch schon abgezweigte Spätform.

darauf, daß sich das Eigene am besten gegen das Fremde schützt, indem es eine kleine Dosis des Fremden wie ein Impfserum in sich aufnimmt. Und man kann die Geisel nicht nehmen, ohne zugleich ihre Schutzmächte eingeimpft zu bekommen. Undenkbar daher, daß Geiseltausch ohne feierlichen Bundesschluß stattfinden könnte, also ohne daß beide Parteien gemeinsam ihre Götter zu Zeugen anrufen und ihnen gemeinsam ein Opfer darbringen – ein Tieropfer übrigens, denn die Pointe des Bundes ist ja das Verschonen von Menschen. Geiseln sind nur noch potentielle Menschenopfer, und der Bund wird geschlossen, damit sie potentielle bleiben. Wo das bekräftigt wird, müssen Surrogate an die Stelle der verschonten Menschen treten – zunächst einmal Tiere. Ohne schon eine Ahnung von der Ersetzbarkeit der Menschen durch Tiere zu haben, kann man schwerlich einen Bund schließen. Umgekehrt dürfte das Umsichgreifen von Bundesschlüssen der Abwälzung des Menschenopfers aufs Tieropfer einen nachdrücklichen Schub gegeben haben.[51]

Aus dem Geiseltausch als der Urform des zwischenmenschlichen Tauschs erschließt sich auch die Praxis der Exogamie.[52] Die hatte anfangs ein viel stärkeres Motiv als Unbehagen am Inzest und seinen

[51] Im Alten Testament heißt «einen Bund schließen» wörtlich «einen Bund schneiden». «Geschnitten» werden Opfertiere, und zwar längs mittendurch. Die zerteilten Hälften werden so auseinandergelegt, daß sie eine Gasse bilden, durch die die Bundesschließenden gemeinsam hindurchgehen sollen (Gen 15, 10u. 18; Jer 34, 18). Daß dieser Durchgang an den genannten Stellen nur noch in mystifizierter Form (ein rauchender Ofen und eine lodernde Flamme fuhren durch die Fleischstücke hindurch) oder gar nicht mehr stattfindet, liegt daran, daß der Bund, die Urform des menschlichen Tauschs, hier schon stark überhöht ist: übertragen auf das Verhältnis von Gott und Menschen – zwei gerade nicht gleichwertige Partner. Nirgends ist der Bundesgedanke nachdrücklicher aufbewahrt worden als im Alten Testament, aber auf Kosten seiner symmetrischen Grundintention.

[52] Aber nicht umgekehrt der Tausch aus der Exogamie, als habe das Inzestverbot, also der Zwang, sich Frauen aus andern Sippen zu holen, zur Erfindung eines Ur-Äquivalents geführt: des Brautpreises. Wo es Sitte wird, daß Frauen gegen einen solchen Preis in andere Kollektive überwechseln, ist der Tausch schon ziemlich weit entwickelt, der Brautkauf alles andere als seine Urform. Ihn damit zu verwechseln, ist der konstant blinde Fleck in den ansonsten hochinteressanten und viel zu wenig beachteten Arbeiten von Horst Kurnitzky (*Triebstruktur des Geldes*, Berlin 1974; *Der heilige Markt*, Frankfurt am Main 1994). Er hält den sexuellen Verzicht von Männern auf Frauen für das Grundmotiv von Tausch, Geld und schließlich kapitalistischer Ökonomie – und bleibt damit im Fahrwasser von Freuds Urhordenmärchen, das genau diesen Verzicht als Grunddatum menschlicher Kultur suggeriert. S. o. Kapitel 3.

degenerierenden Folgen oder Vorsorge gegen ein Zugroßwerden des eigenen Kollektivs: vitales Schutzbedürfnis gegen drohenden Schrekken. Die wechselseitige «Transplantation» ist erst dann erfolgreich, wenn sich das transplantierte Organ in den Stoffwechsel des andern Körpers einfügt, will sagen die Geisel in die Sexualverhältnisse des andern Kollektivs. Ist aber derart der Geiseltausch als Urform des Nichtangriffspakts, des Bundes- und Friedensschlusses transparent, dann wird auch schlagartig die Logik des Geschenktauschs (Potlatschs) klar, dessen konstitutive Rolle für frühe und primitive Gesellschaften erdrückend bezeugt,[53] der für viele moderne Ökonomen aber noch gar kein «richtiger» Tausch ist, weil sie das handfeste Wirtschaftsinteresse darin vermissen und verkennen, daß der Anfang aller Ökonomie die Triebökonomie ist. Kult und Bund durchdringen einander wie Vertikale und Horizontale. Der Tausch, der zwischen menschlichen Kollektiven «horizontal» wird, setzt den «vertikalen» Tausch mit den Göttern unter andern Vorzeichen fort. Und wie im Kult allmählich das Menschenopfer substituiert wird, so im Bund die Geisel. An die Stelle von Mensch gegen Mensch tritt Tier gegen Tier, Rüstung gegen Rüstung, Waffe gegen Waffe, Pfand gegen Pfand – ohne daß der Tausch aus dem kultischen Zusammenhang der Schreckbearbeitung ernstlich heraustrāte. Um eines allerdings ist er nicht verlegen: das Äquivalent. Im Opfertausch war es bloß imaginiert, die göttliche Gegenleistung nie wirklich sichtbar. Jetzt tritt es auf den Boden der Realität und wird so eindeutig, wie in der Geschichte dann nie wieder. Die ausgetauschten Objekte sind nachprüf-

[53] Z. B. durch M. Mauss, *Die Gabe*, 1950, dt. Frankfurt am Main 1968, einen ethnologischen Klassiker zur Frühform des Tauschs. «Zunächst einmal sind es nicht Individuen, sondern Kollektive, die sich gegenseitig verpflichten, die austauschen und kontrahieren [...]: Clans, Stämme, Familien [...] Zum andern ist das, was ausgetauscht wird, nicht ausschließlich Güter und Reichtümer, bewegliche und unbewegliche Habe, wirtschaftlich nützliche Dinge. Es sind vor allem Höflichkeiten, Festessen, Rituale, Militärdienste, Frauen, Kinder, Tänze, Feste, Märkte [...]. Schließlich vollziehen sich diese Leistungen und Gegenleistungen in einer eher freiwilligen Form, durch Geschenke, Gaben, obwohl sie im Grunde streng obligatorisch sind, bei Strafe des privaten und öffentlichen Kriegs.» (S. 21 f.) Dieses «System der totalen Leistungen» (S. 22), in dem ein Kollektiv jeweils mit seinem ganzen Bestand, nicht nur mit irgendwelchen Gebrauchsgütern dafür einsteht, daß es sich in einem ausgeglichenen Verhältnis zu seiner Umgebung befindet, ist zwar schon hochgradig entwickelt und verzweigt, läßt aber die ursprüngliche Schutzfunktion des Tauschs noch deutlich durchscheinen. Und nur von der aus erschließt sich die Logik dieses Systems. Man weiß sonst nicht, was Potlatsch ist.

bar gleichwertig, weil gleichartig, also genau das, was vom Standpunkt des späteren profanen Warentauschs aus gesehen völlig sinnlos ist. Dessen Pointe ist ja gerade, Verschiedenartiges auszutauschen: wegzugeben, was man überzählig hat, um zu bekommen, was man begehrt, aber doch nicht Fell gegen Fell, Getreide gegen Getreide etc.

Die zwingende Substitutionslogik, die vom Geiseltausch zum Potlatsch führt, führt keineswegs in gleicher Weise weiter vom Potlatsch zum profanen Handel, vom Tausch des Gleichartigen zum Tausch des Verschiedenartigen. Letzterer dürfte zunächst eher ein unbeabsichtigtes Nebenprodukt von ersterem gewesen sein. Wenn es Sitte wird, sich beim Geschenktausch wechselseitig zu überbieten, um der Gegenseite ja nichts schuldig zu bleiben, kann die Abweichung vom exakten Äquivalent auf die Dauer schwerlich ausbleiben. Aber auf dieser Stufe ist der Potlatsch schon hoch entwickelt. Wann und wie genau der Tausch des Verschiedenartigen aus ihm hervorgegangen ist, liegt im Dunkel. Sicher jedoch ist eines: Es hat Erhebliches geschehen müssen, bis der sporadische, beiläufige Tausch von Verschiedenartigem zu einer eigenen Verkehrsform hat werden können: zum Markt. Dazu mußten erst einmal Überschüsse da sein. Man mußte z. B. gelernt haben, die Kriegsbeute, statt sie den siegschenkenden Göttern darzubringen, für sich selbst zu nutzen: Feinde als Arbeitskräfte, Tiere als Nahrung, Waffen für den nächsten Beutezug. Auch ein Arbeitssystem, das mehr Lebensmittel erzeugte als das Kollektiv verbrauchte, war erst einmal herzustellen. Ferner mußten aus schweifenden Stämmen seßhafte werden – verzweigt zu einem Stämmebund, aber geschart um ein gemeinsames Kultzentrum: den Sitz einer allgemein anerkannten Priesterautorität. Das griechische Wort *agorá*, das wir mit «Markt» übersetzen, hieß ursprünglich bloß «Versammlungsplatz»: zentrale Kultstätte. In den agrarischen Gesellschaften des Mittelmeerraums und Vorderen Orients ist sie einer der Kristallisationspunkte urbaner Kultur: vielleicht der Inbegriff von Stadtkern überhaupt. Dort kommen die einzelnen Stämme und Clans zum gemeinsamen Opfer zusammen. Und dorthin nehmen sie nicht nur die vorgesehenen Opfergaben mit, sondern allmählich auch gewisse Überschüsse. Nicht daß man sogleich alles mitschleppte, was man einander vorteilhaft hätte verhökern können. Zunächst ging ja nur eine einzige «Nachfrage» von der Kultstätte aus: die nach würdigen Opfergaben. Über die Würde aber bestimmte die Priesterschaft. Sie war der zentrale Umschlagspunkt der Gaben.

Zur Etablierung der Priesterautorität gehört kulturübergreifend, daß sie für sachkundigen Verkehr mit den Göttern, vor allem für äquivalenten Opfervollzug bürgt und dafür besonders honoriert zu werden wünscht. So wenig sich feststellen läßt, wann und wo dieser Wunsch zuerst aufkeimte – die Zäsur, die er im Profanisierungsprozeß bedeutet, ist kaum zu überschätzen. Wo von der Gabe an die Götter eine Gabe an die Priester als Lohn für die sachgemäße Opferdarbringung abgezweigt wird, da findet keineswegs mehr die pure Schreckbearbeitung statt, da schielt aus der furchterfüllten Götterbesänftigung das Streben nach physischem Genuß, nach Vorteilsnahme, nach Macht deutlich hervor. Die Bekämpfung von Unlust ist in manifesten Lustgewinn umgeschlagen. Priester, die einen Teil des darzubringenden Opfertiers für sich selbst zurückbehalten, beginnen an den Göttern vorbeizuwirtschaften. Sie scheuen sich nicht, innerhalb des Kults selbst eine regelrechte Schattenwirtschaft entstehen zu lassen. Wenn irgendwo der Ursprung von schlitzohrigem Händlergebaren lokalisierbar ist, dann hier.[54] Wo solches Gebaren aber um sich greift, ist sogleich schon der nächste Profanisierungsschub vorbereitet. Denn nun gibt es auch Leute, die daran interessiert sind, die Darbringung von Lebewesen durch die von Metall zu ersetzen. Geschlachtete Tiere sind leicht verderblich. Auch der gefräßigste Priester kann nur ein gewisses Quantum davon genießen. Gold- und Silbergaben hingegen sind haltbar. Sie lassen sich, in Gestalt heiliger Bilder, Spieße oder Schalen, unbegrenzt anhäufen. Mehr noch: Wird dem Priester ein Rind oder Schaf zur Darbringung übergeben, so verbrennt er einen Teil und behält den andern zu eigenem Gebrauch. Wird ihm Metall übergeben, so kann er sowohl das Ganze darbringen als auch das Ganze unverbraucht lassen. Er deponiert es einfach im Tempel. Der heilige Ort wird so zum Ort der Schatzbildung,[55] einer «ursprünglichen Akkumulation», die diesen Titel viel eher verdient als jener große Kapitalbildungsprozeß am Beginn der Neuzeit,

[54] Im mediterranen Raum ist solches Verhalten möglicherweise als Beginn einer neuen Epoche erlebt worden. Jedenfalls gibt es bei Hesiod dafür eine geniale mythologische Zeitangabe: «Als nämlich die Götter und die sterblichen Menschen sich schieden». Genau an dieser Stelle läßt er Prometheus auftreten und ein «großes Rind» opfern: «Auf die eine Seite legte er das Fleisch und die fetten Eingeweide in einer Haut, sie verhüllend mit dem Magen des Stiers, auf die andere legte er die weißen Knochen des Rinds, in listiger Kunst geordnet, sie verhüllend mit glänzendem Fett», «um Zeus' Sinn zu täuschen» (Hesiod, *Theogonie*, 535 ff.). Prometheus, nach Marx der «vornehmste Heilige und Märtyrer im philosophischen Kalender» (MEW Ergänzungsband 1. Teil, Berlin 1974, S. 263), ist nach Hesiod zunächst einmal der Prototyp des an den Göttern vorbeiwirtschaftenden Priesters.

[55] B. Laum, op. cit., S. 109 ff.

den Marx so genannt hat.[56] Denn die Pointe dieses Schatzes ist nicht, bloß als Notfallreserve zu ruhen, sondern sich dank seiner sakralen Kraft konstant profan zu vermehren. Wie das geht? Ganz einfach: Man befreit diejenigen, die zur Kultstätte kommen, davon, eigene Gaben mitzubringen. Vielmehr stellt man ihnen – gegen Entgelt, versteht sich – ein würdiges Stück aus dem Tempelschatz zur Verfügung. Theologisch gesprochen: Man entwendet es den Göttern, damit es ihnen aufs Neue dargebracht werden kann. Ökonomisch gesprochen: Man läßt es für einen Moment aus dem Schatz heraustreten, damit es sogleich und vermehrt wieder in ihn zurückkehre – über den kleinen Umweg, gegen irgendein profanes Gut getauscht worden zu sein, auf das die Priesterschaft Lust hat. Hier aber ist ein Punkt greifbar, an dem der Tausch von Verschiedenartigem definitiv aufhört, bloß sporadisch und zufällig zu sein. Er bekommt Methode. Ausgerechnet als Motor der Vermehrung des Tempelschatzes beginnt er seinen profanen Eigensinn zu entwickeln.

Der profane Tausch mag seine sporadischen Anfänge im Schlepptau des Potlatsch an den Rändern der Gemeinwesen gehabt haben. Wir wissen es nicht. Der Markt als feste Einrichtung hingegen bildet sich im Zentrum, dort, wo der heilige Gründungseinstich oder die heilige Achse vermutet wird, um die sich die Welt dreht. Seine Entstehung aber weist eine systemische Struktur auf, die uns in anderm Zusammenhang schon einmal begegnet ist. Wie sich nämlich der schmerzende Körper ums Trauma windet, der Kult ums Opfer, die Sprache ums Schreckgestammel, so windet sich der Markt um die «ursprüngliche Akkumulation» des Tempelschatzes. Der Markt ist eine Ablagerung des Kults: gleichsam seine «durchgebrannte», schützende Rindenschicht. Im Zahlungsmittel Metall wird diese Rinde greifbar, stellt es doch ein erkaltetes, hartgewordenes, neutralisiertes Menschenopfer dar – einen Panzer, der sowohl *gegen* die archaische, menschenfressende Nähe des Heiligen schützt, als auch *im* Schutz des Heiligen sein Eigenleben beginnt. Und zwar beginnt sich dies Eigenleben im Tempelschatz selbst zu regen. In seiner Eigenschaft als «Rinde» umgab und schmückte er wohl die weiterhin im Tempel-

[56] Cf. K. Marx, *Das Kapital* I, l. c., S. 741 ff. Marx weiß das eigentlich selbst: «Bei allen alten Völkern erscheint das Aufhäufen von Gold und Silber ursprünglich als priesterliches und königliches Privilegium.» «Der Staatsschatz als Reservefonds, und der Tempel sind die ursprünglichen Banken, worin dies Allerheiligste konserviert wird. Das Aufhäufen und Aufspeichern [erreicht] seine letzte Entwicklung in den modernen Banken; hier aber mit weiterentwickelter Bestimmung.» (K. Marx, *Grundrisse der Kritik der Politischen Ökonomie*, Berlin 1974, S. 141) Und die ist eben nicht mehr «ursprünglich».

innern vollzogene Darbringung lebendiger Wesen. Wie aber von der äußeren Schicht einer Baumrinde sich Teile ablösen, so auch hier. Teile des Tempelschatzes stahlen sich gegen ein profanes Entgelt aus dem heiligen Bezirk heraus, um als Opfergabe wieder in ihn einzutreten. Damit aber war an der neuralgischen Grenze zwischen sakraler und profaner Sphäre eine entscheidende Tür geöffnet und eine unerhört zukunftsträchtige Tauschform vorgezeichnet. Man mußte nun nur noch begreifen, daß der Tempelschatz kopierbar war, daß sich auch außerhalb seines Bezirks Metall akkumulieren ließ. Kurzum, man mußte draußen nachmachen, was die Priester drinnen vorexerziert hatten. Sie waren ja selbst schon Händler. Die profanen Händler profanisieren nur eine Priesterpraktik. Sie machen aus dem Metall explizit, was es als Tempelschatz nur implizit war: Kapital. Kapital ist profanisierter Tempelschatz. Es wird, wie er, um seiner weiteren Anhäufung willen getauscht. Gebrauchsgüter werden gegen Metall erworben, um gegen *mehr* Metall wieder veräußert zu werden. Dies profane Zirkulieren von Metall und Gebrauchsgütern macht den Markt aus. Er löst sich vom Opfertausch ab – und hört dennoch nicht auf, davon zu zehren. Ausgerechnet der archaische Zwang zur Einmütigkeit, der menschliche Kollektive ursprünglich über das erwählte Opfer herfallen ließ, wird zu seinem Schutzengel. Dieser Zwang hat eine humane Kehrseite. An der heiligen Stätte darf gegen alles, was nicht das Opfer ist, um keinen Preis die Hand erhoben werden. Und genau deshalb beginnt der Markt im Windschatten des Heiligtums. Er bedarf der Garantie, daß hier die Waffen schweigen, daß tatsächlich getauscht wird und nicht geraubt. Das griechische Wort für Tausch, *katallagé*, heißt nicht bloß Geben und Nehmen, sondern auch friedlicher Ausgleich, Versöhnung. Es kommt dem hebräischen *berit* (Bund) durchaus nahe. Die Perspektive eines ungezwungenen Austauschs von Gütern, Sitten, Fertigkeiten und Gedanken tut sich darin auf. Und die *agorá* hat im Mittelmeerraum, namentlich in den griechischen Städten, etwas von solcher Bundesatmosphäre, von der Utopie eines befriedeten Umgangs geatmet. «Hier, angesichts der Schiffe, umgeben von Tempeln, Amtsgebäuden, Denkmälern, Kaufläden und Wechslerbuden, so viele deren noch Platz haben mochten, lag der Grieche dem ‹agorazein› ob, jenem für Nordländer nie mit einem Wort übersetzbaren Treiben. Die Wörterbücher geben an: ‹auf dem Markt verkehren, kaufen, reden, ratschlagen usw.›, können aber das aus Geschäft, Gespräch und holdem Müßiggang gemischte Zusammenstehen und Schlendern nicht wiedergeben.»[57]

[57] J. Burckhardt, *Griechische Kulturgeschichte*, Bd. 1, München 1977, S. 70

So locker konnten diese verschiedenen Tätigkeiten freilich nur deshalb ineinanderspielen, weil sie nicht aufhörten, jene Heiligtümer zu *um*spielen, von denen sie sich gelöst hatten und doch weiterhin beschattet wurden.

Der «point d'honneur» des Tauschs

Bis heute ist die Marktaura nicht ganz verflogen. Besucher alter Städte zieht es magnetisch auf den Marktplatz. Was ihn mit Touristen füllt, ist die Sehnsucht nach dem verlorenen urbanen Zentrum. Um so erstaunlicher, wie lange und kulturübergreifend der Marktplatz dieses Zentrum war. Zwischen dem Athen des Perikles und dem Florenz der Medici liegen zwei Jahrtausende. Nahezu alles hat sich in dieser Zeit geändert: das wirtschaftliche, technische und kulturelle Niveau, die Sozialstruktur, der Kultus. Aber kaum die Rolle des Marktplatzes. Auch in den Renaissancestädten spielt sich, «umgeben von Tempeln, Amtsgebäuden, Denkmälern, Kaufläden und Wechslerbuden», das urbane Leben und Treiben auf dem Markt ab, nur daß die Tempel nun Kirchen heißen, die Amtsgebäude Rathäuser, und die Kaufläden zu Palästen tendieren. Die Grundstruktur des Markts ist bemerkenswert konstant geblieben. Sie ragt weit bis in die Neuzeit hinein. Nicht von ungefähr hat die Doppelschichtigkeit des griechischen Wortes *agorá*, ursprünglich Kultplatz, erst später Marktplatz zu bedeuten, im lateinischen *missa* ihre genaue Fortsetzung gefunden. Messe: So heißt zunächst der christliche Gottesdienst. Der ihn umlagernde Markt, der zu den feierlichen Eckdaten des Jahres wie Winter- und Sommersonnenwende oder Frühjahrs- und Herbstäquinoktium zum *Jahr*markt schwillt, ist jahrhundertelang nichts als eine profane «Rinde» um die Eucharistiefeier gewesen, ehe der Mitteleuropa ab dem 14. Jahrhundert allmählich durchziehende Fernhandel die Jahrmärkte zu Massenspektakeln machte. *Die* werden nun «Messe» genannt. Der Name geht vom sakralen Kern auf die profane «Rinde» über. Scheinbar bloß eine kleine Bedeutungsverschiebung. Wie sehr sie es in sich hat, ist erst allmählich zum Vorschein gekommen. Der Jahrmarkt nämlich, indem er den Namen Messe annimmt, tut etwas, was kein Markt zuvor getan hat: Er geht in einen ganzjährigen Jahrmarkt über, er löst sich vom Heiligtum, wird im wörtlichen Sinne absolut, und das heißt zweierlei: Einerseits wird er vollkommen profan. Ausgerechnet dadurch wird er andrerseits selbst das, was zuvor das Heilige war: Vergesellschaftungsinstanz. Bildlich gesprochen: Er wird selbst der Mittelpunkt, den er bis dahin als Rinde umgab. Das qualitativ Neue an diesem Mittelpunkt: Er ist ortlos, ubiquitär, gerade so wie in der Welt, die sich Giordano Bruno als unendliches All auftat, nirgends mehr ein Mittelpunkt ist – und daher überall.[58] Der Markt gleicht sich der Brunoschen Kosmologie an.[59] Er verflüchtigt sich zu einer Weltachse, die nirgends mehr fest lokalisierbar und gleichwohl überall ist, wo eine Tauschgleichung aufgemacht wird: «Wo zwei oder drei in meinem Namen versammelt sind, bin ich mitten unter ihnen.»[60]

Exakt darin besteht die singuläre Umkehrungsleistung des modernen Kapitalismus: die Weltkehre, die er eingeleitet hat. Sein Schritt in die vollkommene Profanität ist ein Schritt der Resakralisierung. Das Handelskapital, das die Heiligtümer umlagerte, war durchaus ein profanes Austauschmedium, das nach eigenen Gesetzen zirkulierte: selbständig gegen den sakralen Opfertausch. Aber eben *gegen* ihn. Seine Profanität definiert sich durch Abgrenzung vom Sakralen, aber damit auch in bezug aufs Sakrale. Dessen Ursprünglichkeit und Autorität bleibt dabei *nolens volens* vorausgesetzt. Der Schritt vom Handelskapital zum modernen Kapitalismus ist der Schritt von der Abgrenzung eines selbständigen profanen Markts zu dessen Entgrenzung. Das Käuflichwerden von Grund und Boden und damit auch der sie bearbeitenden Arbeitskraft war der Dammbruch des 16. Jahrhunderts, der das angehäufte Geldvermögen, welches bis dahin nur den Austausch von Gebrauchsgütern regulierte, zu einer Macht werden ließ, die auf den gesamten Produktionsprozeß materieller Güter übergriff, so daß die Arbeitskraft nicht mehr anders als in der Eigenschaft verkaufter Ware tätig werden kann, die Instrumente, mit denen sie arbeitet, bereits Waren sind und die Produkte, die sie hervorbringt, schon als Waren zur Welt kommen: als produziert für den Markt. Dabei werden allerdings «die heiligen Schauer der frommen Schwärmerei [...] in dem eiskalten Wasser egoistischer Berechnung ertränkt». Nur ist diese Entweihung des Heiligen zugleich der Auftakt neuer Weihung, bei der die profane Ware ausgerechnet mit jener archaischen Sakralität wieder aufgeladen wird, von der sie so emanzipiert schien.

Ware sein heißt Tauschwert haben. Der Tauschwert aber beginnt seine Geschichte dort, wo erstmals etwas für wert erachtet wird, getauscht zu werden: wo Menschen als Entgelt für göttliche Gunst ge-

58 Cf. G. Bruno, *Zwiegespräche vom unendlichen All und den Welten,* l. c.

59 Die Brunosche ist übrigens nur die Vorform der Cartesischen; eine nirgends begrenzte *res extensa* ist ein unendliches, mittelpunktloses All.

60 Matth 18,20

opfert werden. Tauschwert bekommen und geweiht werden waren ursprünglich dasselbe, und der Tauschwert war der Höchstwert: das Menschenleben. Man gab es nicht hin, weil man es übrig gehabt hätte, sondern riß es sich zwanghaft vom Herzen. Daß Menschen unersetzlich seien, war zunächst kein Plädoyer für ihre individuelle Unversehrtheit und Entfaltung, sondern der Grundsatz des Menschenopfers. Und umgekehrt: Ihre Ersetzbarkeit bedeutete zunächst Erlösung vom Menschenopfer. Profanisierung hatte den humanen Sinn, einen vom Zugriff des Heiligen verschonten Lebensbereich zu sichern, und als verschont konnte gelten, was verfügbar, berechenbar geworden war. Die Entwicklung eines allgemeinen Äquivalents, des Geldes, hat zur Etablierung eines solchen geschützten Bereichs zunächst einmal unschätzbare Dienste geleistet: eine wechselseitige Darbringung zwischen Menschen ermöglicht, die kein Blut kostet, dem wechselseitigen Vorteil dient, unter dem Primat der Lust statt dem des Schreckens steht. Man muß sich nicht länger furchterfüllt etwas vom Herzen reißen, um noch Furchtbareres zu verhindern, sondern man kann etwas Entbehrliches geben, um dafür zu erhalten, was man begehrt. Und erst auf dieser Basis kann sich die Wertschätzung profanisieren und ihren epochalen Bedeutungswandel vollziehen: von libidinöser Bindung zu nüchterner Taxierung. Erst jetzt kann die Suche nach einem profanen, objektiven Wertmaß, in bezug auf das die getauschten Dinge gleich sind, beginnen. Kurzum, gegen Geld tauschbar werden, heißt zunächst, profane Warenform bekommen, dem sakralen Opfertausch abspenstig gemacht, dem Fetischdienst entronnen sein. Der Witz der profanen Ware, die gewöhnlich gemeint ist, wenn *wir* von Tausch reden, ist, daß sie keineswegs *an sich*, also als bloße Verkörperung von etwas, was sie des Tausches wert macht, schon Fetischcharakter hat, sondern daß sie diesen Charakter erst bekommt, nämlich wenn sie auf einen entgrenzten Markt tritt, der aufhört, Rinde des Heiligen zu sein und in diesem Sinne absolut, vollkommen profan, modern ausgedrückt, vom Subsystem zum System schlechthin wird – und ausgerechnet mit diesem gewaltigen Schritt vorwärts zugleich verstohlen jene Rückwärtsbewegung beginnt, die den Tatbestand des «Rückgangs in den Grund» erfüllt. Genau das ist die Weltkehre: In dem Moment, wo der Markt absolut zu werden beginnt, steigt sein profaner Selektionsmechanismus zu einer Instanz von Erwählung und Verwerfung, des Schicksals, der Sinnstiftung auf. Jeder weiß, wie armselig dieser Sinn ist, aber jeder bekommt ihn als einen Elementarsinn zu spüren, von dem sein materielles Leben bis in Kleinigkeiten hinein bestimmt wird. Klar, verkauft werden heißt nicht erlöst oder errettet werden, aber es errettet vom Liegengelassen-Werden und bleibt insofern tatsächlich mit der Rettung assoziiert, die es nicht ist. Es *ist* Rettung, aber in Gestalt ihres eigenen Surrogats: als Schatten ihrer selbst. Woraus nun auch schlagartig erhellt, wie Fetisch*charakter* zu verstehen ist: Die Ware *ist* Fetisch in dem Maße, wie der Markt, auf dem sie dargebracht wird, tatsächlich sinnstiftende, rettende Instanz ist; und sie ist bloß *wie* ein Fetisch in dem Maße, wie der Markt bloß *wie* ein Retter ist, nämlich dessen armseliges Surrogat, blutleerer Schatten. In der warenproduzierenden Gesellschaft hat die Ware sowohl im übertragenen wie im direkten Sinn Fetischcharakter, ohne daß man sagen könnte, der eine Sinn sei der eigentliche, der andere der beiherspielende. Beide fallen vielmehr ineinander und geben dem Warenfetisch den doppeldeutigen Status einer Real-Metapher oder Metapher seiner selbst. Und gerade darauf beruht sowohl seine Macht als auch seine Ungreifbarkeit.

Diese Doppeldeutigkeit herauszuarbeiten ist unerläßlich. In einer Zeit, wo die Kauf- und Bankhäuser der Global Cities Tempeln, die Warenauslagen Altären und die Architekten Priestern immer ähnlicher werden,[61] ist es eine kapitale Gedankenlosigkeit, die Marxsche Theorie vom Fetischcharakter der Ware zu ignorieren. Vielmehr ist sie stärker und klarer zu machen, als sie bei Marx selbst ist – was nur möglich ist, weil sie sich dem Gesamtkonzept der Kritik der politischen Ökonomie keineswegs so bruchlos einfügt wie Marx suggerierte. Solange der Kampf um Marx im Schlagabtausch zwischen Gegnern und Verteidigern dieses Gesamtkonzepts bestand, war der Blick für die entscheidende Bruchstelle nicht frei. Dabei liegt sie offen zutage. Bekanntlich gilt es als Marx' großer Kunstgriff, «die kapitalistische Produktionsweise und die ihr entsprechenden Produktions- und Verkehrsverhältnisse»[62] aus deren Keimzelle herzuleiten: der Ware. Der profanen Ware, versteht sich. Deren lange sakrale Vorgeschichte kommt gar nicht erst in Betracht. Die profane Spätform wird bedenkenlos als Urform der Ware, der Tausch als genuin profane Handlung genommen: als ein nüchternes Gleichsetzen von qualitativ verschiedenen Naturdingen, das, wenn man einmal die ersten tastenden Versuche abrechnet, von Anfang an einem klaren

[61] «‹Wer sonst bietet noch Orientierung, wo bleiben wir mit unserer kindlichen Religiosität?› fragt Dr. Henn [der Architekt der VW-Stadt Wolfsburg]. ‹Die Kirchen sind tot, der Staat zieht sich zurück, die Ideologien haben ihre Macht verloren. Was bleibt, sind die Unternehmen [...] Sie werden die Sinnstifter der Zukunft sein.›» (H. Rauterberg, *Glaube, Liebe, Auspuff*, in: DIE ZEIT, 36/1999, S. 38)

[62] K. Marx, *Das Kapital* I, l. c., S. 12

Prinzip gefolgt sein soll: dem Vergleich von Arbeitsmengen. Diese These verdankt sich einem Postulat, und zwar einem, dessen moralischer Impuls kaum zu überschätzen ist. Es reflektiert sich darin jener politisch-ökonomische Gewaltprozeß, den Marx am Beispiel Englands so ergreifend dargestellt hat: das Losreißen eines Großteils bäuerlicher und handwerklicher Bevölkerung von ihren angestammten Arbeitsmitteln, die Verwandlung der mittellos gewordenen Arbeitskraft in eine Ware, deren Schleuderung auf den sich bildenden gesamtgesellschaftlichen Arbeitsmarkt, ihr Angesaugtwerden durch die entstehende große Maschinerie, an der sie sich bis zur Erschöpfung und zur unverhältnismäßigen Bereicherung der Maschinenbesitzer verschleißt. Marx steht unter dem überwältigenden Eindruck von Arbeitermassen, die für einen Hungerlohn ausgesogen und verstümmelt werden. Sein Postulat lautet daher: Es muß einen gerechten Tausch geben. Recht hat er; gäbe es ihn nicht, so ginge es überall gerecht zu, wo Menschen einwilligen, ihre Arbeitskraft zu verkaufen, egal zu welchen Bedingungen – was übrigens die zynische Konsequenz jeder Ökonomie ist, für die Tausch kein Kriterium hat als Angebot und Nachfrage und Nachfrage kein Motiv als rein subjektive Wertschätzung; ihr zufolge sind Kaffeepflücker, Zuckerrohrschneider und Teppiche knüpfende Kinder nur deshalb so erpicht auf den Verkauf ihrer Arbeitskraft, weil sie das Angebot so ungeheuer schätzen.

Um so dringlicher die Frage: Wo gibt es den gerechten Tausch? Und um so mißlicher die Antwort: Es gibt ihn nur mental – als Postulat. Freilich nicht als beliebiges, sondern als denknotwendiges, durchaus nach dem Muster von Kants Moralphilosophie. Dort wird die Existenz Gottes nicht einfach bloß als wünschenswert erachtet, sondern als etwas, was uns das Sittengesetz selbst aufdrängt. An sich ist dieses Gesetz bekanntlich gnadenlos – einfach bloß ein kategorischer Imperativ. Entweder man genügt ihm, oder man ist unmoralisch. Aber dabei mochte sich selbst der Moralist Kant nicht beruhigen. Das Sittengesetz wäre geradezu inkonsistent, unvernünftig, es schüttete das Kind mit dem Bade aus, wenn es die redlich Bemühten, die immer guten Willens waren, bloß nicht immer so konnten, wie sie wollten, pauschal als genauso unmoralisch verurteilte wie jeden Schuft. Daher, so Kant, verlangt es kraft seiner eigenen praktischen Vernunft nach einem gnädigen Gott, der den guten Willen auch dann für die Tat nimmt, wenn die wirklichen Taten nicht so gut ausfallen wie der Wille.[63] In diesem Sinne ist auch der gerechte Tausch ein Po-

[63] Cf. I. Kant, *Kritik der praktischen Vernunft*, 2. Buch, 2. Hauptstück, V.

stulat, und zwar ein von der Idee Gottes gar nicht so weit entferntes. Um das zu begreifen, muß man freilich die sakralen Voraussetzungen des profanen Tauschs mitdenken: daß Tausch zunächst einmal Notwehr gegen Schrecken war und dabei auf nichts Geringeres abzielte als nervlichen und kosmischen Erregungsausgleich, besänftigte Götter, nicht mehr drohende Naturgewalten, befriedete Verhältnisse, kurzum, eine Welt im Lot. Solcher Befriedung dient auch der Bundesschluß durch Geisel-, Pfänder-, Geschenktausch, und ausgeglichene Tauschverhältnisse zwischen Menschen zeichnen sich dadurch aus, daß man einander wechselseitig für eigenen Verlust entschädigt. Man bekommt zwar nicht den Menschen wieder, den man weggibt und sich vom Herzen reißt, aber man bekommt dafür einen anderen Menschen, ein ihm ähnliches Wesen, in das ein ähnliches Maß an Zuwendung eingegangen ist. Womit bereits das Paradox im Spiel ist, das bis heute unter dem Titel «angemessenes Schmerzensgeld» die Gerichte beschäftigt. Kein Schmerzensgeld ist je angemessen, denn kein Schmerz kann mit Geld aufgewogen werden, und doch gibt es keine Befriedung, keine Versöhnung ohne den Versuch, dem bestehenden Schaden, Schmerz, Verlust ein Äquivalent anzumessen. In diesem Sinn ist die Hekatombe ein Schmerzensgeld für die Götter, nämlich hundert Rinder für den entgangenen Menschen, wie die genommene Geisel Schmerzensgeld für die gegebene. Nur bleibt die Anmessung eines Schadenersatzes immer bloß eine graduelle und damit quantitative Annäherung, während der Tausch nur gelingt, wenn der dargebotene Ersatz genommen wird, als stelle er das Verlorengegangene tatsächlich voll und ganz wieder her. Das Postulat der Tauschgerechtigkeit ist das der Entschädigung. Darin steckt von vornherein und untilgbar ein Sprung zwischen Quantum und Quale: Ein an sich unersetzliches Gut, etwa ein Menschenleben, wird in ein Quantum umgerechnet, etwa hundert Rinder oder ein anderes Menschenleben, und diesem Quantum wiederum eine Qualität zugerechnet, die es an sich nicht hat: den Schaden, den Schmerz, den Verlust, die Verausgabung wiedergutzumachen. Nur indem einem Quantum derart qualitative Kraft zugerechnet wird, kann es ent-schädigend sein, und gerade diese Zurechnung ist es, die die befriedende Wirkung des Tauschs ausmacht. Was wir oben die wechselseitige Transplantation durch Bundesschluß nannten – jedes Kollektiv gibt ein Stück von sich und pflanzt es dem andern ein –, enthält ja bereits jene Versöhnungsperspektive, für die die christliche Theologie später die schöne Formel der *communicatio idiomatum*, der wechselseitigen Mitteilung der Eigenschaften geprägt hat. Tausch postuliert solche Versöhnung. Er ist immer schon mehr als profaner Besitzerwechsel von Gütern. Er setzt bereits einen Raum voraus, der so befriedet ist, daß man in ihm gefahrlos tauschen kann. Nur im Schonraum eines Tempelbezirks oder Bundesschlusses können jene Kosten-Nutzen-Rechnungen, die die Ökonomen Wertschätzung nennen, überhaupt gedeihen.

Der befriedete Raum ist in genauem Kantischen Sinne Postulat: ein seiendes Sollen. Einerseits ist er Fakt; würden die Waffen nicht wirklich in ihm schweigen, käme es zu keinem Tausch. Andrerseits ist er eben bloß ein Sollen. Das alltägliche Markttreiben dementiert ihn auf Schritt und Tritt. Im befriedeten Raum wird reichlich gefeilscht, übervorteilt, erpreßt. Er ist auch der Freiraum für eine neue, raffiniertere, nicht mehr handgreifliche Form von Gewalt, die im Schafspelz des friedlichen Einverständnisses daherkommt. Daß das so gut gelingt, liegt an der spezifischen Schwäche von Postulaten. Das der Tauschgerechtigkeit kann weder sich selbst durchsetzen noch den blinden Fleck in seinem Inneren loswerden: den Hohlraum subjektiven Ermessens. Weil Tauschgerechtigkeit eben bloß Postulat ist, kann ihre Realität nie mehr sein als ein Als-ob. Wo Menschen nicht einvernehmlich beschließen, den Ersatz für ein Weggegebenes zu nehmen, *als ob* er die Wiederherstellung des Weggegebenen selbst sei, kommt es nicht zum Tausch. Dieser Beschluß ist das Ermessen, ohne das alles Messen verschiedener Gütermengen nie zur Äquivalenz führt. Keine Äquivalenz ist ohne Postulat, den Beschluß oder auch «Bundesschluß», welcher besagt: Zwischen uns *soll* es so sein, daß das Verschiedene als Gleiches gelte, der Ersatz als die Wiederherstellung der verausgabten Sache selbst. So wie nach Kant moralische Praxis nur möglich ist, wenn ein Gott postuliert wird, der die Taten, die aus einem guten Willen hervorgehen, ansieht, *als ob* sie selbst gut wären, damit das Sittengesetz, das doch so kategorisch Moral fordert, überhaupt für Menschen befolgbar ist, so ist Tauschgerechtigkeit nur möglich, wo es den wohlwollenden Entschluß gibt, dargebotene Güter- und Leistungsmengen als Verkörperungen des «guten Willens» zur Ent-schädigung, zur vollen Wiederherstellung von Weggegebenem zu deuten – und den guten Willen für die Tat zu nehmen. Ohne ein solches Mindestwohlwollen könnte kein physisches Ding Warenform annehmen. Erst wenn es als Zeichen guten Willens gelesen und als Wiederherstellung von etwas, was es bloß ersetzen, als eine Entschädigung, die es bloß bedeuten, aber nicht leisten kann, tatsächlich angenommen wird, dann bekommt es die Warenform übergestreift. Dies «Nehmen als ob», dies Postulieren, daß etwas sei, was es nicht ist, ist einerseits das Versöhnliche am Tausch, andrerseits das Subjektiv-Willkürliche daran – und damit das Einfallstor für alle Gewalt und Ausbeutung, die Tauschform annimmt. Es gibt wohl Indikatoren für Entschädigung, aber kein objektives Maß. Hungerlöhne mögen fast immer ein Zeichen für *Be*schädigung statt *Ent*schädigung sein, doch mit dem Punkt, an dem Entschädigung in Beschädigung, Einverständnis in Erpressung umschlägt, ist es wie mit dem Grenzpunkt zwischen Lust und Unlust: Man kann ihn allenfalls einkreisen, aber nie genau angeben. Er bleibt postulativ – und dennoch, oder gerade deshalb, der *point d'honneur* allen Tauschs.

Niemand hat Tauschgerechtigkeit nachdrücklicher postuliert als Marx. Aber sie bloß zu postulieren, war ihm zu wenig. Sie sollte nachprüfbares Faktum, den Proletariern als objektiver Maßstab zur Hand sein, damit sie wirksam beweisen könnten, daß ihr Elend ungerechtem Tausch entspringt. Kurzum, das Postulat sollte Beweis werden, und genausowenig wie bei Gott gelingt das bei der Tauschgerechtigkeit. Daß im Tausch materieller Güter nicht deren verschiedene Qualitäten, sondern bloß die in ihnen steckenden Arbeitsmengen gleichgesetzt würden, daß der Tausch definitiv gerecht sei, wenn auf beiden Seiten die gleiche Arbeitsmenge stünde, daß die Menschen, seit sie tauschen, sich praktisch schon immer nach diesem «Gesetz» gerichtet hätten, obwohl es ihnen theoretisch bis zu Marx nie ganz klar war:[64] all diese Behauptungen haben logisch die Struk-

64 «Indem sie ihre verschiedenartigen Produkte einander im Austausch als Werte gleichsetzen, setzen sie ihre verschiednen Arbeiten einander als menschliche Arbeiten gleich.» Und dann der berühmte, durch nichts begründete Satz, der einen ganzen exegetischen Diskurs nach sich zog: «Sie wissen das nicht, aber sie tun es.» (*Das Kapital I*, S. 88) Alfred Sohn-Rethel hat es sich geradezu zur Lebensaufgabe gemacht, diesen Satz zu erklären. So wie die *Kritik der reinen Vernunft* gezeigt habe, wie reine Naturwissenschaft möglich sei, müsse nun ihr historisch-materialistisches Gegenstück her: der Aufweis, zu welchen Bedingungen im Warentausch Verschiedenes gleichgesetzt wird (cf. A. Sohn-Rethel, *Geistige und körperliche Arbeit*. Revidierte und ergänzte Neuauflage, Weinheim 1989, S. 7). Während bei Marx die Gleichsetzung selbst aber als ganz simpler Vorgang gedacht ist, nämlich als Arbeitsmengenvergleich, und nur rätselhaft bleibt, warum man dabei eigentlich nicht merken soll, was man tut, wird bei Sohn-Rethel daraus etwas, was man gar nicht merken kann, weil es «hinter dem Rücken der Beteiligten» (Op.cit., S. 21) stattfindet: eine «Realabstraktion» (S. 9). Die konstruiert er so: «Tauschhandlung und Gebrauchshandlung schließen einander in der Zeit aus. Solange Waren Gegenstände von Tauschverhandlungen sind, [...] dürfen sie nicht in Gebrauch genommen werden.» «Auf dem Markt, in den Läden, Schaufenstern etc. stehen die Waren still», unterliegen «der Fiktion vollständiger materieller Unveränderlichkeit [...] Selbst von der Natur wird angenommen, daß sie gleichsam im Warenkörper ihren Atem anhält, solange der Preis der gleiche bleiben soll.» (S. 17) «Daher ist also der Austausch abstrakt», und «‹abstrakt› heißt hier abzüglich aller Merkmale möglichen

tur einer *petitio principii*, einer Unterstellung des zu Beweisenden. *Damit* die Tauschgerechtigkeit Gesetz sei, muß sie quantitativ faßbar gemacht, auf ein Gegenrechnen von Arbeitsmengen reduziert werden: einen Algorithmus. Und *damit* dies Gesetz wirklich eines ist, muß es schon immer gegolten haben. Naturvölker, die, nur um besse-

Gebrauchs der Waren.» Und daß man «Waren in Augenschein nehmen, sie eventuell berühren, sie an- und ausprobieren, sich ihren Gebrauch vorführen lassen» (S. 18) darf? Das diene «nur der gedanklichen Instruktion und Urteilsbildung der Kunden»; «der Gebrauch der Dinge» bleibe «für die Interessenten ‹bloße Vorstellung›», allerdings eine sehr folgenreiche: «Mit der Herausbildung des Marktwesens trennt sich die Imagination vom Tun der Menschen und individualisiert sich nach und nach zu ihrem Privatbewußtsein.» (S. 19) Obwohl eine «physische Handlung» (S. 20), sei der Tausch also die abstrakte Handlung schlechthin: dem Produktions- und Konsumtionszusammenhang dermaßen entrückt, daß sie sogar Zeitstillstand simuliere, also ein wahres «Vakuum an menschlichem Stoffwechselprozeß mit der Natur» (S. 22), gleichsam ein Loch in der gesamten Empirie des konkreten materiellen Lebensvollzugs, aber ein höchst reales. Mehr noch: Sobald der Tausch es sei, der das Sozialgefüge zusammenhalte, werde dies Realloch zum Zentralloch, worin die gesellschaftliche Synthesis, die «reine Vergesellschaftung» (S. 22) zustande komme. Die aber sei das Geheimnis dessen, was Kant «transzendentale Synthesis der reinen Verstandesbegriffe» nennt – sowohl deren Realgrund als auch der blinde Fleck darin. So soll also die *Kritik der reinen Vernunft* schließlich «durch die Deduktion der reinen Verstandesbegriffe aus dem gesellschaftlichen Sein, genauer: aus der abstrakten Physikalität der Tauschhandlung» (S. 21) vom Kopf auf die Füße geraten. «Vom materialistischen Standpunkt aus stellt sich das reine Denken [...] als die Vergesellschaftung des Denkens dar.» (S. 20 f.) – Wäre dieser «materialistische Standpunkt» nur nicht so verschroben idealistisch und bar jeden Gespürs für mythisches Denken – im Unterschied übrigens zu Marx, der seinen Fetischbegriff gerade aus inniger Vertrautheit mit antiker Mythologie entwickelt hat. Sohn-Rethel schiebt den «reinen» Begriffen eine ebenso «reine» Vergesellschaftung unter, statt Begriffe und Vergesellschaftung ihrer Unreinheit zu überführen. Er übersetzt «abstrakt» mit «nicht-empirisch» (S. 19), statt zu begreifen, daß keine Abstraktion vom Empirischen loskommt. Sie ist stets Abstraktion von etwas – als Abstraktion überhaupt nur kenntlich, wenn das, wovon sie abstrahiert, seine Spuren und Rückstände an ihr aufscheinen läßt. Und Abstraktion beginnt nicht mit dem Markt, sondern mit der Menschwerdung. Das Opferritual ist geradezu ein Archetyp von Realabstraktion: zwanghafte Wiederholung traumatisierenden Schreckens, aber nicht mehr dies Schreckliche selbst, sondern bloß noch seine Vorstellung, etwas von ihm Abgezogenes, so grauenhaft auch immer. Abstraktion ist, wie im 3. Kapitel gezeigt, zunächst *Performance*. Die sie vollziehen, «wissen das nicht, aber sie tun es». Und wenn sie schließlich beginnen, *sich* Mächte vorzustellen, denen sie ihre Rituale vorstellen, wenn «Vorstellung» sich also von der theatralischen allmählich zur mentalen sublimiert, dann tritt die Abstraktion bereits in ihre zweite große Phase: die der Imagination.

res Wetter oder günstigere Sterne zu bekommen, den blutigsten Opferzauber veranstalten und es durchaus nicht für unverhältnismäßig erachten, ihre kostbarste Habe dafür hinzuschlachten, sollen sogleich mit nüchtern prüfendem, Arbeitsmengen vergleichendem Blick zur Stelle sein, sobald es ans Tauschen profaner Güter geht. Dieser krasse Anachronismus fällt dem vorzüglichen Historiker Marx nicht einmal auf, so sehr nimmt er hier die menschliche Frühzeit durch die Brille jener hochgradig entqualifizierten Arbeit wahr, die an den Dampfmaschinen des 19. Jahrhunderts gang und gäbe wurde. Wenn jemand dazu verdammt ist, 12 bis 15 Stunden pro Tag an einem Webstuhl immer dieselben fünf stumpfsinnigen Handgriffe zu verrichten, dann kann die «Verausgabung von menschlichem Hirn, Nerv, Muskel, Sinnesorgan usw.»,[65] also das Qualitative der Arbeit, allerdings so scheinen, als sei es lediglich «Träger» eines Quantums: der Arbeitszeit. Nur sitzt Marx diesem Schein auf. Ausgerechnet die entqualifizierte,

Absurd der Gedanke, erst mit «der Herausbildung des Marktwesens» habe sich «die Imagination vom Tun der Menschen» getrennt, als ob der gesamte Reichtum der mythologischen Phantasie ausgerechnet durch diejenigen Gebrauchsgüter angeknipst worden sei, die man auf dem Markt schon vor Entrichtung des Preises habe befingern und «in der Vorstellung» gebrauchen dürfen. Imaginationen in einem festen kategorialen System gerinnen zu lassen, ist die nächste große, Jahrtausende umspannende Arbeit der Abstraktion gewesen, und es ist längst schon in Begriffen, Urteilen und Schlüssen gedacht worden, ehe jene besonders abstrakten Begriffe fixiert wurden, mit denen die abendländische Philosophie anhebt. Und selbst von denen ist keiner so abstrakt, daß nicht noch etwas von dem Vorstellungskomplex an ihm klebte, aus dem er abstrahiert ist. Gerade Sohn-Rethels Paradebeispiel, jenes Sein (*to on*), das Parmenides allein durch Denken zu erfassen sucht (S. 64), schält sich nur allmählich aus einem Himmelfahrtsmythos heraus und ist mit Insignien aus der empirischen Vorstellungswelt nur so gespickt. Wohl ist es aller Beachtung wert, daß der Beginn der abendländischen Philosophie fast mit dem beginnenden Münzumlauf zusammenfällt, aber doch nicht so, daß das Geld das Wahrzeichen einer «reinen», dem «Stoffwechsel mit der Natur» entrückten Vergesellschaftung durch Tauschabstraktion wäre, die sich hinterrücks, aber direkt, in den Köpfen der Philosophen als «reine» Begrifflichkeit abdrückte. Ein merkwürdig enges Verständnis übrigens vom «menschlichen Stoffwechselprozeß mit der Natur», wenn nur Produktion und Konsumtion dazugehören sollen, nicht aber der Tausch, bei dem doch ebenfalls aufs Handgreiflichste natürliche Stoffe wechseln, nämlich den Besitzer. Nur dank dieser Verengung allerdings ist Freiraum für die Suggestion, der Tausch sei das real-abstrakte Loch im empirisch-konkreten Gesellschaftsprozeß. Erstaunlich, wie lange diese «Deduktion der reinen Verstandesbegriffe aus dem gesellschaftlichen Sein» als einer der großen Versuche gelten konnte, ein Grundrätsel der Marxschen Theorie zu lösen.

[65] K. Marx, *Das Kapital I*, l. c., S. 86

entmenschlichte kapitalistische Lohnarbeit, die doch abgeschafft gehört, soll sich als «Arbeit sans phrase»[66] entpuppen und offen zutage fördern, daß das «Wesen» der Arbeit das Quantum, während alles Qualitative an ihr bloß «Erscheinung», Zubehör, Äußerlichkeit sei. Dabei liegt doch auf der Hand, daß diese Lohnarbeit selbst bloß eine historische Erscheinungsform von Arbeit ist wie alle andern auch – mit der Besonderheit, unverhältnismäßig zwanghaft auf Arbeitsmenge, -zeit und -geschwindigkeit fixiert zu sein. Aber diese Besonderheit macht nicht das Wesen der Arbeit aus, sondern nur das Unwesen der Lohnarbeit.

Es gibt kein Wert«gesetz», und Marx hat an seiner These, daß Waren im Prinzip «zu ihrem Wert» verkauft würden und Preisschwankungen nur ein Oszillieren um diesen «Wert», d.h. um die in den Waren steckende Arbeitsmenge seien, im Laufe seiner fieberhaften Arbeit am *Kapital* so viele Zweifel bekommen, daß er den dritten Band nie abschloß. Wohl aber haftet den Waren in der kapitalistischen Gesellschaft ein Fetischcharakter an. Marx hat ihn ein für allemal herausgearbeitet, allerdings auf anfechtbare Weise. Nimmt er doch, wie alle zeitgenössischen Ökonomen, den Tausch als etwas genuin Profanes. Das rächt sich. Bei Marx dergestalt, daß die ignorierte sakrale Vorgeschichte des Tauschs eine besondere Wiederkehr feiert. Schon in ganz elementaren Tauschakten sieht Marx etwas Quasireligiöses am Werk: einen nicht näher analysierten Projektionsmechanismus. Über den erfährt man lediglich, daß er bis in die Physiologie der Wahrnehmung hineinreicht und zu allgemeiner Irreführung neigt. Und zwar sei man ihm eigentlich schon erlegen, wenn man sagt, eine bestimmte Menge Korn sei eine bestimmte Menge Fleisch *wert*. Denn da behandele man den Wert bereits so, als hafte er den Dingen ebenso von Natur aus an wie ihr Glanz, ihre Härte oder Säure. Ihr Wert ist jedoch, und hier hat Marx völlig recht, das Ansehen, das sie in einer Gesellschaft haben, nicht ihre Natureigenschaft. Dies Ansehen – Marx nennt es «gesellschaftliches Verhältnis» – ist freilich ein komplexes Geflecht. Es umfaßt alles, was ein Kollektiv als heilig und profan, rein und unrein, bewahrens- und beachtenswert, veräußerlich und unveräußerlich erachtet. Und dazu gehören eben auch Tauschobjekte. Eine bestimmte Menge Korn wird so angesehen, als ob sie für eine bestimmte Menge Fleisch entschädigt. Das geht selbstverständlich nicht, ohne daß in Dinge eine entschädigende Kraft hineingelegt wird, die sie von Natur aus nicht haben. Mit andern Worten: nicht ohne Projektion. Projektion ist Bedingung der Möglichkeit des

[66] K. Marx, *Grundrisse der Kritik der Politischen Ökonomie*, l.c., S. 25

Tauschs. Genau das aber will das «Wertgesetz» nicht zulassen. Äquivalenz soll kein Als-ob sein. Marx verlangt nachprüfbare, gesetzmäßige Gleichheit – um einen hohen Preis. Im Tauschakt, wie er ihn vorstellt, schnurrt das gesamte «gesellschaftliche Verhältnis» auf einen kulturindifferenten kahlen Algorithmus von Arbeitsmengen zusammen; das Projektive im Gleichsetzen von Nichtgleichem, der Ermessensspielraum im Tausch, kommt nur noch als Störfaktor, subjektive Unschärfe, Abweichung vom «Gesetz» vor; und das «Gesetz» selbst, obwohl angeblich als unbestechliche Meßinstanz tatsächlich verausgabter Arbeitsmengen seit Menschengedenken wirksam, werde gleichwohl als diese Instanz hartnäckig verkannt, weil die Menschen es nicht lassen könnten, noch ihre klarsten Verhältnisse durch Projektion zu verdunkeln.

Man muß das psychoanalytisch lesen. Äquivalenz zu einem Algorithmus machen heißt sie rationalisieren. Das geht nicht, ohne das Projektive an ihr zu verleugnen und abzuspalten. Das Fachwort dafür ist Verdrängung. Da aber Äquivalenz ohne Projektion nicht sein kann, muß das Verdrängte wiederkehren. Prompt taucht die Projektion wieder auf, und zwar als das, was nicht sein soll: als die Unart, Verdunklung, Irreführung, die das klare «Gesetz» überschattet. Die Projektion wird also als Weltverkehrung gefaßt – ganz nach dem Modell der Religion, die Marx in jungen Jahren schon «ein *verkehrtes Weltbewußtsein*» genannt hatte. Nur daß er für diese Art der Verkehrung damals ein überzeugendes Motiv anzugeben wußte: Leidensdruck. Die Menschen projizieren ihre irdischen Wünsche in göttliche Gestalten, um das irdische Elend auszuhalten. «Die Religion ist der Seufzer der bedrängten Kreatur, das Gemüt einer herzlosen Welt, [...] das *Opium* des Volks.»[67] Wenn hingegen Leute darin übereinkommen, ein Rock sei zwanzig Ellen Leinwand wert und daher eine wertvolle Sache, dann haben sie zwar einen Tauschwert in ihn hineinprojiziert. Aber so gewiß der Leidensdruck dabei gegen Null geht, so wenig wird der Tauschwert damit zum Gott oder Fetisch. Projektion eines Werts in Naturdinge besagt doch zunächst bloß, daß man sie als Entschädigung für so und so viele andere erachtet. Hier die Götzenbildung bei der Wurzel packen wollen, heißt Religionskritik am falschen Objekt üben. Nicht, daß es am «richtigen» Objekt gebräche. Der Tausch begann ja inmitten finsterer Götzenbildungsprozesse. Der archaische Bund etwa, den man einst durch einvernehmliche projektive Gleichsetzung unglei-

[67] K. Marx, *Kritik der Hegelschen Rechtsphilosophie*. Einleitung, MEW 1, Berlin 1977, S. 378

chen Menschenlebens besiegelte, war durchaus, ganz im Sinne des frühen Marx, ein «Seufzer der bedrängten Kreatur»: ein Archetyp jener Projektion aus Leidensdruck, die im profanen Tausch bis zur Unkenntlichkeit sublimiert ist. Nur ist für Marx der sakrale Tausch inexistent – nicht mehr als die verdrängte Vorgeschichte des profanen. Allein an letzteren kann er sich halten: an die Spätschicht, die «durchgebrannte» Rinde des Tauschs. Die aber wird genommen, als sei sie der Kern. Das nennt man psychoanalytisch Verschiebung. Die Projektion, die Marx am profanen Tausch wahrzunehmen glaubt, ist dort gar nicht heimisch. Daher wirkt sie in doppeltem Sinne unmotiviert: Zum einen erfährt man nicht, was zu ihr nötigt. Was die gesamte Menschheit seit Jahrtausenden so mächtig dazu treibt, das einfache, klare «Wertgesetz» durch mentale Verselbständigung des Tauschwerts zu vernebeln, wo sie dies «Gesetz» doch ebenso lange schon brav befolgt und nichts davon zu befürchten hätte, sich das einzugestehen, bleibt unerfindlich. Zum andern ist schleierhaft, wie Projektion Götzenbildung betreiben kann, wenn nicht Leidensdruck ihr Motor ist. Der Projektionsbegriff, den Marx auf den profanen Tausch stülpt – eine Projektion *wie* in der Religion, aber ohne ihr Motiv – ist ein Rückbildungsprodukt. Er nähert sich wieder dem allgemein menschlichen, nicht weiter erklärbaren Hang zur Selbstentfremdung, zur Verdunkelung der eigenen klaren Verhältnisse an – also dem Projektionsbegriff Feuerbachs, den der junge Marx schlagend als abstrakte Menschelei kritisiert hatte. Nur in einer Umgebung, wo der Fetischcharakter der Ware schon voll entfaltet war und die Marxsche Religionskritik so unbegrenzten Kredit genoß, daß die vage Analogie, beim einfachen Warentausch gehe es zu *wie* in der Religion, bereits als unabweisbares Argument genommen wurde, konnte die Verkettung der folgenden vier Gedanken den Anschein erwecken, eine strikte Deduktion des Fetischcharakters der Ware aus dem einfachen Warentausch zu leisten: 1. Das «Wertgesetz» als solches ist ein klares algorithmisches Faktum. 2. Es kann nichts dafür, daß der unselige menschlich-allzumenschliche Hang, klare Verhältnisse durch Projektion zu verhüllen, sich ausgerechnet von ihm magnetisch angezogen fühlt. 3. Wo aber die Unart dieser Projektion einreißt, da beginnt auch schon die Vergötzung, die Fetischbildung, und welche Blüten die zu treiben in der Lage ist, beweist 4. der Warenkult der modernen Gesellschaft.

Für ganze Generationen von Marxisten gab es nur zwei Möglichkeiten: entweder der Suggestion dieser Argumentation zu erliegen, Wertgesetz und Warenfetischismus als das unteilbare, unverzichtbare Herzstück der Marxschen Theorie bis aufs Letzte zu verteidigen, oder beide zusammen fahrenzulassen und von Marx abzufallen. Um so dringlicher die Klarstellung, daß es ein Drittes gibt. Das «Wertgesetz» ist unhaltbar. Aber so wenig damit der Gedanke der Tauschgerechtigkeit dementiert ist – als bestünde sie in nichts als Angebot und Nachfrage –, so wenig ist der des Fetischcharakters der Ware entkräftet.[68] Im Gegenteil: Erst emanzipiert vom «Wertgesetz» kann er die nötige Klarheit gewinnen. Marx gesteht beiläufig ja selbst, daß der «Fetischismus [...] den Arbeitsprodukten anklebt, sobald sie als Waren produziert werden»,[69] also erst in einer Gesellschaft, wo die Produkte schon als Waren zur Welt kommen, wo der Markt, und zwar der entfesselte, losgelassene, absolute, ihr A und O ist. Erst durch ihn werden sie «in dem eiskalten Wasser egoistischer Berechnung»[70] sowohl bis aufs Äußerste profanisiert als auch getauft, d.h. mit einem

[68] Dafür ist Adornos fulminanter Essay *Über den Fetischcharakter in der Musik und die Regression des Hörens* von 1938 nicht das schlechteste Beispiel. In aller Selbstverständlichkeit setzt er die Gültigkeit des Marxschen Fetischkapitels voraus, wie Adorno noch in den fünfziger Jahren gelegentlich vom «Wertgesetz» spricht, als sei es über jeden Zweifel erhaben (cf. Th. W. Adorno, *Minima Moralia*, § 147, l. c., S. 307). Aber diese brüchige Voraussetzung tut der musikalischen Analyse keinen Abbruch. Das «Waren-Hören» (Th. W. Adorno, *Über den Fetischcharakter in der Musik*, in: ders., Dissonanzen, Ges. Schriften, Bd. 14, Frankfurt am Main 1973, S. 21), das musikalische Kompositionen nicht mehr als ganze mitzuvollziehen weiß, sich nur noch «auf den partikularen, sensuellen Reiz» (S. 37), den Ohrwurm, die Instrumentalfarbe, das einzelne Akrobatenstück, heftet und darin kaum mehr als Erkennungs- und Reklamemelodien oder das Äquivalent des für sie Bezahlten wahrnimmt, ist in den letzten sechzig Jahren ja nicht gerade geringer geworden – ebensowenig wie die Versuchung, dann auch gleich so reduziert zu komponieren, wie man hört. Die Gesellschaft gleichsam beim Ohr zu packen und ihr den Fetischcharakter der Ware musikalisch als Hörigkeit zu offenbaren, bleibt eine der großen Leistungen kritischer Musiktheorie. Eine ganz andere Frage ist, ob sie dabei tatsächlich so Marx-konform verfährt, wie sie meint. Hier herrscht Klärungsbedarf. Ahnte Adorno z. B., als er den «Tausch die Säkularisierung des Opfers» (*Dialektik der Aufklärung*, l. c., S. 56) nannte, daß er damit im Grunde schon die Axt ans «Wertgesetz» gelegt hatte? So daß er womöglich gar nicht so genau wissen wollte, wie haltbar es tatsächlich ist? War für ihn vielleicht auch deshalb die Kritik der politischen Ökonomie «das ausgesparte Zentrum» (R. Johannes, *Das ausgesparte Zentrum*, in: G. Schweppenhäuser [ed.], Soziologie im Spätkapitalismus. Zur Gesellschaftstheorie Theodor W. Adornos, Darmstadt 1995): dasjenige, worum die ganze Theorie sich dreht, aber auch ein wenig schleicht wie um heißen Brei? Bemerkenswert immerhin, daß es bei Adorno keine Schrift gibt, die sich ähnlich zusammenhängend zu Marx positioniert wie seine Studien zu Kant und Hegel.

[69] K. Marx, *Das Kapital I*, l. c., S. 87

[70] K. Marx/F. Engels, *Manifest der Kommunistischen Partei*, l. c., S. 465

Lebens- und Weltsinn versehen, der keine Erfüllung kennt als Kauf und Verkauf und dabei das Kunststück fertigbringt, Profanität und Sakralität bis zur Indifferenz ineinanderfallen zu lassen.

Absoluter Markt

«In jedem Jahrhundert muß die Menschheit nachsitzen»,[71] heißt es bei Benjamin, und so muß offenbar im 21. Jahrhundert nachgearbeitet werden, was der Bildschock, den der fotografisch stillgestellte Augenblick ausübt, schon im 19. Jahrhundert alles in sich konzentrierte. Wenn er sich aber erst einmal als die Bildminiatur erwiesen hat, worin sich das Zeitalter der industriellen Revolution monadisch kristallisiert, dann zieht diese Monade den Betrachter so ähnlich in sich hinein, wie Benjamin sich das vorgestellt hat. «Der historische Materialist geht an einen geschichtlichen Gegenstand einzig und allein da heran, wo er ihm als Monade entgegentritt. [...] Er nimmt sie wahr, um eine bestimmte Epoche aus dem homogenen Lauf der Geschichte herauszusprengen; so sprengt er ein bestimmtes Leben aus der Epoche, so ein bestimmtes Werk aus dem Lebenswerk. Der Ertrag seines Verfahrens besteht darin, daß *im* Werk das Lebenswerk, *im* Lebenswerk die Epoche und *in* der Epoche der gesamte Geschichtsverlauf aufbewahrt ist und aufgehoben.»[72] Nun wurde hier zwar nicht entfernt «der gesamte Geschichtsverlauf» aufgerollt, wohl aber ein Rückgang in den Grund vollzogen, der den «herausgesprengten» Bildschock als Ausdruck der industriellen Revolution, die industrielle Revolution als Aufrühren ihres archaischen Untergrundes begreift und zeigt, daß die Tragweite von «absoluter Sensation» erst dann ermessen werden kann, wenn klar ist, was «absoluter Markt» heißt. Dessen bis heute wichtigster Theoretiker heißt Marx, und ohne Rückbesinnung auf ihn läßt sich das Paradox jenes profanen Kults, der sich um die modernen Waren rankt, nicht erfassen. Die These, daß im Kapitalismus nur eine neue Religion an die Stelle der christlichen getreten sei, von Säkularisierung also nicht die Rede sein könne, ist nämlich ebenso platt-undialektisch[73] wie ihre Gegenthese: Die Fülle

[71] W. Benjamin, *Das Passagen-Werk*, l. c., S. 177

[72] W. Benjamin, *Über den Begriff der Geschichte*, l. c., S. 703

[73] Davon ist auch Benjamins nachgelassene Notiz über *Kapitalismus als Religion* (Ges. Schriften, Bd. VI, l. c., 1985) nicht ganz frei, wenn sie vom Kapitalismus als einer «essentiell religiösen Erscheinung» spricht. Er sei «eine reine Kultreligion»; «er kennt keine spezielle Dogmatik, keine Theologie» – als ob es die

kultischer Insignien am globalen Warenverkehr sei bloßer Metaphernschmuck. Nein, die Waren *sind* Fetische und als Dinge profanen Gebrauchs doch bloß *wie* Fetische. Der Kapitalismus *ist* Religion und als profaner Effizienzzusammenhang doch bloß *wie* Religion. Und diese ontologische Indifferenz von «seiend» und «als ob», dies Ineinanderfallen von Sakralem und Profanem, wird im fotografisch stillgestellten Augenblick anschaulich: Man weiß, er *ist* keine Epiphanie, und doch wird er den Epiphaniecharakter nicht los. Das Heilige lebt darin nichtseiend, als Schatten seiner selbst, fort, und erst als dieser Schatten, vervielfältigt durch eine technische Apparatur und in millionenfacher Variation ständig neu heraufbeschworen durch die permanente Revolution, zu der die warenproduzierende Gesellschaft verdammt ist, macht er seine Weltkarriere. Er bekommt eine Gewalt und Haltbarkeit eigener Art, wird global wie nichts, was früher heilig gehalten wurde – und zudem völlig immun gegen die Kräfte der Profanisierung und Aufklärung, die das traditionell Heilige von einer Vergesellschaftungsinstanz zu einer Privatangelegenheit degradiert haben.

Erst das Nachsitzen über Bildschock, industrieller Revolution und deren archaischem Untergrund läßt klar werden, wie absoluter Markt und absolute Sensation zusammengehören, inwiefern er ihr Nährboden, sie sein optisches Wahrzeichen ist. Und das Nachsitzen bewahrt auch davor, über der lawinenartigen Entwicklung der Mikroelektronik zu vergessen, wodurch diese Lawine einst losgetreten wurde. Die dritte oder auch vierte industrielle Revolution – sie wäre nichts ohne die erste. Deren Weichenstellung war epochal. Die Dampfmaschine wirkt zwar armselig gegen die heutige *high-tech*-Apparatur. Doch das Losbrechen der industriellen Arbeit, das massenhaft Menschen von der Scholle und aus der Werkstatt riß und in die Fabrik trieb, sie aus Betätigern von Werkzeugen in Anhängsel von Maschinen verwandelte, war ein derart gewaltiger Umbruch, daß die weitere technische und soziale Entwicklung wie ein immer virtuoser

ganze ökonomische Theoriebildung und den Streit ihrer Schulen nicht gäbe. Immerhin folgt sogleich eine abgründige Spekulation, die sowohl als Vertiefung wie als Untergrabung der platten These vom essentiell Religiösen gelesen werden kann. Der Kapitalismus sei «vermutlich der erste Fall eines nicht entsühnenden, sondern verschuldenden Kultus» und «das historisch Unerhörte» daran, «daß Religion nicht mehr Reform des Seins sondern dessen Zertrümmerung» sei (S. 100f.). Das ist zwar hochgradig erläuterungsbedürftig; aber zusammen mit dem Gedanken, der Kapitalismus habe sich «auf dem Christentum parasitär im Abendland entwickelt» (S. 102), zeigt diese Überlegung immerhin an, daß Benjamin, hätte er die Notiz ausgearbeitet, schwerlich bei ihrer Ausgangsthese hätte stehenbleiben können.

werdendes nachträgliches Abfedern dieses Umbruchs anmutet, damit sich die neue Produktionsweise überhaupt der Effektivität annähern konnte, die sie verhieß, und nicht an 12-Stunden-Tag, Kinderarbeit, Nerven- und Familienzerrüttung sogleich zugrunde ging.[74] Wie stümperhaft nehmen sich die ersten Eisenbahnen gegen heutige Hochge-

[74] Ein Märchen, daß erst gegen Ende des 20. Jahrhunderts eine «zweite» Moderne begonnen habe, mit «reflexiver Modernisierung» auf die «erste» Moderne zu reagieren, wie Ulrich Beck suggeriert (z. B. U. Beck, *Der Konflikt der zwei Modernen*, in: ders., Die feindlose Demokratie, Stuttgart 1995, S. 11). «Erste Moderne» ist freilich nur Becks Name für den kapitalistischen Sozialstaat westlichen, vor allem deutschen Musters. Dessen Auflösung hat er im Blick: «Die Menschen werden freigesetzt aus den industriellen Sicherheiten und Standardlebensformen. [...] Während in früheren Generationen soziale Schicht, Einkommenslage, Beruf, Ehepartner und politische Einstellung meist aus einem sozialen Guß waren, zerfällt dieses biographische Paket jetzt in seine Bestandteile. [...] Zum einen fallen immer mehr Menschen durch die Normalitätsmaschen des sozialen Sicherungsnetzes [...]; zum anderen entfallen aber auch die lebensweltlichen Grundlagen der Institutionen und die Konsensformen, die diese in ihrem Bestand getragen haben.» Es entstehen «andere Netzwerke, Beziehungskreise, Konfliktlinien, politische Bündnisformen der Individuen» (S. 11 f.). «Zweite» Moderne ist nur ein anderes Wort für neoliberalen, deregulierten Kapitalismus. Um das spezifisch «Reflexive» an dem zu begreifen, muß man freilich zuvor klarstellen, daß auch die «erste» Moderne schon durch und durch «reflexiv» ist, und nicht etwa, wie Beck meint, «einfach» (S. 11). Die «industriellen Sicherheiten und Standardlebensformen» sind ja nicht vom Himmel gefallen. Zunächst einmal machte sich die Industrialisierung der Produktion ganz anders bemerkbar. «Sofern die Maschinerie Muskelkraft entbehrlich macht, wird sie zum Mittel, Arbeiter ohne Muskelkraft oder von unreifer Körperentwicklung, aber größrer Geschmeidigkeit der Glieder anzuwenden. Weiber- und Kinderarbeit war daher das erste Wort der kapitalistischen Anwendung der Maschinerie!» (K. Marx, *Das Kapital I*, l. c., S. 416) Die Ruinierung des Familienlebens, wenn sogar stillende Mütter und Kinder sich verdingen müssen; die damit einhergehende Massenverwahrlosung und -mißhandlung von Kleinkindern; ihre gnadenlose Vernutzung, sobald sie arbeitsfähig sind; die Bereitschaft ihrer Eltern, sie durch Fabrikarbeit verschleißen zu lassen; die geistige Verödung und nervliche Zerrüttung, die die automatenhafte Tätigkeit an Automaten auf alle Altersklassen ausübt; der Verlust physischer und sozialer Widerstandskräfte, den sie mit sich bringt; die zusätzliche Verelendung, wenn *nicht* mit neuesten Maschinen gearbeitet wird: das waren die Insignien der «ersten» Moderne, als sie im frühen 19. Jahrhundert von England aus ihren Triumphzug antrat. Und die ersten staatlichen Eingriffe zur Beschränkung der Frauen- und Kinderarbeit, des Arbeitstages, der Willkür innerbetrieblicher Disziplinierungsmaßnahmen geschahen nicht etwa, wie Marx erschüttert bemerkt, aus Menschenrechtspathos, sondern aus ökonomischem Kalkül. In Parlament und Regierung dämmerte die Einsicht, daß die neue Produktionsweise nur durch gesetzliche Züge-

schwindigkeitsvehikel aus. Aber gegen den qualitativen Sprung, den das Brechen von Schienenwegen durch die Landschaft, das Erzeugen einer kontinuierlichen Transportgeschwindigkeit und die dadurch möglich gewordene «Vernichtung von Raum und Zeit»[75] bedeutete, sind die rasanten Fortschritte an Geschwindigkeit und Bequemlichkeit bis zum Durchbrechen der Schallmauer allesamt nur quantitative Steigerungen. Und so markiert auch die Photographie, die übrigens mit ihrem «Stillgestanden», das sie einzelnen Augenblicken befiehlt, das genaue Gegenstück zur neuen Geschwindigkeitserfahrung der Eisenbahn bildet, die die Umgebung vorbeifliegen, die Augenblicke in nie gekannter Weise ineinander verschwimmen läßt, eine gewaltige Zäsur. Der spezifische Schock, den der stillgestellte Augenblick auf den Betrachter ausübt, ist in seiner technischen Finesse und unabsehbaren Wiederholbarkeit ein so neuartiger Eingriff ins menschliche Sensorium, daß die enorme Entwicklung, die das technische Bild seither genommen hat, sich durchaus als ein großes Laborieren an die-

lung daran gehindert werden könne, ihre Arbeitskräfte und damit sich selbst zugrunde zu richten. Schon in ihrer Frühzeit neigte diese Produktionsweise dazu, ihre eigene Naturbasis bis zur Zerstörung auszubeuten. Sie mußte sich selbst hemmen, Zügel anlegen, «reflexiv» werden – um ihrer puren Selbsterhaltung willen. Was sich zuerst an der Arbeitskraft manifestierte, betrifft heute auch sämtliche Rohstoffquellen und Klimabedingungen. In der Erkämpfung von spezifischen Arbeiterrechten, die aus dem allgemeinen Begriff der Menschenrechte erst einmal herausinterpretiert werden mußten, wie Zehn- und Achtstundentag, Urlaub, Krankenversicherung, Mutterschutz, Schul- und Weiterbildung, begann, was sich später in Artenschutz, Recycling, Klimapolitik fortsetzte: der Versuch, den Selbstmord des Kapitalismus zu verhindern. Der Sozialstaat, der in privilegierten Teilen der Welt dabei herauskam, ist geradezu eine Verkörperung von «Reflexion»: ein sich permanent in die Speichen greifendes kapitalistisches Räderwerk. So gesehen besteht die «Reflexion» der «zweiten» Moderne vornehmlich darin, die der «ersten» zurückzunehmen. Sie ist, hegelisch gesprochen, Reflexion der Reflexion, Wiederherstellung einer vermittelten Unmittelbarkeit. Ökonomisch gesprochen: Das Räderwerk soll wieder ungehindert laufen. Die atemberaubende Modernisierung, die dabei geschieht, ist auch Rearchaisierung: Rückgang in den Grund, aus dem der Sozialstaat einst hervorgegangen ist. An diese Dialektik reicht die Terminologie von «erster» und «zweiter» Moderne, von «einfacher» und «reflexiver» Modernisierung nicht heran. Sie nimmt weder die Vorgeschichte des Sozialstaats noch die dritte Welt ernstlich zur Kenntnis.

[75] Als solche wurde die Eisenbahn schon im frühen 19. Jahrhundert begriffen: W. Schivelbusch, *Die Geschichte der Eisenbahnreise*, Frankfurt am Main 1989, S. 16. Angesichts der nicht einmal 30 Stundenkilometer, mit der sie fuhr, ein lächerlicher Befund aus heutiger Sicht. Um so bewundernswerter seine prognostische Qualität: Er spricht das Prinzip der maschinellen Beschleunigung klar aus.

sem Schock darstellen läßt. Erst am mikroelektronischen Ausufern der Bildwelt wird rückwirkend deutlich, wie einschneidend diese Zäsur wirklich war – wie man das Schicksalhafte einer traumatischen Erfahrung erst daran erkennt, was sie alles anrichtet. Und das Schicksalhafte der Photographie besteht darin, daß sich in ihrem Bildschock die Anschauungsform der Sensation als Monade kristallisiert. Diese Monade ist das Bindeglied zwischen Urgeschichte und Gegenwart der Sensation: der Punkt, an dem ihr archaischer Epiphaniecharakter *noch* aufblitzt und ihr hochtechnologischer *schon.* Hier scheinen beide ineinander. Der Punkt ihrer wechselseitigen Überblendung aber ist der Punkt, an dem der Fetischcharakter der Ware sinnfällig wird – vielleicht der einzige, von dem aus sich seine ganze Tragweite ermessen läßt. Daher das ausgiebige Verweilen bei der Photographie.

Und daß sie längst vom Film überlagert wurde, so daß kaum mehr jemand auf stehende Bilder achtet, wo bewegte flimmern? Das stimmt, ist aber kein Einwand. Denn Film ist bloß in Bewegung gesetzte, entfaltete Photographie. Und zwar ist die Bewegung, die er vollzieht, eine jener typischen Verrücktheiten, die die Technologie des 19. und 20. Jahrhunderts produziert. Gewöhnlich wird ihr immer rasanter werdender Fortschritt ja unter dem Motto «Das Alte ist das Falsche» wahrgenommen. Sobald ein neues Waffensystem entwickelt ist, kann das alte einpacken – nur noch in die dritte Welt verkauft werden. Sobald eine neue Software da ist, heißt es sich schnellstens auf sie einstellen, um den Anschluß nicht zu verlieren. Sobald eine neue medizinische Technik Erfolg hat, ist ihre Nichtanwendung fast schon ein Verstoß gegen den hippokratischen Eid. Doch es gibt auch eine Gegenströmung in dieser Technologie. Sie falsifiziert nicht nur ständig den wissenschaftlich-technischen Stand von gestern, indem sie ihn überholt. Gelegentlich bringt sie es auch fertig, Spekulationen, die überspannten Theologen- oder Philosophenköpfen entsprungen sind und sich längst als unhaltbar erwiesen haben, nachträglich in bestimmter Weise wahr zu machen. Als um die Zeit der Entstehung des Christentums fromme Juden sogenannte «Apokalypsen» schrieben, die den nahe bevorstehenden Untergang der Menschheit in Krieg und Seuchen voraussagten und nur wenige «Gerechte» davon ausgenommen wissen wollten, da waren das verstiegene Visionen. Seit es A-, B- und C-Waffen gibt, sind sie durchaus realitätstüchtig geworden. Die christliche Vorstellung, Gott werde die Erwählten retten, indem er ihr Dasein in ein seliges «stehendes Jetzt» verwandle, war ein haltloser frommer Wunsch, bis ihm die Photographie durch Herstellung unzähliger «stehender Jetzte» ein gewisses *fundamentum in re* verschaffte. Das *esse est percipi* war ein leicht widerlegbarer erkenntnistheoretischer Grundsatz, bis die moderne Sensationsgesellschaft ihm eine unerwartete ästhetisch-ontologische Wahrheit angedeihen ließ. Und so wundere man sich nicht, wenn auch der Film einer längst falsifizierten philosophischen Theorie zu neuer Ehre verhilft.

Bewegung, so hatte Zenon, der eigensinnige Schüler des großen Parmenides, dekretiert, sei optische Täuschung. Uns nur komme es so vor, als fliege der abgeschossene Pfeil, während er sich in Wahrheit doch bloß an unzähligen Punkten nacheinander befinde, und zwar an jedem einzelnen von ihnen stehend. Aristoteles hat dieses Argument nicht referiert, ohne ihm sogleich den Bescheid zu erteilen. Zenon unterstelle, «die Zeit bestehe aus den ‹Jetzten›», d. h. aus auseinanderliegenden kleinsten Augenblicken. «Das ist falsch. Denn die Zeit besteht nicht aus den ‹Jetzten›, wie auch sonst nichts Ausgedehntes.»[76] Nur wenn Raum und Zeit selbst in kleinste Teile zerfallen wären, hätte Zenon recht. Nun aber ist mit dem Film ein Medium erfunden worden, das im Raum-Zeit-Kontinuum das Kunststück einer zenonischen Bewegung vorführt. Film *ist* optische Täuschung. Zwar läuft das Filmband kontinuierlich und nicht durch lauter diskrete Jetztpunkte. Was aber auf Leinwand oder Bildschirm als bewegtes Bild erscheint, ist nur das Nacheinander stehender Bilder. Folgen mehr als 24 Bilder pro Sekunde aufeinander, so kann das menschliche Auge nicht mehr anders: Es nimmt eine fließende Bewegung wahr, die nachweislich nicht stattfindet. Ob Täuschung oder nicht – zumindest ist damit das ruckhafte photographische Erstarrenlassen des Augenblicks überwunden, könnte man meinen. Es ist jedoch bloß überspielt – im genauen psychoanalytischen Sinne verdrängt. Der Film kann Kontinuität nur *in* der Zeit simulieren, aber nicht Kontinuität *der* Zeit. Es kann nicht jeder Punkt der ganzen Welt unablässig gefilmt werden. Dafür gäbe es nie genug Kameras, Speicherkapazität und Filmer, kein Film würde je fertig, und das unselektierte Aufnehmen all dessen, was um die Kamera herum geschieht, wäre für Filmer wie Betrachter unerträglich. Der Film lebt davon, daß das aufnehmende Band häufig gestoppt und aus dem fertig belichteten vieles herausgeschnitten wird. Überall dort aber, wo ein Stopp, ein Schnitt kommt, wird die Kontinuität dementiert. Der Ruck des erstarrten Bildes kehrt wieder und gewinnt durch den Kontrast, in dem er zur simulierten Kontinuität steht, eine Intensität, wie er sie in der Photographie nie hatte. Die Schnittstelle im Film potenziert den photographischen Bildschock.

[76] Aristoteles, *Physik*, Z 9, 239 b

Überhaupt ist sie der springende Punkt des Films, der Punkt, wo der Film sprunghaft, assoziativ wird, wo eine Sequenz abbricht und eine andere anmontiert ist. Die Pioniere des sowjetischen Films waren daher durchaus auf der Höhe des neuen Mediums, wenn sie ihre Differenzen über die ästhetische und politische Rolle des Films an der Montage festmachten. «Vor mir liegt ein zerknittertes, vergilbtes Stückchen Papier», schreibt Sergej Eisenstein 1929. «Darauf steht die geheimnisvolle Notiz: *Kopplung = P und Zusammenprall = E*. Dies ist die materialisierte Spur eines feurigen Gefechts zum Thema Montage zwischen mir – E – und Pudowkin – P – (vor einem halben Jahr). Mittlerweile ist folgendes zum Brauch geworden. In regelmäßigen Zeitabständen kommt er spätabends bei mir vorbei, und wir fallen hinter verschlossenen Türen wegen Grundsatzfragen übereinander her. So auch hier. Als Zögling der Kuleschowschen Schule verteidigte er eifrig den Montagebegriff als *Kopplung* von Abschnitten. Zu einer Kette. *Ziegelsteine*. Ziegelsteine, die in Reihen einen Gedanken *darlegen*. Ich hielt ihm meinen Standpunkt über Montage als *Zusammenprall* entgegen. Ein Punkt, an dem durch Zusammenprall zweier Gegebenheiten ein Gedanke entsteht.»[77] Die Montage ist für Eisenstein genau der Punkt, wo der Film unmittelbar kämpferisch werden kann, wo ihm die Kraft eines Traktors zuwächst, «der die Psyche des Zuschauers im Sinne des angestrebten Klassenstandpunktes umpflügt». Dazu gehört freilich, daß man den unvermeidlichen Ruck, den der Bildschnitt gibt, als Zusammenprall auch bewußt inszeniert. Und das vermißt Eisenstein bei Dsiga Wertow, dem führenden Kopf der Bewegung «Kinoglas» (Filmauge). «Wertow webt einen Teppich eines pointillistischen Bildes, da er nicht mit einer durchdachten Montage die Auswahl der Abschnitte des wirklichen Lebens beeinflußt.» «Ähnlich den berühmten Impressionisten läuft ‹Kinoglas› mit dem Notizbuch in der Hand (!) den Dingen hinterher, wie sie sind, ohne stürmisch in die unvermeidlich statistische Kausalität ihrer Beziehung einzubrechen.» «Was wir aber brauchen, ist nicht die *Betrachtung, sondern das Handeln. Wir brauchen kein Filmauge, sondern eine Filmfaust. Der sowjetische Film muß auf die Schädel trommeln!*»[78] Wertow seinerseits bezichtigt Eisenstein der Verzerrung der Wirklichkeit durch inszenierte Montage. Er montiere die Dinge nicht so zusammen, wie sie zusammengehörten. Daher: «Nieder mit der Inszenierung des Alltags: filmt uns unversehens und

[77] S. Eisenstein, in: Berliner Filmkunsthaus Babylon (ed.), *Film. Auge – Faust – Sprache*. Filmdebatten der 20er Jahre in Sowjetrußland, Berlin o. J., S. 17

[78] S. Eisenstein, in: Op. cit., S. 27

so, wie wir sind!» «Das Filmdrama ist Opium fürs Volk.» «Filmdrama und Religion sind eine tödliche Waffe in den Händen der Kapitalisten. Mit der Demonstration unseres revolutionären Alltags schlagen wir dem Gegner die Waffen aus der Hand.» Aber selbstverständlich inszeniert auf seine Weise auch Wertow. «Mit offenen Augen, des maschinellen Rhythmus bewußt, begeistert von der mechanischen Arbeit, die Schönheit chemischer Prozesse erkennend, komponieren wir das Filmpoem aus Flammen und Elektrizitätswerken»,[79] gesteht er freimütig. «Es ist völlig absurd», bemerkt daher Wsewolod Pudowkin, «Wertow als einen ‹Dokumentaristen› zu bezeichnen.»[80] Und Lew Kuleschow findet gar, keiner der sogenannten Dokumentarfilmer verdiene diesen Titel. Bei allen derselbe Grundmangel: «falsche Montage». «*Die Montage hat das Material nicht so bedient, daß das Material zum Vorschein kam.*» Einzige Ausnahme: Esfir Schub. Ihr großer Film *Das Ende der Dynastie Romanow*, ausschließlich aus Dokumenten der Zarenzeit zusammengeschnitten, sei «Montage von höchster technischer Qualität», die «das Material sprechen läßt, es organisiert und seine inhaltliche Substanz bloßlegt».[81]

Die Schnittstelle im Film ist die Wiederkehr des photographischen Rucks und seine Verstärkung zugleich. Die Montage wird damit zum *point d'honneur* einer ganzen Weltanschauung. Für die sowjetischen Filmpioniere hieß das: zum Zünglein an der Waage der Weltrevolution. Deshalb hing für sie so viel davon ab, ob in der Montage «das Material» spricht oder der Autor, ob sie willkürlich Assoziationen herstellt oder unwillkürlich Zusammenhänge aufdeckt, die auf anderm Wege nie in gleicher Deutlichkeit offenbar geworden wären. Der Streit aus den zwanziger Jahren ist ungeschlichtet. Aber wenn er sich heute überhaupt noch fortsetzt, dann nicht mehr um den richtigen Weg der Revolution, sondern um die höchsten Einschaltquoten. Wie man in Sekunden mit einem Minimum an Schnitten eine unwiderstehliche Assoziationskette aufbaut, sei's einschmeichelnd, sei's «auf die Schädel trommelnd» – daran tüfteln die Werbespot-Filmer. Der Bildschock ist nicht mehr Brennpunkt einer besonderen revolutionären Weltanschauung, sondern nur noch einer allgemeinen Anschauungs*form*: der der Sensation. Er versetzt in elementare Unruhe und Gärung, rührt die moderne kapitalistische Gesellschaft bis in ihren vormodernen Bodensatz hinein auf, aber so, daß er sie dabei

79 D. Wertow, in: Op. cit., S. 25
80 W. Pudowkin, in: Op. cit., S. 29
81 L. Kuleschow, in: Op. cit., S. 33

zugleich neu definiert und belebt. Durch ein recht künstliches Leben freilich. Daß er wie ein unablässig in winzigen Dosen verabreichtes Aufputschmittel aufs menschliche Nervensystem wirkt, zeichnete sich im ersten Kapitel bereits ab. Aber erst der Durchgang durch die Geschichte der Sensation hat die «Chemie» dieses Mittels, seine archaischen physio-theologischen Spurenelemente, so weit zutage gefördert, daß nun allmählich seine Gesamtwirkung überschaubar wird. Man kann sie in einem Wort zusammenfassen, wenn man sich vergegenwärtigt, wie nuancenreich es ist: Sucht.

5. Surrogat der Sensation

Rausch und Geschichte

Seit Menschengedenken gibt es Ekstase. Sie ist, wie im dritten Kapitel gezeigt, eine der ältesten Begleiterscheinungen des Opfers. Irgendwie mußte das menschliche Kollektiv sein Nervensystem so präparieren, daß es die grausige Sitte, nächste Angehörige, sozusagen sein eigen Fleisch und Blut, zur Schlachtung zu zerren, überhaupt aushielt. Harte Drogen, die im Nu benebelt hätten, gab es ja noch nicht. Also mußte man sich mit körpereigenen Ressourcen helfen, sich mit Schmerz gegen Schmerz impfen, sich durch gezielte Selbstverletzung und -kasteiung, durch unablässig wiederholte rhythmische Bewegungen und Laute allmählich in einen Taumel hineinsteigern, in dem man einerseits selbst etwas von dem erlitt, was dem Opfer zustieß, und sich zugleich, so gut es ging, unempfindlich dagegen machte – betäubte. Außersichgeraten dürfte anfangs ein Prozeß äußerster Selbstdisziplinierung gewesen sein – kein Ausflippen aus einem gegebenen Kulturzustand, vielmehr Teil des langwierigen Versuchs, einen solchen erst einmal herzustellen: eine der ältesten Techniken, sich mit dem Opfergrauen anzufreunden und seine Pein allmählich in einen «Stachel der Wollust» umzuarbeiten.

Die Urform der Festfreude ist ekstatischer Triumph über das Grauen. Alles Eß- und Trinkbare, das solch triumphierende Ekstase förderte, war hoch willkommen, die berauschende Wirkung bestimmter Wurzeln, Blätter und Früchte wahrscheinlich früh entdeckt. Fest, Rausch und Ekstase waren einerlei. So vertraut und begehrt Rauschmittel aber auch gewesen sein dürften – eines scheinen sie nicht bewirkt zu haben: Sucht. «Tatsächlich findet sich weder in der Keilschriftliteratur der frühesten Hochkulturen zwischen Euphrat und Tigris (wo Opium schon im 4. Jahrtausend v. Chr. bekannt war) noch in den altägyptischen Papyros-Rollen (die das Opium im 16. Jahrhundert v. Chr. als Bestandteil von über 700 Arzneimitteln erwähnen) oder in der Literatur der altgriechischen Ärzte (die das Opium als ihr wichtigstes Heilmittel betrachteten und es entsprechend freigebig anwandten) irgendein Hinweis auf Entzugserscheinungen. Das gleiche gilt für den Alkohol. In vielen Kulturen besaß er sowohl religiöse als auch medizinische Bedeutung, daneben eine beliebte Entspannungsfunktion als Alltags- wie auch als Festtagsdroge. Und während die altgriechische Literatur voller Abhandlungen über den Alkoholrausch ist, in denen Vor- und Nachteile behutsam gegeneinander abgewogen werden, hat man offenbar nie Entzugserscheinungen beobachtet.»[1] Weil immer alle genügend Nachschub hatten und vom Trip gar nicht mehr herunterkamen? Auf solch kollektiven Dauerrausch als normale antike Lebensform deutet nichts hin, und die innige Verbindung von Rausch und Fest spricht dagegen. Festzeiten waren Sonderzeiten. Etwas anders sieht es dort aus, wo – wie gebietsweise in Mittel- und Nordeuropa am Ende des Mittelalters – Bier den Status eines Grundnahrungsmittels gewann. Schon zum Frühstück kam es vielenorts als Biersuppe auf den Tisch.[2] Allerdings wurde es entschieden dünner als heute gebraut. Der Alkoholpegel des Alltags dürfte niedrig genug gewesen sein, daß die Räusche, zu denen die immer häufiger werdenden Festtage (im ausgehenden Mittelalter mehr als 100 pro Jahr!) ausgiebig Gelegenheit gaben, sich aufs Deutlichste davon abhoben. Auch hier gilt, was für alle vormodernen Gesellschaftsformen charakteristisch ist: Der Reigen der Feste, die den Jahres- und Lebenslauf strukturierten, bestimmte auch den Reigen der Räusche, aus denen die Festgemeinde gleichsam biorhythmisch in einen mehr oder weniger dumpfen Alltag zurückfiel.

Erst mit dem Auseinandertreten von Fest und Rausch kommt das auf, was heute Sucht heißt. Ihr historischer Auftakt war eine Erfindung, die die Araber bereits im 12. Jahrhundert mit nach Europa gebracht hatten: die Destillation hochprozentigen Alkohols. «Gebranntes Wasser» wird «zuerst von Salernus (ungefähr 1130 bis 1167) in seiner ‹Lehre von den Krankheiten und der Heilbehandlung› als besonders wertvolle Medizin erwähnt, mit der man auch Schwerkranken noch zu helfen vermöge».[3] Zunächst wurde sparsamster Gebrauch von ihr gemacht. Erst im 16. Jahrhundert änderte sich das, als in Mitteleuropa die Erosion der vormodernen Gesellschaft um sich griff. Einmal mehr – das vierte Mal in diesem Buch – verlangt dieser epochale historische Wendepunkt besondere Aufmerksamkeit. Die soziale Entwurzelung, die damals beträchtliche Teile der Landbevölkerung von der Scholle, Handwerker vom Handwerkszeug, Adlige und Ritter von angestammten Gütern riß und die einen als mittelloses Volk in die Städte, die andern als Abenteurer und Söldner in die stehenden Heere trieb, hat nämlich in der «Entwurzelung» des Alkohols, seiner Destillation zu Branntwein, eine kongeniale Kultur-

[1] S. Scheerer, *Sucht*, Reinbek 1995, S. 15 f.

[2] Cf. W. Schivelbusch, *Das Paradies, der Geschmack und die Vernunft*. Eine Geschichte der Genußmittel, Frankfurt am Main 1990, S. 32 ff.

[3] S. Scheerer/I. Vogt (Hg.), *Drogen und Drogenpolitik*. Ein Handbuch, Frankfurt am Main und New York 1989, S. 56

technik gefunden. Ab 1500 werden an verschiedenen Orten, etwa in der Berliner Stadtchronik, «Winkelbrenner» erwähnt. Das waren «Schwarzbrenner, die dem Apotheker Konkurrenz machten. Zu diesen gesellen sich um 1560 die ersten (flämischen) Kornbrenner. [...] Um 1594 erließ der Kurfürst Johann Georg eine Verordnung, die allen, ‹welche unter der Predigt beim Branntwein liegen›, Gefängnisstrafen androhte. Daraus läßt sich schließen, daß der Besuch der ‹Branntweintabernen› beliebter war als der der Kirchen. Zur selben Zeit wurde eine allgemeine Steuer auf Branntwein eingeführt [...] Seit dem Beginn des 17. Jahrhunderts weitet sich die Branntweinproduktion immer mehr aus.»[4] So heißt es in einer Petition ans englische Parlament aus dem Jahre 1673: «Bevor der Branntwein nach England gelangte, den man jetzt in jedem Wirtshaus erhält, tranken wir gutes kräftigendes Ale und Bier. [...] Das gereichte unserer Getreidewirtschaft ebenso zum Vorteil wie es dem Körper wohltat. Das Bier war der Arbeit förderlich, es benebelte nicht den Verstand, und es war wohlfeil. Den Branntwein zu verbieten, würde daher die endgültige Zerstörung der Gesundheit der Untertanen Ihrer Majestät verhindern, von denen schon viele durch das Branntweintrinken gestorben sind.»[5] Aber die Petition half nicht, vielmehr grassierte im 18. Jahrhundert, vor allem in England, eine regelrechte «Branntwein-Epidemie». Die wurde allenfalls halbherzig bekämpft; nicht nur wegen der Steuereinnahmen, die der Branntwein verschaffte, auch wegen der zwei ganz gegensätzlichen Kräfte in seinem Wirkstoff. Die eine war die verwüstende, Gottesdienstbesuch, Arbeitsmoral und Familiensinn untergrabende, die andere – höchst disziplinierend. «Der individuelle Soldat, der bis dahin verhältnismäßig frei auf sich gestellt operierte, wird im 17. und 18. Jahrhundert zum Rädchen im mathematisch-rationalistisch organisierten Truppenkörper. Der Branntwein, der ihm in täglichen Rationen verabreicht wird, dient als eine Art physiologisch-psychologisches Schmiermittel, das reibungsloses Funktionieren gewährleistet. In den Branntweinzuteilungen des Militärs scheint gerade das richtige Maß an Betäubung (d. h. *nicht* Berauschung) enthalten zu sein, um den Soldaten zum integrierten Glied des mechanischen Truppenkörpers zu machen. Hierin liegt die Vorarbeit zur späteren Industriedisziplin.»[6] Und aus der ist der Schnaps überhaupt nicht wegzudenken. «Der Arbeiter kommt müde und erschlafft von seiner Arbeit heim; er findet eine Wohnung ohne alle

[4] S. Scheerer/I. Vogt, l. c., S. 56
[5] W. Schivelbusch, l. c., S. 171
[6] Op. cit., S. 164

Wohnlichkeit, feucht, unfreundlich und schmutzig; er bedarf dringend einer Aufheiterung, er muß *etwas* haben, das ihm die Arbeit der Mühe wert, die Aussicht auf den nächsten sauren Tag erträglich macht; seine abgespannte, unbehagliche, hypochondrische Stimmung [...] wird durch seine übrige Lebenslage, durch die Unsicherheit seiner Existenz, durch seine Abhängigkeit von allen möglichen Zufällen und sein Unvermögen, selbst etwas zur Sicherstellung seiner Lage zu tun, bis zur Unerträglichkeit gesteigert; [...] und bei alledem sollte der Arbeiter nicht die stärkste Versuchung zur Trunksucht haben, sollte imstande sein, den Lockungen des Trunks zu widerstehen?»[7] Überdies «verteilten Fabrikherren bis Ende des 19. Jahrhunderts ‹Freischnaps› an ihre Arbeitskräfte und begünstigten damit in erheblichem Maße den Arbeiteralkoholismus. In vielen Fabriken wurde zudem ein Teil des Lohnes gleich in Branntwein ausgezahlt.»[8]

Wie in der Bibel Gott sich im Menschen, so bildete in der Neuzeit der entfesselte Markt sich im entfesselten Rauschmittelkonsum gleichsam ab. Eine uralte Schicksalsgemeinschaft trat damit in eine neue Phase. Wie der Markt haben die Rauschmittel ihren Ursprung im sakralen Opfer, wie er entwickelten sie sich als unzertrennliche Begleiter und Förderer, als Zubehör und Zutat kultischer Handlungen – und blieben, selbst wo sie aus diesem Kontext heraustraten, auf ihn bezogen. Die profane Medizin wie das profane Gelage haben sich ebenso als «Rinde» um den sakralen Rauschmittelgebrauch gelegt wie der Markt ums Heiligtum. Und auch die neuzeitliche Kehre vollziehen sie gemeinsam. Der Markt wird absolut – und damit zu dem Boden, auf dem das erste «absolute», nämlich durch Destillation von seiner natürlichen Gärungsumgebung losgelöste Rauschmittel einen wahren Siegeszug antritt. Es ist übrigens nicht nur in technischer Hinsicht absolut; auch in sozialer. Es wird gleichsam herausdestilliert aus allen sakralen Zusammenhängen, hört auf, Zeichen und Zubehör einer das ganze Kollektiv über seinen Alltag hinaushebenden ekstatischen Erfahrung zu sein. Damit wird es einerseits unendlich banal, ist bloß noch berauschender Stoff «sans phrase», ohne jede höhere Bedeutung. Andrerseits hat es nichts mehr über sich. So beginnt es unversehens selbst die vakante Rolle des Höchsten zu spielen. Es mutiert vom Zubehör zum Eigentlichen, philosophisch gesprochen, vom Akzidens zur Substanz. In doppeltem Sinne wird es zum Konzentrat.

[7] F. Engels, *Die Lage der arbeitenden Klasse in England*, MEW 2, Berlin 1976, S. 331 f.

[8] S. Scheerer, l. c., S. 21 f.

Nicht nur, daß die Destillation seinen Alkoholgehalt um das Zehn- bis Zwanzigfache erhöht. Es konzentrieren sich auf seine Hochprozentigkeit nun auch all die höheren Erwartungen, die zuvor ein eingespielter kultureller, bis in die Sakralsphäre hineinreichender Zusammenhang auffing. Schnaps wird zum Surrogat des entschwundenen Heiligen, das Surrogat aber zur Sache selbst. Der absolute Rausch, den es verursacht, entpuppt sich damit als ein Seitenstück der absoluten Sensation, die das «Hierhergesehen» der Photographie ausstrahlt. Man weiß, daß die rettende Epiphanie, die Photos suggerieren, keine ist. Dennoch hört die Suggestion nicht auf. Ebenso weiß man, daß Schnaps keine rettende ekstatische Erfahrung verschafft. Und doch hört er nicht auf, sie vorzugaukeln. Drogen und Bilder haben jahrtausendelang im Schlepptau des Kults nebeneinanderher existiert – als heterogene Mittel der Erhebung zum Heiligen. Durch das moderne technische Verfahren der Isolation, das Wirkstoffe wie Augenblicke aus ihrem angestammten Kontext löst, die einen durch Destillation, die andern durch Stillstellung, bekommen sie unversehens eine nie gekannte Homogenität. Als Suchtstoff und Photoabzug werden Droge und Bild in Machart wie Wirkart zu engen Verwandten. Es beginnt eine *communicatio idiomatum* (wechselseitige Mitteilung der Eigenarten) zwischen ihnen, ohne die sich die Sensationsverfallenheit der Gegenwart nicht ernstlich begreifen läßt.

Condition moderne

Betäubungsmittel sind nicht gering zu achten. Was wäre die moderne Medizin ohne Anästhesie. Branntwein zur Betäubung unerträglicher Schmerzen und Ängste, wie sie das Söldnerwesen zwangsläufig mit sich brachte, kann durchaus unter «erster Hilfe» verbucht werden. Branntwein als Dauerration für Söldner, als «physiologisch-psychologisches Schmiermittel, das reibungsloses Funktionieren gewährleistet», ist hingegen etwas qualitativ anderes: Präparierung für einen Alltag, der keineswegs nur aus akuten Schmerz- und Angstzuständen besteht, aber in einem Maße profan geworden ist, daß er sich ohne Betäubungsmittel kaum mehr aushalten läßt. Und einen solchen Alltag hat besagter epochaler Entwurzelungsprozeß zu Beginn der Neuzeit in großem Stil eingeleitet. Die Feudalgesellschaft, die da zerbrach, war natürlich ein soziales Zwangskorsett, keine Idylle. Gerade an Leibeigenen und Hintersassen, die bedroht von Hungersnot und der Peitsche des Grundherrn dahinvegetierten, oder in strenge Klosterzucht genommenen Mönchen und Nonnen wird offenkundig, wofür die moderne Gesellschaft zunehmend den Blick verstellt hat: daß Integration zunächst einmal ein Gewaltakt ist, ehe ihre Entschädigungen zum Zug kommen.[9] Aber auch an denen fehlte es der Feudalgesellschaft nicht. Die Heilswirkung der Sakramente und Reliquien, die darum kreisenden Feste, Riten, Gebete waren jahrhundertelang dermaßen eingebleut worden, daß sie schließlich etwas von einer liebgewordenen, Halt und Trost gebenden Gewohnheit bekommen hatten. Der Zerfall des feudalen Lebenszusammenhangs gab nicht nur neuen Freiraum. Er ließ auch diesen Halt wegbrechen, und zwar in dem Maße, wie aus fest definierten sozialen Gruppen amorphe, umhergeschobene Massen wurden – ohne gesicherten Lebensunterhalt, ohne vertrauten sozialen Zusammenhalt, mit überkommenen Sitten und Gebräuchen, die gleichsam in der Luft zu hängen begannen. Der Drang, diesem Zustand zu entkommen, ist empfänglich für alles, was wie ein Ausweg anmutet, und der destillierte Alkohol bot sich hier dreifach an: Er war so billig, leicht zugänglich und schnell wirksam wie kein Rauschmittel zuvor. Der Griff von Entwurzelten zur Schnapsflasche als Griff nach einem existentiellen Halt ist das einfache Grunddatum der Sucht – der Verständnisschlüssel zu ihrer gesamten, immer komplexer und diffuser werdenden Entwicklung.[10] Sucht ist vitale Haltsuche am falschen Objekt, wobei man die Betroffenen nicht darüber belehren muß, daß es das falsche ist. Sie spüren es selbst, ja sie wissen, daß der Stoff, an den sie sich klammern, kein Halt ist, aber sie haben keinen andern, stürzen sich daher um so mehr auf ihn, je mehr er vorenthält, was er geben soll.

Über den Entzugserscheinungen, die der Sucht folgen wie der Schatten dem Licht, wird leicht vergessen, daß Sucht selbst schon Entzugserscheinung ist. Der Entzug, der ihr vorausgeht, auf den sie eine hilflose, weitgehend sprachlose neuzeitliche Reaktionsform darstellt, liegt allerdings nicht offen zutage. Man muß ihn erschließen – und kommt dabei um triebtheoretische Überlegungen nicht herum. Wo Entzug ist, ist etwas Begehrtes verlorengegangen. Emotionale Energie, die durch dies Begehrte gebunden war, schweift nun frei umher, drängt nach Abfuhr, und wo sie sich ersatzweise an irgend etwas heftet, das nicht entfernt so befriedigend ist wie das Entzogene, aber

[9] S. o. S. 54ff.

[10] Der Tabakkonsum, der im 17. Jahrhundert ebenfalls Züge einer Sucht annahm, war für die öffentliche Wahrnehmung zunächst bloß eine Art Ableger des Schnapskonsums, hatte anfangs nicht einmal einen eigenen Namen, hieß «Sauferei des Nebels», «Rauchtrinken» oder «trockene Trunkenheit» (W. Schivelbusch, l. c., S. 108).

gleichwohl an dessen Stelle tritt und behandelt wird, als gäbe es die entzogene Befriedigung, da ist der Tatbestand erfüllt, den Freud «Fetischismus» nennt. Der Fetisch, sei er ein Schuh, Tuch, Stift, Getränk oder was auch immer, ist «absolut» in dem Sinne, daß er losgelöst, abgespalten vom entrissenen Liebesobjekt wahrgenommen wird. Dennoch ist seine Wahl nie ganz beliebig. Er muß dem Entbehrten immerhin als so verwandt empfunden werden, daß er als dessen Ersatz überhaupt in Frage kommt, und andrerseits als ihm so unähnlich, daß er nicht offen an es erinnert, den Entbehrungsschmerz nicht über die Bewußtseinsschwelle treten läßt. Der Fetisch ist also in einer eigenartigen Bedeutungsschwebe. Er repräsentiert das Entzogene und deckt es zu, ist gleichermaßen sein Surrogat wie seine Chiffre. Freud wählt, als verstünde es sich von selbst, einen Begriff aus dem religiösen Arsenal – um sehr profane Vorgänge im Triebleben des Neurotikers zu analysieren. Er nimmt den Fetisch nicht, wie die religiöse Gemeinde, als ausgezeichneten Gegenstand, worin sich göttliche Kräfte verkörpern, sondern als ganz alltäglichen, der lediglich mit Bedeutung überladen, psychologisch gesprochen, mit libidinöser Energie überbesetzt ist. Solche Überbesetzung sieht er ebenso am Werk, wenn eine Gemeinde sich um einen Splitter vom Kreuz Christi oder die Kutte des heiligen Franz drängt, wie wenn ein Neurotiker einen Frauenschuh liebkost. Die Neurose kann ebenso als Privatkult, der offizielle Reliquienkult ebenso als kollektive Neurose firmieren. Der Freudsche Fetischbegriff steht quer zu ‹profan› und ‹sakral›, metaphorisch und wörtlich. Ganz wie der Marxsche. Der Freudsche hilft allerdings den Ersatzbildungsmechanismus erhellen, der auch im Marxschen steckt. Der Fetischcharakter der Ware besteht ja nicht darin, daß die Marktgesellschaft den Tauschwert in all ihren Gebrauchswerten buchstäblich als göttliche Kraft verehrte. Die Resakralisierung des Warentauschs ergab sich, wie im vorigen Kapitel gezeigt, vielmehr so, daß der profane Markt seinen Bezugspunkt, sein sinnstiftendes sakrales Zentrum, um das er sich als Rindenschicht gebildet hatte, verlor. In dem Maße, wie er «absolut», d. h. unbezogen auf anderes, selbstbezüglich, systemisch geworden ist, ist er selbst an die Stelle des verlorengegangenen Sakralen getreten: als dessen Surrogat.

Der absolute, entfesselte Markt ist, suchttheoretisch gesprochen, selbst eine gigantische Entzugserscheinung. Gewöhnlich wird sein Zwang zur Expansion, zum «wirtschaftlichen Wachstum» rein ökonomisch erklärt. Sobald der Markt zur Vergesellschaftungsinstanz aufsteigt, vertieft sich die Konkurrenz, bis anhin ein Branchenproblem von Kaufleuten und Händlern, zu einem allgemeinen Existenzproblem. Sie dringt in alle Arbeitsverhältnisse ein und macht selbst vor dem traditionellen Familienzusammenhang nicht halt. Vater und Sohn, Mutter und Tochter, Mann und Frau werden tendentiell zu Konkurrenten, sobald die Arbeitsplätze knapp sind, und jeder kann nur seine Ware, seine Arbeitskraft verkaufen. Der Markt ist Schmelztiegel, führt die unterschiedlichsten Individuen zusammen, doch im Akt des Tauschs isoliert er sie auch gegeneinander. Jeder tauscht seines – gegen anderes. Behaupten kann sich im allgemeinen Marktkampf daher nur, wer besser tauscht als andere. Und überall, wo Kapital investiert wird, bedeutet das: Es muß mehr herauskommen, als hineingesteckt wurde. Der Zwang zum wirtschaftlichen Wachstum ist Motor des Kapitalismus. So weit der ökonomische Grundsachverhalt. Der aber läßt sich ebenso als Entzugs- und Substitutionssachverhalt lesen. In dem Maße, wie das Heiligtum seine sinnstiftende Ausstrahlung auf den Markt, der es umgibt, verliert, muß der Markt auf eigene Füße kommen, seinen eigenen Sinn stiften. Das tut er dort, wo, durchs Konkurrenzverhältnis hindurch, der Ware Fetischcharakter zuwächst und ihre Veräußerung Gewinn abwirft. Mehr bekommen als man gibt: diese triviale mathematische Ungleichung bekommt ein neues Ansehen, bedeutet nicht länger mehr bloß Vorteilsnahme und Machtzuwachs. Sie wird zu etwas, um dessentwillen man lebt. Gewinn ist Sinn: das ist das Credo des Markts. Freilich ist das ein Sinn, der sich selbst dementiert, denn er ist Sinn im Komparativ, besteht lediglich im Mehr-Haben als andere. Und das bedeutet, solange es noch irgend Reichere gibt, immer auch: weniger haben als andere. Und selbst die Reichsten haben am Ende weniger, als sie haben könnten, wenn sie noch geschickter verkauften. Sinn im Komparativ ist Un-Sinn: nie sich selbst genug, immer von Verlust und Überflügelung bedroht, insofern stets Mangel an Sinn, Sinnsurrogat: etwas, was sich, indem es sich gibt, entzieht. Der Komparativ-Sinn der Ware macht sie selber zur Entzugserscheinung, gibt ihr, auch in triebtheoretischer Hinsicht, Fetischcharakter und erweist die Expansionsdynamik des Kapitalismus als Suchtdynamik – eine, die zwar aus menschlichen Organismen hervorgegangen ist und auch weiterhin durch sie hindurchgeht, aber nicht mehr mit ihnen identisch ist. Sie hat sich zu einem selbstbezüglichen, sich selbst verstärkenden Sachzwang globalen Ausmaßes verselbständigt. Das simple Mehr-haben-Wollen als man hat ist darin zu einem penetranten, hartnäckigen systemischen Eigensinn geworden – und systemische Suchtdynamik zu einer sozialen Grundierung, auf die sich alles persönliche Suchtverhalten erst aufträgt.

So gewiß der Freudsche Fetischbegriff hilft, die Suchtlogik im Fetischcharakter der Ware zu erkennen, so sehr zeigt sich umgekehrt von der Warensucht aus, wie eingeschränkt der Fall ist, auf den Freud seine ganze Fetischtheorie baut. Ursprünglich sei der Fetisch nichts als «Ersatz für den Phallus des Weibes (der Mutter), an den das Knäblein geglaubt hat und auf den es [...] nicht verzichten will».[11] Zweifellos gibt es solche Fälle. Aber sie zur Urerfahrung traumatisierenden Entzugs zu verallgemeinern – darauf kann man erst in wohlsituierten Verhältnissen kommen. Jenes «Knäblein», das beim Anblick der penislosen Mutter ein ziemlich kompliziertes Analogieschlußverfahren abspult – Weib sein heißt kastriert sein, und «wenn das Weib kastriert ist, ist sein eigener Penisbesitz bedroht»[12] – und dadurch einen solchen Schrecken versetzt bekommt, daß es die verlorene Illusion des weiblichen Penis durch Ersatzobjekte auszugleichen und zuzudecken sucht, ist ein schon recht erfahrenes und gewitztes Bürschlein und auf jeden Fall eines: rundum in kulturelle Watte gepackt. Es wächst weitestgehend unbehelligt von jenen archaischen Elementarschrecken heran, die das Nervensystem ganz anders hernahmen als ein penisloses Weib – Schrecken, die durch rituellen Wiederholungszwang bearbeitet wurden und dabei ein ganzes Arsenal präerotischer Fetische zeitigten: heilige Knochen, Felle, Steine, Bäume, Speere, Schilde etc. Ehe Fetische zu Ersatzbildungen entzogener Liebesobjekte wurden, waren sie zunächst einmal etwas anderes: Verkörperungen von Unkörperlichem, nämlich eines unerträglichen Übermaßes von Erregung. Verkörperung macht Schrecken faßbar, bindet Erregung, kanalisiert sie in nervlichen Bahnen, die dem Organismus allmählich eine «Fassung» geben. Die primären Bezugspersonen eines Kindes sind zwar stets Knotenpunkte dieser Fassung, aber nicht automatisch identisch mit ihr. Sie ist ein Gefädel von Ritualen, Sitten, Gebräuchen, Bedeutungen, in das Mütter und Väter eingewoben sind – als wichtige, aber bei weitem nicht die einzig maßgeblichen Naturgewalten, vielleicht anfangs, als das menschliche Kollektiv eine verängstigte Opfervollzugsgemeinschaft war, nicht einmal besonders hervorstechende.

Wie es aber einen präerotischen Entzug gibt, der durch traumatisierenden Schock Hören und Sehen vergehen läßt, so auch einen, der die Fassung auf viel subtilere Weise raubt: einen transerotischen. Von einem solchen ist Sucht die Erscheinung. Dieses spezifisch neuzeitliche, sich seit dem 16. Jahrhundert allmählich formierende Verhaltensmuster ist zwar ein fetischistisches Phänomen. Gleichwohl sind für seine historischen Besonderheiten penislose Mütter und mit Ka-

[11] S. Freud, *Fetischismus*, Studienausgabe, Bd. III, l. c., S. 383 f.

[12] S. Freud, l. c., S. 384

stration drohende Väter, die es seit Menschengedenken gibt, keine ernstzunehmende Erklärung.[13] Was hier verlorenging, war nicht ein libidinös überbesetztes Körperorgan oder die Autorität der damit verbundenen Person, sondern eine singuläre Konstellation, zu der ein jahrhundertelang eingeübter Lebensmittelerwerb, die körperliche Nähe der Verwandten, eine straffe soziale Hierarchie sowie in Fleisch und Blut übergegangene Sitten und Rituale allmählich zusammengewachsen waren. Diese Konstellation war Zwang, gab aber, in dem Maße, wie ihre Bestandteile sich wechselseitig stützten und aufeinander verwiesen, auch Halt. Der Entzug, der ihn raubte, hatte zwar seine brutalen und klar benennbaren Seiten, wie etwa die schubweise Massenvertreibung ländlicher Bevölkerung, aber das Unheimliche an ihm war, daß er zugleich auch das ganze Bezugs- und Verweisungssystem antastete, worin solche Schicksalsschläge verarbeitet zu werden pflegten. Damit aber griff er ebenso tief wie ins soziale Gefüge auch ins Nervensystem ein: in die komplexe Vernetzung, die «Fassung», die es sich um die christlichen Dogmen und Sakramente herum im Laufe von Jahrhunderten gewoben hatte. Es ist nun, als sei aus einem festen Gewebe – dem sozialen ebenso wie dem neuronalen – der unendlich feine, unsichtbar alles verbindende Faden gezogen. Alle Einzelheiten sind noch da, aber sie gehören nicht mehr zusammen wie früher; jede einzelne gibt nach, sobald man sich auf sie stützt. Sie fangen an, in ein negatives Verweisungssystem zueinander zu treten, dessen *cantus firmus* «Nicht mehr» lautet. Wie die Erde *nicht mehr* Weltmittelpunkt ist, so Grund und Boden nicht mehr Lebensmittelgarant, Brauch und Sitte nicht mehr verbindliches Recht, die Arbeitskraft nicht mehr verwachsen mit angestammten Tätigkeiten, der Markt nicht mehr Rinde ums Heiligtum, und solches «Nicht mehr» beginnt umzugehen wie ein Gespenst und allmählich alle wirtschaftlichen, familiären, sakralen Selbstverständlichkeiten zu affizieren. Es sind nicht bestimmte Objekte, die verlorengehen, Objekte, die an sich durchaus identifizierbar wären, deren Verlust jedoch zu schmerzlich ist, als daß man die bewußte Erinnerung daran ertrüge, und die man daher verdrängt und durch Ersatzbildungen chiffriert. Das Verlorene ist vielmehr etwas Ungegenständliches. Dennoch, auch hier findet eine Ersatz- und Chiffrenbildung nach der Logik der entfernten, sich selbst nicht bewußten Ähnlichkeit statt, wie Freud sie am Fetischismus aufgedeckt hat – nur um eine Umdrehung verschlüsselter.

[13] Das ist etwa so, wie wenn man Luthers Probleme mit seinem Vater zum Erklärungsschlüssel für die Reformation macht. Cf. E. Erikson, *Der junge Mann Luther*, Frankfurt am Main 1975

Daß der Verlust vitalen Zusammenhalts in eine, wie die Statistiker sagen würden, signifikante Korrelation mit dem Griff zur Schnapsflasche geführt hat, hat damit zu tun, daß es eine Zusammenhaltserfahrung *par excellence* gibt: das Fest. Zunächst in dem archaisch-brutalen Sinne, daß beim Opfer niemand sich ausnehmen darf. Alle müssen am Blutvergießen beteiligt sein. Erst allmählich sublimiert sich der Zwang, das Grauenhafte mitzutun, ins Hochgefühl der Zugehörigkeit zu einem Kollektiv, dem es durch gemeinsame Anstrengung gelingt, das Grauen in Lust zu wenden. Und dieses Gefühl ist der bleibende Glutkern in all den Festbräuchen, zu denen es sich im Laufe von Jahrtausenden gestaltet hat. Nun wäre es allzu naiv, die drastische Zunahme von Festen am Übergang von Mittelalter zu Neuzeit, über die die Reformatoren so gewettert haben,[14] einfach bloß als Beweis für die Zunahme von Lebensfreude zu nehmen. Sie kann ebensogut das Gegenteil bedeuten: daß man mehr Feste nötig hatte, weil jedes einzelne nicht mehr dieselbe erhebende, berauschende Kraft wie früher besaß; daß die Erhöhung ihrer Zahl nicht einfach aus Spaß geschah, sondern selbst schon eine Entzugserscheinung war. Viel spricht dafür, daß die Festinflation auf dieser Epochenschwelle eine instinktive, sich selbst freilich nicht bewußte, empirisch daher schwer beweisbare Bildung von Antikörpern gegen die nachlassende Bindekraft des christlichen Bezugs- und Verweisungssystems darstellt. Aktenkundig hingegen ist, daß die großen Vertreibungen von Landbevölkerung, die vom 16. bis 18. Jahrhundert schubweise stattfanden, in den Städten Volksmassen anschwemmten, die kaum einen gemeinsamen Fundus an lokalen Festbräuchen mehr hatten. Der Verlust solcher Bräuche war zwar noch keineswegs gleichbedeutend mit Atheismus, aber eine der entscheidenden Voraussetzungen für sein massenhaftes Umsichgreifen im 19. Jahrhundert – wie auch für die «Branntwein-Epidemie».

Erst unter dem Eindruck von exzessivem Schnapskonsum unter den Lohnarbeitern – zu dem in manchen Regionen der kaum teurere Opiumkonsum hinzutrat – hat Marx seine berühmte Metapher von

[14] «Daß man alle Feste abtäte und allein den Sonntag behielte», «denn da nun der Mißbrauch mit Saufen, Spielen, Müßiggang und allerlei Sünde geht, so erzürnen wir Gott mehr auf die heiligen Tage denn auf die anderen». «Und namentlich sollte man die Kirchweihen ganz austilgen, sintemal sie nichts anderes geworden sind denn rechte Tavernen, Jahrmärkte und Spielhöfe, nur zur Mehrung von Gottes Unehre und der Seelen Unseligkeit.» (M. Luther, *An den christlichen Adel deutscher Nation.* Von des christlichen Standes Besserung, 1520, in: ders., Ausgewählte Schriften, Berlin 1916, S. 73 f.)

der Religion als dem «Opium des Volks» formulieren können. In gewisser Weise kommt sie zu spät, fällt in eine Zeit, wo Elend nicht mehr automatisch bei der überkommenen Religion Halt suchen läßt, wo vielmehr «absolute» Suchtstoffe an deren Stelle treten und sich mit konfessioneller Indifferenz oder gar manifestem Atheismus verbinden, wo sich also eher das Umgekehrte anbahnt: daß Schnaps und Opium zur Religion des Volks werden. Diese neue Religion des Volks ist freilich eine sich selbst verleugnende, chiffrierende. Gerade Branntwein wird in seiner vollendeten Profanität zum Versteck und Ersatz des verleugneten Sakralen.[15] Destillierter Alkohol konnte Jahrhunderte existieren, ohne als Suchtstoff in Betracht zu kommen. Auch persönliche Entbehrungen und Schicksalsschläge machten noch keine «Branntwein-Epidemie». Erst eine bestimmte massenhafte Entzugserfahrung hat jenes neue soziale Verhaltensmuster heraufgeführt, das Sucht heißt – sowie die ihm entsprechende systemische Dynamik, die allenthalben «wirtschaftliches Wachstum» heißt, ohne daß ihr Suchtcharakter ernstlich mitgedacht würde.

Zieht man ihn aber in Betracht, so läßt sich unversehens die berühmte Bemerkung aus dem *Kommunistischen Manifest* suchttheoretisch lesen: «Die fortwährende Umwälzung der Produktion, die ununterbrochene Erschütterung aller gesellschaftlichen Zustände, die ewige Unsicherheit und Bewegung zeichnet die Bourgeoisepoche vor allen anderen aus. Alle festen eingerosteten Verhältnisse mit ihrem Gefolge von altehrwürdigen Vorstellungen und Anschauungen werden aufgelöst, alle neugebildeten veralten, ehe sie verknöchern können. Alles Ständische und Stehende verdampft, alles Heilige wird entweiht, und die Menschen sind endlich gezwungen, ihre Lebensstellung, ihre gegenseitigen Beziehungen mit nüchternen Augen anzusehen.»[16] Die «nüchternen Augen» sind hier natürlich metaphorisch gemeint: als der von aller metaphysischen Verschleierung ungetrübte Blick, der die Verhältnisse endlich erkennen kann, wie sie sind – und so die Voraussetzung dafür schafft, sie zum Besseren umzuwälzen. Aber man kann «nüchtern» auch ganz wörtlich verstehen. Der Entzug alles Festen, Dauerhaften, Altehrwürdigen bewirkt eine erbarmungslose profane Ernüchterung; die Dauerunruhe, in die er versetzt, ist eine typische Entzugserscheinung. Solche Nüchternheit tut sich niemand freiwillig an. Läßt sie sich überhaupt ertragen? Für Engels spricht alles dagegen, jedenfalls was die große Masse der Proletarier betrifft. Sie bedürften fast übermenschlicher Kräfte, um ihre

[15] Warum Opium stets exotischer blieb, s. u. S. 256ff.

[16] K. Marx/F. Engels, *Manifest der Kommunistischen Partei*, l. c., S. 465

Lage ohne Schnaps auszuhalten. Solche Kräfte hat die gesamte Gesellschaftstheorie von Marx und Engels im Stillen immer mitgedacht – darauf gesetzt, daß die Aussicht auf eine umfassende Revolution sie entfesseln werde. Wenn die Proletarier endlich vor der Wahl stünden, entweder durch Fortsetzung ihrer erzwungenen Lohnarbeit ihr eigenes Elend und damit das einer ganzen Gesellschaft zu reproduzieren, oder sich zu der Anstrengung zusammenzuraffen, diese elende Gesellschaftsform umzustürzen, dann hätten sie eigentlich keine Wahl mehr; sie würden letzteres tun.

Was aus dieser Hoffnung geworden ist, ist bekannt. Das ändert nichts daran, daß das angeführte Zitat aus dem *Kommunistischen Manifest* in unübertroffener Weise die *condition moderne* formuliert – prophetischer und abgründiger übrigens, als von den Autoren selbst gemeint. Die «ununterbrochene Erschütterung aller gesellschaftlichen Zustände, die ewige Unsicherheit und Bewegung» war ja Mitte des 19. Jahrhunderts noch nicht entfernt so weit vorangeschritten wie heute. Und die Formulierung, daß man «endlich gezwungen» sei, die eigene Lage «mit nüchternen Augen anzusehen», läßt Raum für die Frage: Was aber, wenn die Betroffenen diesen Zwang nicht aushalten? Dann nämlich ist zwei Phänomenen der Boden bereitet, die aufs Engste zusammengehören, einander wechselseitig erhellen und direkt als Chiffren der *condition moderne* oder als Zwillingspaar des modernen Fetischismus interpretiert werden dürfen: Sucht und Fundamentalismus.

Sucht und Fundamentalismus

The fundamentals nannte sich jene Schriftenreihe, mit der zu Beginn des 20. Jahrhunderts traditionalistische Protestanten in den USA einen Feldzug gegen die Darwinsche Evolutionstheorie eröffneten, auf der wörtlichen Richtigkeit der biblischen Schöpfungsgeschichte bestanden und den vorbehaltlosen Glauben daran zum Kriterium des Christseins erhoben. Damit hatte ein Phänomen seinen Namen, das der Sache nach freilich um einiges älter war. Das Sich-Stützen auf die Versatzstücke eines Halts, der gerade weggebrochen ist, ist ja genau die Reaktionsweise auf die *condition moderne*, die sich an der Sucht gezeigt hat. Sucht ist sozusagen ein von Unglauben durchsetzter Glaube. Der Süchtige weiß, daß der Stoff, an den er sich klammert, kein wahrer Halt ist, aber er hat keinen andern, er hängt daran. Sein Organismus «glaubt» an den Stoff, hört nicht auf, nach ihm zu verlangen, so sehr er andrerseits an seiner rettenden Wirkung zweifelt.

Sucht macht offenbar, daß Glaube und Unglaube eine physiologische Dimension haben, in der sie übrigens ihren eigenen «Diskurs» führen können, ohne daß ein einziges theologisches Wort fällt und ohne daß die Beteiligten ihn mit ihrer mentalen Konfession, sei sie theistisch oder atheistisch, irgend in Verbindung bringen. Sucht hat ihre eigene Kryptotheologie. Ist man der aber auf die Schliche gekommen, dann gibt sich die Suchtstruktur umgekehrt als die Tiefenstruktur des expliziten theologischen Fundamentalismus zu erkennen. An einem seiner Schlüsselereignisse kommt das wunderbar heraus. 1870 rang sich das 1. Vatikanische Konzil zu einem denkwürdigen Dogma durch: Der Papst, wenn er *ex cathedra* Lehrentscheidungen verkündet, ist unfehlbar. Welch naiver, übertriebener Glaube! empörten sich viele Zeitgenossen. Das Gegenteil war der Fall. Eine Religion, die die Unfehlbarkeit ihrer Lehrsätze eigens zum Lehrsatz erhebt, hat wenig Vertrauen in ihre Lehrsätze. Sie gibt zu, daß deren Inhalt nicht mehr glaubwürdig genug ist, um für sich zu bestehen. Sie verfährt nach dem Motto: § 1: Der Lehrer hat immer recht. § 2: Sollte der Lehrer einmal nicht recht haben, so gilt § 1. Sie hat Unfehlbarkeit nötig, weil sie spürt, wie fehl sie geht, ähnlich wie ein Sozialismus, der die Beteuerung, «real zu existieren», schon im Namen führt, der eigenen Realität kein großes Vertrauen schenkt. Der sich selbst nicht wahrhaben wollende Unglaube an die Überzeugungskraft der Dogmen, der sich im Unfehlbarkeitsdogma ausspricht, war freilich auch schon am Werk, als die Kurie sechs Jahre zuvor den *Syllabus errorum* erließ, ein Verzeichnis von achtzig «Irrtümern» in Religion, Wissenschaft, Politik und Wirtschaft: Lehren, die mit der christlichen unvereinbar waren und daher nicht wahr sein durften. Wo der Glaube sich, um gläubig zu bleiben, die Auseinandersetzung mit Geistern wie Kant, Marx, Darwin, Freud verbietet, ist er bereits vom Unglauben zernagt. Er *weiß*, daß er ihnen nichts Wesentliches entgegenzusetzen hätte, und je besser er das weiß, desto mehr verbohrt er sich in sein haltloses Fundament.

An seinem Ursprung ist der Fundamentalismus, genau wie die Sucht, ein klar konturiertes Phänomen. Seine Entwicklung besteht allerdings in seiner Aufweichung. Inzwischen verwenden sich sogar Kirchenleitungen für «die Bekämpfung des Fundamentalismus», als sei ihre eigene Botschaft grundverschieden davon. Doch wie vorsichtig sie auch artikuliert wird – im Lichte moderner Religionskritik bekommen alle Gewißheiten über die Existenz Gottes, seine Einzahl oder Mehrzahl, seine Anteilnahme am Weltgeschehen oder seinen Endsieg am jüngsten Tag unweigerlich einen fundamentalistischen Stich. Es liegt nun eine ungleich drückendere Beweislast auf ihnen als vor der Moderne, ohne daß ihre eigene Argumentationslage sich irgend gebessert hätte. Wie sie auch gedreht und gewendet werden: Nach Marx, Nietzsche und Freud klingen sie signifikant heiserer und hohler als vorher. Gläubige Kritiker des Fundamentalismus nehmen denn auch weniger Anstoß an seinen *fundamentals* – was ja lediglich «Grundsätze» heißt –, als an seiner ungeschützt-aggressiven Art, sie zu vertreten. Gewöhnlich praktizieren sie nur seine behutsamere «weiche» Variante, laufen nicht Sturm gegen Bibel- und Religionskritik, Frauenemanzipation und Rockmusik, sondern nehmen dies alles in eigene Regie, vertreten es selbst, aber eben so, daß es die eigenen *fundamentals* nicht beeinträchtigt. Man hat gelernt, mit den Wölfen der Aufklärung zu heulen, sich ebenso gegen Spott wie gegen Argumente zu immunisieren, sich je nach Lage zu verstecken oder zu versteifen, die Errungenschaften moderner Kritik zu nutzen oder zu ignorieren. Weicher Fundamentalismus läßt sich schwer greifen; er ist der ins Undeutliche aufgeweichte harte.[17] Beide aber gehören zusammen, hemmen und fördern sich wechselseitig. Verknöcherter Glaube, der nur allergisch auf Aufklärung reagiert, erregt den Wunsch nach offenen, toleranten Glaubensformen. Ein Glaube aber, der tolerant überall nachgibt, wo man ihn fassen will, weckt das Bedürfnis, wieder ohne Umschweife, Diskussion und Pardon zu glauben. So hat die *condition moderne*, die «ununterbrochene Erschütterung aller gesellschaftlichen Zustände», auch vor dem Fundamentalismus nicht halt gemacht. Er ist längst nichts Festes mehr, vielmehr zur Variation seiner selbst geworden, wogt zwischen beinhart und windelweich hin und her und läßt dabei die verschiedensten Formen ineinander und gegeneinander spielen. Dies sein «Bewegungsgesetz», wie man es mit einem Marxschen Begriff nennen könnte, ist keineswegs aufs Christentum beschränkt geblieben, hat vielmehr auf Judentum, Islam, Hinduismus übergegriffen, aber eben von außen, und das macht einen entscheidenden Unterschied. Als erstmals das «Ständische und Stehende» zu «verdampfen» begann, da handelte es sich um eine innere Angelegenheit der christlichen Feudalordnung. Der Zerfall war gleichsam hausgemacht – von Christen, die nicht absahen, wie sehr sie die Selbstuntergrabung des christlichen Abendlands betrieben. Als die *condition moderne* jedoch in die außereuropäischen Länder einbrach und dort Grund und Boden, Gesellschaftsstruktur und Seelenleben umpflügte, da tat sie es mit einer zerstörerischen Fremdheit, die Mitteleuropäer zu Hause nie unmittelbar erfahren ha-

[17] Cf. hierzu ausführlich C. Türcke, *Kassensturz*. Zur Lage der Theologie, Frankfurt am Main 1992

ben und von der sie nun um so heftiger das Echo erleben: etwa in der archaischen Fremdheit, mit der sich militante Gruppen wie die Taliban westlicher Kultur verschließen, oder in der Resonanz, die der Gedanke eines heiligen Kriegs gegen den Westen im Nahen Osten nach wie vor findet.

Die theologische Verlaufsform des Fundamentalismus hat in der physiologischen der Sucht ihre genaue Entsprechung. Auch hier stand am Anfang ein «hartes» Grundmuster: die «Branntwein-Epidemie». Freilich ist der destillierte Alkohol nicht der einzige Suchtstoff geblieben. Das Opium trat machtvoll in seine Fußstapfen, begann, wie er, seine Karriere als Beruhigungs- und Schmerzmittel und spielt noch zu Beginn des 19. Jahrhunderts «eine ähnliche Rolle wie heute das Aspirin. Es hat seinen festen Platz in der Hausapotheke. Der Hausarzt verschreibt es so häufig wie kein anderes Medikament. [...] Es ist darüber hinaus fester Bestandteil des Lebens der Arbeiterklasse. Marx, der das Wort von der Religion als dem Opium des Volks geprägt hat, weiß sehr wohl, daß zu seiner Zeit das Volk auch tatsächlich Opium genießt: ‹Wie in den englischen Fabrikdistrikten, so dehnt sich auch in den Agrikulturdistrikten der Opiumkonsum unter den erwachsenen Arbeitern und Arbeiterinnen täglich aus.›»[18] Ein Sachverhalt, der leicht vergessen wird «angesichts der allgemein bekannteren Tatsache, daß die künstlerische und literarische Avantgarde derselben Periode ausgiebig Opium genießt sowie Haschisch, die zu dieser Zeit als eng verwandte Drogen gelten. De Quincey, Coleridge, Poe, Baudelaire, Nerval, Théophile Gautier, um nur die bekanntesten zu nennen, sind notorische Opium- und Haschisch-Genießer. Der Pariser ‹Club des Hachischins› erhebt die Gleichung von literarischer Produktion und Drogengenuß zum Programm. [...] Leben und Werk sollen eins werden, radikal abgesetzt von der zunehmend als widerwärtig erlebten bürgerlichen Welt.»[19] Wozu Opium und Haschisch offenbar ungleich geeigneter sind als Alkohol: dank der spezifischen phantasieentfesselnden Stimulation, die sie auszuüben vermögen. Und so avancierten sie in jener Künstler- und Literatengeneration, die von der Gewalt der industriellen Revolution aus dem Gleis der bürgerlichen Klasse oder Weltanschauung geworfen wurde, regelrecht zu Fetischen, werden nicht nur genommen, sondern auch besungen: mit jenen Assoziationen religiösen Kults umgeben, aus dem die *condition moderne* diese Drogen und ihre Genießer gerade exkommuniziert hat. «Opium! Schrecklicher Mittler du, von unvorstellbar großem

[18] W. Schivelbusch, l.c., S. 217
[19] Op. cit., S. 220

Glück und namenloser Pein! Wohl hatte ich davon schon gehört, wie man von ‹Manna›, von ‹Ambrosia› gehört hat, mehr nicht! – Wie wenig stellte ich mir damals bei diesen Tönen vor. Welch feierliche Chöre löst es nun in meinem Herzen aus!» «[...] ich nahm es – und – eine Stunde später! – O Himmel! Welcher Umschwung! Welch ein Erheben meines Geistes aus dem letzten Abgrund seiner Tiefe! Welche Offenbarung der Welt in mir! Daß meine Schmerzen fort waren, bedeutete mir jetzt gar nichts mehr. Diese negative Wirkung verschwand für mich in der Flut des unermeßlich positiven Erlebens, die sich vor mir aufgetan hatte – in dem Abgrund himmlischen Genusses, der sich mir eröffnet. [...] Das Geheimnis der Glückseligkeit, über das die Philosophen so viele Jahrhunderte nachgesonnen hatten, es war auf einmal entdeckt! Man konnte für einen Pfennig Glückseligkeit kaufen und in der Westentasche bei sich führen. In einer Reiseflasche konnte man Ekstasen mit sich herumtragen, und mit der Postkutsche konnte man in großen, viele Liter fassenden Flaschen Seelenfrieden verschicken.»[20]

Und doch weiß der, der so schreibt, daß eine derart billig gekaufte Glückseligkeit keine sein kann. Der Lobpreis des Opiums ist bei de Quincey denn auch bloß Kehrseite der Beschreibung der Qualen, die er litt, sobald er süchtig war. Die *Bekenntnisse eines englischen Opiumessers* sind eine literarische Verzweiflungstat, der Versuch, sich die Qualen von der Seele zu schreiben, sie zu bannen, indem man ihnen eine literarische Existenz gibt. Gelesen hingegen wurde das Buch von seinen Sympathisanten, zumal von Baudelaire, als ein neues literarisches Genre. Opium und Haschisch nicht nur als Fluchthelfer aus dem Alltag nehmen, sondern als integrale Bestandteile eines eigenen ästhetischen Lebensentwurfs: das war im buchstäblichen Sinne der Kunstgriff zum Rauschmittel, die Chance, seinen Ursachen und Wirkungen, für die das Proletariat keine Sprache hatte, einen erfahrungsgesättigten Ausdruck zu geben – aus seiner massenhaften Not eine einsame Tugend zu machen. Für Baudelaire ist das selbstredend eine «böse» Tugend, eine seiner exotischsten *Blumen des Bösen*, und zwar in doppeltem Sinn. *Die künstlichen Paradiese*, in die Opium und Haschisch versetzen, haben zum einen jenen unaussprechlichen Reiz des Verbotenen, der sie allen theologisch korrekten Paradiesen überlegen sein läßt, zum andern aber den tief melancholischen Untergrund des sicheren Gefühls, daß man inmitten ihrer Seligkeit unendlich allein ist – und auf der Schwelle nach draußen. Sie sind von vorn-

[20] Th. de Quincey, *Bekenntnisse eines englischen Opiumessers*, Berlin, o. J., S. 48 ff.

herein diabolisch konzipiert, gerade so, wie die *Litaneien des Satans* es ausdrücken: «O König des Exils, den man mit Schmach bedeckt, / Und der, besiegt, voll Trotz das Haupt nur höher reckt, / Satan, erbarm dich mein in meiner tiefen Not!»[21] Die Welt von Opium und Haschisch ist dieses Exil. Es ist eine Welt absoluter Sensation: vollkommen vereinsamter, hoffnungsloser Genuß der Seligkeit in Gestalt ihres flüchtigsten Surrogats. Das trotzige Insistieren auf künstlichen Anti-Paradiesen als den einzig menschenwürdigen in einer paradieslosen Welt gibt gleichsam das ästhetische Röntgenbild jenes theologischen Fundamentalismus, der sich auf Lehrsätze versteift, um deren Unhaltbarkeit er nur allzu gut weiß.[22]

Die poetische Firnisschicht, die sich auf Opium und Haschisch gelegt hat, kann nicht darüber hinwegtäuschen, daß sie im Alltag ganz nach dem prosaischen Vorbild des Alkohols behandelt wurden: zu Konzentraten destilliert. «Mit der Gewinnung des Morphiums (1817) und des Heroins (1874) aus dem Opium passiert auf der Drogenszene, was der Branntwein für die Trinkszene bedeutet: eine Multiplikation der toxischen Wirkungskraft mit beträchtlichen sozialen Folgen.»[23] Auch die Gewinnung des Kokains aus den Cocablättern ist eine Leistung des 19. Jahrhunderts. Stets sind es Rauschmittelkonzentrate, an denen sich, nach dem Beispiel der Branntwein-Epidemie, jenes Verhaltensmuster herausbildet, das wir Sucht nennen: «sich auf Gedeih und Verderb einer emotionalen Fixierung ausgeliefert zu sehen, die sich in einem stereotypen Verhalten von geradezu triebhafter Stärke ausdrückt und deswegen verstandesmäßig (zumindest für eine gewisse Zeit) unbeherrschbar ist und alle anderen Werte und Aktivitäten in den Hintergrund drängt».[24] Ist ein solches Verhaltensmuster

[21] Ch. Baudelaire, *Die Blumen des Bösen*, übers. v. Th. Robinson, Ges. Schriften, Bd. 6, Kempten o. J., S. 261

[22] Baudelaires diabolische ästhetische Bloßstellung des theologischen Fundamentalismus, noch ehe er sich recht formiert hat, ist freilich nicht zu verwechseln mit jener «Ästhetisierung der Religion», die Stefan Breuer «ästhetischen Fundamentalismus» genannt und vornehmlich am Kreis um Stefan George analysiert hat: den «Glauben an ein Heiliges schlechthin», aber nicht «wegen seines spezifischen Inhalts», sondern nur wegen der «*Empfindungen*, die das Heilige auslöst – Gefühle des Respekts, des ahnungsvollen Ergriffenseins, der Scheu vor dem Erhabenen, des Enthusiasmus für das Ganze, aus dem allein so etwas erwächst wie Opferbereitschaft und ‹Dienst›» (S. Breuer, *Ästhetischer Fundamentalismus*. Stefan George und der deutsche Antimodernismus, Darmstadt 1995, S. 3).

[23] W. Schivelbusch, l. c., S. 225

[24] S. Scheerer, l. c., S. 32

erst einmal da, dann freilich ergeht es ihm wie dem theologischen Fundamentalismus; es verliert seine scharfe Kontur, weicht auf, wird zur Variation seiner selbst. Muß es unbedingt dieser Stoff sein? Ein andrer tut's auch. Muß es das reine Konzentrat sein? Auch das verdünnte wirkt. Vielleicht muß es nicht einmal ein Rauschmittel sein. Die besondere Art fetischistischer Fixierung, die an Rauschmittelkonzentraten eingeübt wurde, ist durchaus übertragbar: auf Erdnüsse und Hobbies, auf beliebige andere Genußmittel und Verhaltensweisen. Und so liegt es ganz in der Entwicklungslogik der Sucht, wenn ihr Grundmuster sich aufs Vielfältigste variiert und verundeutlicht. Eßsucht, Magersucht, Spielsucht, Arbeitssucht, Sexsucht, Liebessucht sind längst gängige Objekte wissenschaftlicher Forschung, und der Streit, welche dieser Phänomene den Tatbestand der Sucht erfüllen und welche nicht, wird fruchtlos weitergehen, solange sie nicht als Auflösungserscheinungen ihres Grundmusters begriffen werden, solange der historische Aufweichungsprozeß, von dem das krasse, klare Suchtverhalten genausowenig verschont bleibt wie alles «Stehende», das in die Mühle der *condition moderne* gerät, nicht mitgedacht wird. Von harten und weichen Drogen zu sprechen ist allgemein üblich – und hilfreich, um die Konzentrate, die Gesundheit und Zurechnungsfähigkeit gefährlich beeinträchtigen, von den schwächeren Rauschmitteln, die bei mäßigem Genuß weitgehend unschädlich sind, zu unterscheiden. Ebenso sinnvoll ist es, zwischen harter und weicher Sucht – wie zwischen hartem und weichem Fundamentalismus – zu unterscheiden. Nur so läßt sich im Sucht- wie im Fundamentalismusdiskurs ein klarer Kopf behalten. Nur von den harten, zum Teil schon vergangenen Originalformen aus läßt sich erhellen, was an den immer diffuser und flüchtiger werdenden Gegenwartsformen das Suchtartige bzw. Fundamentalistische ausmacht, und erst im Lichte solcher Rückbesinnung kann die spezifische Leistung jener empirischen Suchtforschung gewürdigt werden, die bei bestimmten traumatischen Erfahrungen, psychosexuellen Störungen oder Milieus signifikante Neigungen zu bestimmten Suchtarten feststellt. Womit sich allerdings auch die Grenzen solcher Forschung abzeichnen. Sie kann weder sagen, was Sucht ist, noch, wie ihre Grundmuster zustande kommen, sondern nur, wie diese Muster, wenn sie bereits ausgebildet und sozial eingeübt sind, Anziehungskraft auf bestimmte psychosoziale Dispositionen ausüben und dadurch ihrerseits weiter spezifiziert, modifiziert, differenziert werden.

Was Sucht ist? Das kann allenfalls eine Theorie des Fetischismus ermessen, die Entzugserscheinung und Ersatzbildung in den Zusammenhang stellt, in den sie gehören: den theologischen. Ausgerechnet ein russischer Revolutionär hat diesen Zusammenhang mit ein paar groben Strichen verblüffend skizziert und in einer kleinen, eigentlich bloß politischer Taktik gewidmeten Schrift beiläufig eine Art trinitarischer Formel des modernen Fetischismus geliefert: Schnaps – Kirche – Kino. Der Autor heißt Trotzki. «Erst nach der Eroberung der Macht durch die Arbeiterklasse, die zum bewaffneten Baumeister der neuen Wirtschaft wird, bekommt der staatliche Kampf gegen den Alkoholismus – der kulturell-aufklärende und der prohibitive – seine historische Bedeutung.» «Das Bestreben, sich aufzuheitern, ist das berechtigtste Streben der menschlichen Natur. Wir können und müssen diesem Bedürfnis eine Befriedigung von immer höherer künstlerischer Qualität gewähren und zugleich das Vergnügen zum Werkzeug der kollektiven Erziehung, ohne pädagogische Bevormundung, ohne aufdringliches Hinlenken auf die Bahn der Wahrheit machen. Das wichtigste, alle anderen bei weitem übertreffende Werkzeug auf diesem Gebiet, kann gegenwärtig das Kino sein.» Es «ist ein Werkzeug, das sich einem von selbst aufdrängt: das beste Instrument der Propaganda – der technischen, kulturellen, auf die Produktion bezüglichen, antialkoholischen, sanitären, politischen, überhaupt jeder beliebigen allgemeinverständlichen, anziehenden, sich dem Gedächtnis einprägenden Propaganda – und eventuell eine einträgliche Sache. Indem das Kino anziehend und zerstreuend wirkt, konkurriert es schon eben dadurch mit der Wirtschaft und Kneipe.» Aber: «*Das Kino konkurriert nicht nur mit der Kneipe, sondern auch mit der Kirche.*» «In die Kirche geht man durchaus nicht aus Religiosität: in der Kirche ist es hell, schön, es sind viele Menschen dort, es wird gut gesungen – das ist eine ganze Reihe öffentlich-ästhetischer Anziehungsmomente, die weder die Fabrik, noch die Familie, noch das Alltagsleben auf der Straße bietet.» «*Das Element der Zerstreuung, der Ablenkung und Unterhaltung spielt im Kirchenzeremoniell eine ungeheure Rolle. Die Kirche wirkt durch theatralische Methoden auf das Auge, auf das Gehör und den Geruchssinn* (Weihrauch!) und durch diese auf die Einbildungskraft.» «Um die breiten Massen von dem Zeremoniell, von der Kirchlichkeit des Alltagslebens zu befreien, genügt die antireligiöse Propaganda allein nicht.» «Und hier wird wiederum unser Denken ganz natürlich auf das mächtigste – weil demokratischste – Werkzeug der Theatralik, das Kino gelenkt.» Es «befreit von dem Bedürfnis, über die Schwelle der Kirche zu gehen. Das Kino ist eine große Konkurrenz nicht nur der Kneipe, sondern auch der Kirche.»[25]

Dieser Text ist ein Kleinod. Er offenbart viel mehr als er beabsichtigt. Die drei Konkurrenten, die er bloß äußerlich gegeneinanderstellt, erweist er als zuinnerst verbunden. Allen dreien ist gemeinsam, daß sie zerstreuen, ablenken, erheitern. Insofern kann jeder von ihnen an die Stelle des andern treten. Ganz wie bei der göttlichen Trinität. Bekanntlich hat das Christentum sie so konzipiert, daß jede der drei Personen strikt von den beiden andern unterschieden ist, Gottvater immer nur Vater ist, nie Sohn, nie Geist werden kann, der Sohn nie Vater oder Geist, der Geist nie Vater oder Sohn – ohne daß die einzelne Person deswegen bloß ein Drittel Gottes wäre. Jede ist ganz Gott.[26] Entsprechend gilt für Schnaps, Kirche und Kino: Jedes dieser drei ist nur es selbst, nie eines der beiden andern, und doch ist jedes auch das ganze, ungeteilte, geballte Vermögen zu zerstreuen, abzulenken, zu erheitern. Darin sieht Trotzki die große Chance des Kinos. Hier allerdings wird die Analogie zur christlichen Trinität unversehens durch einen diabolischen Hintergedanken unterlaufen. Das Kino ist nur besser als Schnaps und Religion, sofern es der bessere Schnaps, die bessere Religion ist. Als Marx das Wort vom «Opium des Volks» prägte, schwang mit: Wenn erst die elenden Verhältnisse umgewälzt sind, wird niemand mehr Drogen nötig haben. Das Leben wird frei genossen, also auch frei von ihnen; denn sie sind ja bloß Surrogate des Glücks. Eine solche Freiheit stellt der Realpolitiker Trotzki erst gar nicht mehr in Aussicht. An ihre Stelle setzt er ein anthropologisches Credo: «Das *Bedürfnis des Menschen nach Theatralik – etwas Ungewohntes, Grelles, aus der Eintönigkeit des Lebens Herausführendes zu hören und zu sehen – ist sehr groß,* unausrottbar, unersättlich, von den Kinderjahren bis ins tiefste Alter hinein.»[27] Kirche, Kneipe, Kino bedienen es also nur auf verschiedene Weise, aber sie schaffen es nicht aus der Welt. Bemerkenswert ist der messianische Unterton, der dem Juden Trotzki hier unterläuft. «Was kein Auge gesehen und kein Ohr gehört hat, das hat Gott denen bereitet, die ihn lieben»,[28] heißt es beim Apostel Paulus. Bei Trotzki könnte der zweite Teil dieses Satzes lauten: «das hält das Kino denen bereit, die es frequentie-

[25] L. Trotzki, *Schnaps, Kirche und Kino*, in: Berliner Filmkunsthaus Babylon (ed.), Film. Auge – Faust – Sprache, l. c., S. 66

[26] Cf. A. Augustinus, *De trinitate*, I, 5, 8; 6, 9

[27] L. Trotzki, l. c., S. 66

[28] 1Kor 2,9

ren». Oder in seinen eigenen Worten: «*Der Kinoleidenschaft liegt das Bestreben zugrunde, sich abzulenken, etwas Neues, noch nie Dagewesenes zu sehen.*» Das Ungewohnte und Grelle suchen seine Besucher ja nicht einfach bloß, weil es ungewohnt und grell ist, sondern damit es hinausführe aus dem grauen Einerlei und die Beschränktheit, die Fessel, den Kerker der Alltagserfahrung sprenge. Im Grellen wird das Rettende ersehnt: ein Dies da, welches das ganze Nervensystem erfüllt; eine Art finaler messianischer Sensation. Das ist freilich ein Ausblick, der Trotzki sogleich schwindeln macht. Mitten im Satz schreckt gleichsam der Atheist in ihm vor dem Juden in ihm zurück. Eben noch sprach er vom Bestreben, «etwas Neues, noch nie Dagewesenes zu sehen», dann fährt er fort: «*zu lachen und sogar zu weinen, jedoch nicht über eigenes Unglück, sondern über fremdes*».[29] Womit das Neue, nie Dagewesene sogleich wieder aufs Altbekannte reduziert ist – als ersehnte die Kinoleidenschaft bloß die Teilnahme an Allerweltsschicksalen von Menschen wie du und ich. Und schon ist der messianische Unterton vertuscht. Freilich, das Kino bietet ebensowenig eine rettende Endsensation wie der Schnaps. Aber daß beide sie *suggerieren*, für einen kürzeren oder längeren Moment, das gerät nun auch aus dem Blickfeld, und übrig bleibt eine politisch-pragmatische Rechnung: Ohne Suggestion keine Herrschaft, aber auch keine Revolution. Also kommt es einzig darauf an, das richtige Suggestionsmittel zu wählen: nicht das Benebelnde des Alkohols oder der weihrauchgeschwängerten religiösen Zeremonien, sondern dasjenige, welches durch seinen kategorischen Imperativ «Hierhergesehen» nicht nur suggestiver wirkt als die andern beiden, sondern auch noch die «richtige», das Proletariat über seine gesellschaftliche Lage und geschichtliche Aufgabe aufklärende Propaganda transportiert.

Im vorigen Kapitel erwies sich der Bildschock als etwas eminent Theologisches: als – wenn auch bis zur Unkenntlichkeit verabsolutierte und inflationierte – Sensation des Heiligen. In diesem Kapitel zeigte sich Sucht als ein zutiefst fundamentalistisches, also nicht minder theologisches Phänomen: als ein bis in die Eingeweide dringendes Seitenstück jener absoluten Sensation, die der Bildschock verabreicht. Nun schließt Trotzki Schnaps und Kino zusammen – in propagandistischer Absicht, ohne die geringsten Bedenken dagegen, daß auch Propaganda fürs «Richtige» Gehirnwäsche sein kann, unbekümmert darum, ob das Bedürfnis nach Grellem *condition humaine* oder bloß *déformation moderne* ist – aber mit großem Scharf-

[29] L. Trotzki, l. c., S. 66

blick für das «Kirchenförmige» in beiden. Seine trinitarische Formel ist grob, aber ungemein erhellend. Mit einem Schlag wird Sucht als Sensationsphänomen, Sensation als Suchtphänomen erkennbar, und beide werden entschlüsselbar als Manifestationen eines Identischen: des durch moderne Technik inflationierten Heiligen. Am Bildschock offenbart sich das elektrotechnisch, an harten Drogen destillationstechnisch, und die Drogeneinnahme erweist sich als Gegenstück zur Perzeption audiovisueller Schocks. «Der Branntwein macht der traditionellen Trinkkultur den Garaus. [...] Während Bier und Wein in Zügen getrunken wird und der Vorgang der Berauschung ein allmählicher ist, wird der Branntwein *gekippt*, und der Rausch ist die sozusagen schlagartige Folge. Einen Vorgang der *Beschleunigung* des Rausches stellt der Branntwein dar, innerlich verbunden anderen Beschleunigungsvorgängen der Moderne. [...] Die Maximierung der Wirkung, die Beschleunigung und die Verbilligung machen den Branntwein zu einem genuinen Kind der industriellen Revolution. Er ist auf dem Gebiet des Trinkens, was der mechanische Webstuhl in der Weberei ist.»[30] Auch in dieser Hinsicht sind die andern harten Drogen dem Beispiel des Branntweins gefolgt. Bis in die Gestik der Verabreichung hinein zeigt sich, daß sie auf ruckartige Wirkung aus sind. Was beim Schnaps das Kippen, ist beim Heroin das Fixen. Man gibt sich einen «Schuß».

Der Film als Geschoß

Als Benjamin nach einem passenden Vergleich für das Filmbild suchte, fiel ihm «Geschoß» ein. Das filmische Verfahren sei «in erster Linie ein taktiles», das «auf dem Wechsel der Schauplätze und Einstellungen beruht, welche stoßweise auf den Betrachter eindringen» und ihm keine Chance zu kontemplativem Innehalten vor der einzelnen Filmaufnahme lassen. «Kaum hat er sie ins Auge gefaßt, so hat sie sich schon verändert. Sie kann nicht fixiert werden. Duhamel, der den Film haßt und von seiner Bedeutung nichts, aber manches von seiner Struktur begriffen hat, verzeichnet diesen Umstand mit der Notiz: ‹Ich kann schon nicht mehr denken, was ich denken will. Die beweglichen Bilder haben sich an den Platz meiner Gedanken gesetzt.› In der Tat wird der Assoziationsablauf dessen, der diese Bilder betrachtet, sofort durch ihre Veränderung unterbrochen. Darauf beruht die Chockwirkung des Films, die wie jede Chockwirkung durch

[30] W. Schivelbusch, l. c., S. 164f.

gesteigerte Geistesgegenwart aufgefangen sein will.»[31] Offenbar hat Eisensteins Montageprinzip hier Pate gestanden.[32] Der Zusammenprall von und mit Bildern wird bei Benjamin freilich zum Angelpunkt einer viel weiter ausgreifenden Filmtheorie. Filmbilder sind für ihn grundsätzlich Geschosse, und zwar durch ihre Machart. Selbst wenn sie so sanft aneinandermontiert werden, daß man den Bildschnitt kaum noch merkt – der Wechsel der Schauplätze und Einstellungen, das stoßweise, taktile Eindringen auf den Zuschauer hört nicht auf. Aber während Eisenstein daraus propagandistisch Kapital zu schlagen sucht – «Der sowjetische Film muß auf die Schädel trommeln» oder wirken wie «ein Traktor, der die Psyche des Zuschauers im Sinne des angestrebten Klassenstandpunktes umpflügt»[33] –, nimmt Benjamin das Sensorium, das Filmbilder verarbeiten soll, als geschichtsentscheidenden Aktivposten. Der Film braucht kongeniale Rezipienten, die seine Geschosse richtig aufzufangen wissen.[34] Das ist ein Gedanke von frappierender Ähnlichkeit mit der oben zitierten

[31] W. Benjamin, *Das Kunstwerk im Zeitalter seiner technischen Reproduzierbarkeit*, l. c., S. 502 f.

[32] Cf. den instruktiven Nachweis von S. Kramer, *Montierte Bilder – Zur Bedeutung der filmischen Montage für Walter Benjamins Denken und Schreiben*, in: A. Lemke/M. Schierbaum (ed.), «In die Höhe fallen». Grenzgänge zwischen Literatur und Philosophie, Würzburg 2000

[33] S. Eisenstein, l. c., S. 27

[34] Damit ist freilich nicht gesagt, daß Eisensteins Filme so propagandistisch sind, wie manche seiner eigenen Äußerungen oder die Absichten seiner Auftraggeber es nahelegen. Seine singuläre Begabung für spannungsgeladene Bilder und Sequenzen unterläuft jede platt identifizierende Eindeutigkeit. In Wahrheit wird vom Betrachter weit mehr verlangt, als sich auf den Schädel trommeln oder die Seele umpflügen zu lassen: eine neue, beschleunigte und höchst aktive Bildauffassung. «*Gegenständlich* und *kompositorisch* bemühe ich mich, die Bilder nie allein auf die *Ansicht* dessen zu beschränken, was auf die Leinwand gelangt. Der Gegenstand soll *so ausgewählt, so entwickelt* und im Bildfeld mit der Berechnung *untergebracht* sein, daß neben der Darstellung ein Assoziationskomplex entsteht, der die emotional-gedankliche Ladung der Sequenz wiederholt. [...] Der Schleier vertikaler Wolken um Iwan den Schrecklichen bei Kasan – das ist am allerwenigsten die Darstellung eines meteorologischen Phänomens, sondern vor allem das Bild der Zarenherrschaft; und die verzerrte gigantische Silhouette des Winkelmessers über dem Kopf des Moskauer Zaren ist am allerwenigsten als Lichteffekt gedacht; sie wird vielmehr zum Ebenbild eines Kardiogramms, zusammengefügt aus den Gedankengängen des in Nachdenken versunkenen Politikers.» (S. Eisenstein, 1944, l. c., S. 39) Gewöhnlich gehört zu Propagandafilmen, daß sie so tun, als wären sie keine. Bei Eisenstein ist es gerade umgekehrt. Die propagandistische Absicht wird offen zugegeben, aber der Film ragt weit darüber hinaus.

Stelle aus dem *Kommunistischen Manifest.* Wie dort die *condition moderne*, so wird hier die *condition du filme* formuliert. Die «unablässige Erschütterung aller gesellschaftlichen Zustände» hat in der unablässigen Abfolge audiovisueller Schocks ihre filmische Konkretion. Und beide Zitate setzen am Ende auf etwas, wozu die beschriebene *condition* nötige: Marx und Engels auf die Fähigkeit, die eigene Lage «mit nüchternen Augen anzusehen», Benjamin auf «gesteigerte Geistesgegenwart» – was nichts anderes ist als die dem Medium Film gemäße Form des nüchternen Blicks. Wie aber, wenn die Menschen den Zwang zur Nüchternheit nicht aushalten? war die Frage ans *Kommunistische Manifest.* Die entsprechende an den Film lautet: Wie, wenn er die Geistesgegenwart, die nötig ist, um seine Schocks produktiv aufzufangen, durch eben diese Schocks verunmöglicht?

Benjamin hat eine seiner gelungensten Schriften, die *Berliner Kindheit um neunzehnhundert*, als «Verfahren der Impfung» charakterisiert. «Ich [...] rief die Bilder, die im Exil das Heimweh am stärksten zu wecken pflegen – die der Kindheit – mit Absicht in mir hervor. Das Gefühl der Sehnsucht durfte dabei über den Geist ebensowenig Herr werden wie der Impfstoff über einen gesunden Körper. Ich suchte es durch die Einsicht, nicht in die zufällige biographische sondern in die notwendige gesellschaftliche Unwiederbringlichkeit des Vergangenen in Schranken zu halten», so «daß die biographischen Züge [...] in diesen Versuchen ganz zurücktreten. Dagegen habe ich mich bemüht, der *Bilder* habhaft zu werden, in denen die Erfahrung der Großstadt in einem Kinde der Bürgerklasse sich niederschlägt.» «In diesen [...] ist es wohl zu merken, wie sehr der, von dem hier die Rede ist, später der Geborgenheit entriet, die seiner Kindheit beschieden gewesen war.»[35] Er, der einsame, mittellose, ins Exil getriebene bürgerliche Intellektuelle, zerfallen mit sich, seiner Familie und Klasse, bar aller Gratifikationen, mit denen die bürgerliche Welt die Ihren besticht, und gleichwohl sich in Sehnsucht verzehrend nach der behüteten Kindheit, die er im Schoße dieser Welt verlebte: er weiß keinen andern Rat, als sich mit Bildern eben dieser Kindheit gegen die Sehnsucht nach ihr zu impfen – mit Bildern einer falschen Geborgenheit, weil es die Geborgenheit einer falschen Welt, eben der bürgerlich-kapitalistischen, war, und dennoch zukunftsträchtigen Großstadtbildern, die, um «spätere geschichtliche Erfahrung zu präformieren»,[36] unbedingt in eine bessere Welt hinübergerettet werden sollen,

[35] W. Benjamin, *Berliner Kindheit um neunzehnhundert*, Ges. Schriften Bd. VII. 1, Frankfurt am Main 1989, S. 385

[36] Ibid.

wo sie als Gehäuse wahrer Geborgenheit ihre rechtmäßigen Bewohner empfangen könnten. Seine Überlegung ist nun die: Wenn es ihm, dem Bürgerskind, gelang, den mentalen Impfstoff zu erzeugen, der ihm den schweren Abschied von der bürgerlichen Welt ermöglichte, warum sollte dann die soziale Klasse, die nie Nutznießer dieser Welt gewesen ist, nie in ihr geborgen war, an keiner Abschiedssentimentalität ihr gegenüber leiden dürfte, nicht erst recht in der Lage sein, sich mit den avanciertesten Mitteln dieser Welt gegen ihre Zumutungen zu impfen? Hinter Benjamins Hoffnung auf die revolutionäre Kraft des Films steht die geheime Vorstellung, die audiovisuellen Schocks könnten der Impfstoff sein, der das Proletariat gegen die kontemplative bürgerliche Kunst- und Weltauffassung immunisiert und es in den Zustand einer heilsamen Zerstreuung versetzt, worin es, «viel weniger in einem gespannten Aufmerken als in einem beiläufigen Bemerken»,[37] die neuen Wahrnehmungs- und Verhaltensweisen einübt, die es auf seine weltgeschichtliche Aufgabe vorbereiten: die Umwälzung der kapitalistischen Gesellschaft.

Die vielen falschen Freunde, die Benjamin durch seine Option für Zerstreuung im Kunst- und Medienbetrieb posthum gewonnen hat, wollen von solcher Umwälzung nichts wissen. Sie wollen neue Kunst, neue Medien, neue ästhetische Superlative. Das Zerstreuungstheorem ist jedoch ein Endzeitgedanke. Der Abschied von der bürgerlichen Kunst, den es proklamiert, ist einer von der Kunst überhaupt, nicht Plädoyer für einen erweiterten Kunstbegriff.[38] Kunst hat für Benjamin keine ästhetische Zukunft mehr. Ihre Aura ist verblaßt, ihr Glücksversprechen ausgelaugt. Es läßt sich nicht durch weitere Generationen von Kunstwerken lebendig halten, sondern nur durch Transformation in politische Aktion. Und als die entscheidenden Transformatoren sind die audiovisuellen Schocks ausersehen. Sie firmieren bei Benjamin als Totengräber der Kunst wie im *Kommunistischen Manifest* die Proletarier als Totengräber der kapitalistischen Gesell-

[37] W. Benjamin, *Das Kunstwerk* ..., l. c., S. 505

[38] Am hemmungslosesten hat Norbert Bolz Benjamin in diese Richtung gebogen. Er habe, im Gegensatz zu seinem Freund Adorno, der melancholisch auf die bürgerliche Kunst fixiert geblieben sei, einen zwar nicht trauerlosen, aber entschlossenen Abschied davon genommen und verkörpere damit das «*interface* zwischen der Gutenberg-Galaxis und der Welt der neuen Medien» (N. Bolz, *Schwanengesang der Gutenberg-Galaxis*, in: W. van Reijen [Hg.], Allegorie und Melancholie, Frankfurt am Main 1992, S. 238). Gerhard Schweppenhäuser hat dazu das Nötige gesagt (cf. G. Schweppenhäuser, *Bildkraft, prismatische Arbeit und ideologische Spiegelwelten.* Medienästhetik und Photographie bei Walter Benjamin, in: ders., Die Fluchtbahn des Subjekts, Münster 2001, S. 197ff.)

schaft. Nur werden sie nicht mehr mit der Siegesgewißheit benannt, die Marx und Engels noch demonstrierten. Benjamin weiß sehr wohl, daß die Kräfte, die diese Gesellschaft begraben, keineswegs die rettenden einer besseren sein müssen. Um so mehr werden ihm die audiovisuellen Schocks zum Zünglein an der welthistorischen Waage. Entweder sie versetzen die modernen Werktätigen in einen Zustand produktiver Zerstreuung und trainieren ihnen dabei die «gesteigerte Geistesgegenwart» an, die sie befähigt, die gesamte moderne Gesellschaftsformation umzuwälzen, oder... Die Alternative deutet Benjamin allenfalls an. Aber sie ist der dunkle Subtext der ganzen Überlegung. Wenn die Schocks es nicht schaffen, das sieche Glücksversprechen der Kunst in politische Realität zu überführen, dann schießen sie sie einfach bloß kaputt. Zertrümmerung der Aura durch den Film heißt für ihn nicht, daß die Kunst dann eben ohne Aura weitermacht, sondern daß sie am Ende ist. Was von nun an als neue Kunst daherkommt, ist bloß verwesende alte. Daß Kunst unverdrossen fortfahren, sich durch technischen Fortschritt und Wahrnehmungsveränderung unablässig um Medienkunst, Concept Art, alle Arten von Installationen und offene Kunstwerke anreichern und bis zum Sanktnimmerleinstag Werk auf Werk, Aktion auf Aktion türmen könnte: das ist die ebenso ästhetizistische wie historistische Vorstellung, gegen die Benjamins ganzes Denken angeht. Auch ihr sollen die Filmschocks den Garaus machen. So oder so sind sie als Anfang vom Ende gedacht: wenn nicht vom rettenden, dann vom katastrophalen, das die Menschheit «ihre eigene Vernichtung als ästhetischen Genuß ersten Ranges erleben läßt».[39]

Der angestrengte Optimismus, mit dem Benjamin auf die zerstreuende Kraft des Films gesetzt hat, ist nur eine hauchdünne Firnisschicht auf verzweifeltem Untergrund – auch argumentativ dünn wie kaum etwas bei ihm. Zur Zielscheibe nimmt er «die alte Klage, daß die Massen Zerstreuung suchen, die Kunst aber vom Betrachter Sammlung verlangt».[40] Gegen die war Benjamin allergisch, hörte er ihr doch die Entrüstung saturierter Bürger über die Kulturlosigkeit von Massenvergnügungen an, die die modernen Massen verfolgt, seit sie, vertrieben aus ihrem angestammten ländlichen Lebenszusammenhang, umhergeschubst, geheuert und gefeuert wurden und sich für ihr trostloses Dasein mit Branntwein, Glücksspiel, Hahnenkämpfen und rohen Scherzen zu entschädigen suchten. Zu den Reaktionen auf die industrielle Revolution, namentlich in England, gehört die Kampagne

[39] W. Benjamin, *Das Kunstwerk* ..., l. c., S. 508
[40] Op. cit., S. 504

der *rational recreation*, eine erste Maßnahme moderner Freizeitpolitik. «Nicht Alkohol und Tanz, rohe Vergnügungen und ausschweifendes Feiern seien den Arbeitern dienlich, sondern mäßige und sparsame Lebensführung, religiöse Besinnung und Lernen.»[41] Interessant, welch bunte Allianz sich in dieser Forderung vereinigte. Von den Kirchen vornehmlich die protestantischen. Andacht und Gebet statt Trunk und Spiel, war ihr Motto. Von den Unternehmern die schärfsten. Sie «brauchten Arbeitskräfte, die zuverlässig, unermüdlich, nüchtern und pünktlich 70 oder 80 Stunden pro Woche schufteten und ihre freie Zeit diesen Forderungen anpaßten.»[42] Von den Arbeitervereinen aber die besonnensten; «eine bessere Zukunft, davon zeigten sie sich überzeugt, war nur mit bildungswilligen, disziplinierten und am gemeinsamen Wohl interessierten Handwerkern und Proletariern zu erringen».[43] Die Massenvergnügungen waren eben hoch ambivalent: einerseits Brutstätten unkontrollierbarer Erregung und damit, nicht unähnlich dem Karneval, Vorformen des Aufruhrs; andrerseits ein Wüten des Proletariats gegen sich selbst, ein Sich-Stürzen in Suff, Schulden, Verwahrlosung. Politisch gesprochen: ebenso revolutionär wie reaktionär.

Nun ist es zwar zynisch, ausgelaugten Massen vorzuhalten, daß sie «Zerstreuung suchen, die Kunst aber [...] Sammlung verlangt». Doch ganz falsch ist es nicht. Mehr noch als die Kunst verlangte allerdings der proletarische Alltag Sammlung. Ohne sich zu eigener Bildung, eigenen Umgangs- und Organisationsformen zusammenzunehmen, war kein Widerstand gegen Ausbeutung möglich. Dies Wahrheitsmoment im falschen bürgerlichen Bramabarsieren über Kunst hat Benjamin nicht hören wollen – und sich auf eine allzu simple Alternative versteift. «Der vor dem Kunstwerk sich Sammelnde versenkt sich darein [...] Dagegen versenkt die zerstreute Masse ihrerseits das Kunstwerk in sich.»[44] Schön gesagt; aber wie macht man das: ein Kunstwerk in sich versenken? Benjamin führt Bauwerke dafür an. «Die Architektur bot von jeher den Prototyp eines Kunstwerks, dessen Rezeption in der Zerstreuung und durch das Kollektivum erfolgt.» «Bauten werden auf doppelte Art rezipiert: durch Gebrauch und deren Wahrnehmung. Oder besser gesagt: taktil und optisch.»[45]

[41] K. Maase, *Grenzenloses Vergnügen*. Der Aufstieg der Massenkultur 1850–1970, Frankfurt am Main 1997, S. 49

[42] Ibid.

[43] Ibid.

[44] W. Benjamin, *Das Kunstwerk* ..., l. c., S. 504

[45] Ibid.

Touristen staunen berühmte Bauten bloß an. Hingegen: «Die taktile Rezeption erfolgt nicht sowohl auf dem Wege der Aufmerksamkeit als auf dem der Gewohnheit.»[46] Etwa indem man in besagten Gebäuden oder ihrer Umgebung wohnt, arbeitet, einkauft, flaniert oder Veranstaltungen besucht. Nur sind Bauten, die derart Objekte taktiler Massenrezeption darstellen, im seltensten Fall Kunstwerke, und Massen können Bauanlagen zwar verwohnen, vernutzen, verwüsten, aber schwerlich in sich versenken. Das gelingt nicht einmal beim Fußballstadion. Allenfalls kann die vertraute, gewohnte, nur noch beiläufig wahrgenommene Baukulisse der alltäglichen Umgebung zum integralen Bestandteil des eigenen Perzeptionshaushalts werden.

Auf diesen Wahrnehmungszustand ist Benjamin offenbar aus. Er soll ein Modell souveränen Verhaltens abgeben. «Gewöhnen kann sich auch der Zerstreute. Mehr: gewisse Aufgaben in der Zerstreuung bewältigen zu können, erweist erst, daß sie zu lösen einem zur Gewohnheit geworden ist.»[47] Das stimmt; nur wie kommt es zu solcher Gewohnheit? Selbst Gehen, Essen und Verdauungsregulierung pflegen Menschen nur zu lernen, indem sie als Kinder zunächst alle Aufmerksamkeit darauf verwenden, und im Alter, wenn die Kräfte nachlassen, können diese Elementarleistungen jederzeit ihre Beiläufigkeit verlieren und wieder zu Aufgaben werden, die größte Sammlung erfordern. Was durch Gewohnheit *in* Zerstreuung bewältigt wird, ist keineswegs *durch* Zerstreuung gelernt worden. Jedes Lernen, auch das der primitivsten Verrichtungen, bedarf anfangs der Aufmerksamkeit. Gewohnheit ist nichts anderes als abgesunkene, in Nervennetzen festgezurrte, mechanisierte Aufmerksamkeit. Unzulässig daher, Zerstreuung und Sammlung bloß äußerlich gegeneinanderzustellen. Noch weniger leuchtet der Sprung von der Architektur zum Film ein. «Die Rezeption in der Zerstreuung, die sich mit wachsendem Nachdruck auf allen Gebieten der Kunst bemerkbar macht und das Symptom von tiefgreifenden Veränderungen der Apperzeption ist, hat am Film ihr eigentliches Übungsinstrument. In seiner Chockwirkung kommt der Film dieser Rezeptionsform entgegen.»[48] Wie? Jene Art zerstreuter Wahrnehmung, wie sie einer zur Gewohnheit gewordenen Baulandschaft gilt, soll ausgerechnet durch die Filmschocks eingeübt werden, von denen jeder einzelne «Hierhergesehen» sagt? Die Baulandschaft kann nur zerstreut wahrgenommen werden, sofern ihr solche Schocks *fehlen*, und taktil, sofern sie gewohnheitsmäßig berührt,

[46] Op. cit., S. 505
[47] Ibid.
[48] Ibid.

bewohnt, begangen wird. Der Film hingegen zerstreut die Massen auf andere Art: indem er sie in großen Räumen *versammelt* und sie gespannt, fasziniert den Bildsequenzen folgen läßt, die er auf sie abstrahlt. Die sind zwar taktil, aber nicht, weil ihnen eine gewohnheitsmäßige Berührung zuteil würde, sondern weil sie eine ungewöhnliche erteilen: den Schock. Illusorisch die Vorstellung, das Publikum sitze im Kino zerstreut herum wie im Café und nehme gleichwohl als «Examinator» «eine begutachtende Haltung»[49] ein. Das hat es auch in den dreißiger Jahren nicht getan. Der Film zerstreut die Zuschauer zwar in dem Sinn, daß er sie für die Dauer eines spannenden Streifens ihre persönlichen Nöte vergessen läßt, also ihre Sorgen zerstreut, und er wirkt auf jedes einzelne Nervensystem auch insofern zerstreuend, als er ihm nicht gestattet, beim einzelnen Bild zu verweilen, sondern «stoßweise» sogleich die nächsten nachschickt. Aber zerstreut wird hier durch offensives Inbeschlagnehmen der Aufmerksamkeitskraft. Sie wird abgelenkt von ihrem Alltag und überfordert, indem mehr Bildgeschosse auf sie einstürmen, als sie zu absorbieren vermag. Zerstreuung durch systematische Ablenkung und Überreizung ist jedoch eine fundamental andere als Zerstreuung durch Eingewöhnung in eine gleich bleibende Umgebung. Benjamin hat beide ineinander verschwimmen lassen, als ob permanent wechselnde Filmschocks allmählich jene ruhige Art zerstreuter Wahrnehmung entstehen lassen könnten, wie sie eine vertraute Baukulisse ermöglicht. Das ist etwa so, wie wenn ein Kind statt durch geduldiges Summen und Wiegen durch unablässiges Kitzeln in den Schlaf gebracht werden soll.

Was also, so war die Gretchenfrage an den Film, wenn er jene Geistesgegenwart, die nötig ist, um seine Schocks produktiv aufzufangen, durch eben diese Schocks verunmöglicht? Dann ist seine aufrüttelnde Wirkung ebensogut durcheinanderschüttelnd, seine mobilisierende lähmend, seine zerstreuende zermürbend. Das Sensorium wird zwar umgewälzt, aber nicht so, wie von Benjamin ersehnt. Vielmehr übersetzt sich «die ununterbrochene Erschütterung aller gesellschaftlichen Zustände», die vom absoluten Markt ausgeht, in ein unablässiges audiovisuelles Trommelfeuer und bleut jene Anschauungsform der Sensation ein, mit deren Herausarbeitung dieses Buch begann und die nun unter einem neuen Gesichtspunkt wieder ins Zentrum rückt: dem der konzentrierten Zerstreuung.

[49] Ibid.

Zerstreuung braucht jeder. Die erholsamste ist der Schlaf, wo der Organismus seine gezielte, wache Selbststeuerung, beim Menschen «Ich» genannt, gänzlich einstellt. Das physische oder mentale Sich-Treibenlassen, der Zustand zerstreuter Entspannung, ist, so gesehen, eine Vorform des Schlafs, wie umgekehrt im Schlaf die «Arbeit», nämlich die Verarbeitung der Erlebnisse des Wachzustands nie ganz aufhört. Aber sie ist auf ein Minimum reduziert. Nun gehört zur modernen Gesellschaftsformation, daß sie in den Naturrhythmus von An- und Abspannung, von Sammlung und Zerstreuung eingegriffen hat wie keine zuvor. Die kapitalistische Massenproduktion hat nicht nur die Schichtarbeit mit sich gebracht und so die Phasen von Arbeit und Ruhe gegen die von Tag und Nacht verselbständigt. Sie ist auch in die Freizeit regulierend eingedrungen. Gegen Mitte des 19. Jahrhunderts, mit dem Siegeszug der Photographie, begannen auch populäre Presse, Groschenhefte, Kolportageromane den Markt zu überschwemmen und fanden, zusammen mit Tingeltangel, Boulevardtheater, Revue, ein bunt gemischtes Massenpublikum. Gemessen an den proletarischen Wochenendexzessen in Kneipen, auf Straßen und Tanzböden waren das durchaus Maßnahmen einer *rational recreation.* Sie haben die Lesefreudigkeit der Proletarier erhöht, ihnen einen Abglanz – auch Abschaum – bürgerlicher Kultur gebracht, offenbar gemacht, daß das Bürgertum selbst viel mehr Gefallen an seinem kulturellen Abschaum fand als an seinen großen Kunstwerken, mit denen es renommierte – und so allmählich jene sensorisch-ästhetische Massendisposition vorbereitet, in die der Filmschock dann wie ein Blitz einschlug. Wie die Photographie einst Lithographie, Panorama, Jahrmarktschaustellung auf einen Punkt zusammenzog, so nimmt der Film alle neueren Massenspektakel in sich zusammen und setzt sie, ebenso wie all die Sensationen, die in Presse und Kolportageschriften nur lesbar waren, in anschauliche, bewegte, stoßweise aufeinander folgende Bilder um. Das ist eine synthetische Leistung ersten Ranges. Erst durch sie hat der Film seine zerstreuende Wirkung entfalten können, ganz wie der Markt seine ausgrenzende nur dank seiner integrierenden.

Die Grundlage der zerstreuenden Filmschocks ist also Konzentration. Zum einen werden verschiedenste zerstreuende Güter und Darbietungen in *einem* Medium gebündelt. Zum andern wird die Freizeit in nie gekanntem Maße dem Arbeitssystem eingegliedert. Als die industrielle Revolution mittellose Menschenmassen in großen Fabriken konzentrierte und sie nötigte, sich ihren Lebensunterhalt mit immergleichen mechanischen Handgriffen an großen Maschinen zu verdienen, da hatte sich das kapitalistische Produktionsverhältnis die ihm angemessenen Arbeitsmittel und -kräfte geschaffen. Marx nannte das «die reelle Subsumtion der Arbeit unter das Kapital», im Gegensatz zur bloß «formellen Subsumtion»,[50] wo die moderne Lohnarbeit sich noch vormoderner handwerklicher Geräte und Techniken bediente. Und analog zum Produktionsbetrieb kann man auch für die Erholung von einer Phase «formeller» und «reeller» Subsumtion unter die kapitalistische Vergesellschaftungsform sprechen. Der erste Schritt bestand allerdings darin, Muße und Ablenkung, die in den langen handwerklichen Arbeitstag reichlich eingestreut waren – hier ein Schwätzchen, dort eine Abschweifung, zwischendurch die Kinder versorgen oder anlernen etc. – bis er allmählich in den Feierabend überging, erst einmal strikt vom Arbeitsprozeß zu isolieren und zwei getrennte Sphären zu etablieren: Hier – in der Fabrik, im Laden oder Kontor – wird, mit minimalen Pausen, nichts als gearbeitet. Mit Verlassen der Arbeitsstätte aber öffnet sich ein Vakuum, ebenso unorganisch wie die zermürbende Betriebsamkeit, die es ablöst und insofern ihr rechtes Gegenstück: die Freizeit. Sie ist selbst ein Produkt der kapitalistischen Produktionsweise. Erst jetzt wird Zeit als etwas wahrnehmbar, was man vertreiben muß, als gähnende Leere, die gefüllt sein will. Aber gestopft wurde sie zunächst noch mit vormodernen Zerstreuungen – Überbleibseln von Kirmes und Jahrmarkt, die ins proletarisch-kleinbürgerliche Milieu übergingen, oder von höfischen Lustbarkeiten, an denen sich die gehobenen Schichten delektierten.

Erst mit dem Film beginnt die «reelle» Subsumtion der Freizeit. Die Vielfalt der Vergnügungen wird in einem Medium zusammengeführt, das quer durch alle Klassen und Stände hindurch Aufmerksamkeit erheischt und die spezifische Art nervlicher Beanspruchung, die das großstädtische Industrieleben am Arbeitsplatz wie auf der Straße mit sich bringt, auch auf die Sphäre überspringen läßt, in der die Erholung davon stattfinden sollte. Meisterhaft auf den Punkt gebracht ist das in einem frühen Film: *Modern Times*. Die ruckartige, den ganzen Körper durchzuckende Bewegung eines Fließbandarbeiters, dessen Aufgabe einzig darin besteht, zwei Schrauben gleichzeitig an einem vorbeilaufenden Rohprodukt festzuziehen, eine Bewegung, die sich zum Tick verselbständigt, in alle Lebenslagen des Arbeiters eindringt und von Chaplin umwerfend komisch gemimt wird: sie darf als Monade angesehen werden, in der sich die «reelle Subsumtion» der Freizeit unter das «Bewegungsgesetz» der modernen Gesellschaft

50 K. Marx, *Das Kapital I*, l. c., S. 533

mustergültig kristallisiert. Zum einen offenbart sich hier schlagartig und in Extremform, was Lohnarbeit heißt: durch Arbeitsvertrag auf bestimmte Tätigkeiten konzentriert, reduziert werden – im übelsten Fall auf einen einzigen Handgriff. Die Zerlegung der menschlichen Arbeit in maschinengerechte Handgriffe zerlegt unweigerlich auch die beschäftigten Personen. Indem ein Betrieb bestimmte menschliche Fähigkeiten zur separaten Daueranwendung bringt, bricht er sie aus dem körperlich-seelisch-sozialen Zusammenhang, zu dem sie in einem Individuum wohl oder übel verwachsen waren, heraus. Erst dadurch werden sie zu Funktionen und verwandeln alles, was das betreffende Individuum sonst noch an Eigenschaften und Fähigkeiten hat, ebenfalls in ein Arsenal virtueller Funktionen. Die konzentrierende Kraft des Arbeitsauftrags ist also zugleich eine zerlegende, zerstreuende, und genau diese Doppelwirkung springt im Filmbild aufs ästhetische Rezeptionsverhalten über. Der Ruck, der den Fließbandarbeiter aufs Schraubenfestziehen fixiert und dabei als Person dekomponiert, steht in *Modern Times* zugleich für den Schock des Filmbilds. Blitzartig konzentriert er die Aufmerksamkeit auf einen Punkt, um diese Konzentration durch unzählige Wiederholungen zu zermürben. Das Konzentrationsmittel ist selbst das Dekompositionsmittel. Der überwältigende Eindruck, den das Filmbild auf jede filmlose Kultur, in die es eindringt, ausübt – man lese Erinnerungen derer, die zur Jugendzeit des Films selbst jung waren[51] oder sehe, wie heute noch in Weltgegenden, wo der Fernseher gerade erst Einzug gehalten hat, ganze Familien jede Regung auf dem Bildschirm andächtig verfolgen –, er nutzt sich ebenso sicher ab, wie er nach seiner Erhaltung verlangt. Das optische Geschoß schlägt unwiderstehlich in seinen Bann, es richtet durch permanente Wiederholung allmählich das ganze Sensorium auf sich aus, physiologisch wie ästhetisch, und dann – wird es unentbehrlich: zur Injektion, die der Organismus täglich braucht. Und weil jede Injektion auch abstumpft, ist es nur natürlich, wenn er bald höherer Dosen bedarf. Der Impfstoff erweist sich als Suchtstoff.

[51] Z. B.: «Meine Jugend und die des Kinos verliefen parallel zueinander, und in der intellektuellen Gärung, in der ich diese so fruchtbare Epoche erlebte, fällt es mir schwer, das jugendliche Feuer, das keiner äußeren Gründe bedurfte, um sich zum Ausdruck zu bringen, von der Erregung zu trennen, in die mich das neueste Bild von Picasso, das letzte Werk von Strawinsky oder die Filme versetzen, die ich, noch als Gymnasiast, mit geradezu religiösem Eifer jeden Sonntagnachmittag in einem kleinen dunklen Saal im Quartier Latin oder Montmartre anschauen ging.» (C. Lévi-Strauss, *Ein Hymnus an die Jugend*, Frankfurter Rundschau, 21. 3. 1995, S. 8)

Und doch wird er wie ein Impfstoff eingenommen – zwar nicht, wie Benjamin hoffte, als Stimulans zur Umwälzung des kapitalistischen Arbeitsprozesses, wohl aber, um sich gegen dessen zermürbende Stakkatowirkung zu immunisieren und aus ihren Impulsen – Lust zu ziehen. Im Fall jener todtraurig-komischen Clownsnummer, die Chaplin in *Modern Times* vorführt, geht das relativ einfach; es bedarf keiner großen mentalen Eigenleistung, um sich bei ihrem Anblick auf die Schenkel zu schlagen. Aber sie ist ein *highlight* und ändert nichts daran, daß Lustgewinn aus Schocks auf die Dauer eine anstrengende, das Nervensystem erheblich beanspruchende Umwendungstätigkeit darstellt. Ein *slapstick* nach dem andern – das schlaucht. Die Umsetzung industrieller Impulse in Freizeitvergnügen ist auch die Fortsetzung industrieller Arbeit mit andern Mitteln. «Es entspannt mich, mich nach Dienstschluß vom Fernsehen berieseln zu lassen», sagen die Werktätigen und lügen nicht, wie den Organismus ja auch nachweislich die Dosis Nikotin, Alkohol, Kokain entspannt, auf die er eingestellt ist. Durch solche Entspannung wird wohl angezeigt, wie es um ein Nervensystem bestellt ist, das weniger Reizung und Anspannung im Wachzustand gar nicht mehr ertrüge, aber nicht im mindesten entkräftet, daß die audiovisuellen Schocks, die da Entspannung bieten, nur in anderer Form fortsetzen, was schon aus der Arbeitsmühle wie gerädert herauskommen läßt. Genau das meint ja «reelle Subsumtion» der Freizeit. Nun ist aber die Angleichung des Freizeitverhaltens an das Bewegungsgesetz der Produktion, die zu Beginn des 20. Jahrhunderts mit dem Film ihren großen qualitativen Sprung tat, in den siebziger Jahren an einen denkwürdigen Wendepunkt gelangt. Mit der mikroelektronischen Revolution begann nämlich zugleich eine umgekehrte Subsumtion: die der Produktionssphäre unter Freizeitstandards. Der Bildschirm, das große Füllsel der Freizeit, ist durch den Computer tief in die Arbeitswelt eingedrungen, hat die Koordination ganzer Produktions- und Verwaltungsvorgänge übernommen, präsentiert sich als das Unterrichtsmittel der Zukunft, und überall, wo er diese Rolle übernimmt, findet etwas statt, was durchaus den Aspekt einer *unio mystica* hat: Bildschock und Arbeitsauftrag werden eins. Der physiologisch-ästhetische Imperativ «Hierhergesehen» wird zugleich zur ökonomischen Nötigung. Computerbilder am Arbeitsplatz wirken im Vergleich zu denen, die in Kino oder Fernsehen vorbeiflitzen, zumeist wie sediert. Sie bewegen sich wenig bis gar nicht, haben spektakuläres Zustoßen aber auch nicht mehr nötig, sobald jede Einstellung mit der ganzen Autorität eines ökonomischen Diktats daherkommt, sobald die Daten, die ich mir ruckartig aufrufe, *mich* aufrufen, sie zu bearbeiten – oder mit Kündigung zu rechnen. Und wo der Arbeitsauftrag Bildschock wird, da bekommen auch all die Bild- und Tonschocks, die zu purem Vergnügen oder Zeitvertreib über den Äther gehen, das Ansehen virtueller Arbeitsaufträge. Der Ernst des Lebens zuckt in ihnen. Dabeisein, wo immer es zuckt, wahrgenommen werden oder wahrnehmen, ätherisch präsent, «da» sein: davon beginnt auf absurde Weise die ganze Existenz abzuhängen. Was im ersten Kapitel als Kampf ums «Da», als Kampf um Wahrnehmung, ums Bild, ums Image, ums Logo seine Außenseite zeigte, das leistet nun allmählich seinen physio-theologischen Offenbarungseid und gibt sich als ein süchtig-sehnsüchtiges Drängen nach dem rettenden sinnlich-übersinnlichen Impfstoff zu erkennen, den die ätherischen Geschosse verabreichen sollen.

Ausbeutung: ökonomisch – physisch – ästhetisch

Die Metamorphose, Inflationierung, Chiffrierung des uralten Heiligen zum modernen Bildschock war ein langer Weg. Die Karriere, die der Bildschock in eineinhalb Jahrhunderten gemacht hat, ist demgegenüber atemberaubend steil. In der Photographie war er monadisches Sinnbild der industriellen Revolution, im Filmbild Erscheinungsform der reellen Subsumtion der Freizeit unter die kapitalistische Produktion, im Computerbild schließlich mutiert er gar von der Erscheinungsform zur Sache selbst, nämlich zum Motor des Produktionsprozesses, vollzieht einen geradezu klassischen «Rückgang in den Grund», wird zum Identitäts- und Umschlagspunkt von Arbeit und Freizeit, zum Punkt des gesamtgesellschaftlichen Zusammenhalts, zu einer globalen Konzentrationsmacht ohnegleichen – und das, wo er doch flüchtig, diffus und diffundierend ist wie kaum etwas. Die gesellschaftliche Synthesis, die er stiftet, ist einerseits denn auch so ungreifbar und unangreifbar und andrerseits so labil wie keine zuvor. In jeder ihrer Konzentrationsleistungen untergräbt und hintertreibt sie sich selbst.[52] Man könnte auch sagen: enteignet sie sich selbst. Die Ästhetisierung aller Produktions- und Lebensverhältnisse ist nämlich auch eine Ästhetisierung von Enteignung und Ausbeutung. Damit sind zwei Begriffe gefallen, die seit dem Zusammenbruch des Ostblock-Sozialismus geächtet sind – der «Mottenkiste des Klassenkampfs» zugerechnet werden. Man darf dem *high-tech*-Kapitalismus alles mögliche nachsagen, etwa daß er herzlos macht, Streß

[52] Das ist die mediale Seite dessen, was in der Terminologie internationaler Politik «Glokalisierung» genannt wird.

bringt, Orientierung raubt, wenig Arbeitskräfte braucht und die Einkommen ungleich verteilt, aber nicht, daß er ausbeutet. Statt dessen spricht man von Gewinnern und Verlierern des Modernisierungsprozesses, als säßen alle vor einem großen neutralen Roulette, bei dem jeder seinen Einsatz macht und dann mehr oder weniger Glück hat – eine schiefe, völlig äußerlich bleibende Vorstellung davon, wie tief die marktförmige Vergesellschaftung in die einzelnen eingreift, ihre Begabungen und Fähigkeiten entwickelt, pflegt und verschleißt. Allerdings waren Enteignung und Ausbeutung in vormodernen Gesellschaften entschieden leichter zu erkennen. Da hatte man es noch mit Elementarsachverhalten zu tun. Enteignen: jemandem wegnehmen, was ihm gehört, wie immer er dazu gekommen sein mag, sei es durch Raub, Erbschaft, Schenkung, Entdeckung, Zeugung, Kauf, Arbeit oder sonst etwas. Ausbeuten: jemandem die Früchte seiner Arbeit wegnehmen – die Gebilde, denen er Aufmerksamkeit, Zuwendung, Formkraft mitgeteilt hat, also etwas von sich selbst, um sie physisch oder ästhetisch genießbar zu machen. Das ist ein Spezialfall von Enteignung, allerdings ein besonders gravierender: ein tiefer Einschnitt ins intime Verhältnis von Produzent und Produkt und eine ebenso tiefe Quelle gesellschaftlichen Reichtums. Seit Menschengedenken gehört zur Vergesellschaftung, daß bestimmten Gruppen die Früchte ihrer Arbeit entweder gar nicht oder nur teilweise zugestanden werden. Bei Sklaven oder Leibeigenen ist das offensichtlich. Um sich ihre Lebensmittel zu beschaffen, müßten sie eine bestimmte Zeit des Tages arbeiten. Man zwingt sie aber, den ganzen Tag zu schuften, womöglich bis zum Umfallen, läßt ihnen nur das Existenzminimum und nimmt ihnen alles übrige, um sich selbst ein wohlgefälliges Leben davon zu machen. Daß Marx eine Ausbeutungstheorie entworfen hat, liegt einzig daran, daß in der modernen Gesellschaft der Ausbeutungstatbestand nicht mehr offen zutage liegt. Da wimmeln einerseits Massen von ausgemergelten, verwahrlosten, betrunkenen Gestalten in den Industriedistrikten umher, denen ihre Arbeitsverhältnisse aufs äußerste zusetzen. Andrerseits sind sie nicht mit Peitschen oder Gewehren an die Maschinen getrieben worden, sondern haben sich selbst verdingt, ihre Arbeitskraft zum Tausch angeboten und sind mit dem Käufer über ein Äquivalent dafür einig geworden: den Arbeitslohn. Wo also ist da die Ausbeutung?

Hier hakt Marx' Theorie vom gerechten Tausch ein, behauptet, wie im vorigen Kapitel erörtert, daß der «Wert» einer Ware in nichts als der Arbeitsmenge besteht, die in ihr verkörpert ist, daß im gesamtgesellschaftlichen Durchschnitt, mit unerheblichen Schwankungen, die Waren tatsächlich zu ihrem «Wert» verkauft werden – und daß das auch für die Ware Arbeitskraft gilt. Nur ist die nach Marx eine ganz besondere Ware: die einzige, die nicht nur «Wert» hat, sondern auch welchen schafft. Sie wird nicht konsumiert wie ein Brot oder Kleid, sondern indem man sie produzieren läßt. Und genau das gibt ihr eine Doppeldeutigkeit, die unter dem Deckmantel des gerechten Tauschs schamloseste Ausbeutung gestattet. Gekauft wird sie, wie jede Ware, zu dem Wert, den sie hat, genutzt aber wird der Wert, den sie erzeugt, und der ist mehr Wert als sie hat: Mehrwert. Den eignet sich ihr Käufer an. Marx stellt das an einem einfachen Modell dar. Wenn die Arbeitskraft neun Stunden tätig sein muß, um ihren Lohn aufzuwiegen, faktisch aber einen Arbeitstag von zwölf Stunden hat, dann fällt ein Viertel ihres Arbeitsquantums als unbezahlte Mehrarbeit, auch «absoluter Mehrwert»[53] genannt, dem Kapitalisten zu. Setzt der überdies Maschinen ein, die die Arbeit so produktiv machen, daß sie schon in acht Stunden ihren Lohn aufwiegt, so erhöht sich der «absolute» um einen «relativen Mehrwert»[54] von einem Zwölftel auf einen Gesamtmehrwert von einem Drittel. Natürlich weiß Marx, daß solch einfache Zahlen in der konkreten Wirtschaftsrechnung nicht vorkommen, daß dort nirgends ein Posten «Wert» oder «Mehrwert» existiert, daß betriebswirtschaftlich nicht zu Buche schlägt, was die Arbeitskraft, sondern was die Gesamtinvestition an Gewinn abwirft. Und doch ist das große dreibändige *Kapital* als der ausführliche Nachweis konzipiert, daß der ganze moderne Wirtschaftsprozeß nichts ist als die Entfaltung, Verkomplizierung und Verschleierung dieses einfachen Grundmodells von Wert und Mehrwert. Es firmiert, in Anlehnung an Hegel, als das «Wesen», wovon die konkreten Wirtschaftsvorgänge die «Erscheinung» darstellen, und dies Wesen, das elementare Ausbeutungsverhältnis, das im Gewand der Tauschäquivalenz und im Dickicht des Markts unsichtbar geworden ist, soll durch Kritik der politischen Ökonomie wieder so offensichtlich werden, wie es in vormodernen Zeiten auch ohne Theorie war, als die Bauern den Zehnten abliefern mußten. Was umgekehrt heißt: Der Mehrwert ist als ein verklausulierter Zehnter gedacht, der im ungünstigen Fall auch ein «Fünfter», «Vierter» oder «Dritter» sein kann, unbemerkt entrichtet wird und überhaupt erst als struktureller Diebstahl zu entschlüsseln ist, damit die Bestohlenen ihn angemessen bekämpfen können.

Hegels «Wesen» schrumpft dabei allerdings sehr unhegelisch auf etwas Quantitatives, eine transempirische, im wörtlichen Sinn meta-

[53] K. Marx, *Das Kapital I*, l. c., S. 192 ff.

[54] Op. cit., S. 331 ff.

physische Rechnungsgrundlage, die selbst nicht Zahl ist, aber in Zahlenverhältnissen «erscheint». Ein solch metaphysisches Quantum ist ein hölzernes Eisen. Der Versuch, Tauschgerechtigkeit als Algorithmus zu bestimmen, um Ausbeutung eindeutig berechenbar zu machen, bringt denn auch reichlich Mehrdeutigkeiten und Unberechenbarkeiten hervor. Es beginnt schon bei dem Wert, zu dem die Arbeitskraft im Durchschnitt angeblich verkauft wird. Der soll sich aus zwei Arten von Kosten zusammensetzen: zum einen aus denen für «Nahrung, Kleidung, Heizung, Wohnung», um die Arbeitskraft in einem «normalen Lebenszustand zu erhalten», wobei, wie Marx wohl weiß, sehr von den «klimatischen und andren natürlichen Eigentümlichkeiten» sowie «der Kulturstufe eines Landes»[55] abhängt, was jeweils als normal gilt; zum andern aus denen für die erforderliche «Bildung und Erziehung», um «die allgemein menschliche Natur so zu modifizieren, daß sie Geschick in einem bestimmten Arbeitszweig erlangt, entwickelte und spezifische Arbeitskraft wird».[56] Das ergibt Rechnungen, die immer und nie stimmen, weil sie großen Spielraum dafür lassen, welche Güter und Bedürfnisse man noch zum «normalen Lebenszustand» zählen möchte und welche Mengen an Erziehungs- und Bildungsarbeit zu den Kostenfaktoren: auch die in Elternhaus und Elementarschule aufgewendeten, nur die durch bezahlte Lehrkräfte verausgabten, nur die zur Herstellung einer bestimmten Geschicklichkeit?[57] Und vor allem: Sobald Zweifel aufkommen, ob die sehr unterschiedlich entlohnten Facharbeiter, Ingenieure, Juristen, Manager, Lehrer, Professoren sich allesamt «zu ihrem Wert» verdingen, kann man sich auf ihren Durchschnitt herausreden – nicht den statistischen, sondern den metaphysischen, der durch empirische Erhebungen nie verifiziert, aber auch nie widerlegt werden kann, weil sie bloß seine schwankende Erscheinung sind: Zahlen und Preise, die um den «Wert» lediglich oszillieren, ihn aber nie 1:1 ausdrücken.

Die Ausbeutung, die auf solch windiger Rechengrundlage ermittelt wird, beginnt übrigens erstaunlich spät: erst in dem Moment des Arbeitstages, wo die unbezahlte Mehrarbeit anfängt. Und vorher? Nun, solange die Arbeitskraft nur die Kosten ausgleicht, die sie verursacht, «für sich» arbeitet statt für ihren Käufer, findet nach dieser Rech-

55 Op. cit., S. 185

56 Op, cit., S. 186

57 Marx sagt selbst entwaffnend freimütig: «Im Gegensatz zu den andren Waren enthält also die Wertbestimmung der Arbeitskraft ein historisches und moralisches Element» (op. cit., S. 185), gibt aber keinen Umrechnungsschlüssel dafür an.

nungsart ein rundum gerechter Äquivalententausch statt, und die Tatsache, daß auch in dieser Zeitspanne das «Anhängsel der Maschine»,[58] wie Marx an andrer Stelle den Arbeiter nennt, in zermürbender Weise ein paar stumpfsinnige Handgriffe verrichtet, bleibt ausbeutungstheoretisch vollkommen unbeanstandet. Hier firmieren die Maschinen umgekehrt als Anhängsel menschlicher Wertschöpfung, philosophisch gesprochen als Akzidentien, durch die zur Substanz des «absoluten» Mehrwerts ein «relativer» hinzukommt. Sollten also Maschinen zum Einsatz kommen, die sich sowohl angenehmer bedienen lassen als auch die Produktivität der Arbeitskraft so sprunghaft erhöhen, daß sie nur noch einen Bruchteil des Arbeitstages zum Ausgleich ihrer Kosten braucht, so kann rein rechnerisch die Ausbeutung drastisch steigen, während Lärmpegel, Kraftaufwand, Nervenverschleiß sinken und die Arbeiter mit mehr Lohn und weniger zermürbt nach Hause gehen. Kurzum, errechnete und erlebte Ausbeutung kommen nicht überein. Unerträglich auslaugende Arbeit wird für einen Teil des Arbeitstages unter korrektem Äquivalententausch verbucht, während die unbezahlten Überstunden, die jemand auf sich nimmt, weil der Arbeitsauftrag ihn fasziniert, als pure Ausbeutung dastehen. Unentschädigt und unwiederhergestellt die eigenen Kräfte ausgesogen bekommen ist zwar der physische Grundtatbestand der Ausbeutung. Aber sie hat einen Doppelgänger, der doch ihr ganzes Gegenteil ist: die Selbstverschwendung. Die eigenen Kräfte entwickelt und spürt man nur, indem man sie äußert. Keine Selbstfindung ohne Selbstausdruck, kein Genuß ohne Hingabe, sei es an Dinge oder Personen, sei es arbeitend, spielend, liebend. Solange es Menschen verwehrt ist, die Augenblicke ihres Glücks stillzustellen und in ewige Seligkeit zu überführen, ist die Erfüllung solcher Augenblicke durch rückhaltlose Verschwendung an sie gleichsam die «zweitbeste Fahrt»[59] – unter den Bedingungen der Vergänglichkeit die bestmög-

[58] Op. cit., S. 674

[59] Ein wunderschöner Begriff Platons für das Verfahren des Sokrates, des wahrhaft Seienden, das sich jedem Direktzugriff entzieht, wenigstens mittelbar, durch seine Abbilder, teilhaftig zu werden: «Es schien mir nämlich [...] nötig, auf der Hut zu sein, daß ich nicht erlitte, was denen, die die sich verfinsternde Sonne betrachten und anschauen, zustößt. Viele verderben sich nämlich die Augen, wenn sie nicht im Wasser oder dergleichen ihr Bild anschauen. Das bedachte auch ich und befürchtete, ganz und gar an der Seele geblendet zu werden, wenn ich mit den Augen nach den Dingen sähe und sie mit jedem der Sinne zu berühren versuchte. Es schien mir also, ich müsse zu den Gedanken Zuflucht nehmen und in diesen die Wahrheit des Seienden anschauen» (Platon, *Phaidon*, 99c ff.).

liche.[60] Raubbau an «menschlichem Hirn, Nerv, Muskel, Sinnesorgan»[61] kann auch die Selbstverschwendung betreiben, und doch ist das verstümmelnde Ausgerichtetwerden auf einen Arbeitsauftrag das strikte Gegenteil vom Zusammennehmen aller Kräfte auf die Bewältigung einer Herausforderung hin. Allerdings gibt es eine heikle Berührung der Extreme: entweder wenn das Verhältnis zu einem peinigenden Arbeitsauftrag die Form der Identifikation mit dem Angreifer annimmt und der Betroffene seine Ausbeutung als Selbstverschwendung mißversteht; oder wenn der sich selbst Verschwendende vom Gift des Komparativs kostet, den gemächlichen Trott seiner Kollegen zu beneiden und die eigene Kräfteverausgabung der (Selbst)-Ausbeutung zu verdächtigen beginnt.[62]

Wie aus dem gerechten Tausch, so ist auch aus seinem Gegenstück, der Ausbeutung, das subjektive Ermessen nie ganz eliminierbar. Es macht sie zu einem Sachverhalt mit unscharfem Rand. Es läßt sich

[60] Marx weiß das, nur bleibt es ausbeutungstheoretisch folgenlos. «Wirklich freie Arbeiten, z. B. Komponieren ist grade zugleich verdammtester Ernst, intensivste Anstrengung.» (K. Marx, *Grundrisse*, l. c., S. 505) Nietzsche gibt dazu gleichsam die zweite Stimme: «Das Genie – in Werk, in That – ist notwendig ein Verschwender: *dass es sich ausgiebt*, ist seine Grösse ...» «Man nennt das ‹Aufopferung›; man rühmt seinen ‹Heroismus› darin, seine Gleichgültigkeit gegen das eigne Wohl, seine Hingebung für eine Idee, eine grosse Sache, ein Vaterland: Alles Missverständnisse ... Er strömt aus, er strömt über, er verbraucht sich, er schont sich nicht, – mit Fatalität, verhängnissvoll, unfreiwillig, wie das Ausbrechen eines Flusses über seine Ufer unfreiwillig ist.» (F. Nietzsche, *Götzen-Dämmerung*, l. c., S. 146) Ein Punkt größter Nähe zwischen Marx und Nietzsche.

[61] K. Marx, *Das Kapital* I, l. c., S. 85

[62] Die neoliberale Teamarbeit ist der Indifferenzpunkt von beiden. Selbstausbeutung und Selbstverschwendung rutschen bis zur Ununterscheidbarkeit ineinander. Man weiß nicht mehr, woran man ist, man kennt sich selbst nicht mehr. Wie tief das verunsichert, hat Richard Sennett (*Der flexible Mensch*, Berlin 1998) eindrücklich dargestellt. Gegen «die Fähigkeit zur guten Zusammenarbeit mit einem wechselnden Ensemble von Personen» kann doch niemand etwas haben; «man hört geduldig zu, hilft anderen, übernimmt die Leitung, während man von Team zu Team wechselt» (S. 148). So lernt man glauben, «die Angestellten konkurrieren nicht wirklich miteinander», «Arbeitnehmer und Vorgesetzte seien keine Gegenspieler; der Chef moderiert stattdessen den Gruppenprozeß» (S. 149). Und doch zeigt jede genauere Untersuchung: Die neue «Förderung der individuellen Fähigkeiten der Arbeiter» (S. 150) erzeugt unerhörten Teamdruck. «Die verschiedenen Arbeitsgruppen waren kollektiv für die Arbeitsleistung ihrer Mitglieder verantwortlich, und die Teams kritisierten einander.» «Sie wurden dazu bei Meetings angehalten, die einer Gruppentherapie ähnelten – einer Therapie im Interesse der Bilanz.» (S. 152) Unter solchen Bedingungen gerät jeder Vergleich mit den Kollegen zur Identifikation mit dem Angreifer.

nie genau sagen, wo er beginnt oder aufhört. Doch der Rand ist im Vergleich zu dem, was er umrandet, hauchdünn. Aberwitzig, Ausbeutung in bloßes Ermessen auflösen zu wollen. Sie ist ein globales Faktum. Hungerlöhne für zermürbende Ganztagsarbeit sind objektiv konstatierbar, zwar nicht deckungsgleich mit jener «absoluten» Armut, in der nach Schätzungen der Vereinten Nationen mehr als eine Milliarde Menschen leben, aber kaum weniger verbreitet. Die große Bilderserie *Trabalhadores* (Arbeiter) des brasilianischen Photographen Sebastião Salgado hat den Vorzug, sinnfällig zu machen, was auch statistisch flagrant ist: Die Mehrzahl der menschlichen Arbeitshandgriffe geschieht am Rande des Existenzminimums, stumpf mechanisch und mit technisch veralteten Mitteln.

Der Grundsachverhalt der Ausbeutung ist und bleibt der physische. Er läßt sich auf unbezahlte Mehrarbeit nicht reduzieren. Marx hatte gehofft, das ginge. Im Grunde ist sein Ausbeutungsmodell das vormoderne, feudale der Entrichtung des Zehnten – als hätte der Kapitalismus es lediglich verschleiert. Er hat jedoch den Tatbestand der Ausbeutung selbst verwandelt; wie gründlich, zeigt sich erst spät – in seinem ästhetischen Stadium. Hier erst wird sichtbar, daß mit dem Herausbrechen menschlicher Fähigkeiten aus ihrem gewachsenen Zusammenhang durch Zurichtung auf isolierte Arbeitsaufträge eine Umrüstung des gesamten Organismus in Gang gekommen ist. Auch wenn sie in Einzelfällen ihr Gutes gehabt, den Horizont erweitert, neue Entfaltungsräume eröffnet und von dem emanzipiert haben mag, was Marx und Engels so boshaft «Idiotismus des Landlebens»[63] nannten – die Zerlegung des Arbeitsprozesses in Einzelteile und der Individuen in separate Funktionen hat gewaltsam und tief in alle Bewegungs-, allmählich auch Wahrnehmungs- und Denkabläufe eingegriffen. Je weniger die Muskelkraft des ganzen Körpers in den Dienst von Maschinenkolossen gespannt, je mehr statt dessen Fingerspitzen und Augenbewegungen feinmotorisch an mikroelektronische Geräte geheftet werden, desto mehr kommt heraus, worauf sich die Transformation der Ausbeutung hinbewegt: auf den Raubbau an Konzentration.

Zu sich selbst kommt ein Mensch durch das, was er in sich versammelt – konzentriert. Konzentration ist sein Innerstes. Dennoch «gehört» sie einem nicht wie die Nase oder das Hemd. Immer bedarf sie eines von ihr Verschiedenen: eines Brennpunkts oder Impulses, auf den sie gerichtet oder um den sie konzentrisch ist. Ihre Urform haben wir im dritten Kapitel kennengelernt: das Sich-Winden um einen

63 K. Marx/F. Engels, *Manifest der Kommunistischen Partei*, l. c., S. 466

traumatischen Schock, dessen zwanghafte Wiederholung sich allmählich wie eine Schorfschicht oder Rinde ums Trauma legt. Konzentration ist zusammengewachsene, vernarbte traumatische Erregung, verfestigt und erkaltet in eingeschliffenen Empfindungs- und Ausdrucksformen, die sich schließlich als fähig erwiesen haben, ein Eigenleben zu beginnen und sich zur mentalen Sphäre von Vorstellungen und Begriffen zu sublimieren. Aber auch wenn sie sich dann selbständig fortspinnen, erweitern, schier unerschöpflich neu kombinieren ließen, auch wenn das schreckhaft-zwanghafte Konzentriert-Werden durch unzählige Wiederholungen im Laufe von Jahrtausenden in hohem Maße in ein Sich-Konzentrieren überging, so ist Konzentration dennoch nie autark geworden. Noch das ausgeklügeltste, scheinbar ganz in sich ruhende philosophische System lebt von den Stimuli, die seine Epoche ihm gibt, und erinnert unfreiwillig daran, wie wenig menschliche Konzentration ihre dunklen fremdbestimmten Ursprünge ganz los wird. Narben sind Chiffren. Sie verdecken etwas, aber sie zeigen es auch an. Sie dokumentieren Heilung, aber auch, daß sie nicht vollständig geschah. Etwas ist zurückgeblieben: ein Rückstand, der sich beim Versuch bildete, nichts zurückzulassen, die Wunde ganz verschwinden zu lassen und damit sich selbst. Ursprünglich ist Konzentration ein solcher Rückstand: ein Mal archaischen Grauens – im Wort Konzentrationslager steigt es jäh wieder auf – und gleichwohl das Unterpfand seiner Überwindung. So wenig Konzentration an sich etwas Gutes, so gewiß ist ohne sie nichts Gutes. Wo sie fehlt, ist nicht einmal jene innere Balance da, die mir gestattet, Empfindungen, Vorstellungen, Gedanken als *meine* zusammenzunehmen und mich in ihnen und durch sie als ein identisches Ich zu erfahren.

Dies elementare Sich-Zusammennehmen, noch von Kant als «ursprüngliche Apperzeption»[64], als der unbedingte, unantastbare, über jeden historischen Wandel erhabene Angelpunkt allen Wahrnehmens und Denkens erachtet – es ist längst schon untergraben. Nur zeigt sich erst im Licht der Allgegenwart audiovisueller Schocks, wie weit. Die große kulturelle Errungenschaft des Sich-Konzentrierens, des Verweilens bei etwas, sozusagen des Seßhaft-Werdens von Gefühlen, Vorstellungen und Gedanken, ist nämlich seit Beginn der Neuzeit in singulärer Weise über sich hinausgewachsen. In dem Maße, wie der Markt absolut, ubiquitär wurde und einen sozialen Magnetismus ohnegleichen entwickelte, Menschenmassen in Städten zusammenzog, Arbeitskräfte auf die Verrichtung isolierter Handgriffe zurichtete, hat sich Konzentration in einen systemischen Mechanismus verwandelt.

[64] I. Kant, *Kritik der reinen Vernunft*, B 132, l. c., S. 136

Sie geht zwar durch die menschlichen Organismen hindurch, ist nichts ohne deren nervliche Konzentration, aber mit ihr nicht mehr identisch. Nervliche Konzentration wird von systemischer durchdrungen, und seit diese sich in audiovisuellen Schocks kristallisiert, kommt nur zum Vorschein, was untergründig längst im Gang war. Wie weit die Konzentration, die dem einzelnen Beschäftigten widerfährt, wenn sein ganzes Arbeitsleben auf wenige simple Handgriffe an Maschinen reduziert ist, überhaupt noch *seine* ist, ist nämlich schon seit den Anfängen der industriellen Revolution zweifelhaft. Sehr beredt das Urteil, das das deutsche Bundesarbeitsgericht in den achtziger Jahren fällte: Radiohören am Arbeitsplatz darf nicht ohne Zustimmung des Betriebsrats verboten werden. Mit andern Worten: Gedudel ist, solange es den Arbeitsablauf nicht nachweislich beeinträchtigt, ein von Arbeitern erstrittenes Recht. Damit ist ein höchstrichterliches Urteil über den Grundtypus moderner Arbeit gesprochen: feierlich zugestanden, daß er pur, «sans phrase», ohne Lärmschutz, will sagen, Schutz *durch* Lärm, Dauerberieselung unerträglich wird – zu einem *horror vacui* wie Freizeit ohne Angebote. Der von Anders so unbarmherzig karikierte «Mann im Sonnenbad» ist, wie im ersten Kapitel gezeigt, der Musterfall dafür, was von der einfachen modernen Arbeitskraft übrig bleibt, wenn der Arbeitsauftrag wegfällt, der sie in den Dienststunden zusammenhält: unbeschäftigte disparate Einzelorgane, die das Vakuum ihres Unbeschäftigtseins nicht aushalten und sich ans Erstbeste heften, was ihnen Beschäftigung gibt: das Ohr ans Radio, das Auge an die Illustrierte, der Kiefer an den Kaugummi. Diese Freizeit-Zerstreutheit, die Anders in den fünfziger Jahren als Negativ des fortgeschrittenen industriellen Arbeitsprozesses las, wird in dem Maße, wie der Bildschirm in alle privaten Winkel und schließlich auch an die Regieplätze der Produktion vordringt, zum Bestandteil eines gesamtgesellschaftlichen Konzentrationsprozesses, der zu folgender Feststellung nötigt: Konzentration wird durch Konzentration geraubt; nervliche durch systemische. Und zwar stellt dieser Vorgang die ästhetisch-neurologische Innenseite jener Ausbeutung dar, von der die Unterbezahlung die ökonomische Außenseite bildet.

Allerdings ist die Ausbeutung, die da nach innen greift, nicht einfach das Spiegelbild der äußeren, sondern eine qualitativ verwandelte. Zu ihrem Verständnis ist ausgerechnet eine Unterscheidung hilfreich, mit der Marx die äußere ökonomische Ausbeutung erklären – errechnen – wollte: die von einfacher und komplizierter Arbeit. Die Frage war: Wie kommt es, daß ein Goldschmied in gleicher Zeit das Dreifache eines ungelernten Arbeiters verdient? Antwort: Ganz einfach, es gibt ein Grundmaß, verkörpert in «einfacher Arbeitskraft, die im Durchschnitt jeder gewöhnliche Mensch, ohne besondere Entwicklung, in seinem leiblichen Organismus besitzt». Komplizierte Arbeit ist bloß «*multiplizierte* einfache Arbeit».[65] Wenn der Goldschmied dreimal so viel wie sein ungelernter Kollege bekommt, hat er also ein Dreifaches einfacher Arbeit verausgabt. Daß der Goldschmied aber keineswegs dreimal mehr Handgriffe gemacht hat, sondern nur geschicktere und wissendere, und daß die Umrechnung dieser Qualitäten in Quanta der Beliebigkeit Tür und Tor öffnet, muß Marx übergehen; es ist unverträglich mit seinem Beweisziel, daß die Arbeitskraft «zu ihrem Wert» verkauft wird. Läßt man von der Umrechnerei aber die Finger, so bekommt das Begriffspaar «einfach/kompliziert» auf einmal Sinn. Durchaus ist das schnell erlernbare Bedienen von Maschinen die «einfache» Form industrieller Arbeit, nur daß diese einfache nicht der Nenner der komplizierten ist, sondern ihr Muster, philosophisch gesprochen, ihr Idealtyp. Der industrielle Prozeß verläuft doppelsinnig: sowohl hin zu immer leistungsfähigeren Maschinen, als auch dahin, ihre Bedienung immer mehr der einfachen Arbeit anzugleichen.[66] Daher gibt es mit jeder neuen Technologie auch einen neuen Grad von Kompliziertheit zu verarbeiten und zu vereinfachen, wobei die Kompliziertheit selbst immer bloß unfreiwillige Begleiterscheinung größerer Leistungsfähigkeit ist: das noch nicht genügend Vereinfachte, nicht etwa das gleichwertige Gegengewicht zum Einfachen. Es ist zwar richtig, daß Arbeit nicht geradlinig immer bloß maschinenmäßiger wird. Maschinen werden auch immer beweglicher und intelligenter, erfordern und entfesseln, wie an Computerfreaks leicht ersichtlich, neue Formen und Schübe des Bastelns und Komponierens. Aber jeder dieser Schübe ist bloß Aufschub einer Grundtendenz, die er allenfalls bremsen, nicht stoppen kann: soviel Arbeit wie möglich in den Wirkungskreis von Maschinen zu ziehen und darin immer einfacher, will sagen, immer billiger zu machen. Violinspieler, die immer noch die gleiche vorindustrielle Technik lernen wie Paganini, haben diesem Sog vorerst standgehalten. Softwarespezialisten, die überall dringend, notfalls sogar im Ausland, gesucht werden, stecken mitten drin. Ihre komplizierte Arbeit wird deswegen so hoch geschätzt, weil sie verheißt, sich langfristig überflüssig zu

65 K. Marx, *Das Kapital I*, l. c., S. 59

66 Daß viele Zeitgenossen, zumal ältere, völlig überfordert an ihren Computern und Fernbedienungen herumklicken, ist kein Gegenbeweis. Gemessen an ihrer Leistungsfähigkeit sind auch diese Geräte relativ einfach zu bedienen. Nur leisten sie unverhältnismäßig viel mehr, als der Normalbenutzer braucht.

machen: in Maschinen, die sich selbst programmieren, und Programmen, die dann jeder Stümper bedienen kann.[67]

Alle komplizierte Arbeit bekommt unter diesen Bedingungen Narbencharakter. Sie ist der Rückstand, der beim Versuch entsteht, sich selbst zum Verschwinden zu bringen – in einfache Arbeit aufzulösen.

[67] Marx-Kenner werden sogleich bemerkt haben, daß zwischen einfacher und komplizierter Arbeit die Art asymmetrisch-gegenläufiger Dynamik waltet, die Marx an etwas ganz anderem glaubte nachweisen zu können: dem sogenannten «Gesetz des tendentiellen Falls der Profitrate» (*Das Kapital III*, MEW 25, Berlin 1977, S. 221 ff.). Das Gesetz geht so: Je mehr Maschinerie ein Unternehmen anschafft, desto geringer der Anteil seiner Gesamtkosten, der auf Arbeitskräfte entfällt. Desto weniger aber hat es auch vom Mehrwert, der ja nach Marx einzig aus der Arbeit quillt. Bei gleichbleibender Mehrwertauspressung macht der Kapitalist unterm Strich in dem Maße weniger Profit, wie seine Kosten für Maschinen steigen. Die Profitrate sinkt. Um sich nicht zu ruinieren, läßt er sich das einfallen, was Marx «entgegenwirkende Ursachen» (S. 242) nennt: «Erhöhung des Exploitationsgrads der Arbeit», «Herunterdrücken des Arbeitslohns unter seinen Wert», «Verwohlfeilerung der Elemente des konstanten Kapitals» (S. 242 ff.), d. h. der Arbeitsmittel und Rohstoffe etc. Diese Maßnahmen machen, daß der Fall der Profitrate bloß «tendentiell» ist, also temporär stagnieren oder gar zurückgehen kann. Aber insgesamt schreitet er unaufhaltsam voran. Die entgegenwirkenden Ursachen kommen auf Dauer nicht gegen ihn auf. Er ist der untrügliche Künder vom Zusammenbruch der kapitalistischen Produktionsweise – nach Marx. Allerdings müßten, wenn der gesteigerte Einsatz von Maschinerie die Waren billiger macht, auch die Lebenshaltungskosten der Arbeiter geringer werden, ihre Reallöhne also steigen. Bleiben sie aber konstant, so ist zu argwöhnen, daß mehr Maschinerie schon von sich aus eine «Erhöhung des Exploitationsgrads der Arbeit» bewirkt, nicht erst nachträglich als «entgegenwirkende Ursache», nicht erst durch die erpresserischen und in der Tat nicht beliebig steigerbaren Gegenmaßnahmen, die Marx nennt – «Verlängerung des Arbeitstags und Intensifikation der Arbeit» (S. 242) –, sondern schon dadurch, daß eine produktivere Maschinerie ungleich mehr (und das womöglich auch noch schonender) aus derselben Arbeitskraft herausholt – den «relativen Mehrwert» erhöht. Der Zuwachs an Maschinerie, so Joan Robinson (*Grundprobleme der Marxschen Ökonomie*, ²1966, dt. Marburg 1987, S. 56 ff.), läßt also entweder die Löhne steigen oder die Ausbeutungsrate. Mit Marx' ökonomischem Ausbeutungsbegriff ist sogar vereinbar, daß beide zugleich steigen – wenn aus der Arbeitskraft so viel herausgeholt wird, daß ihr selbst etwas davon zufällt. Die Maschinerie ist ebensowenig «Totengräber» des Kapitalismus wie das Proletariat. Nichts deutet darauf hin, daß sie die Profitrate gegen Null gehen lasse. Vom kurz bevorstehenden Kollaps der kapitalistischen Produktionsweise kann nicht die Rede sein, auch wenn Robert Kurz (*Der Kollaps der Modernisierung*, Frankfurt am Main 1991) ihn schon ein gutes Jahrzehnt lang ankündigt. Was nicht heißen soll, daß in den letzten Jahren nicht gravierende Zusammenbrüche stattgefunden haben und neue ihre Schatten vorauswerfen. Aber das sind

Anders gesagt: Komplizierte Arbeit ist «zurückgebliebene» Arbeit. Es blieb in ihr etwas von vormaschineller Arbeit zurück, auch von jenem mentalen Verweilen bei etwas, das sich Konzentration nennt, so daß sich folgende Regel formulieren läßt: Je komplizierter eine Arbeit ist, desto unerläßlicher, daß die für sie erforderte Konzentration die des Beschäftigten selbst ist. Je einfacher sie wird, desto mehr besteht sie im bloßen Konzentriert-Werden, desto unerträglicher wird es, *sich* auf sie konzentrieren zu müssen. Einfache Arbeit ist geradezu definierbar dadurch, daß Radiohören ihr nicht nur nicht schadet, sondern zur Bedingung ihrer Möglichkeit avanciert; sie ist ohne Geräuschkulisse kaum mehr auszuhalten.

Diejenigen menschlichen Organismen, die in einfache Arbeit eingespannt sind oder gar keine haben, sind gegen die zerstreuende, dekomponierende, enteignende Wirkung audiovisueller Schocks am wenigsten geschützt. An ihnen wird aber auch am deutlichsten, wie wenig ästhetisch-neurologische Ausbeutung in ökonomischer aufgeht. Natürlich hat sie nach wie vor ihre ökonomische Seite. Nicht von ungefähr hat sich mit der mikroelektronischen Revolution die Schere zwischen arm und reich weltweit weiter geöffnet. Auf den Chefsesseln der Medienindustrie wird horrendes Geld verdient. Aber die Plusmacherei geschieht nicht so, daß jedesmal, wenn irgendwo ein audiovisueller Schock zustößt, irgendwo anders eine Kasse klingelt. Wieviel man aus einfacher Arbeitskraft überhaupt noch herausholen kann, steht dahin. Aus Arbeitslosen zumindest so gut wie gar nichts. Aber diese beiden Gruppen sind die ästhetisch-neurologisch am meisten Ausgebeuteten. Sie hängen sich am ehesten an den medialen Tropf und lassen sich durch unablässige Injektionen ihre leere Zeit füllen und ihr eigenes Inneres weiter entleeren. Und die Plusmacher? Sie sind gegen besagte Ausbeutung durchaus resistenter, und zwar in dem Maße, wie ihre Bildung und Tätigkeit «zurückgebliebener» ist. Aber sie sind keineswegs davon verschont. Künstler und Intellektuelle sind in dieser Hinsicht, trotz ihres manchmal recht bescheidenen Einkommens, sogar privilegierter als manche Millionen

Zusammenbrüche innerhalb des kapitalistischen Systems, nicht des Systems selbst. – Das «Gesetz des tendentiellen Falls der Profitrate» ist eine geschichtsphilosophische Konstruktion – vielleicht der beste Beweis dafür, daß Marx den weiteren Verlauf der Geschichte keineswegs so stur deterministisch gedacht hat, wie ihm immer wieder unterstellt wurde. Leider stimmt es als Gesetz nicht. Doch die Dynamik von Sog und Aufschub, Strömung und Gegenströmung, die es aufspürt, gehört elementar zum «Bewegungsgesetz» der kapitalistischen Gesellschaft – auch wenn nicht mit dem von Marx vorgesehenen Ausgang.

scheffelnden Manager, bei denen die Abfolge von Terminen sich der filmischen Abfolge von Einstellungen und Schauplätzen bedenklich annähert.

Aber es gibt keine Gewinner, die hier nicht auch Opfer wären. Etwas Neues beginnt sich abzuzeichnen: eine Ausbeutung aller ohne erkennbare Nutznießer, sozusagen Ausbeutung an und für sich. In der aber dämmert Ältestes wieder herauf: jener Raubbau des menschlichen Kollektivs an sich selbst, der ebenfalls keine erkennbaren Nutznießer hatte – nur fiktive – und kostbare menschliche Kräfte verpulverte, einzig um die eigene Verlorenheit in der Natur nervlich auszuhalten: das Menschenopfer. Ausbeutung im Sinne von erpreßter Mehrarbeit ist bereits eine Rationalisierung solchen Raubbaus. Daß man z. B. Kriegsgefangene leben und für sich arbeiten lassen kann, statt sie, wie es der Kriegsbann verlangt, der siegreichen Gottheit darzubringen, ist eine «List der Vernunft» ersten Ranges gewesen, eine vergleichsweise humanisierende Entdeckung und eine der Wurzeln der Sklaverei. Die Rationalisierung der Ausbeutung, die damit in Gang kam – Sklaven statt Opfer, Leibeigene statt Sklaven – ist in der Neuzeit auf ihren historischen Gipfel gelangt: Lohnarbeiter statt Leibeigene. Und auch in dieser Hinsicht ist der Gipfelpunkt zugleich Wendepunkt, hat die globale Durchsetzung der kapitalistischen Produktionsweise den «Rückgang in den Grund» angetreten. Je mehr sie sich audiovisuell raffiniert, desto mehr nähert sie die Ausbeutung wieder ihrer sakralen Urform an: die Ausbeutung für Nutznießer der Ausbeutung «sans phrase». Es ist keineswegs bloß blumige metaphorische Redeweise, die audiovisuellen Schocks als *high-tech*-Gestalt des Heiligen zu bezeichnen, vielmehr ein weiterer Fall, wo mythische Phantasien durch Hochtechnologie realitätstüchtig werden. Was sich hier technisch objektiviert, ist zwar nicht die Gestalt eines mit Haut und Haar verschlingenden Moloch, wohl aber die eines Vampirs, der seinen Zahn so in sein Opfer schlägt, daß es ihm verfällt, süchtig nach ihm wird, sich ihm angleicht. Die feinen audiovisuellen Vampire saugen nicht Blut, wohl aber, um bei der Marxschen Ausdrucksweise zu bleiben, Nerv und Hirn. Unmengen von Erregung absorbieren sie, indem sie unablässig ihr «Aufgemerkt» injizieren. Und sie selbst können nichts davon bei sich behalten, sind keinen Augenblick gesättigt, saugen immer weiter. Natürlich in winzigen Dosen, wovon jede einzelne völlig unschädlich ist. Die Menge macht's; der stete Tropfen, der den Stein höhlt und sich längst zur Reizflut vervielfältigt hat.

Am Einzelfall läßt sich die ästhetisch-neurologische Ausbeutung also nie greifen. Als Flut aber ist sie kaum besser greifbar, denn dann kommt sie wie überreich beschenkend daher. Entleerung betreibt sie durch Überfüllung, Abstraktion durch Konkretismus. Der Begriff «Realabstraktion», höchst zweifelhaft, wenn er beweisen soll, daß seit altersher die Menschen im Tausch Arbeitsquanta gleichsetzen,[68] bekommt unversehens Evidenz, wenn er ästhetisch gewendet wird. Das Faszinierende an den *high-tech*-Bildern ist ja, daß sie, auch wenn sie bloß ätherisch und flüchtig vorbeiflimmern, den Anschein höchster Konkretion und Präsenz erwecken. Ihre Wahrnehmung suggeriert, bei dem, was sie darstellen, tatsächlich dabei zu sein. Auch der beste Philosoph muß, solange er sie verfolgt, den Abstraktionsprozeß, der hinter ihnen vorgeht, vergessen – absehen davon, daß wir keines dieser Bilder hätten ohne die neuzeitliche Denkweise, die die Natur zerlegt, vermißt, auf mechanische und elektromagnetische Prozesse reduziert. Alle Qualitäten von Farbe und Form, die einen aus Fotos, Filmen, Computermonitoren förmlich anspringen, sind durch den Wolf von Zahlen und Formeln gedreht, in winzige Körner, Daten oder Impulse zerstäubt und daraus in einer für menschliche Organe nicht wahrnehmbaren Dichte und Geschwindigkeit zusammengesetzt: Konzentrate extremer Zerstreuung. Die Bilder, die dabei entstehen, stellen zwar nach wie vor reale oder fiktive Ereignisse dar.[69] Aber ihre stupende Lebensnähe ist simuliert; ihre Sinnlichkeit besteht nämlich darin, aufgelöst zu sein. Es gilt geradezu: Je höher die Auflösung, desto besser das Bild. Es erscheint um so konkreter, je mehr es von Abstraktion durchdrungen ist. Abstraktion und Konkretion stehen hier nicht in einem Verweisungszusammenhang wie Signifikat und Signifikant, Wesen und Erscheinung. Sie bedeuten oder repräsen-

[68] Cf. A. Sohn-Rethel, *Geistige und körperliche Arbeit*, l. c., s. o. S. 225 ff.

[69] Unsinn, das leugnen zu wollen. Hier überspannt Vilém Flusser den Bogen seiner Originalität. Ganz recht bemerkt er: «Das technische Bild ist ein von Apparaten erzeugtes Bild. Da Apparate ihrerseits Produkte angewandter wissenschaftlicher Texte sind, handelt es sich bei den technischen Bildern um indirekte Erzeugnisse wissenschaftlicher Texte.» (V. Flusser, *Für eine Philosophie der Fotografie*, Göttingen [7]1994, S. 13) Wer das nicht berücksichtigt, sitzt ihnen auf; denn der «scheinbar unsymbolische, objektive Charakter der technischen Bilder führt den Betrachter dazu, sie nicht als Bilder, sondern als Fenster anzusehen. Er traut ihnen wie seinen eigenen Augen.» Aber «sie sind nicht nur – wie alle Bilder – symbolisch, sondern stellen noch weit abstraktere Symbolkomplexe dar als die traditionellen Bilder. Sie sind Metacodes von Texten, die» – und nun mogelt sich der Fehlschluß ein – «nicht die Welt dort draußen bedeuten, sondern Texte.» (op. cit., S. 14) Als ob die Mittel der Darstellung auch notwendig die Objekte der Darstellung wären, Bilder, die durch eine abstrakte, begrifflich-textlich konzipierte Apparatur erzeugt werden, auch nichts anderes darstellten, bedeuteten als diese Apparatur. Das ist, als hätten traditionelle Maler immer nur ihre Pinsel dargestellt.

tieren einander nicht; sie fallen ineinander und machen einander unkenntlich. Das eine *ist* das andere, womit beide aber auch beziehungslos zueinander sind: «absolut». Diese Realabstraktion – man könnte sie auch Scheinkonkretion nennen – ist von menschlichen Hirnen erdacht. Aber sie selbst abstrahiert anders als Hirne: technisch-mechanisch. Und sobald sie sich in einem maschinellen Eigenlauf objektiviert, geht es mit der Abstraktion nicht anders als mit der Konzentration: die verselbständigte, systemisch gewordene beginnt Raubbau an der nervlichen zu treiben.

Schrift und Bild

Bekanntlich wird jede Abstraktion *von etwas* abgezogen, und die ersten Abstraktionen dürften, wie im dritten Kapitel erörtert, ungeheuer konkret gewesen sein: zwanghafte Wiederholungen traumatischen Schreckens, die aber, bei all ihrer Grauenhaftigkeit, nicht mehr der ursprüngliche Schrecken selbst waren, sondern nur noch sein Echo, seine allmählich ritualisierte Darstellung oder Vorstellung. Mentale Vorstellungen sind, gattungsgeschichtlich gesehen, bereits Vorstellungen zweiten Grades: Abstraktionen von rituell-theatralischen. Das Traumatisierende ist durch rituelle Wiederholung bereits so weit heruntergespielt, in neuronalen Netzen so weit kanalisiert, daß es nicht mehr um jeden Preis aufgeführt werden muß. Es kann angedeutet, bedeutet, imaginiert werden. Die äußere theatralische Vorstellung verinnerlicht sich zu mentalen Vorstellungsbildern. Sie bestehen aus relativ fest eingefahrenen nervlichen Verbindungen, welche ihrerseits natürlich Produkt langer Übung, unzähliger Wiederholungen sind. Sobald aber der menschliche Organismus genügend Routine und Virtuosität entwickelt hat, um solche Verbindungen einzuspielen, reagiert er nicht mehr nur aufs Gröbste. Er lernt alles, was ihm Eindruck macht, nicht nur das Traumatisierende, in Vorstellungsbilder zu übersetzen. Nur was heißt hier «Bild»? Daran laborierte schon Aristoteles. «Vorstellungsbilder (*phantasmata*) sind wie Wahrnehmungsbilder (*aisthemata*), nur ohne Materie»,[70] ist seine knappe Auskunft. Dabei sind ja auch schon die Wahrnehmungsbilder stark entmaterialisiert. Man hat doch nicht die wahrgenommene Sache selbst im Kopf, sondern nur ihren Seh-, Hör-, Tast-, Geschmacks- oder Geruchseindruck. Das Vorstellungsbild aber ist selbst noch von diesem physischen Eindruck losgelöst: eine Art Ab-

[70] Aristoteles, *Über die Seele*, 432a

ziehbild davon.[71] Wie es möglich ist, daß sich nervliche Impulse zu solchen mentalen Bildern konfigurieren und worin deren Materialität besteht, ist auch für die Neurophysiologie nach wie vor ein Rätsel. Es handelt sich um eine hoch flüchtige Materialität, eine, die sich auf jeder weiteren Abstraktionsstufe, wenn von ersten groben Vorstellungen feinere und immer feinere abgezogen werden, weiter verflüchtigt, aber auch in den feinsten nicht ganz verfliegt: den Begriffen. Wie keine Malerei so abstrakt sein kann, daß sie nicht Spuren des Konkreten enthielte, von dem sie abstrahiert, so auch kein Begriff ohne Bildfundus. Für den suchte Kant Worte, als er mutmaßte, daß «unsern reinen sinnlichen Begriffen nicht Bilder der Gegenstände, sondern Schemate zum Grunde»[72] liegen, etwas Mittleres also: unbildlicher als das konkrete Bild, gleichzeitig aber eine Art bildlicher Vorform und Wegbahnung des Begriffs. Der Fehler war nur, dies Schematische – man müßte besser sagen: Schemenhafte – wohldefiniert transzendentalphilosophisch verorten zu wollen. Gerade das verträgt seine Flüchtigkeit nicht. Ihr ist es angemessener, Vorstellungsbilder als «nicht festgestellte Bilder» zu bezeichnen, genau in dem Doppelsinn von nicht fixiert und nicht konstatiert, in dem Nietzsche den Menschen das «*nicht festgestellte Thier*»[73] genannt hat. Vorstellungsbilder sind zwar Erregung in relativ fest vernetztem Zustand, als lebendige Erregungsmasse jedoch weiterhin sowohl unstet als auch unscharf. Nicht ein Gemälde, nicht eine Symphonie entsteht so, daß zunächst ein festgestelltes Vorstellungsbild davon existiert und dann einfach nur von innen nach außen, auf Leinwand oder Papier, gesetzt wird. Die Umsetzung des Inneren ist vielmehr überhaupt erst seine allmähliche «Feststellung», ein komplexer Prozeß des Reagierens auf den Widerstand des äußeren Materials und die eigenen Impulse dagegen. Ähnlich komplex und bilderregt ist auch die Begriffsbildung. Nicht nur, daß abstraktes Denken stets ein empfindungs- und bildbegleiteter Vorgang ist.[74]

[71] Saussure hat den Begriff des «Lautbilds» geprägt (F. de Saussure, *Grundfragen der allgemeinen Sprachwissenschaft*, Berlin ²1967, S. 77). Auch Sprache lernt man nämlich nicht, ohne von ihren Lauten Vorstellungen abzuziehen, die in einem übertragenen Sinne Bilder heißen dürfen. So gesehen gibt es freilich auch Riech-, Schmeck- und Tastbilder, und in dieser weiteren Bedeutung ist im folgenden von «Vorstellungsbildern» die Rede. Die optischen sind lediglich die dominanten.

[72] I. Kant, *Kritik der reinen Vernunft*, B 180, l. c., S. 189

[73] F. Nietzsche, *Jenseits von Gut und Böse*, § 62, l. c., S. 81

[74] «Ohne daß man wahrnimmt, kann man nichts lernen und nichts verstehen, und was immer gedacht wird, wird notwendig zusammen mit einem Vorstellungsbild gedacht.» (Aristoteles, ibid.)

Die gedanklichen Abstraktionen selbst könnten sich gar nicht halten, wären sie nicht von bildlicher Erregungsmasse unterfüttert und getragen. Selbst das Abstrakteste, Plotins *hen*, jenes «Ureine», aus dem das Weltganze hervorgegangen sein soll, kann nicht gedacht werden, ohne mit der Vorstellung eines Urlichts, das ausstrahlt, eines Urquells, der ausfließt, assoziiert zu sein und ohne etwas von symbiotischer Geborgenheitserfahrung mitschwingen zu lassen. Nicht zu reden vom alttestamentlichen Gott, den, so sehr er unter Bilderverbot stehen mag, vielfältige Majestäts-, Erhabenheits- und Unnahbarkeitsassoziationen wie ein Chor himmlischer Heerscharen umschweben.

Die Feststellung von Bildern hat seit der Photographie eine ungeheure technische Abkürzung erfahren. Eine laufende Filmkamera stellt mehrmals pro Sekunde Bilder fest, so schnell, daß das Auge glauben muß, sie seien bewegt. In doppeltem Sinn sind diese Bilder «zugerichtet»: zum einen zu Körnern, Pixeln etc. zermahlen; zum andern als Geschosse auf die Betrachter zugespitzt. Und mit der Gewalt, die ihnen bei dieser Zurichtung widerfahren ist, richten sie wiederum das menschliche Nervensystem zu, als wollten sie sich an ihm dafür rächen, was es ihnen angetan hat. Die Gewalt der Abstraktion, die in Gestalt zerlegender Wissenschaft die Sinnlichkeit der technischen Bilder vollkommen durchdrungen und aufgelöst, aber gerade dadurch fest, scheinkonkret und gewalttätig gemacht hat, schlägt auf ihren Urheber zurück: das lebendige Nervensystem. Dem wird sein eigenes Abstraktionsvermögen abgezogen – durch die hochtechnischen Realabstraktionen, mit denen es sich umstellt hat. Das könnte man Realabstraktion zweiten Grades nennen. Die inneren, nicht festgestellten, gleichsam impressionistisch-flüchtigen Vorstellungsbilder werden von äußeren, festgestellten, scharf konturierten, knalligen derart dauerhaft überblendet und durchschossen, daß sie schließlich bleich und hinfällig werden – so abstrakt, daß sie sich nicht mehr selbst halten können und der äußeren als Stütze bedürfen. So gestalten die äußeren die inneren «sich zum Bilde», wie der alttestamentliche Gott den Menschen. Und die Begriffe, das Spitzenprodukt der Abstraktion, das Unbildlichste im Nervensystem, werden zum Bildbedürftigsten darin. Wenn der innere Bildfundus, aus dem sie sich erheben und von dem sie zehren, zusammengeschossen wird, dann erst werden sie so bodenlos, bezugslos, kahl, so buchstäblich «absolut», wie sie es in keinem philosophischen System zuvor gewesen sind – als wären sie allesamt nur noch die Spiegelschrift jener mathematischen Formeln, die die äußeren Bilder zu Realabstraktionen gemacht haben. Sie halten es bei sich selbst nicht mehr aus und fliegen der geballten äußeren

Bildmacht zu wie die Motten dem Licht. Was den Halt raubt, wird zum Halt, nicht anders als bei Schnaps und Heroin.

Schwarzmalerei? Nun, noch gehören Lesen und Schreiben zu den elementaren Kulturtechniken. Gleichwohl ist unzweifelhaft, daß jeder Bildschock Druckerschwärze blaß neben sich erscheinen läßt. Sie drängt sich nicht heran wie er. Man muß sich über sie beugen und ihre Zeilen der Reihe nach entschlüsseln, was nur bei dauernder und selbstverständlicher Ausübung spielend abläuft und in dem Maße, wie Bildschocks zu ihren Nachbarn werden, so anstrengend wird wie der Sonntagsspaziergang für notorische Autofahrer. Längst schon hat der Buch- und Zeitungsmarkt darauf reagiert. Jedes seiner Produkte, das beachtet sein will, muß den technischen Bildschock imitieren, sich so ähnlich wie er ans Auge herandrängen. Nicht nur die Boulevardblätter, auch gehobene Zeitungen können sich ohne Farbphotos kaum mehr blicken lassen. Ihre Seiten werden «ansprechender», will sagen, textärmer und bildreicher, und die Buchgestaltung gleicht sich dem an. Auch Akademikeraugen werden der Führung durch ein geschicktes *layout* immer bedürftiger, haben hier einen Absatz, da eine Graphik, dort ein Bildchen immer nötiger, um das Entziffern von Begriffen aus Schriftzeichen überhaupt noch durchzuhalten. Zu den stillen Voraussetzungen des gesamten *printdesigns* gehört, daß ohnehin niemand mehr die Konzentration und Ausdauer hat, um einen Text von Anfang bis Ende, Zeile für Zeile zu verfolgen. Das Leseverhalten – auch das wissenschaftliche, nicht nur das Schmökern – ähnelt sich dem *zapping* an, das vor dem Bildschirm normal geworden ist, und wie Werbeagenten sind sogleich Medientheoretiker da, die den Notstand als neue Tugend verkaufen, etwa als Befreiung von der Knechtschaft der Buchstabenfolge hin zu einem spontanen Lesevergnügen, das sich aus vorgegebenen Texten kreativ seinen eigenen herstellt. Nur konsequent, wenn Texte dann allmählich auch schon so geschrieben werden, wie sie hernach voraussichtlich gelesen werden, und jede Sprunghaftigkeit, Inkonsistenz, Inkontinenz sich ein verkannter Geistesblitz dünkt. Die Schriftzeichen selbst können nichts dafür. Sie sind immer noch die alphabetischen von früher, von denen kein Wort entziffert werden kann, ohne daß man sich an die Reihenfolge seiner Buchstaben hält. Doch ein Text mag typographisch noch so gut gestylt, der darin verschlüsselte Inhalt noch so anschaulich sein – im Bann des Bildschocks beginnen die Buchstaben wie verflüchtigte, vertuschte, verpfuschte Bilder anzumuten, die nach kantigen, prägnanten geradezu rufen.[75] «Zum

[75] Ursprünglich ist Schrift natürlich verflüchtigtes Bild. Deshalb wird sie den Bildcharakter nicht los, deshalb auch gibt es Typographie. Sie entstand als die

Bilde drängt, am Bilde hängt doch alles», müßte Fausts Gretchen heute sagen, und wie sehr die gedankliche Abstraktion zum äußeren Bild drängt, weil ihr innerer Bildfundus zerfällt und Rettung nur noch bei ihrem Zerstörer findet, dafür liefert das Verhältnis von Schrift und Bild den Indizienbeweis.

Einen 3-D-Helm aufsetzen und sich in einen geschlossenen audiovisuellen, durch Fingerdruck nach Gutdünken steuerbaren Raum (englisch: *cyberspace*) begeben, um die ausgelaugten Sinne mit neuem Erleben aufzufrischen: das ist lediglich ein etwas fortgeschritteneres Stadium dieser Entwicklung. Steuern kann man da freilich nur, was durch ein Programm vorgegeben ist, und die Frische, die den Sinnen zuteil wird, ist nicht die eigene, sondern ihnen von außen eingeträufelt, und zwar höchst selektiv. Das Auge etwa wird zum alleinigen Einfallstor einer Fülle von Eindrücken, die gar nicht ihm allein gelten. Die Bewegung durch Urwälder und Schluchten, über den Meeresgrund oder Hochhausdächer, die ihm ein 3-D-Szenario beispielsweise suggeriert, wird zwar vom ganzen Organismus erlebt, aber eben bloß augenmäßig, reduziert auf ein optisches Entlanggleiten auf Oberflächen. Was der Organismus alles noch gleichzeitig tun und fühlen müßte, wenn diese Empfindung authentisch sein sollte – Krabbeln, Laufen, Balancieren, Schwitzen, Schwimmen – fällt ebenso aus wie die gesamte Verausgabung von «Hirn, Nerv, Muskel, Sinnesorgan» und Geld, die die Vorbereitung solch exotischer Reisen kostet, wenn man sie wirklich unternimmt. Kurzum, eine ganze Dimension muskulär-nervlicher Bewegung und Spannung ist dem neuen Erlebnis-

Kunst, das Schriftbild dem Auge optimal anzuschmiegen, was ihr dann am ehesten gelingt, wenn das Schriftbild als Bild gar nicht mehr in Betracht kommt, weil es den Leser ganz in den Inhalt hineingezogen hat, wie ja auch der optimale Dolmetscher der ist, den der Redner gar nicht mehr bemerkt. Die Krise der Typographie zeigt sich daran, daß das nicht mehr umstandslos gilt. Exemplarisch dafür ist der Graphiker David Carson. Er errang beispiellose Erfolge bei der Gestaltung amerikanischer Musik-, Skateboard-, Surferzeitschriften, indem er alle typographischen Regeln brach, die Buchstaben gleichsam explodieren und sie dann auseinander, übereinander oder ineinander fallend die Glanzpapierseiten übersäen ließ, so daß man sie sich neu zusammensuchen mußte – und damit zur Diskussion stellte, was unter fortgeschrittenen Sensationsbedingungen «Lesbarkeit» heißt (cf. L. Blackwell, *The End of Print*, München 1995). Bei einer Klientel, für die Lesen außer im Decodieren von Film- und Computerbildern vornehmlich im Durchblättern von illustrierten Zeitschriften besteht, ist Lesestoff offenbar nur noch, was das Auge festhält, also daran hindert, weiterzugleiten, weil jedes Weitergleiten bloß ein Weggleiten der Aufmerksamkeit wäre. Die neue Lesbarkeit wird mit Mitteln hergestellt, die jeden längeren Text unlesbar machen.

raum, in den man durch Knopfdruck statt durch Reisevorkehrungen eintaucht, vorab weggeschnitten. Am Ausgleich dieses Defizits arbeitet eine ganze Erlebnisindustrie. Man versucht, das Amputierte äußerlich wieder anzufügen. Die Mehrkanaltonspur zum Film ist ohnehin längst Standard, an kongenialen Tast- und Geruchsempfindungen wird laboriert, und das ganze Unternehmen lebt von der kühnen Unterstellung: Wenn nur alle Sinne, jeder für sich, fachmännisch behandelt würden, dann träten die Einzelempfindungen von selbst zu einem ganzheitlichen Erleben zusammen, wie es in der freien Natur oder im Dickicht der Städte nicht intensiver sein könnte.

Das Gegenteil geschieht: eine Vulgärform dessen, was Neurophysiologen zu Forschungszwecken tun, wenn sie einzelne Nervenzellen oder Zellgruppen gezielt reizen. Der Reiz kommt, das Neuron «feuert», aber die Heftigkeit der Empfindung besteht nur in einer reflexartigen Reaktion. Entsprechend beim simultanen multimedialen Beschuß, der die Sinne «feurig» machen soll. Das «Feuer», das er anzündet, ist Strohfeuer. Solange der Reiz dauert, flammt es, sobald er aufhört, erlischt es. Tendentiell werden die Sinne zu konditionierten Reflexen zurückgebildet, verlernen, ihre Empfindungen so zu bündeln, daß sie innere Vorstellungsbilder davon behalten, oder sich wechselseitig so in Mitleidenschaft zu ziehen, zu stimulieren und repräsentieren, daß etwa Töne als samten, Farben als schrill, Blicke als Echos erfahrbar werden. Reduziert auf bloße Reaktion, auf vereinzelte punktuelle Empfindung wird sinnliche Wahrnehmung ähnlich haltlos und abstrakt wie begriffliche Konstruktion ohne Bildfundus. In menschlichen Urzeiten war es so, daß um traumatische Reizeinbrüche sich durch zwanghafte Wiederholung allmählich eine kulturelle Rinde bildete, worin die Empfindung vernarbte, sich verwuchs und verwob zu einem Fundus von Erfahrung. Nun beginnt der Wiederholungszwang einer auf Dauer gestellten Apparatur durch winzige Schocks, von denen jeder einzelne weit unterhalb jeder Schmerzgrenze ist, diesen Vernarbungs- und Verwebungsprozeß rückgängig zu machen. Einmal mehr stehen wir vor der Figur des «Rückgangs in den Grund». Die auf sich zurückgeworfene einzelne Empfindung mag im Moment des Reizes noch so intensiv sein – sie hat nichts mehr, worin sie Wurzeln schlagen, Bedeutung gewinnen, sich zur Leidenschaft vertiefen, sich mit andern Empfindungen zu nachhaltiger Erfahrung verbünden könnte. Sie verpufft zu diffus streunender, nicht mehr zu distinkter Wahrnehmung zusammengenommener Erregung. Das ist besonders den Sexualszenarien abträglich, die im multimedialen Erlebnisgeschäft den Verkaufsschlager geben sollen. Die Sinne, die da angeblich als aktive Abenteurer auf sich räkelnde Schönheiten stoßen, werden faktisch zu lethargischen Paschas gemacht, massiert und gekitzelt – und reagieren bloß noch. Es heißt, sie seien «anspruchsvoller» geworden, wenn sie durch pornographische Schilderungen und Bildchen kaum mehr in Wallung zu bringen sind, vielmehr das audiovisuelle Raffinement einer ganzen Industrie dafür benötigen. Dabei ist es eher umgekehrt. Die gewünschte Empfindung wird durch gezielten Kitzel gleichsam eingeschaltet, erlischt, sobald er ausbleibt und kommt über jenen anfänglichen Reizzustand, der zu Genuß und Lusterfahrung überhaupt erst vertieft werden müßte, kaum mehr hinaus.

Virtuelle Lust

Diesen Anfangsreiz hat Freud «Vorlust» genannt. Wo Lust beginnt, ist sie eigentlich noch keine, sondern das, was das lateinische *appetitus* präzise ausdrückt: ein verheißungsvoller Spannungszustand. Appetit hat selbst schon etwas Lustvolles, zumal wenn der Duft köstlichen Essens ihn steigert, aber kommt die Speise dann nicht bald, gewinnt Unlust die Oberhand. Wie beim sexuellen Appetit. Lust ist er zunächst nur auf den Kredit eines Lustmaximums, auf das er erst hintreibt: die «Endlust». «Sie wird ganz durch Entlastung hervorgerufen, ist ganz Befriedigungslust, und mit ihr erlischt zeitweilig die Spannung der Libido.»[76] Aber dahin ist es ein weiter Weg. Lust muß sich aus winzigen, fast unmerklichen Regungen erst allmählich aufbauen. Daß sie nur allzu oft daran gehindert wird, ist ihr Dauernotstand, so alt wie ihre Kultivierung selbst. Zu den Ersatzbefriedigungen, die sich das Triebleben seit Menschengedenken sucht, gehört das Vorliebnehmen mit Zuständen, in denen Lust sich erst anbahnt, im ursprünglichen Wortsinn «virtuell» ist. Virtuell heißt ja «der Kraft oder der Möglichkeit nach vorhanden». Was möglich ist, ist noch längst nicht wirklich, aber auch nicht nichts. Möglichkeiten *bestehen*, haben selbst einen gewissen Wirklichkeitsgrad. So gesehen ist Vorlust eine Urform virtueller Realität. Ob sie als Lustvorspiel oder Lustersatz auftritt, ist ihr im konkreten Fall keineswegs immer anzumerken, die Grenze zwischen beiden fließend – und doch entscheidend. Nichts Verheißungsvolleres als die ersten zarten Regungen einer Lust, die erst im Kommen ist – so sehr übrigens, daß ihr Verzögern, das Festhalten und Verweilenlassen des Anfangsreizes, wie es

[76] S. Freud, *Drei Abhandlungen zur Sexualtheorie*, Studienausgabe, Bd. V, Frankfurt am Main 1972, S. 115

in den erotischen Formen des Werbens und Flirtens steckt, als eigener Luststimulus genossen wird. Vorlust *anstatt* Lust jedoch ist eine Verkehrung von Weg und Ziel, Mittel und Zweck, in Freuds Worten: Perversion. Der menschliche Organismus kommt nicht umhin, sich mit solchen Perversionen, die im Kind allesamt angelegt sind, für Triebverzicht, Frustration, Enttäuschung zu entschädigen. Sie sind alles andere als «unnatürlich», wohl aber Ausdruck von Beschädigung. Es macht einen gewaltigen Unterschied, ob Schau- und Zeigelust Ingredienzien der Sexualspannung auf dem Wege zur Befriedigung sind oder ob sie sich zu Voyeurismus und Exhibitionismus verselbständigen und einen Ersatzgenuß verschaffen, dessen Geschlagensein mit Frustration und Impotenz um so deutlicher ist, je angestrengter es verleugnet wird.

Wenn Vorlust eine Urform virtueller Realität ist, dann bedarf es keines großen Scharfsinns, um in dem, was heute freimütig *virtual reality* genannt wird, eine technologisch hochgerüstete Vorlustmaschinerie zu erkennen – mit allen Anzeichen der Verselbständigung zum Lustersatz. Erlebnismonturen sind selbstverständlich nur ein Extrem, zeigen aber an, wohin der Trend geht. Für das globale Geschäftsleben, wo man schlecht mit 3-D-Helmen erscheinen kann, werden telekommunikative Netze entwickelt, etwa um Simultankonferenzen quer über alle Kontinente zu ermöglichen, deren Teilnehmer nicht nur akustisch verbunden sind, sondern auch optisch und taktil, auf einem Bildschirm Mimik und Gestik der Partner mitverfolgen, Vertrags- und Konstruktionsentwürfe gemeinsam bearbeiten, medizinische Eingriffe zusammen durchführen oder die eigene Arbeit bei Dienstschluß den soeben erwachten Kollegen in Kalifornien zur Fortsetzung übergeben können. «Heute», so schwärmte McLuhan, «haben wir sogar das Zentralnervensystem zu einem weltumspannenden Netz ausgeweitet und damit, soweit es unseren Planeten betrifft, Raum und Zeit aufgehoben.»[77] Wer's glaubt, wird selig. Das multimediale Grundprinzip ist kein anderes als beim 3-D-Helm: für jeden der menschlichen Sinne die ihm gemäße Datenübertragung zu entwickeln und dann alle Einzelübertragungen zu einem Gesamteindruck zu addieren. Telekonferenzen erweitern nicht *das* Zentralnervensystem, als würden Sehen, Hören, Tasten lediglich tausendfach potenziert und ansonsten unbeschädigt bleiben, was sie waren. Das Medium hilft dem jeweiligen Sinnesorgan nur dadurch in Lichtgeschwindigkeit über immense Entfernungen hinweg, daß es gleichsam

[77] H. Marshall McLuhan, *Die magischen Kanäle*, Düsseldorf und Wien 1992, S. 11

eine Leitung für es legt, und keine Leitung überträgt Reize, ohne sie zu kanalisieren und filtern: sei es als separaten Ton, als perspektivischen Bildausschnitt und, wo die Technik schon so weit ist, als meßbaren Fingerspitzendruck. Wo es um strikt begrenzte Ziele wie das Aushandeln eines Vertrags oder die gemeinsame Entwicklung eines Programms oder Geräts geht, wirkt der mediale Filter höchst effektiv: Er blendet aus, was vom gemeinsamen Ziel ablenkt, präpariert heraus, was ihm dient, und kürzt bestimmte Willensbildungs- und Entscheidungsprozesse, für die bisher ein ganzes Bündel von Recherchen, Beratungen, Konferenzen und Reisen über mehrere Erdteile hinweg nötig war, aufs Drastischste ab. Keine Frage, daß solche Abkürzungen nicht nur als Erleichterung, sondern als Etappensieg über die Natur, technischer Vorsprung, Überlegenheit über all diejenigen, die noch die umständlichen alten Wege gehen müssen, ausgesprochen lustvoll erlebt werden können, aber Raum und Zeit heben sie nicht auf. Die Nähe, die sie stiften, besteht lediglich in Überbrückung raumzeitlicher Ferne, Abkürzung und Beschleunigung von höchst beschränkten Kommunikationsprozessen – und ist nicht zu verwechseln mit «menschlicher Nähe» im Sinne von wechselseitiger Teilnahme und Einfühlung, wie sie sich nur allmählich in längerem Zusammenleben und -erleben bilden kann. Dafür bedarf es nämlich am dringendsten, was die neue Technologie am meisten einsparen will: Zeit.

Das ist im Internet nicht anders. Zweifellos kann das neue Medium Kommunikationsprozesse, die früher über Buch, Zeitung, Telephon nebeneinander herliefen, derart bündeln, daß sich die Verständigung punktuell beschleunigt und intensiviert. Trotzdem bleibt ihre Nähe Surrogat. Solange man per Mausklick kommen und gehen kann, wann man will, ohne all die Reibeflächen und Verbindlichkeiten zu verspüren, die ein persönliches Zusammentreffen oder Zusammenleben mit sich bringen, bleibt der Kontakt der ewige Anfang einer Annäherung, zu der es nicht kommt, die Gemeinschaft virtuell im ursprünglichen Sinn des Wortes, das Umhersurfen die Dauervorlust einer stets ausbleibenden Befriedigung. Dennoch kann sogar der Austausch von Belanglosigkeiten, den die zahllosen *chat*-Gruppen pflegen, gelegentlich sein Gutes haben, wenn er Pubertierenden und notorisch Schüchternen über die Hemmschwelle erster Kontaktaufnahme hilft, nicht zu reden von den Gebrechlichen, Einsamen, Verzweifelten, für die das Internet eine ebenso wichtige Verbindung zur Außenwelt werden kann wie das Telephon. Notruf und Telephonseelsorge sind unzweifelhaft segensreiche Einrichtungen. Im Schutz von Anonymität und Unverbindlichkeit ist so mancher bereit, auszusprechen, was er sonst nie wagte. So ist auch das Internet als moderner Beichtstuhl und Ort informeller wechselseitiger Seelsorge keineswegs gering zu schätzen. Fatal nur, die Not als Tugend, seelische Auffangstationen als Foren gelungener Kommunikation auszugeben – und das, was Anonymität, Unverbindlichkeit und mediale Filterung der Selbstmitteilung von vornherein wegschneiden, gar nicht mehr erst zu thematisieren. Kommunikation von Angesicht zu Angesicht ist gewiß nicht immer «besser» als medial vermittelte, wie zahllose zerrüttete Beziehungen bezeugen, wohl aber zehrt alle medial vermittelte von unmittelbarer und bleibt auf sie bezogen. Kein Säugling kann anders als durch kontinuierliche körperliche Nähe nächster Angehöriger auf schonende Weise ans Menschenleben gewöhnt werden, und noch die Liebesbriefe Kafkas, eines zu dauerhafter physischer Nähe ganz unfähigen Menschen, atmen Zeile für Zeile die Sehnsucht nach solcher Nähe und wären ohne sie weder geschrieben worden noch irgend von Belang. Jede Kommunikation durch technische Medien, vom Brief bis zum Internet, hat Sekundärcharakter, ist als Notbehelf zur Überbrückung von Abwesenheit und Isolation entstanden, und die Kultivierung solchen Notbehelfs zu differenziertesten Ausdrucks- und Kunstformen gelingt nur so weit, wie sie auch etwas von der Entbehrung mitteilt, der sie entsprang. Eine Sekundärkommunikation, die von primärer ganz abgeschnitten, mit andern Lebewesen einzig durch Post oder technische Kanäle verbunden ist, erfüllt den Tatbestand der Isolationsfolter. Eine Medientheorie, die Primärkommunikation als veraltet und sekundäre als die viel prickelndere Verkehrsform der Zukunft ausgibt, sägt an dem Ast, auf dem alle Sekundärkommunikation sitzt und einzig erträglich bleiben kann. Sie ist etwa so originell wie der Vorschlag, sich das Essen abzugewöhnen, weil von Luft zu leben viel spannender sei.[78]

Die virtuelle Realität einer allgegenwärtigen Medienapparatur nötigt dazu, den Tatbestand der Vorlust noch einmal neu durchzubuchstabieren. Freud hatte sich als alter Neurologe ja nie ausreden lassen, «daß ein Spannungsgefühl den Unlustcharakter an sich tragen muß». «Rechnet man aber die Spannung der sexuellen Erregtheit zu den Unlustgefühlen, so stößt man sich an der Tatsache, daß dieselbe unzwei-

[78] Gelegentlich redet sie daher wie Erotik-Werbebroschüren, etwa wenn sie Geschlechtswechsel, Intimität und Sex im Internet als «neue Identitäten in virtuellen Landschaften» ausgibt. Menschen «sitzen zu Hause vor ihren Bildschirmen und schicken einander in *real time* erotische Nachrichten». Sie «finden das äußerst aufregend, und manche erfahren es sogar als Offenbarung» (S. Turkle, *Ist das Internet männlich, weiblich oder beides?*, in: Telepolis, Die Zeitschrift der Netzkultur, Nr. 0/1996, S. 125 f.).

felhaft lustvoll empfunden wird.»[79] Spannung ist offenbar etwas stark Kontextabhängiges, Vorlust nicht etwa an sich schon lustvoll, sondern erst, wenn sie zum Ferment erotischen Begehrens wird. Und nur in dieser Hinsicht hat Freud sie thematisiert. Das ist aber nicht die einzige, nicht einmal die elementare. Zunächst ist Vorlust ganz einfach das, was *vor der Lust* ist, das, was Freud an andrer Stelle «Vorzeit des Lustprinzips» nennt. Im dritten Kapitel war es Thema. Dort wurde gezeigt, daß die zwanghafte Wiederholung von Schrecklichem gerade dazu diente, vom Schrecklichen loszukommen. Von Anfang an war sie Abbau von Unlust – wohl zu unterscheiden vom Aufbau von Lust, aber durchaus dessen Wegbereiter und Vorbote, in einem sehr wörtlichen Sinn sein Vorbild, etwa so, wie das Kantische «Schema» Vorbild des Begriffs ist. Vorlust ist, ehe sie zum Ferment des Aufbaus von Lust wird, erst einmal Vorarbeit zu Lust, Herstellung jenes Zustands relativer Erleichterung und Beruhigung, der bei Minderung von Pein selbst schon dankbar empfunden wird und Bedingung dafür ist, daß Lust überhaupt werden kann. So untrennbar sie vom Abbau sexueller Spannung ist, so wenig geht sie darin auf. Sie ist eine Kulturleistung, an der das ganze Sensorium des *homo sapiens* beteiligt ist. Eine mediale Apparatur nun, die in unablässiger zwanghafter Wiederholung Anfangsreize ausstrahlt, geht dieser Kulturleistung an den Nerv. Unentwegt bahnt sie Lust an, deren Aufbau sie hintertreibt. Die Inflationierung solcher Anbahnung aber ergibt in geradezu klassischer Weise den Tatbestand des Entzugs. Ein Organismus, auf den solche Anfangsreize lange genug eingewirkt haben, kann bald nicht mehr anders, als sie selbst für das zu nehmen, was sie einleiten und verwehren. Die Surrogate werden zur Sache selbst: zu Fetischen, Suchtstoffen. Die aber werden eingenommen, um die Unlust zu vermeiden, die entsteht, wenn man sie nicht einnimmt. Sie dienen weit mehr dem Abbau von Unlust als dem Aufbau von Lust. Ihr Genuß ist weit mehr Vorlust als Lust. Die audiovisuellen Schocks arbeiten systematisch an der Rückbildung der Lust zur Vorlust, an der Enteignung der kulturellen Errungenschaft Lust, an ihrer schamlosen Ausbeutung durch Überreizung. Sie leisten nichts Geringeres als den Offenbarungseid des Lustprinzips. Sie lassen durch die Tat erkennen, wie dünn die Firnisschicht der Lust auf dem Untergrund der Vorlust ist: indem sie sie aufreiben. So treten sie den «Rückgang in den Grund» an. Die «Vorzeit des Lustprinzips» eröffnet sich als seine Nachzeit.

[79] S. Freud, *Drei Abhandlungen zur Sexualtheorie*, l. c., S. 114

Zukunftsmusik? Gewiß, aber sie wird *jetzt* gespielt. Die Anschauungsform der Sensation ist längst Gegenwart. Jetzt gibt sie sich als Suchtform zu erkennen, jetzt nötigt sie zu dem Eingeständnis, daß Sucht auf dem Wege vom Besonderen zum Allgemeinen ist, von der Abhängigkeit von bestimmten Suchtstoffen zu einer globalen Grundbefindlichkeit. Jetzt ist zu lernen, Sucht in politischen, anthropologischen, theologischen Kategorien zu denken – und sich selbst nicht auszunehmen. Angefixt sind wir alle, und wer darüber nachdenkt, ist selbst Teil des Problems. Das erste, wofür man erneut das Staunen lernen müßte, ist der konformistische Grundzug der Sucht: die Bereitschaft einer riesigen Menschenmenge, sich an den Tropf einer multimedialen Apparatur zu hängen und sich ästhetisch-neurologisch ausbeuten zu lassen. Was im ersten Kapitel «Sendezwang» genannt wurde, ist ja nur die Außenseite dieser Ausbeutung, ein Zwang, der ebenso objektiv wie subjektiv wirkt, ebenso als fremder Druck wie als eigenes Bedürfnis, so daß er geradezu als der stumme globale Konsens erachtet werden kann, der allen ausgesprochenen und ausagierten politischen Differenzen zugrunde liegt: sozusagen als ihr kollektives Unbewußtes. Sucht jedoch ist stets etwas tief Ambivalentes. Süchtige sind deshalb so erpicht auf den Suchtstoff, weil sie in ihm etwas anderes begehren, als sie bekommen. Sucht kann sich nicht bei sich selbst beruhigen. Sie besteht in der Flucht vor sich. Sie tendiert zur Steigerung der Dosis, weil sie *aufhören* will, Sucht zu sein. Und auch davon ließ das erste Kapitel schon die Außenseite erkennen. Das Verlangen nach mehr Schocks, das audiovisuelle Schocks wekken, nach einer stärkeren Dosis, härterem *reality*-TV, mehr *live*-Kameras, plastischeren 3-D-Szenarien ist zugleich das Verlangen nach Plastischerem, Realerem als 3-D-Szenarien, nach Sprengung dieser ganzen audiovisuellen Surrogatwelt, nach Genuß dessen, was die Surrogate verheißen, aber vorenthalten. Es steckt in diesem Verlangen zweifellos ein maschinenstürmerischer Impuls, der im Zeitalter des ästhetischen Kapitalismus vornehmlich ein bilderstürmerischer ist: am liebsten den Bildschirm zerhauen, um zu erhaschen, was er vorgaukelt, aber nicht gibt. Diesen Impuls muß jeder, der noch irgend bei Sinnen ist, unterdrücken, wenn er sich nicht bis auf die Knochen blamieren will. Aber keine Unterdrückung bringt ihn ganz weg. Und Bildersturm ist, gleichsam von Haus aus, theologisch imprägniert: Aufruhr gegen das Surrogat, den Götzendienst der Bilder. Sie werden zertrümmert, weil sie das Wahre, Rettende bloß simulieren statt wirklich zu bringen. Kurzum, in der medialen Bildersucht weht Bildersturm, in ihrem politischen Konformismus gärt Aufruhr, und zwar, dank seines theologischen Ferments, ein sehr grundsätzlicher. Er schlägt den Sack und meint den Esel, geht gegen die Bildschirme, aber intendiert, was hinter ihnen ist und in Bildimpulsen seinen ungreifbaren Zusammenhalt gefunden hat: die bestehende Vergesellschaftungsform selbst. Allerdings ist hier wohl zu unterscheiden zwischen den manifesten Worten der Süchtigen und der latenten Sprache der Sucht. Die Süchtigen wollen in der Regel bloß ihren Stoff und mehr Stoff. Die Sucht in ihnen will mehr als den Stoff. Aber die latente Sprache der Sucht kommt nur in den manifesten Worten der Süchtigen zum Ausdruck, nie an ihnen vorbei und nie unzensiert von ihnen, also ähnlich mittelbar, verstellt, verwandelt wie, nach Freud, der latente Traumgedanke im manifesten Trauminhalt. Der Suchtkonformismus ist daher ein klassischer Fall von Negation der Negation: manifeste Verleugnung seines eigenen latenten Untergrunds, nämlich des Verlangens, «das Kontinuum der Geschichte aufzusprengen».[80] Nur daß dies Verlangen in seinem Rohzustand so schöne Worte wie das hier zitierte nicht für sich hat. Solange es aber über streunende Erregung, motorische Unruhe, diffuse Aggressionsbereitschaft nicht hinauskommt, ist es das gerade Gegenteil eines Hoffnungsträgers: ein behandlungs-, um nicht zu sagen, rettungsbedürftiger Zustand.

Rettungsideen, die so prägnant sind und so zur rechten Zeit kommen, daß sie große Kollektive erfassen, hat es in der Menschheitsgeschichte vielleicht nur eine Handvoll gegeben. Die letzte epochale war die Marxsche. «Die Philosophie kann sich nicht verwirklichen ohne die Aufhebung des Proletariats, das Proletariat kann sich nicht aufheben ohne die Verwirklichung der Philosophie.»[81] Wie hier Philosophie und Proletariat zusammengedacht sind, ist einer der genialsten Kurzschlüsse überhaupt. Daß er nicht nur eine hegelianische Denkfigur darstellt, sondern zugleich eine viel ältere theologische enthält, nämlich die alttestamentliche vom geschundenen, aber erwählten Volk, auf dem die Erwartung ruht, daß seine Rettung die aller Völker einschließen werde, ist vielfach bemerkt worden – und für sich genommen noch kein Einwand. Es hat sich ja mehrfach gezeigt, wie theologische Ideen unversehens realitätstüchtig werden können. Und der Gedanke, daß das Proletariat die Klasse sei, die, dank unerhört produktiver Maschinen, nicht nur einen nie gekannten

80 W. Benjamin, *Über den Begriff der Geschichte*, l. c., S. 701

81 K. Marx, *Kritik der Hegelschen Rechtsphilosophie*. Einleitung, MEW 1, Berlin 1956, S. 391

Reichtum produziere, sondern zugleich ihr eigenes Elend und damit das strukturelle einer ganzen Gesellschaft, war der gesellschaftlichen Lage Mitte des 19. Jahrhunderts vollkommen angemessen. Wer also, wenn nicht diese Klasse, sollte dem kapitalistischen Produktionssystem ein Ende machen? Keineswegs abwegig die Folgerung, daß ihr durch die weltgeschichtliche Konstellation aufgegeben sei, dieses System auszuhebeln und seinen in wenigen Händen konzentrierten Reichtum in gemeinschaftliche Verwaltung zu nehmen und auf die Bedürfnisse aller abzustimmen. Und selbst die Hindernisse, die sich vor diesem Ziel auftürmen, werden bei Marx fast alle schon genannt: daß die Herrschenden und Besitzenden, die «Expropriateure» des Gemeinschaftlichen, alle Hebel in Bewegung setzen würden, um ihre Stellung zu halten, daß die «Expropriation der Expropriateure»[82] ohne erhebliche Kosten an Schweiß und Blut nicht zu haben wäre und im Fall ihres Gelingens eine Klasse an die Macht brächte, die «in jeder Beziehung, ökonomisch, sittlich, geistig, noch behaftet ist mit den Muttermalen der alten Gesellschaft» und vor schwersten Verwaltungs- und Verteilungsaufgaben stünde, für die sie nicht gerüstet ist. Und doch werden all diese Hindernisse nur unter der Voraussetzung erwähnt, daß sie im Prinzip überwindbar sind, daß nach einer langen Durststrecke, wenn «mit der allseitigen Entwicklung der Individuen auch ihre Produktivkräfte gewachsen und alle Springquellen des genossenschaftlichen Reichtums voller fließen», «die Gesellschaft» tatsächlich «auf ihre Fahnen schreiben» könne: «Jeder nach seinen Fähigkeiten, jedem nach seinen Bedürfnissen!»[83] Selbst die Köpfe um Max Horkheimer, für die der sowjetische Sozialismus keine Durststrecke auf dem richtigen Weg war, sondern ein horrendes Mißverständnis der Marxschen Theorie, Anlaß daher, bereits in den dreißiger Jahren, nicht etwa erst nach 1989, eine «kritische Theorie» zu formulieren, die vom Scheitern dieses Sozialismus ausging – selbst sie haben besagte Marxsche Voraussetzung anstandslos mitgetragen.[84]

[82] Wörtlich heißt es: «Die Stunde des kapitalistischen Privateigentums schlägt. Die Expropriateurs werden expropriiert.» K. Marx, *Das Kapital I*, l.c., S. 791

[83] K. Marx, *Kritik des Gothaer Programms*, MEW 19, Berlin 1976, S. 20f.

[84] Ganz unbefangen noch in den dreißiger Jahren. «In der zukünftigen Gesellschaft [...] ergibt sich das Leben des Ganzen wie der Einzelnen [...] als Wirkung von vernünftigen Entwürfen, die auf das Glück der Individuen in gleicher Weise abzielen.» (M. Horkheimer, *Materialismus und Moral*, 1933, Ges. Schriften, Bd. 3, Frankfurt am Main 1988, S. 128) Oder in Adornos brieflicher Kritik von 1936 an Benjamins *Kunstwerk*-Aufsatz: «[...] die Theorie der Zerstreuung will mich, trotz ihrer chokhaften Verführung, nicht überzeugen. Wäre es nur aus dem simplen Grunde, daß in der kommunistischen Gesellschaft die Arbeit so

So unbestechlich ablehnend sie gegen den Ostblock waren, nie haben sie ganz aufgehört zu unterstellen, der dort praktizierte Sozialismus sei die falsche Gestalt des Richtigen: indiskutabel zwar in seiner konkreten Verfahrensweise und vielleicht nicht einmal reformfähig, aber dennoch eine Art Unterpfand dafür, daß ein Sozialismus, der diesen Namen verdient, nämlich ein Verein freier Menschen, worin jeder nach seinen Fähigkeiten tut und jedem nach seinen Bedürfnissen geschieht, jederzeit möglich sei, wenn nur die Menschen es ernstlich wollten.

Aber ist dieses «es ernstlich wollen» nicht ein Stück infantiler «Allmacht der Gedanken»,[85] wie Freud sie an Naturvölkern analysiert hat? Werden da nicht Erfahrungen, die man vielleicht in kleinen, vertrauten, zu tiefem Einverständnis zusammenwachsenden Gruppen machen kann, auf die ganze Menschheit hochgerechnet und das Wünschbare mit dem Machbaren verwechselt? Schon in kleinen Gruppen ist es ein Glücksfall, wenn jenes kapriziöse nervliche Kräfteparallelogramm, das wir den menschlichen Willen nennen, mit einer Mehrzahl anderer solcher Parallelogramme in eine solidarische und generöse Balance gerät. Und dieser Glücksfall soll zum Normalfall der gesamten Weltbevölkerung potenzierbar sein? Fünf bis sechs Milliarden Individuen sollen ihren Eigenwillen zu einem vernünftigen Gesamtwillen, zur *volonté générale* einer solidarischen Weltgesellschaft vereinigen? Ist das nicht so, wie wenn man den Spitzentanz als allgemeine alltägliche Fortbewegungsweise vorschlägt, weil die Primaballerina ihn als menschenmöglich erwiesen hat?

Zweifellos ist Natur dehnbar, aber wie weit, merkt man gewöhnlich erst, wenn sie schon überdehnt ist. Und ihre Dehnung kostet Tribut. Sobald Menschen außer Sichtweite zueinander geraten und dennoch verbunden bleiben wollen, muß die Kommunikation bekanntlich «gestreckt» werden – durch Überbrückungsinstanzen, von denen der Markt nicht die älteste, aber die folgenreichste gewesen ist. Post, Markt, Presse, Telekommunikationsnetze sind unvermeidlich, wenn Güter, Gedanken, Empfindungen, Bilder über größere Entfernungen transportiert werden sollen, und sind diese Medien erst einmal da, so bilden sie einen systemischen Eigensinn aus, der mit dem vielfältigen menschlichen Eigenwillen zu einem komplexen Willensbildungspro-

organisiert sein wird, daß die Menschen nicht mehr so müde und nicht mehr so verdummt sein werden, um der Zerstreuung zu bedürfen.» (Th. W. Adorno/W. Benjamin, *Briefwechsel* 1928–1940, Frankfurt am Main 1994, S. 172)

[85] S. Freud, *Totem und Tabu*, Studienausgabe, Bd. IX, Frankfurt am Main 1974, S. 374

zeß zusammenwächst. Schlechterdings unerfindlich, wie die heutige Weltbevölkerung ihre Bedürfnisse angemessen artikulieren soll ohne das globale mediale Netz, so gewiß es diese Artikulation bis zur Unkenntlichkeit kanalisiert und verwässert. Schlechterdings rätselhaft, wie Lebensmittel gerecht unter sie verteilt werden sollen ohne das Instrumentarium des Markts, so gewiß dessen globale Verteilungsgewalt Unmengen an Ungerechtigkeit und Elend produziert. Und schließlich: Wie sollen die menschlichen Kapazitäten der Empathie und Fürsorge, des Fühlens und Denkens für andere, die gewöhnlich kaum weiter reichen als bis zu den nächsten Angehörigen, sich derartig dehnen, daß «Fernsten-Liebe»,[86] wie Nietzsche sie allenfalls für den erlesenen Jüngerkreis Zarathustras vorsah, eines Tages zur Willenspotenz von jedermann werden könnte? Man stelle sich Aborigines, Inder, Bantus, Ianomami, Yankees, Skandinavier, Kirgisen, Araber und viele andere über Tausende Kilometer hinweg in einem einheitlichen organisatorischen und kulturellen Willen vereint vor. Je weiter die reale telekommunikative Vernetzung in entlegene Weltwinkel und ihre kulturellen Besonderheiten und Marotten vordringt, desto illusorischer und beängstigender wird diese Vorstellung, desto propagandistischer erscheint McLuhans These, wir hätten, «nach mehr als einem Jahrhundert der Technik der Elektrizität», «sogar das Zentralnervensystem zu einem weltumspannenden Netz ausgeweitet».[87]

Wie wenig das stimmt, wurde gezeigt. Und doch hat McLuhans Technikeuphorie lediglich der Idee der Fernstenliebe, die ebenso bürgerlich wie sozialistisch gedacht werden kann, realitätstüchtige kapitalistische Beine zu machen versucht. Was er elektrotechnischen Kräften zutraute, erwarteten auch die Kritischen unter den großen Sozialisten von menschlichen Seelenkräften, wenn endlich alle Widrigkeiten der bestehenden Vergesellschaftungsform überwunden seien: das Zusammenfallen von Nächsten- und Fernstenliebe in einer neuen, menschheitsumspannenden Einmütigkeit. Das ist die Prise Allmachtsphantasie, durch die schon die sozialistische Theorie vom konkreten Willensbildungsprozeß im Naturwesen Mensch absah, nicht erst die Praxis. Daher macht es sich zu leicht, wer einfach nur die gute Idee des Sozialismus gegen ihre schlechte Realisierung ausspielt. Das Ende der schlechten Realisierung hat auch die Schwäche der Idee selbst offengelegt. Zwar war sie in ihrer ernstzunehmenden Form, der Marxschen, nie einfach als das Reich Gottes auf Erden gemeint, das ihr von ihren Gegnern durchaus böswillig unterstellt

86 F. Nietzsche, *Also sprach Zarathustra*, l. c., S. 77
87 H. Marshall McLuhan, l. c., S. 11

wurde, sondern nur als ein derart entschieden besserer Zustand als der vorfindliche, daß die Nichtexistenz des Reiches Gottes darüber verschmerzbar werde.[88] Dennoch, ihre Vision einer von Nächsten- und Fernstenliebe auf höchstem technischen Stand einmütig zusammengehaltenen Weltgesellschaft enthält mehr Reich-Gottes-Prätention, als ihr recht sein konnte. Es ist darin gleichsam die soziale Außenseite der mit sich und der Natur versöhnten Menschheit imaginiert, dessen also, was die Theologie ewige Seligkeit genannt hat.

Der Zusammenbruch des Ostblocks hat nur offenbar gemacht, wohin die sozialistische Vision des richtigen Lebens gehört: auf die Seite der theologischen Ideen.[89] Deren Schwäche liegt auf der Hand: Sie lassen sich nicht realisieren. Die «Expropriation der Expropriateure» hat sich zwar als machbar erwiesen, aber sie läßt all die Versorgungs-, Verteilungs- und Verwaltungsprobleme, deren falsche Lösung sie zerschlägt, so zurückkehren, wie die abgeschlagenen Köpfe der Hydra nachwachsen: mit gesteigerter Zudringlichkeit. Selbst wenn zu ihrer Bewältigung andere Wege begehbar sind als die von Lenin, Stalin oder Mao eingeschlagenen, etwa der einer sozialistischen Zivilgesellschaft, wie er Gramsci vorschwebte – auf keinem von ihnen wäre die Expropriation der Expropriateure der Auftakt zur einmütigen sozialistischen Weltgesellschaft. Solange die Expropriation aber unterbleibt, finden alle Veränderungen auf kapitalistischer Geschäftsgrundlage statt. Sie sind keine sozialistische Politik, sondern allenfalls Politik mit sozialistischen Absichten. Auf die Frage,

[88] Die Sphäre der gesellschaftlichen Produktion bleibt «immer ein Reich der Notwendigkeit. Jenseits desselben beginnt die menschliche Kraftentwicklung, die sich als Selbstzweck gilt, das wahre Reich der Freiheit, das aber nur auf jenem Reich der Notwendigkeit als seiner Basis aufblühn kann. Die Verkürzung des Arbeitstags ist die Grundbedingung.» (K. Marx, *Das Kapital* III, l. c., S. 828) Eine bemerkenswert bescheidene Utopie.

[89] Benjamins Gleichnis vom unschlagbaren Schachautomaten, vor dem eine «Puppe in türkischer Tracht», in dessen Innern aber unsichtbar «ein buckliger Zwerg» saß, «der ein Meister im Schachspiel war und die Hand der Puppe an Schnüren lenkte» – es verliert damit nichts von seinem Charme; Benjamins eigene Auslegung aber einiges an Evidenz. «Gewinnen soll immer die Puppe, die man ‹historischen Materialismus› nennt. Sie kann es ohne weiteres mit jedem aufnehmen, wenn sie die Theologie in ihren Dienst nimmt, die heute bekanntlich klein und häßlich ist und sich ohnehin nicht darf blicken lassen.» (W. Benjamin, *Über den Begriff der Geschichte*, l. c., S. 693) Nun zeigt sich: Der historische Materialismus ist mehr als bloß Verpuppung der Theologie; er ist ihr selbst angewachsen: ihre Rinde, ihre schrumplige Außenhaut – nicht minder klein und häßlich als in den dreißiger Jahren die Theologie, die heute mit fundamentalistischem Schwung wieder auftrumpfend daherkommt.

wie sozialistische Politik noch möglich sei, gibt es gegenwärtig nur eine Antwort: überhaupt nicht. Nicht einmal Kuba betreibt sie noch ernstlich, von China nicht zu reden. Und Parteien wie die PDS entwickeln sich zu Varianten der Sozialdemokratie mit Resten sozialistischer Rhetorik.

Die Entrückung ins Unwirkliche, die der sozialistischen Vision damit widerfährt, macht sie aber nicht illegitim, ja nicht einmal notwendig kraftlos. Theologische Ideen haben einen starken Verbündeten: das menschliche Triebleben, den Glutkern menschlichen Wünschens, und die kapitalistische Vergesellschaftungsform facht diese Glut mit ihrer ganzen maschinellen Kraft an. Die Herstellung von Dauervorlust durch unablässig wiederholte audiovisuelle Schocks ist gleichsam nur die Bildwerdung jener grundsätzlichen Appetitanregung, die seit der industriellen Revolution das gesellschaftliche Bewegungsgesetz ausmacht. Die große Maschinerie, die da installiert und seither ständig verfeinert wurde, stellt ja tatsächlich die Befreiung von Mühsal und Hunger in Aussicht, ebenso wie die telekommunikative Vernetzung das Zusammenrücken zum globalen Dorf, also das, was die sozialistische Vision nur in Worte faßte. Unbeschadet des ganzen realsozialistischen Schiffbruchs gilt daher nach wie vor: Wer das will, was die kapitalistische Gesellschaft verheißt, muß eine andere Gesellschaft wollen. Daher wird es der Marxschen Rettungsidee nicht anders ergehen, als Kant es dem teleologischen Gottesbeweis vorausgesagt hat: Noch die schärfste Kritik an ihrer Beweisführung wird ihr die Plausibilität und Faszination nicht nehmen. Eine Marx-Renaissance ist geradezu voraussehbar, nur nicht ihr Zeitpunkt und ihre theoretische und praktische Gestalt. «Er belebt das Studium der Natur, so wie er selbst von diesem sein Dasein hat und dadurch immer neue Kraft bekommt»,[90] sagt Kant vom teleologischen Gottesbeweis. Zumindest wäre das sein vernünftiger Gebrauch, muß man einschränkend hinzufügen. Und die Vision einer einmütigen Weltgesellschaft? Belebt sie nicht das Studium der Gesellschaft, so wie sie selbst von diesem ihr Dasein hat und dadurch immer neue Kraft bekommt? Bei vernünftigem Gebrauch durchaus. Mehr noch: Das ungeheure Vorlustspiel, das die bestehende Gesellschaft veranstaltet, jenes permanente Eröffnen und Verstellen von Möglichkeiten, das in der Dauerproduktion von audiovisuellen Sensationen nur auf seinen Gipfel kommt, kann ohne den Wunsch nach seiner Überwindung nicht begriffen werden, und wo dieser Wunsch sich von dunklem affektivem Drang zu mentalen Vorstellungen klärt, da beginnen «nicht

[90] I. Kant, *Kritik der reinen Vernunft*, B 651, l.c., S. 550

festgestellte» Bilder der einmütigen Weltgesellschaft umzugehen. Sie sind die sozialistischen Plagegeister der kapitalistischen Vergesellschaftungsform, sozusagen die «Marx-Gespenster», die keine vernünftige Selbstbesinnung mehr los wird. Deren Bild- und Vorstellungsgehalt ist allerdings nie ganz eindeutig. Der Wunsch nach Rettung, der in ihnen Gestalt gewinnt, ist von Vergeltungs-, Rache-, Siegeswünschen nie keimfrei zu trennen. Es gibt keine reinen Utopien. Die Sehnsucht, die sie gebiert, trübt sie auch. Deshalb sind sozialistische von faschistischen gelegentlich so schwer zu unterscheiden.

Um so dringlicher ist die gedankliche Arbeit an ihnen. «Die Vernunft hat immer existiert, nur nicht immer in der vernünftigen Form»,[91] sagt Marx. Das gilt in vorzüglicher Weise für die theologischen Ideen, die ihr niedrigster wie höchster Ausdruck sind. Bekanntlich haben sie klein angefangen. Physiologie und Theologie waren zunächst kaum geschieden. Das Heilige, sagten wir im dritten Kapitel, ist Chiffre für einen gewaltigen Erregungsüberschuß. Ihn in Worte zu fassen, ist die theologische Elementarleistung. Diese Worte sind Vernunft in unvernünftiger Form, haben zunächst keinen Schimmer von dem, was sie sind, nämlich Bündelung von Erregung, spielen sich aber auf als etwas, was sie nicht sind: Bürgen für rettende höhere Mächte, die die Welt ins Lot bringen. Theologische Ideen in vernünftige Form überführen heißt ihnen die anmaßende Selbstverkennung nehmen, mit der sie ins Leben traten, heißt sie als versprachlichte Wünsche durchsichtig machen, aber auch bemerken, daß sie in dieser Eigenschaft das Extrem der Vernunft sind, sozusagen Vernunft *par excellence*, geradezu Offenbarer ihres Wesens. Denn Vernunft *ist* übersetztes Wünschen. Der menschliche Intellekt kann gar nicht anders als unablässig ergründen, erklären, interpretieren, d. h. Einheit in die Vielfalt bringen, Zusammenhang und Sinn ins Disparate, und in seiner rastlosen Suche nach logischer Konsistenz und Stimmigkeit verleiht er nur auf seine Weise dem Bedürfnis nach einer stimmigen, von allem Schmerz und aller Entbehrung geheilten Welt Ausdruck. Er tut begrifflich, was das «Seufzen der Kreatur»[92] vorbegrifflich tut. In theologischen Ideen wird dies Tun lediglich explizit, geständig und, wenn es gutgeht, seiner selbst bewußt. In diesem günstigen Fall aber kann es, gleichsam als Megaphon für das süchtige «Seufzen», das den latenten gesamtgesellschaftlichen Unruhezustand ausmacht, unschätzbare Aufklärungsdienste leisten. Vielleicht hilft ein politisch-

[91] K. Marx, *Briefe aus den «Deutsch-Französischen Jahrbüchern»*, MEW 1, l.c., S. 345

[92] Röm 8,22

theologisch gewendeter Begriff von Sucht den irritierenden Tatbestand erklären, daß Konformismus und Widerstand kaum mehr voneinander zu unterscheiden sind. Wie der manifeste Konformismus der Bildabhängigen selbst schon latenter Aufruhr ist, so tragen die manifesten Ausbrüche aus dem *high-tech*-Alltag, das Sich-Stürzen in Abenteuerurlaub, harte Drogen, Gangs und Sekten bis hin zu jenen scheinbar unmotivierten Amokläufen, die uns im ersten Kapitel beschäftigten, allesamt einen konformistischen Gegenzug in sich. Aus ihrem Aufruhr läßt sich unschwer der «Kampf ums Da» herauslesen, das Bedürfnis, beachtet, dabei, integriert zu sein statt abgehängt und ausgeschlossen; und dieses Bedürfnis fehlt auch dort nicht, wo nicht nur ein diffuses Unruhe- und Unmutspotential sich äußert, sondern gezielte politische Aktion. Wie es in Kants Transzendentalphilosophie ein «Ich denke» gibt, das «alle meine Vorstellungen begleiten können» muß, so gibt es unter den quasitranszendentalen Bedingungen eines allgemeinen Sendezwangs ein «Ich muß ins Rampenlicht, das alle meine Widerstandsaktionen begleitet». Physiologisch betrachtet hat es Suchtqualität, mental stiftet es den Zusammenhalt der Anschauungsform der Sensation, und politisch ist es der konformistische Impuls, der zur Bedingung der Möglichkeit aller Subversion geworden ist.

Griff nach der Notbremse

«Propaganda für die Änderung der Welt, welch ein Unsinn!» entfuhr es Horkheimer und Adorno 1944. «Die Propaganda manipuliert die Menschen; wo sie Freiheit schreit, widerspricht sie sich selbst. Verlogenheit ist unabtrennbar von ihr. Die Gemeinschaft der Lüge ist es, in der Führer und Geführte durch Propaganda sich zusammenfinden, auch wenn die Inhalte als solche richtig sind. Noch die Wahrheit wird ihr ein bloßes Mittel, zum Zweck Anhänger zu gewinnen, sie fälscht sie schon, indem sie sie in den Mund nimmt. Deshalb kennt wahre Resistenz keine Propaganda. Propaganda ist menschenfeindlich.»[93] Das sind ergreifende Sätze, bei denen man den antifaschistischen Schulterschluß Roosevelts und Stalins förmlich vor sich sieht, Sätze, die klarmachen, wie sehr der Kontext von Worten über ihre Bedeutung mitentscheidet. Und doch sind sie auch ein Zeugnis dafür, daß «Wahrheit einen Zeitkern»[94] hat, wie die Autoren an andrer Stelle

[93] M. Horkheimer / Th. W. Adorno, *Dialektik der Aufklärung*, l. c., S. 272
[94] Op. cit., S. IX

selbst sagen. Die Zeit aber, wo man zur Propaganda allein die Außenperspektive einnehmen konnte, in dem Glauben, sich rein von ihr zu erhalten, ist vorbei. Vielleicht war sie es schon in den vierziger Jahren. Inzwischen aber ist es offensichtlich. Niemand kann sich außerhalb der Anschauungsform der Sensation artikulieren, niemand sie kritisieren, sich gegen sie Gehör verschaffen, ohne an ihren vergröbernden, verdünnenden, verfälschenden Kanälen und Filtern teilzuhaben. Deshalb ist das Bestehen auf «wahrer», propagandafreier Resistenz zu einfach. Es gibt keine «wahre» Resistenz, die nicht auch unwahr wäre. Wahr im emphatischen Sinne kann doch nur diejenige sein, die sich nicht mit Halbheiten begnügt, die es also aufs Ende des globalen Zwangszusammenhangs anlegt, alle Demonstrationen, Streiks, Boykotts auf eine erfolgreiche Revolution hin ausrichtet. Aber gerade diese wahre Resistenz ist eminent unwahr – überschattet von krasser Fehleinschätzung des Machbaren. Und es ist die Ahnung ihrer Selbstüberhebung, die Benjamin in einer brisanten Notiz den Spieß hat umkehren lassen: «Marx sagt, die Revolutionen sind die Lokomotive der Weltgeschichte. Aber vielleicht ist dem gänzlich anders. Vielleicht sind die Revolutionen der Griff des in diesem Zuge reisenden Menschengeschlechts nach der Notbremse.»[95] Dies Bild ist insofern wahrer als das vom siegreichen Aufbau der kommunistischen Weltgesellschaft, als es die tatsächlichen Kräfteverhältnisse zwischen den Individuen und dem eigensinnigen systemischen Sog, der sie fortreißt, ungleich realistischer ausdrückt. Aber damit ist es auch unwahrer, denn was ist am Griff nach der Notbremse noch revolutionär? Er wälzt nichts um, führt günstigstenfalls zum Innehalten, politisch gesprochen, zum Generalstreik, und von dem kann man nicht leben, man muß wieder zurück an die alte Arbeit, wenn nicht neue Arbeits- und Lebensverhältnisse eingerichtet sind, die durch Bremsen nicht entstehen. Revolution als Notbremsung interpretieren läuft aufs Dementi der Revolution hinaus. Die Pointe daran aber ist: Nur in dementierter Form ist der Revolutionsgedanke noch haltbar. Bremsen ist zwar bloß der Schatten revolutionärer Tätigkeit, aber nur als Schatten ihrer selbst, als Surrogat dessen, was sie eigentlich sein müßte, kann sie Wirklichkeit werden. Sie ist ein Musterfall der «zweitbesten Fahrt». Gemessen an der besten ist die zweitbeste die unwahre. Solange aber die beste nicht machbar, ihr Ziel unerreichbar ist, ist die zweitbeste die einzig wahre.

[95] W. Benjamin, *Notizen und Vorarbeiten zu den Thesen ‹Über den Begriff der Geschichte›*, Ges. Schriften, Bd. I. 3, l. c., S. 1232

So gesehen kann der Gedanke des Bremsens ungemein ergiebig werden: sich als der gemeinsame Nenner zahlloser zerstreuter, zusammenhangloser Aktionen und Tätigkeiten erweisen, in denen das diffuse Aufruhrpotential der allgemeinen Suchtverfassung die Kontur des Widerstands bekommt. Zunächst ist da an die ganz unspektakuläre alltägliche Suchtbekämpfung zu denken. Gegen die Allgegenwart audiovisueller Bestrahlung einfach bloß Abstinenz zu verordnen, wäre absurd. Ökonomisch wie nervlich ist kaum mehr jemand lebensfähig ohne sie. Es kann nur noch darum gehen, sich gegen sie zu impfen – ganz so, wie Benjamin sich gegen die Sehnsucht nach seiner bürgerlichen Kindheit mit Bildern aus ihr geimpft hat, aber gerade nicht so, wie er sich die Impfung des Proletariats durch Filmbilder vorgestellt hat. Zur Impfung gehört die Dosierung, und alles Dosieren ist Bremsen: dem Organismus den Giftstoff in so kleinen Mengen zuführen, daß er ihn bewältigt, statt von ihm überwältigt zu werden. Täglich wirken Eltern und Erzieher als Bremser, wenn sie den Kindern den Fernsehkonsum dosieren. Eine kaum zu überschätzende Tätigkeit. Mancher bekäme vielleicht etwas Auftrieb dabei, wenn ihm klar wäre, in welcher Tradition sein mühseliges Tun steht. Als zu Beginn des 20. Jahrhunderts Malern der Weg gegenständlicher, abbildender Darstellung zu ausgetreten anzumuten begann, als daß sie ihn weitergehen wollten, Musikern die tonale Klangwelt zu ausgeleiert, um sie fortzuschreiben, da geschah etwas, was dem Griff nach der Notbremse nicht unähnlich war: ein Sich-Sträuben gegen die Entsinnlichung der Sinne, gegen das, was oben ihre ästhetisch-neurologische Ausbeutung genannt wurde. Das Sensorium dieser Künstler war fein genug, tonale Klang- und gegenständliche Bildsprache schon als verbraucht zu empfinden, als sie es vergleichsweise noch kaum waren, als die audiovisuelle Apparatur, durch die sie es erst werden würden, noch in den Anfängen steckte. Der asketische Zug der Avantgardekunst ist offensichtlich, für Adorno geradezu ihr Qualitätskriterium, «daß sie sich nicht genießen läßt». «Alle ‹leichte› und angenehme Kunst ist scheinhaft und verlogen geworden [...], und die promesse du bonheur, als welche man einmal Kunst definiert hat, ist nirgends mehr zu finden, als wo dem falschen Glück die Maske heruntergerissen wird.»[96] Das ist selbstverständlich keine Absage an Genuß überhaupt, sondern an den «falschen», ausgeleierten, zum bloßen Reiz heruntergekommenen. Die strengen abstrakten, atonalen, geometrischen Formen sollten ja selbst durchaus Genuß verschaffen, aber

[96] Th. W. Adorno, *Über den Fetischcharakter in der Musik und die Regression des Hörens*, l. c., S. 19

eben jenen mittelbaren «zweitbesten», der einzig noch genießbar schien, wenn der unmittelbare zum bloß äußerlichen Sinnengekitzel verkam, und der die Wahrnehmung vor der Rückbildung zum bloßen Reiz-Reaktions-Mechanismus zu bewahren versprach.

Die Wut, die diese Haltung auslöste, ist bekannt. Bilder, auf denen man nichts identifizieren könne, Klänge, die sich nicht mehr zu Harmonien fügten, seien ein Hohn auf den Kunstgenuß – der infame Versuch, mit erbärmlichen Genuß-Surrogaten den Kunstgenuß als Surrogat zu denunzieren. Nun, die Empörung legte sich allmählich, und die Kunst machte bei Neuer Wiener Schule, Blauem Reiter und Bauhaus nicht halt. Noch viel weniger allerdings die Entsinnlichung der Sinne, auf die die Avantgarde die vorausschauende und -fühlende, ebenso schockierende wie schockierte Antwort war. Die spezifische Askese eines Schönberg, Klee oder Gropius läßt sich zwar nicht einfach künstlerisch fortschreiben, drängt sich inzwischen aber ganz unkünstlerisch auf: auf den Straßen, in Kaufhäusern, Gaststätten, Banken, an den Arbeitsplätzen – überall, wo man versuchen muß, sich gegen Dauergedudel und -geflimmer abzuschotten, wenn man bei Sinnen bleiben will. Der Griff nach der Notbremse, den die Kunst einst spektakulär vollzog, elementarisiert sich hier zu lauter kleinen alltäglichen Notwehrhandlungen. Die aber bekommen in ihrer ganzen Trivialität eine ungewohnte Bedeutungsschwere. Etwas so Läppisches wie die Entscheidung, ob man sich Hintergrundmusik im Restaurant gefallen läßt oder nicht, kann plötzlich zur Prinzipienfrage, zum Probierstein von Zivilcourage werden. Nicht zu reden vom Kampf ums Radiohören am Arbeitsplatz, der zudem bizarre Fronten bekommt, weil Geschäftsleitungen, die es verbieten, Suchtbekämpfung betreiben, während Angestellte, die es verlangen, nur Entzugserscheinungen bekämpfen. Das Abschreiben von Texten und Formeln, früher einmal das ganz gemeine Kennzeichen der Paukschule, kann unter den Bedingungen allgemeiner Bildschirmunruhe, wovon auch die Klassenzimmer immer weniger ausgenommen sind, unversehens zu einer Maßnahme der motorischen, affektiven, mentalen Sammlung, der inneren Einkehr, um nicht zu sagen, des Eingedenkens werden – nicht unähnlich dem, was in theologischer Sprache Andacht heißt. Lehrer, die strikt darauf achten, daß hier nicht unterdosiert wird, leisten Widerstand, so sehr sie nach herkömmlicher politischer Terminologie auch als konservativ gelten mögen. Wo jede Nachgiebigkeit gegen mediales Sinnengekitzel die ästhetisch-neurologische Selbstenteignung vorantreibt, da ergreift die Abschottung gegen audiovisuelle Dauerbestrahlung für die Sinnlichkeit der Sinne Partei. Sie hält sie offen für nachhaltige Erfahrung, wird zum Platzhalter des «zweitbesten Genusses» und bringt den Grundsinn von Askese wieder zum Vorschein. Wie im dritten Kapitel gezeigt, hat Askese, ehe ein theologischer Überbau sie zur Gottgefälligkeit rationalisierte, als Schockabwehr angefangen, als Bekämpfung höchster Unlust, und noch durch die strengsten mönchischen Ausprägungen, die sie später annahm, scheint etwas davon hindurch. Ihre Lustverneinung war – Nietzsche hat es großartig dargelegt[97] – immer Chiffre der Unlustverneinung, immer erpicht, sich für die entgangene Lust durch eine höhere schadlos zu halten. Nun ist es, als wende sich auch die Askese zum «Rückgang in den Grund». Wo sie zur *ultima ratio* gegen den audiovisuellen Vampirismus wird, nähert sie sich der archaischen Notwehr wieder an.

Die alltägliche Notwehr gegen Reizflut steht, ob bewußt oder nicht, im Bündnis mit der Avantgardekunst und erweist sie als eine Vergangenheit, die nicht vergeht. Längst ist sie von weiteren Kunstströmungen überspült worden, und doch kommen die Nachfolgegenerationen nicht von ihr los. Ihr Skandal ist nicht mehr ihr Inhalt, sondern daß sie nicht aufhört, Markstein zu sein. Wie heterogen sich Kunst um die gegenwärtige Jahrhundertwende auch artikuliert: sie hat einen gemeinsamen Nenner. Wen man auch fragt, nahezu allen Künstlern ist es darum zu tun, eingeschliffene, ausgelaugte Wahrnehmungsweisen zu durchbrechen, alle kämpfen gegen den schalen Genuß vordergründiger Reize im Dienste eines andern Genusses. Auch wenn sie die Avantgardekunst selbst zu den eingeschliffenen Wahrnehmungsweisen rechnen und bekämpfen, so setzen sie deren Kampf nur mit andern Mitteln fort. Die Anschauungsform der Sensation hat die Kunst in ihrer Erscheinungsweise unerhört diffus gemacht, in ihrer Intention aber unerhört uniform. Das macht: Die Sensationsmaschinerie selbst diffundiert in unzählige Sinnesreize, während sie sich in ihrer Dynamik rasant uniformiert. Auch das gehört zum Tatbestand der konzentrierten Zerstreuung. Daß Gewalt- und Geschlechtsakte, entblößte und verstümmelte Körper, tränen- und blutüberströmte Gesichter mit deutlich erhöhter Frequenz über die Bildschirme huschen, seit der Kampf um Wahrnehmung zum Existenzkampf von Fernsehsendern geworden ist, ist ja kein Mißbrauch des Mediums, sondern gerade die ungehemmte Entfaltung dessen, was Bildschock heißt. Zunächst ist der Schock bloß etwas Formales: die ruckartige Weise, wie Bilder in Erscheinung treten. Aber diese Form schreit gleichsam nach den ihr gemäßen Inhalten. Es ist des Mediums eigene Schwerkraft, wenn sich der Bildschock in schockierende In-

[97] «Was bedeuten asketische Ideale?» (F. Nietzsche, *Genealogie der Moral*, Dritte Abhandlung, l. c., S. 339 ff.)

halte übersetzt, die ihn verstärken oder gar die Sinnesreizung, den Nervenkitzel übernehmen, die er nicht mehr leistet. Unter solchen Bedingungen aber kann alles, was den Namen Kunst noch irgend verdient, gar nichts anderes sein als Bremskraft gegen diese Schwerkraft. Und zwar nicht, weil Künstler besonders revolutionär veranlagt wären, sondern weil es ästhetisch unter ihrer Würde ist, bloß der Schwerkraft eines Mediums zu folgen. Tun, was jeder Normalbenutzer tut, ist keine Kunst. Photographien, Plakate, Filme, Videoinstallationen, die künstlerischen Rang beanspruchen, sind daher daran zu messen, wie weit es ihnen gelingt, das Medium gegen sich selbst zu kehren, oder, moralisch gesprochen, in sich gehen zu lassen.

Die Verlangsamung der Bild- und Tonsequenzen, die das Sensorium festhält, wo es fort will, oder ihre Beschleunigung bis an den Rand der Implosion; Einnahme der Außenperspektive von Marginalisierten, Kindern, Tieren, Engeln etc.; mikro- und teleskopische Einstellungen; Rückgriff auf veraltete technische Mittel, Lochkamera, wo die digitale angesagt ist, Schwarzweiß-Einsprengsel auf der Höhe des Farbfilms; gezielter Ein- oder Ausfall von Sprache, Musik, Geräusch; Zurücknahme darstellerischer Mittel, etwa wenn Hauptfiguren nicht selbst erscheinen, *showdowns* ausgeblendet, Gefühle nicht breitgetreten werden, Grauen wie das der *Shoah* in einem Mosaik von Zeugenaussagen aufscheint, statt realistisch gemimt mit «echter» Nazi- und KZ-Kulisse daherzukommen; Umschlagen von Konkretion in Abstraktion, etwa in minutiöser Abbildung des hochtechnologischen Interieurs der Gesellschaft, die alles bis ins Detail genau sehen läßt und gleichwohl alles vorenthält, weil sich das Dargestellte jedem identifizierenden Begreifen entzieht: dies alles sind nur schattenhafte Andeutungen, jede einzelne mit einer Traube von Kunstwerken konnotiert. «Je näher man ein Wort ansieht, desto ferner sieht es zurück»,[98] sagt Karl Kraus. Wo sich diese Erfahrung nicht nur vor Schriftzeichen, sondern auch vor technischen Bildern einstellt, da wird der Bildschock gleichsam durch ein Innehalten unterlaufen, in einen Reflexionsschock umgebogen. Wann immer das gelingt, ist es der quasinatürlichen Schwerkraft des Mediums mühsam abgetrotzt. Gerungen werden mußte schon immer mit dem Material, damit der Stein, die Farbe, die Töne, die Handlung die gehörige Form annahmen. Aber die Biegung des audiovisuellen Mediums zur Reflexion ähnelt sich einer Sisyphosarbeit an. Und jede erfolgreiche Biegung gleicht einem Tropfen Bremsöl, bei dem ungewiß ist, ob er mehr sein wird als Schmieröl des Kunstbetriebs.

[98] K. Kraus, *Pro domo et mundo*, Leipzig [3]1919, S. 164

Es gibt also keinen Grund, von der Bremstätigkeit der Kunst nennenswerte Umwälzungswirkungen zu erwarten. Auf ihren Kontext kommt es an. Das alltägliche Sich-Impfen und -Abschirmen gegen Reizflut ist gleichsam die stille Vorarbeit, ohne die sich das Sensorium für die Bremsleistung der Kunst gar keine Aufnahmekapazität bewahren könnte. Und diese Leistung wiederum hat nur Brisanz im Kontext mit Bremsaktionen, die wesentlich direkter zupacken. Auch unter diesem Aspekt ist übrigens die Avantgardekunst eine Vergangenheit, die nicht vergeht. Sie hat am Beginn des 20. Jahrhunderts den Griff zur Notbremse präfiguriert, der an seinem Ende als einzige Widerstandsform übriggeblieben ist. Kein Zufall, daß ein ihr tief verbundener ästhetischer Theoretiker die Formel dafür gefunden hat. Eine tief kränkende Formel. Die in der Sowjetunion mit dem Aufbau des Sozialismus beschäftigt waren, wollten *voran*, Lokomotive sein. Die Mehrzahl von ihnen hat die Avantgardekunst genau als die Bremstätigkeit empfunden, von der Benjamin spricht – aber damit eben als Verrat an der Revolution, nicht als ihr Geheimnis. Erst nach dem Zusammenbruch des Ostblock-Sozialismus darf man allerdings den Gedanken wagen, daß die Avantgarde, ohne es freilich zu ahnen, ihm schon damals seine Melodie als Zukunftsmusik vorgespielt hat: daß auch er schließlich nichts anderes sein würde als ein großes Bremsprojekt gegen die kapitalistische Globalisierung – in dem Maße inhuman, wie er sich das nicht eingestehen und mit aller Gewalt mehr sein wollte als Notbremsung. Und was für den Ostblock gilt, gilt erst recht für die antikapitalistischen Bewegungen in den Zentren der westlichen Welt in der zweiten Hälfte des 20. Jahrhunderts. Zu Unrecht vergessen ist die Situationistische Internationale, jene kühne Mischung von Marx und Surrealismus, die Ende der fünfziger Jahre in Paris das «Konzept eines unitären Urbanismus» entwarf, im anonymen und abstrakten Großstadtraum unter «Anwendung aller Kunstrichtungen und Techniken» revolutionäre «Kraftfelder», «Milieus», «Stimmungsviertel», «Situationen»[99] komponieren wollte, von denen die Umwälzung der Metropolen dann ausgehen sollte. Rückblickend erweist sich der Situationismus als Vorhut im Kampf zur Rettung des konkreten Ortes gegen den abstrakten Raum, des erlebbaren Hier und Jetzt gegen das ungreifbare Da medialer Spektakel. Er zog an der Notbremse – nicht anders als die internationale Protestbewegung der sechziger Jahre.

[99] G. Debord, *Rapport über die Konstruktion von Situationen und die Organisations- und Aktionsbedingungen der internationalen situationistischen Tendenz*, 1957, in: Der Beginn einer Epoche. Texte der Situationisten, Hamburg 1995, S. 39f.

Kein Zweifel, daß sie einen marxistischen Glutkern hatte, der zeitweise auch auf ihre marginalen Mitläufer ausstrahlte und die Stürzbarkeit des «spät»kapitalistischen Systems suggerierte. Aber über die Ächtung des Vietnamkriegs, die Einübung zivilen Ungehorsams, die Lockerung der Umgangsformen und, in Deutschland, die Thematisierung der nationalsozialistischen Vergangenheit ist sie nicht hinausgekommen – was nicht wenig ist. Und so wird man auch die mexikanischen Zapatisten und die brasilianischen Landlosen nur vernünftig unterstützen können, wenn man ihnen die Kränkung nicht erspart, daß auch sie nicht der Neuanfang des Sozialismus sind, sondern Bewegungen zur Bremsung schamloser Ausbeutung, zur gerechteren Verteilung gesellschaftlichen Reichtums – und lebendige Mahnmale dafür, daß die sozialistische Idee einer einmütigen Weltgesellschaft sich ebensowenig ausmerzen läßt wie Nietzsches theologischer Stoßseufzer: «Weh spricht: Vergeh! Doch alle Lust will Ewigkeit».[100]

In dem Maße, wie die Avantgardekunst sich als Archetypus modernen Widerstands herausstellt, wächst ihr posthum politischer Erkenntniswert zu. Und umgekehrt wächst das Gewicht des Ästhetischen auch in Widerstandsformen, die keinerlei künstlerische Ambitionen haben. Die *No-Logo!*-Kampagne, inspiriert durch das gleichnamige Buch von Naomi Klein, ist ein vielleicht kurzlebiges, aber instruktives Beispiel: gerichtet gegen Firmen wie McDonald, Coca-Cola, Nike. Deren Logos haben buchstäblich die Welt erobert, in dem Moment aber, wo sie sich unverhohlen als Insignien des Kults ihrer selbst präsentieren, leuchten sie auch als Wahrzeichen doppelter Ausbeutung auf. Hinter der ökonomischen, die ihre Beschäftigten, zumal in der dritten Welt, erleiden, tut sich die ästhetisch-neurologische, die Ausbeutung «sans phrase» auf, die überall dort geschieht, wo ein solches Logo als Identitätsstifter und Fetisch zahllose Nervensysteme absorbiert. Dieser Offenbarungsmoment hat im Nu weltweit zerstreuten, vagen Unmut in ein Aktionsnetz von Aufrufen, Boykotts, Demonstrationen überführt – allerdings ein in doppeltem Sinn lockeres Netz: von festen Kampfgruppen gleich weit entfernt wie von überschwenglichen Ambitionen. Man will zwar «eine neue Protestbewegung», aber keine wie in den sechziger Jahren. «Die waren zu naiv, zu romantisch [...] zu direkt, da kann man nur verlieren, weil man weniger Geld, weniger Macht hat. Wir haben das Internet, Demonstrationen, wir organisieren Proteste in kleinen Gruppen. Wir sind dezentral, das ist unsere Kraft. Die Konzerne sind

100 F. Nietzsche, *Also sprach Zarathustra*, l. c., S. 404

angreifbar.»[101] Das ist natürlich der Lustpunkt der Kampagne. Der Bildschock als solcher ist ungreifbar. Aber wenn man einen seiner gewichtigen Repräsentanten, das Logo eines Weltkonzerns, für einen Moment zu fassen bekommt, dann ist das gleichsam ein haptischer Triumph, ein *sentio ergo sum*, ohne daß man dabei so roh und blindwütig zuschlagen muß wie die im ersten Kapitel erwähnten Jugendgangs. Und in einem übertragenen Sinne könnte man sagen: Die «Logos», in denen der ungreifbare Tatbestand der Globalisierung Bild wird, sind die Treffen ihrer mächtigsten Repräsentanten: der Chefs von Weltbank, IWF und G-7-Staaten. Es ist Bildersturm, wenn aus aller Welt Globalisierungskritiker zu diesen Zusammenkünften anreisen. Sämtliche Bedeutungsnuancen von Sensation scheinen dabei ineinander. Zum einen das Bedürfnis nach haptischer Sensation: die Globalisierung wenigstens in ihrem Bild zu fassen bekommen wollen. *Esse est percipere*. Sodann das Bedürfnis nach Sensation in dem Sinne, daß man selbst spürbar *wird*, die Übermacht am empfindlichsten Punkt trifft. *Esse est percipi*. Getroffen aber wird Macht nur noch, wenn sie spektakulär getroffen wird. Mit andern Worten: Wahrgenommen wird nur das Aufsehenerregende.

Gegenfeuer

Kein Griff nach der Notbremse im Benjaminschen Sinne kann mehr umhin, Sensation zu machen. Es kann nur noch darum gehen, qualitativ anders Sensation zu machen als etwa Coca-Cola oder Nike: *Gegenfeuer*, wie Pierre Bourdieu das so schön nennt.[102] In etablierten politischen Parteien und Gewerkschaften hat dies Feuer kaum mehr eine Chance. Sein Herd sind am ehesten Netzwerke aus kleinen Aktionsgruppen. Deren Stärke ist die Beweglichkeit, ihre Schwäche die Unstetheit. Das Internet, das sie miteinander verbindet, fördert auch ihre Unverbindlichkeit. So schnell, wie man sich einklinken und eine kleine Aktion zur Lawine machen kann, kann man sich auch wieder ausklinken, sobald die Sache Geduld und Zähigkeit erfordert. Am verheißungsvollsten ist noch jene Verbindung von Beweglichkeit und Professionalität, die gelegentlich in «Nicht-Regierungsorganisationen» (NGOs) stattfindet, selbst wenn der Verdacht, sie seien «der am meisten überschätzte Akteur der

[101] N. Klein, zit. n. M. Linnartz, *Den Seelenverkäufern auf der Spur*, Frankfurter Rundschau, Magazin, 17. 3. 2001, S. 3

[102] Cf. P. Bourdieu, *Gegenfeuer*, Konstanz 1998

90er Jahre»,[103] nicht unbegründet sein mag. Namentlich an Greenpeace knüpften sich überschwengliche Hoffnungen nach der erfolgreichen Kampagne gegen Shell. «Das Handeln von Weltkonzernen und nationalen Regierungen gerät unter den Druck einer sich herausbildenden Weltöffentlichkeit», verallgemeinerte Ulrich Beck sogleich, als Shell nach internationalen Tankboykotts und Protesten auf die Versenkung einer Ölplattform verzichtet hatte. «Der Bürger entdeckt den Kaufakt als Stimmzettel. Im Boykott verbindet sich die aktive Konsumgesellschaft mit der direkten Demokratie».[104] Solange die Konkurrenztankstelle um die Ecke, der Tisch gedeckt und der Urlaub gesichert ist, muß man allerdings hinzufügen und unterstreichen, daß von dieser unausgesprochenen Voraussetzung die Mehrzahl der Weltbevölkerung ausgeschlossen ist. Wo das Existenzminimum beginnt, hört der Kaufboykott auf. Stark übertrieben also, daß Greenpeace «einem globalen Verantwortungszusammenhang» den Anschub gegeben habe.

Aber schaut man realitätstüchtig drein, wenn man diese Organisation einzig auf ihren Beitrag zum Sturz des Kapitalismus prüft? Dann kann sie nur durchfallen. Im Bunde «mit der Macht der Wirtschaftsbosse und vor allem mit der politischen Gewalt der Regierenden», «unterwegs im Dienst der nationalen Standortpolitik», lautet das vernichtende Urteil der «Marxistischen Gruppe». Greenpeace «weist auf die Kosten umweltschädigenden Vorgehens hin, schlägt machbare, d.h. nach geschäftlichen Bilanz- und staatlichen Haushaltsgesichtspunkten finanzierbare Alternativen vor, kümmert sich um sauberere und zugleich geschäftsfördernde Chemieverfahren, um Ersatzgeschäfte für Walfänger, um umweltverträglichere Kühlschränke», dies alles aber unter Ausblendung der entscheidenden Fragen: «warum die ökologischen Grundprobleme [...] bei den wirtschaftlichen Verantwortungsträgern so wenig Beachtung finden, wenn sie doch allgemein anerkannt sind, warum die Umwelt immerzu nicht gesünder wird, die Atomwaffen nicht verschwinden und die Belastungen durch die Chemie nicht geringer, sondern höchstens raffinierter werden». Statt dem Übel an seine gesellschaftliche Wurzel zu gehen, kümmerten sich die Aktivisten um «das Bild, das sie abgeben, und die Beachtung, die ihnen darüber im Fernsehen zuteil wird».[105]

103 Cf. P. Wahl, *NGOs – der am meisten überschätzte Akteur der* 90er Jahre. In: Friedrich-Ebert-Stiftung (Hg.), Globale Trends und internationale Zivilgesellschaft oder: Die NGOisierung der (Welt-)Politik?, Bonn 1996

104 U. Beck, *Was Chirac mit Shell verbindet*, DIE ZEIT, Nr. 37/1995, S. 9

105 W. Möhl, *«Lösungen sind da»*, Konkret 10/95, S. 16ff.

Eitel, opportunistisch, unbedarft: so stellt sich Greenpeace einer ausschließlich an Marx geschulten Urteilskraft dar, die sich der Lektion vom Griff nach der Notbremse hartnäckig verschließt. Natürlich hat Greenpeace nicht mit Kapitalismus-Kritik begonnen, sondern, wie sein Gründer freimütig gesteht, als «eine ganz unpolitische Gruppe» «ganz gewöhnlicher Menschen, die sich dafür einsetzen, daß die Nuklearversuche eingestellt werden».[106] Durch den Widerstand, den sie dabei sowohl leistete als auch erfuhr, wurde sie in einem Vierteljahrhundert dermaßen zur Professionalisierung gedrängt, daß sie schließlich einen Ökonomen von der Weltbank zum Chef berief, der kein Blatt vor den Mund nahm: «Aus meiner Sicht ist es essentiell, daß ein Verband wie Greenpeace, der konfrontativ arbeitet und sich mit mächtigen Interessengruppen auseinandersetzen muß, schnell und flexibel reagieren kann.» «Greenpeace hat es nämlich heute mit ähnlichen Problemen zu tun wie andere Unternehmen auch: mit Führungsproblemen, Bürokratie und mangelnder Qualitätskontrolle.» Es muß lernen, «die Qualität seines ‹Produktes›, der Kampagne, zu definieren und zu verbessern». «All diese Schwächen können wiederum nur mit modernen Managementmethoden überwunden werden.»[107] Wie das? Die Verseuchung von Meer, Boden und Luft, Ausrottung ganzer Tierarten und Zerstörung riesiger Urwälder, also all das, was Bestandteil eines global organisierten, ausbeutenden, profitorientierten Wirtschaftsmanagements ist, mit «Managementmethoden» bekämpfen: Ist das nicht wie den Teufel mit Beelzebub austreiben? Es sieht ganz danach aus. Nur wie soll es denn sonst gehen? Wer glaubt, daß er dort, wo organisiertes Handeln nötig ist, auch nur einen Moment um Koordination, Vernetzung, schnelle Entscheidung, gezielte Verlautbarung, also Managementmethoden herumkäme, hat das 20. Jahrhundert verschlafen, vor allem aber vergessen, daß die großen Revolutionäre, in deren Tradition er sich wähnt, im politischen Tageskampf Sorgen hatten, die ihrer Struktur nach Unternehmersorgen aufs Haar glichen. Natürlich wollten Leute wie Lenin, Trotzki, Luxemburg die kapitalistische Gesellschaftsformation zum Einsturz bringen. Aber *tun* konnten sie nie unmittelbar dies, sondern mußten immer Schritte unternehmen, die dahin führen sollten – und dabei ständig unter sich wandelnden, unvorhergesehenen Bedingungen unabsehbar weitreichende Entscheidungen treffen. Wie war der Arbeiterwiderstand ge-

[106] D. McTaggart, *Unternehmen Greenpeace*. Fahrt in den Atompilz, Frankfurt am Main und Berlin 1980, S. 16

[107] Th. Bode, *Ein Ökoverband muß wie ein Konzern geführt werden*, in: Spiegel Special 11/1995, S. 122f.

gen den Zaren zu organisieren? Nach dem Modell westlicher Sozialdemokratie oder durch eine straff organisierte Kaderpartei? Wie ging man damit um, daß in einem wirtschaftlich zurückgebliebenen Land statt, wie von Marx vorgesehen, im fortgeschrittensten sich der Revolutionswille am heftigsten artikulierte? Sollte man ihn dämpfen, bis Deutschland reif zur Revolution war, oder ihn schüren und Deutschland mitziehen? Was war zu tun, als man sich plötzlich gezwungen sah, auf eigene Faust den Kommunismus im eigenen Land aufzubauen oder aber aufzugeben, weil auf den Beistand des westlichen Proletariats nicht mehr zu hoffen war? Hier waren ständig Tatkraft, Weitblick, Entscheidungsstärke, schnelles, flexibles, kooperatives Reagieren und hohe Risiko- und Innovationsbereitschaft verlangt – also von alledem ein Übermaß, was heute an Wunschqualifikationen in Stellenanzeigen steht, wenn Spitzenmanager gesucht werden. Damals standen auch die größten Unternehmen noch nicht derart unter internationalem Hochdruck, daß sie ein solch hochkarätiges Management nötig gehabt hätten wie die revolutionäre Arbeiterbewegung. Heutzutage hingegen brauchen Manager, nur um einen einzigen *high-tech*-Betrieb oder Konzern in Schwung zu halten, immer mehr von den Eigenschaften, die früher einmal dazu dienen sollten, eine ganze Gesellschaftsformation umzuwälzen.

Die Frage ist nicht mehr, ob man Management will oder nicht, sondern ob es auch hier ein «Gegenfeuer» gibt. Wenn das Greenpeace-Management sich mit Ministern trifft, Leute entläßt, neue Produkte entwickeln läßt, tut es nichts anderes als VW. Wenn es das Sich-Festketten auf Bahnschienen organisiert, um Gifttransporte zu verhindern, das Stehlen von Fässern des neuen FCKW-Ersatzstoffes und deren Rücksendung an die Hersteller, die Rückführung von nach Albanien abgeschobenem Atommüll oder die Besetzung eines Atom-U-Boots im Hamburger Hafen, dann tut es allerdings etwas qualitativ anderes. Und wenn es erkennt, daß solche Regelverletzungen sich totlaufen, wenn sie nicht durch einen anderen Aktionstypus wie das Herstellen ökologischer Mustergeräte (Autos, Kühlschränke etc.) unterstützt werden, dann betreibt es eine Doppelstrategie, die mit Zuckerbrot und Peitsche arbeitet und so lange Biß hat, wie es ihr gelingt, zu überraschen. Doppelstrategie ist freilich immer ein Zeichen von Schwäche. Besser wäre, man hätte sie nicht nötig, man könnte, wie die Arbeiterbewegung glaubte, geradeaus aufs Ganze gehen und die Übel der bestehenden Vergesellschaftungsform direkt an der Wurzel pakken. Gemessen an diesem Vorhaben ist alles, was heute gegen diese Übel geschieht, jämmerliche Ersatzhandlung. Lenin oder Luxemburg hätten nur den Kopf geschüttelt: Unter der Würde einer revolutionären Arbeitermacht. Erst wo diese Macht gebrochen oder als Schein verflogen ist, da verlieren solche Ersatzhandlungen ihre Erbärmlichkeit. Sie werden erbarmungswürdig, sogar zu Zeichen des Erbarmens, «*Ausdruck* der wirklichen Ohnmacht und in einem die *Protestation* gegen die wirkliche Ohnmacht», um Marx' schöne Formulierung über die Religion abzuwandeln. Sie stehen für etwas, was dringend getan werden müßte und von dem keiner weiß, wie er es tun soll. So lädt die geschichtliche Situation sie mit Symbolgehalt auf.

Damit wird aber auch bemerkbar, welch entscheidenden Unterschied es zwischen Surrogat und Surrogat gibt. «Surrogat der Sensation»: das hieß in diesem Kapitel zunächst einmal Suchtstoff. Das audiovisuelle Trommelfeuer erwies sich als seine kollektive Injektion, und er selbst als ein libidinös hoch besetzter Stoff, worin sich die ganze Bedeutung dessen, was in der Theologie Fetisch heißt, bis zur Unkenntlichkeit zusammenzieht. Fetische sind Entzugserscheinungen: Surrogate von etwas schmerzlich Entzogenem. Sie werden aber behandelt, als wären sie das Entzogene selbst. Ästhetisch gesprochen sind es Chiffren. Sie decken den Entzug zu, dessen Erscheinung sie sind, erwecken den Anschein, selbst das zu sein, was sie nur verdekken, sind gleichsam Schminke auf der Wunde, die sich als heile Haut gibt. Auch Symbole sind bloß Surrogate, Bilder, aber, wie Goethe sagt, «so, daß die Idee im Bild immer unendlich wirksam und unerreichbar bleibt und, selbst in allen Sprachen ausgesprochen, doch unaussprechlich bliebe».[108] Mit andern Worten: Das Symbol verweist auf das Unerreichbare, für das es steht, die Chiffre verdeckt es und setzt sich an seine Stelle. Nun ist allerdings kaum ein Verdecken so vollständig, daß es nicht auch etwas von dem verriete, was es verdeckt; sonst gäbe es keine Psychoanalyse. Und umgekehrt ist kein Symbol so sehr Verweis auf anderes, daß es aufhörte, selbst etwas zu sein und damit von dem, worauf es verweist, auch abzulenken. Es gibt keine Chiffre ohne symbolisierendes Moment, kein Symbol ohne chiffrierendes, und daher auch jenen unscharfen Grenzbereich, wo Chiffre und Symbol einander bis zur Indifferenz überblenden können. Aber das ändert nichts an ihrer qualitativen Differenz. Die Schwerkraft der medialen Sensationsapparatur tendiert mächtig dazu, alle audiovisuellen Injektionen zu Chiffren zu machen.[109] Aber

[108] J. W. Goethe, *Maximen und Reflexionen*, Sämtliche Werke, Artemis-Ausgabe, Bd. 9, Zürich 1950, S. 639

[109] Das ist gewöhnlich gemeint mit der Klage, die Realpolitik schrumpfe in dem Maße, wie sie durch Massenmedien geführt werde, zu einer bloß «symbolischen», die vorrangig darin besteht, «Ereignisse zu inszenieren, Themen zu

dagegen ist Widerstand möglich. Wann immer Sensationen «Gegenfeuer» sind, haben sie auch Symbolcharakter. Symbole sind einerseits selbst etwas, und sie sind andrerseits bloß Bilder eines Anderen, das sie nur bedeuten, aber nicht «feststellen» können. Bisweilen haben sie eine sehr handfeste Seite. Rückführung abgeschobenen Atommülls ins Verursacherland ist für die Aktivisten und sonstige Betroffene erst einmal ganz unsymbolisch gefährlich, ein tatsächlicher Eingriff in ihren Alltag, ehe sich die symbolische Dimension daran auftut und auf bestehende Abschiebepraktiken und die ungelöste Entsorgungssituation verweist. Ökologische Autos oder Kühlschränke sind zunächst ganz unsymbolische Realbremsung des Benzin- und FCKW-Verbrauchs, ehe sie das politisch-ökonomische Kräfteparallelogramm symbolisieren, worin technische Möglichkeiten aus Geschäftsinteressen ungenutzt bleiben. Manchmal sind die Symbolhandlungen von vornherein als Bilder konzipiert, etwa wenn Greenpeace-Aktivisten vor dem Kraftwerk Bohunice, einem der gefährdetsten in der Slowakei, 5000 Kreuze aufstellen, wenn sie auf einer Pariser Militärmesse die Körperteile rotverschmierter Schaufensterpuppen umherstreuen, um statt blanker Waffen einmal die Wirkung von Landminen auszustellen, oder wenn sie sich in Totenmasken auf einen öffentlichen Platz legen, um die Wirkung des britischen Kraftwerks Sellafield zu veranschaulichen. Und in der italienischen Gruppe *Tute Bianche*, die mit Greenpeace wenig gemein hat, vielmehr für Ein- und Ausgeschlossene, namentlich Asylanten eintritt, hat ein wahrer Geistesblitz das Handfeste mit dem Symbolischen zusammengeschlossen, als sie in weiten weißen Overalls aufzutreten begann, in der Nicht-Farbe der Gespenster, die für die «Unsichtbarkeit der ‹ohne›» steht, derer, die «ohne Arbeit, ohne Papiere, ohne Garantien, ohne entsprechende Staatsbürgerschaft, ohne Rechte»[110] sind. Nur daß sie als weiße Masse auf Straßen und Plätzen eine gespenstische Sichtbarkeit bekommt, mit der ganz praktischen Nebenwirkung, daß die Overalls sich wunderbar mit Schaumgummi, Schläuchen etc. ausstaffieren lassen und bei Demonstrationen gegen Polizeiknüppel schützen.

Wenn Kraft von solchen Bildern ausgeht, so nicht, weil sie künstlerische Ambitionen hätten, sondern weil es ihnen gelingt, als sinnliche Stenogramme einer komplexen Situation schockartig zu wirken, und

bestimmen, Begriffe zu besetzen oder optische Signale zu adressieren» (U. Sarcinelli, *Symbolische Politik*. Zur Bedeutung symbolischen Handelns in der Wahlkampfkommunikation der Bundesrepublik Deutschland, Opladen 1987, S. 6). Nur werden Chiffre und Symbol dabei leicht verwechselt.

110 Tute Bianche, *Aufstand der Gespenster*, Konkret 9/2001, S. 16

zwar so, daß der unmittelbare Bildschock sich zum Reflexionsschock biegt. Aus Bildern werden *Denkbilder.*[111] Gemessen an dem, was eigentlich passieren müßte, sind solche Symbolhandlungen ein Nichts, gemessen an dem, was sonst so getan und vor allem gelassen wird, aber enorm viel: nicht nur reale Irritation, nicht nur stenographische Repräsentation, sondern auch lebendiger Beweis dafür, daß mehr getan werden kann, als getan wird. Das Symbol ist selbst schon etwas von dem, worauf es bloß verweist. Aber es wird seinen Zwiespalt, ja sein Zwielicht nicht los: daß es Eingreifen *ist* und andrerseits auch wieder keines. Virtuosen des Symbols wie die Greenpeace-Leute sind daher ein zwielichtiger Verein – und zwar nicht aus freier Wahl, sondern weil jedes Vorgehen gegen die Zerstörung der Naturressourcen, das keine politische oder ökonomische Großmacht hinter sich weiß, nichts Besseres *hat* als das zwielichtige Symbolgebaren. So läuft es nicht nur Gefahr, von allen Seiten als unseriöser, geltungsbedürftiger Aktionismus kritisiert zu werden – ein Urteil, in dem sich die «Marxistische Gruppe» mit dem Shell-Vorstand trifft –, sondern auch, sich selbst zu blenden, sozusagen auf die eigene Inszenierung hereinzufallen und das Symbol für bare Münze zu nehmen – wie zumindest kurzfristig geschehen, als der sensationelle Erfolg gegen Shell eine euphorisierte Öffentlichkeit den Beginn einer neuen Weltpolitik unter der Führung von Greenpeace halluzinieren und vergessen ließ, daß der Erfolg eben nur ein symbolischer war.[112]

Jede solcher Symbolhandlungen ist davon bedroht, von der Schwerkraft der massenmedialen Apparatur zur Chiffre herabgedrückt zu werden – sich aus einem «Gegenfeuer» zu einem ganz gemeinen Sensationsfeuer zurückzubilden. «Viele NGO sind [...] zur Deckung von laufenden Kosten und zur Sicherung von Arbeitsplätzen auf einen kontinuierlichen Spendenfluß angewiesen, für den zuallererst eine nicht abreißende mediale Präsenz notwendig ist. Die Beschäftigung mit den sogenannten ‹vergessenen Konflikten›, mit Krisen und katastrophalen Umständen, die nicht ins mediale Bild passen, weil sie entweder nichts Aufregendes mehr zu bieten haben oder einfach nur zur falschen Zeit am falschen Ort geschehen, eignet sich nicht zur Herstellung von *visibility.*» «Um auf sich aufmerksam machen zu können, müssen NGO immer häufiger jene Probleme

[111] Cf. W. Benjamin, *Denkbilder,* Ges. Schriften, Bd. IV. 1, l. c., 1972, S. 305 ff.

[112] Zwielichtig übrigens auch insofern, als er sich auf Falschmeldungen über die Ölmengen in der Schwimmplattform stützte und bis heute nicht geklärt ist, ob deren Versenkung im Meer nicht am Ende doch die am wenigsten schlimme Entsorgung gewesen wäre.

thematisch aufgreifen, die von den Medien spektakulär in Szene gesetzt werden.» «Abstrakte, aber für das Überleben der menschlichen Gattung höchst bedeutsame Fragen, wie der Klimaschutz und die FCKW-Problematik, interessieren die mediengestützte Öffentlichkeit weniger als beispielsweise Aktionen, die sich um Wale sorgen.»[113] Und schließlich sind all die kleinen Herde des «Gegenfeuers» in der großen Gefahr, von einem gigantischen Flächenbrand verschluckt zu werden, der sich zu ihnen verhält wie zu den sozialistischen Rettungsbildern ihre übermäßig vergrößerten faschistischen Zerrbilder. Der grauenhafte Angriff auf World Trade Center und Pentagon, von dem ich beim Schreiben dieser Zeilen überrascht werde und der alles Geschriebene blaß macht, ist in seiner Symbolgewalt kaum mehr zu überbieten. Er ist realer Eingriff mit Tausenden von Toten, aber die Vernichtung der USA symbolisiert er nur. Er ist «bloß» ein Terroranschlag, aber einer, der in unerhörter Weise Krieg *bedeutet*. Er streut das Zwielicht eines symbolischen Krieges, ist Krieg und ist auch keiner, und zu seiner Symbolkraft gehört, daß er derart gebieterisch auf Krieg verweist, daß er den echten, unsymbolischen geradezu zu erzwingen scheint.

Angesichts solcher Ereignisse nimmt sich das «Gegenfeuer», das hier zur Debatte steht, ungefähr so aus wie für den Propheten das in die babylonische Gefangenschaft verschleppte Israel: als «glimmender Docht».[114] Es brennt bloß symbolisch. Damit aber entspricht es gerade dem, was Benjamin mit dem Griff nach der Notbremse gemeint hat. Er ist realer Griff, bremst wirklich, aber die rettende Revolution bedeutet er bloß, und zwar nicht durch spektakuläres Hervortreten, sondern durch eine Bewegung, die ebenso Tat wie Innehalten ist, ebenso ruckartig wie in sich zurückgebogen. Sensationen, die nach diesem Muster entstehen, beschreiben die Figur der Reflexion. Sie sind hintergründige, «zweitbeste» Sensationen. Sie kommen nicht grell und schreiend daher. Sie geben vielmehr flüsternd zu verstehen, was von jeder vordergründigen Sensation übertönt und gleichwohl in jeder ersehnt wird: die Ankunft eines nie Dagewesenen, «was kein Auge gesehen und kein Ohr gehört hat».[115] Trieb will Stillung, Sucht will aufhören. Sie ist süchtig nach einem *Dies da*, das das Nerven-

113 Th. Gebauer, *«... von niemandem gewählt!»* Über die demokratische Legitimation von NGO, in: U. Brand/A. Demirovic/Ch. Görg/J. Hirsch (Hg.), Nichtregierungsorganisationen in der Transformation des Staates, Münster 2001, S. 113 f.

114 Jes 42,3

115 1Kor 2,9

system ein für allemal selig erfüllt und Schluß macht mit dem ruhelos-endlosen Sich-Fortwälzen von Sensation zu Sensation. Jede vordergründige Sensation gaukelt ein solches Dies da vor – und verpufft. Nachträglich zeigt sich: Sie hat doch bloß wieder eine Marktlücke geschlossen und den nächsten Baustein geliefert, der die Sensationsgesellschaft weiter zumauert: *another brick in the wall.*[116] Hintergründige Sensationen hingegen offenbaren das finale Dies da, und zwar in doppeltem Sinn. Zum einen decken sie auf, daß es den verstohlenen Fluchtpunkt jeder noch so profanen Sensation bildet. Zum andern machen sie deutlich, daß sie die Ankunft des rettenden Dies da, theologisch gesprochen: des Messias, nie bringen, sondern stets nur bedeuten werden. Alle wirkliche Rettung kann nur eine vorläufige, brüchige, zweitbeste sein – und selbst das nur, wenn man in ihr etwas davon zu spüren bekommt, was die beste wäre. Hintergründige Sensationen sind der schwache Schimmer dieses Besten. Deshalb ziehen sie die Aufmerksamkeit auf sich wie ein glimmender Docht, der nicht verlöschen soll.

[116] So der berühmte Song von *Pink Floyd*, der um 1980 das Lebensgefühl einer ganzen Generation auf den Punkt zu bringen vermochte.

Dank

Reiner Stach hat das Manuskript von der ersten bis zur letzten Seite begleitet. Er war sein Rückgrat und Gewissen. Rolf Johannes gab entscheidende Anstöße zur Gesamtkonzeption, Gerhard Schweppenhäuser erquickenden Rat auf Durststrecken. Andreas Gruschka und Oliver Decker machten hilfreiche Anmerkungen zu einzelnen Kapiteln. Detlef Felken lektorierte mit größter Umsicht. Aber vielleicht wäre alles nicht so geworden ohne Angelikas Zuneigung.

Personenregister